本书为 2016 年度国家社科基金项目成果（项目批准号：16CGL025），受国家社科基金和贵州师范学院专著出版基金资助出版。

滇桂黔石漠化片区
旅游减贫研究

RESEARCH ON TOURISM POVERTY ALLEVIATION
IN ROCKY DESERTIFICATION AREA OF YUNNAN, GUANGXI AND GUIZHOU

韦欣仪

著

社会科学文献出版社
SOCIAL SCIENCES ACADEMIC PRESS (CHINA)

序

　　旅游减贫是国家精准扶贫计划中一项十分重要的内容。当前，旅游减贫已进入巩固拓展脱贫攻坚成果同乡村振兴有效衔接的阶段。乡村振兴是实现中华民族伟大复兴的一项重大任务。全面实施乡村振兴战略的深度、广度、难度都不亚于脱贫攻坚。在旅游减贫逐步深化、乡村振兴任务十分艰巨的形势下，出版这样一部以旅游减贫为主题的著作，很及时，很有必要。本书聚焦巩固拓展脱贫攻坚成果与乡村振兴，围绕滇桂黔石漠化片区旅游减贫问题进行深入探讨，既从理论上对旅游减贫进行了深入研究，又总结了旅游减贫的实践经验，具有重大的理论和现实意义。作者韦欣仪是我指导的博士后，请我作序，我欣然应允。

　　贫困问题是世界性难题，一直伴随着人类社会的生存与发展。消除贫困、改善民生、实现共同富裕，既是我国的本质要求，也是世界各国面临的共同任务。旅游减贫的最终目标是帮助贫困地区的贫困人口脱贫致富。我国早在"七五"计划时期就已把旅游业纳入国民经济和社会发展计划中，同时启动了有计划、有目的的大规模旅游减贫开发工作，为旅游业的发展提供了前所未有的发展良机。1994年，由蔡雄教授主持的首个关于旅游减贫的国家社会科学基金项目"旅游减贫老少边穷地区乘数效应大"立项，该研究成果填补了我国对旅游减贫进行系统性研究的空白。学术界也掀起了研究旅游减贫的热潮，学者们著书立作，取得了一定成效。旅游减贫为越来越多的地方所认同，成为各级政府每五年规划的一项重要内容。

2011 年是我国旅游减贫进入政府大力推进和综合发展阶段的分水岭之年。国家开始高度关注和重视旅游减贫在脱贫攻坚中的重要作用，《中国农村扶贫开发纲要（2011—2020 年）》中提出的"大力推进旅游减贫"，首次将旅游减贫写进我国政府减贫纲领性文件中。2012 年，国家旅游局与国务院扶贫办签署的战略合作框架协议，明确提出要共同探索新的旅游减贫模式，双方共同资助并启动了我国连片特困地区的旅游减贫工作。2013 年，国家首次提出精准扶贫，从产业、教育、转移就业等方面实施精准扶贫。旅游扶贫是其中一项十分重要的内容。2014 年 8 月，国务院发布《关于促进旅游业改革发展的若干意见》明确提出，加强乡村旅游精准扶贫，扎实推进乡村旅游富民工程，带动贫困地区脱贫致富。加快旅游业改革发展，是适应人民群众消费升级和产业结构调整的必然要求，对于扩就业、增收入，推动中西部发展和贫困地区脱贫致富，促进经济平稳增长和生态环境改善意义重大，对于提高人民生活质量、培育和践行社会主义核心价值观也具有重要作用。党的十九大期间，习近平总书记指出，脱贫攻坚，发展乡村旅游是一个重要渠道，要抓住乡村旅游兴起的时机，把资源变资产，实践好"绿水青山就是金山银山"的理念。滇桂黔石漠化片区认真贯彻落实习近平总书记的重要指示精神，充分发挥得天独厚的自然和人文生态资源优势，大力发展乡村旅游，实施旅游减贫，取得了明显成效。

旅游减贫是一种资源节约型、环境友好型的减贫开发模式，可以使旅游资源优势转换为经济优势，增加就业岗位促增收，提高区域整体经济收入，从而留住乡民、留下乡村、传承文化，让人们望得见山、看得见水、记得住乡愁，让贫困乡村宜居、宜业、宜游，让城里人心有静谧之地，让乡村原生态的自然与文化得以保护、传承和发展，实现百姓富、生态美两者有机统一，实现现代与传统的有机融合，促进滇桂黔石漠化片区人居环境得以良好治理和改善、乡村社会和谐发展。

旅游减贫从实质上属于发展的问题，但是当前无论是政府部门、企业还是贫困人口更多地关注旅游发展如何带来经济效益，鲜有人从旅游可持续发展视角系统地梳理和思考减贫的问题。1990年，在加拿大温哥华召开的全球可持续发展旅游分会上拟定了全球旅游可持续发展宪章（草案），并将旅游可持续发展明确定义为：旅游可持续发展是引导所有资源管理既能满足经济、社会和美学需求，同时也能维持文化完整、基本的生态过程、生物多样性和生命支持系统。1995年4月，联合国教科文组织、联合国环境规划署和世界旅游组织等在西班牙召开"世界旅游可持续发展会议"，会议通过了《旅游可持续发展宪章》及《旅游可持续发展行动计划》，这两份文件为旅游可持续发展制定了一套行为准则，并为世界各国推广可持续旅游提供了具体操作程序。本书的关键词"旅游减贫"，是在旅游可持续发展理论指导下进行的一种减贫方式，也是可持续发展理念在旅游减贫领域的具体应用。

滇桂黔石漠化片区是我国14个集中连片特困地区中贫困人口最多、贫困程度最深的地区，本书探讨的滇桂黔石漠化片区旅游减贫问题，是我国整体性脱贫和将拓展脱贫攻坚成果与乡村振兴有效衔接亟须解决的重大社会问题，也是当前国际学术界的学科前沿问题。研究成果具有较强的应用性和普适性，不仅适用于滇桂黔石漠化片区，而且适用于武陵山区、六盘山区、乌蒙山区等其他集中连片特困地区，也为全国其他贫困地区实施旅游减贫提供参考和借鉴。

国家《"十四五"旅游业发展规划》提出，重点构建滇桂黔民族文化旅游区，是滇桂黔石漠化片区旅游减贫工作持续发力的良好契机。滇桂黔石漠化片区要充分发挥自然生态、民族民俗文化、红色文化、边境风光等资源优势，加强旅游基础设施和公共服务体系建设，发展特色旅游，发挥旅游减贫的持续性、科学性和公平性作用，着力把文化旅游产业培育成为引领带动滇桂黔石漠化片区经济社会发展的战略性支柱产业，进一步促进区域旅游协调发展。这不仅是支撑"旅游强省""旅游强国"建设的内在需求，也是滇桂黔石漠化片区经济社会发展实践的现实要求，以及进一步满足人民群众对美好生活渴求的现实需要。

于春城

二〇二二年中秋

前　言

　　消除贫困、改善民生、实现共同富裕，是社会主义的本质要求。中国特色社会主义乡村振兴道路怎么走？其中之路是"打好精准脱贫攻坚战，走中国特色减贫之路"①。本书研究的滇桂黔石漠化片区旅游减贫问题是我国整体性脱贫和将脱贫攻坚成果与乡村振兴有效衔接亟须解决的重大社会问题，也是当前国际学术界的学科前沿问题。对此问题及时地开展深入系统的研究不仅有特别重大的学术价值，对我国滇桂黔等贫困地区合理利用旅游资源、解决就业难题、提高区域竞争力，同样具有重大的现实意义。

　　旅游业对地方经济的发展起着越来越重要的作用，这影响并吸引着诸多具有潜在旅游资源的贫困地区试图通过旅游减贫开发带动区域经济发展，最终实现脱贫致富奔小康的目标。处于我国西南部的滇桂黔石漠化片区中有潜在旅游资源的县区也试图通过发展旅游帮助人口脱贫致富，振兴乡村。然而，贫困地区想要通过发展旅游业带动地方经济发展从而实现减贫绝非易事。因为，旅游开发的直接受益者通常是开发者或投资者，试图通过发展旅游业带动区域经济发展，这对于贫困人口减贫产生

---

① 《谱写新时代乡村全面振兴新篇章——2017 年中央农村工作会议传递六大新信号》，新华网，2017 年 12 月 30 日。

1

的影响是间接的，而非直接的。值得深思的问题是，在旅游开发过程中，处于弱势地位的贫困人口是否能够真正受益呢？笔者实地调研发现，贫困地区发展旅游业时，常常出现"飞地旅游"现象。因此，如何建立起一套有效的旅游减贫机制，使贫困人口从旅游减贫中直接受益，成为滇桂黔石漠化片区旅游发展中亟须解决的关键性问题。

为此，本书以实际问题为研究导向，围绕滇桂黔石漠化片区和脱贫人口如何通过旅游减贫实现乡村振兴的核心目标，回顾了我国旅游减贫及其发展历程。为了能够将旅游减贫相关理论和实践经验充分运用到滇桂黔石漠化片区的旅游减贫实践中，笔者于 2016 年 6 月至 2021 年 6 月，在滇桂黔石漠化片区所辖的广西、云南、贵州三省（区）14 个地（市、州）、58 个县（区、市）围绕旅游减贫进行实地调查研究，所到地（市、州）占滇桂黔石漠化片区 15 个地（市、州）的 93.33%，所到县（区、市）占滇桂黔石漠化片区 91 个县（区、市）的 63.74%，实地走访了 175 个乡镇 525 个村寨，调研行程累计 10 万余公里，访谈了 1050 个贫困户，获取了大量的第一手访谈记录、图像、录音以及文字数据资料，深入了解了滇桂黔石漠化片区旅游减贫的发展现状、取得的成效及其存在的问题，采用 DEA 模型对 35 个最具代表性的县（区、市）2016~2019 年的旅游减贫数据资料进行测算，算出滇桂黔石漠化片区的旅游减贫效率，在此基础上构建了滇桂黔石漠化片区旅游减贫体系，为确保该系统良性运转，提出了相应的保障措施，拓展研究的深度和广度，以期能够在旅游减贫理论体系的建构和方法的使用上取得一定创新性成果，助推我国旅游减贫相关研究取得新进展，扩大我国旅游减贫实践的国际影响力，同时为滇桂黔石漠化片区乃至其他连片特困地区旅游减贫实践提供参考和借鉴，促进巩固拓展脱贫攻坚成果与乡村振兴有效衔接。

目　录

第一章

导　论

第一节　旅游减贫背景与意义

一　旅游减贫背景

　　贫困是全球普遍存在的现象,[①]是当今全世界关注的重大社会经济问题。反贫困已成为全人类面临的一大挑战。1945 年，联合国成立时就把"消灭贫困"写进《联合国宪章》。2000 年，联合国列出的新千年发展目标（MDGs）之一是在 2015 年消除极端贫困，[②]15 年后，这一目标在中国得以基本实现。中国是全球最早实现联合国列出的新千年发展目标中减贫目标的发展中国家，过去的 30 多年来，中国致力于减贫，已成功使 7 亿多人摆脱了贫困，对世界减贫的贡献率超过 70%，为全球减贫事业作出的重大贡献，在世界范围内绝无仅有。

[①] Scheyvens R., "Exploring the tourism-poverty nexus", *Current Issues in Tourism*, 2007,10(2/3):231-254.

[②] United Nations. The Millennium Development Goals Report 2014, New York: United Nations. 2014-09-05. http://www.un.org/millennium goals/news. shtml.

贫困地区有众多价值较高的旅游资源，发展旅游业不仅可以增加脱贫地区的经济收入，更重要的是可以促进当地居民思想观念的更新。在此基础上，旅游减贫应运而生。[①] 旅游减贫是在具有一定旅游资源、交通和区位优势，以及市场经济基础的脱贫地区实施，能够带动整个区域经济发展、贫困群众脱贫致富的一种产业减贫开发方式。在中国，"旅游+减贫"是重要的减贫攻坚之路。旅游减贫的重要功能和最终目标是帮助贫困地区的贫困人口脱贫致富。我国早在"七五"计划时就已把旅游业纳入国民经济和社会发展计划中，同时启动了有计划、有目的的大规模的旅游减贫开发工作，这为旅游业的发展提供了前所未有的发展良机。改革开放初期至1990年是我国旅游减贫发展初期。这一时期，我国就已通过发展旅游项目的方式帮助解决脱贫问题，但只是作为一项具体的实践活动，并没有上升到理论层面，因此相关研究的深度有待进一步提升。一些省级旅游局响应政府的"减贫"部署，在很多旅游资源丰富的贫困地区逐渐把旅游业作为减贫开发的手段，试着将减贫开发与旅游发展相融合。[②] 直接或间接地受旅游业发展影响而脱贫致富的地区和人口很多，于是很多地方政府对旅游减贫的成功脱贫经验进行了总结和推广。然而，尽管当时旅游业已经上升到国家经济发展战略，但总体上那时的旅游减贫还处于萌芽时期，无论是理论研究还是实践探索都仍处于起步阶段，还有很大的发展空间。

双休日的提出和居民生活条件的极大改善，使人们出游的机会和次数增加了，促进了旅游业的蓬勃发展。1991~1999年进入旅游减贫成长期。旅游业的发展不仅推动着国民经济社会发展，还给旅游目的地居民创收、完善交通等基础设施建设等方面带来了极大的改观，使贫困发生率逐渐下降，各地实施旅游减贫的热情也不断高涨，"旅游减贫"为越来越多的地方所认同。例如，贵州省旅游局等率先在1991年召开的全国旅

---

① 陈慧琳：《人文地理学》（第三版），科学出版社，2013，第165页。
② 黄渊基：《国外旅游扶贫研究述评》，《淮海工学院学报》（人文社会科学版）2019年第2期。

游局长会议上提出"旅游扶贫"倡议，国务院扶贫办和国家旅游局高度重视这一倡议，还召开专题研讨会研究旅游扶贫这一重点调研课题。随后，旅游扶贫一词开始出现在我国政府文件和学术研究中。当时，我国在改革开放大环境下社会经济已取得很大成就，大部分城乡居民的物质文化生活水平得到大幅度提高，只有小部分地区由于自然条件等因素的制约，当地农民的生活仍处在贫困中，国家因此提出了"扶贫"的工作思路。1994 年，我国实施的《国家八七扶贫攻坚计划》提出，以开发式扶贫为主。旅游减贫是一种开发式扶贫方式，其主要任务是以旅游开发为载体，对脱贫人口进行帮扶，使他们能够抓住国家实施减贫的历史机遇，利用旅游业发展产生的乘数效应和经济增长带来的发展机会，实现脱贫致富。

1994 年，蔡雄教授主持了首个国家社会科学基金项目"旅游减贫老少边穷地区乘数效应大"，填补了我国对旅游减贫进行系统性研究的空白。该项目研究成果于 1999 年 11 月在中国旅游出版社出版，书名为《旅游扶贫——功能·条件·模式·经验》，是我国第一本系统研究旅游减贫的专著。学术界也掀起了研究旅游减贫的热浪，学者们著书立作，取得了一定成效。旅游减贫开发取得的前所未有的成效，使其逐渐由个别地方的口号和提法，发展成为一些县（市、区）脱贫攻坚的工作思路，被列为旅游行业"九五"计划的一项重要工作。

21 世纪以来，国家提出的西部大开发战略为旅游减贫创造了更大的发展契机。2000~2010 年是旅游减贫的试点拓展时期。2000 年 8 月 8 日，经国务院批复，我国第一个旅游减贫试验区——六盘山旅游扶贫试验区在宁夏西海固地区设立。2001 年 1 月，"试办国家旅游扶贫试验区"的总体构想在全国旅游工作会上得以正式提出。同年，国务院扶贫办、国家旅游局、财政部等部门联合发布了《关于建设"国家旅游扶贫试验区"有关问题的通知》，明确提出从 2001 年起在西部地区建设国家旅游扶贫试验区。2002 年 4 月，广东省启动了旅游扶贫工程，以"反贫困"和"改善弱势群体贫困状态"为战略目标，每年安排 3000 万元专项资金支持贫困地区开展旅游扶贫[①]，标志着旅游减贫被正式纳入省级政府工作计划。此后，全国开始建立旅游扶贫试验区，旅游减贫也被正式纳入由地方政府和旅游部门主导的新阶段，成为带动贫困地区脱贫致富的重要扶持产业之一。如今，我国已先后设立了5个国家级旅游扶贫试验区，包括宁夏回族自治区六盘山、江西省赣州市和吉安市等。

2003年，世界旅游组织为了鼓励发展中国家发展旅游业，将当年世界旅游日的活动主题定为"旅游：消除贫困、创造就业与社会和谐的动力"，并将每年的10月17日定为"国际消除贫困日"，我国也在这一天举办大量旅游减贫活动。2005年，国家旅游局制定了《中国旅游业发展第十一个五年规划纲要》。同年，贵州省率先编制的《贵州乡村旅游规划2006-2020》，成为全国乡村旅游规划的示范，通过大力发展"乡村旅游"模式"消除贫困"。2009年，国家旅游局正式成为国务院扶贫办领导小组成员单位。

2011年至今是我国旅游减贫发展的关键时期。特别是，2011年可谓我国旅游减贫进入政府大力推进和综合发展阶段的分水岭。在这一时期，国家开始高度关注和重视旅游减贫在脱贫攻坚中的重要作用，国家相关政策和文件中频繁出现旅游减贫相关表述可为例证。例如，《中国农村扶贫开发纲要（2011—2020年）》提出"大力推进旅游扶贫"，首次将旅游扶贫写进我国政府减贫纲领性文件中。

2012年7月6日，国家旅游局与国务院扶贫办签署的战略合作框架协议明确了合作的工作机制和重点工作，旨在共同探索新的旅游减贫模式。同年，为继续深化合作，双方共同资助并启动了我国连片特困地区的旅游减贫工作。2013年8月，国务院扶贫办与国家旅游局共同出台的《关于联合开展"旅游扶贫试验区"工作的指导意见》提出旅游扶贫试验区的申报范围、流程等内容。[②]2013年12月，中共中央办公厅和国务院

---

① 张俊：《广东旅游扶贫落到实处》，《中国旅游报》2002年11月22日。
② 国务院扶贫办、国家旅游局：《关于联合开展"旅游扶贫试验区"工作的指导意见》，2013年8月。

办公厅联合发布的《关于创新机制扎实推进农村扶贫开发工作的意见》指出，要发挥旅游业的带动脱贫作用，在资金政策上重点支持有扶贫潜力的乡村旅游发展，2020 年将在全国范围内重点扶持 6000 个贫困村开展乡村旅游。①

2014 年，国务院发布的《关于促进旅游业改革发展的若干意见》指出，加强乡村旅游扶贫，推进乡村旅游富民工程，带动贫困地区脱贫致富。同年，国家旅游局将乡村旅游扶贫列为重点工作之一，会同国家发改委等七部门启动了乡村旅游富民工程，组织各省（区、市）的旅游局从全国 823 个减贫重点县和集中连片特困县（市、区）中选出 6130 个具备发展乡村旅游基本条件的行政村，作为乡村旅游扶贫工作重点村。②

2015 年，中央一号文件明确提出，要积极开发农业多种功能，挖掘乡村生态休闲、旅游观光和文化教育价值。国家旅游局和国务院扶贫办制定的旅游减贫"五年目标"是：将在 5 年内，以旅游为扶贫手段，实现最低减少 16.9% 的贫困人口。要通过旅游实现的脱贫人口达到 1100 万人，特别是在旅游资源禀赋优异的省（区、市），旅游扶贫实现的脱贫人数占全省（区、市）贫困人数的 20%。2015 年 5 月 19 日，正值中国第五个旅游日，时任国务院副总理的汪洋同志在湖北恩施连片特困地区调研旅游减贫工作时强调，旅游扶贫是贫困地区扶贫攻坚的有效方式，也是困难群众脱贫致富的重要渠道。旅游扶贫可以让农民的口袋"鼓起来"。

总体上看，"十二五"期间，我国贫困人口达 8000 多万人，旅游减贫带动了相当一部分贫困人口脱贫致富。"十二五"以来，乡村旅游的发展在全国范围内带动了 10% 以上的贫困人口脱贫致富，实现旅游脱贫人数达 1000 万人以上。乡村旅游发展关系到全国 6.7 亿农业人口的福祉，

---

① 中共中央办公厅、国务院办公厅：《关于创新机制扎实推进农村扶贫开发工作的意见》，2013 年 12 月。
② 国家旅游局：《中国旅游发展报告（2016）》。

以及 7 亿城市人口的生活质量和品质。① 旅游减贫不仅在扩大就业机会、增加群众收入、减轻财政支出压力、促进产业结构调整、繁荣地方经济等方面效果明显，而且在更新思想、转变观念、丰富精神文化生活，以及提升整体素质等方面的更深层次的"减贫"效果更明显，是物质文化与精神文化的双重"脱贫"，②"旅游减贫"大有可为。

为推进实现 2020 年全面建成小康社会的战略目标，中国大力实施旅游持续减贫工程。"十三五"期间，中国实施旅游减贫的目标是：力争通过发展乡村旅游带动全国 25 个省（区、市）2.26 万个建档立卡贫困村 230 万贫困户 747 万贫困人口实现脱贫；③ 到 2020 年，通过乡村旅游带动 1000 万贫困人口脱贫。④ 为着力增强集中连片特困地区发展能力，国家在"十三五"规划中明确提出，交通、水利、电力、信息等重大基础设施项目和重大生态工程要向这些地区倾斜；要通过调整完善资源开发收益分配政策，更多地让当地和群众受益；要将扶持"三农"的政策、资金和项目向贫困地区倾斜，实施贫困村"一村一品"产业推进行动。⑤随后，贫困地区把旅游开发作为减贫工作的新举措，如火如荼地开展起来。⑥

2016 年，中央一号文件强调，要大力发展休闲农业和乡村旅游，采取以奖代补、设立产业投资基金等方式扶持休闲农业与乡村旅游业的发展。2016 年 9 月 30 日，由国家旅游局、国家发改委、国务院扶贫办等 10 多个部门和单位共同制定并印发《关于乡村旅游扶贫工程行动方案的通知》。该通知指出，实施乡村旅游扶贫工程的目标是使乡村旅游扶贫重点村的年均旅游收入达 100 万元，贫困人口年人均旅游收入达到 1 万

---

① 魏礼群：《全面建设世界旅游强国》，《全球化》2016 年第 2 期。
② 杨胜明：《西部大开发 旅游应先行》，《当代贵州》2000 年第 15 期。
③ 《2018 年国家 3000 亿扶持乡村旅游振兴计划》，中国农林科技网，2018 年 2 月 27 日，https://mini.eastday.com/a/180227001555178-6.html。
④ 国家旅游局：《中国旅游发展报告（2016）》。
⑤ 《中华人民共和国国民经济和社会发展第十三个五年规划纲要》。
⑥ 郭清霞：《旅游扶贫开发中存在的问题及对策》，《经济地理》2003 年第 4 期。

元以上。2016~2018 年减少 1.26 万个建档立卡贫困村,实现 400 万贫困人口脱贫;2019~2020 年减少 1 万个建档立卡贫困村,实现 347 万贫困人口脱贫。积极探索景区带村、能人带户等信贷减贫政策,引导金融机构提供成本低、期限长的信贷支持。每年金融支持旅游减贫项目不少于1000 个,资金不少于 3000 亿元。

2017 年,中共中央办公厅、国务院办公厅联合发布了《关于支持深度贫困地区脱贫攻坚的实施意见》,提出要深入推进深度贫困地区旅游扶贫,贯彻落实新发展理念,坚持精准减贫、精准脱贫基本方略,加大支持力度,有效发挥旅游产业在深度贫困地区脱贫攻坚中的带动和促进作用。据统计,在全球旅游总收入排名中,我国国际旅游收入 1980 年仅列世界第 34 名,1982 年进入前 30 名,1992 年进入前 20 名,1994 年进入前 10 名,2001 年进入前 5 名,2017 年中国仅次于美国,位居世界第 2。2017 年中国出境游达 1.29 亿人次,连续多年成为世界第一大出境旅游客源国、全球第四入境旅游接待国,为国民经济发展作出了重大贡献。而今,我国有千百万贫困人口通过依托各类景区(点)的发展实现脱贫致富,他们绝大多数在旅游业尚未发展的昔日还都相当贫困。2017 年,国家主席习近平致联合国世界旅游组织第 22 届全体大会的贺词指出,中国高度重视发展旅游业,旅游业对中国经济和就业的综合贡献率已超过10%。[①] 这些成就主要归功于我国政府一直以来对贫困地区社会经济发展和精准脱贫工作的高度重视。正如习近平总书记所强调的,消除贫困、改善民生、逐步实现共同富裕,是社会主义的本质要求,是我们党的重要使命。

党中央、国务院从顶层设计的战略高度,作出了关于打赢脱贫攻坚战的重大决策部署,把旅游减贫作为我国脱贫攻坚工作一个重要的新举措,以其独有的优势发挥巨大的乘积效应和减贫功能,成为贫困地区脱贫致富

---

① 赵珊、何欣禹:《红火的旅游业 欢悦的好生活》,《人民日报》(海外版)2019 年 9 月 25 日。

的主要途径之一，为我国减贫工作作出了显著的成绩。[①] 国务院扶贫办发布的数据显示：我国脱贫攻坚三年行动开局良好，2018 年共减少贫困人口1386 万人，贫困发生率比上年下降 1.4 个百分点。2013~2018 年，我国连续 6 年超额完成千万人减贫任务。6 年间，全国累计减少贫困人口 8239 万人，贫困发生率从 10.2% 下降到 1.7%。[②] 其中，旅游产业的带贫减贫作用明显。可见，扶贫与致富的作用原本就是旅游业的一项重要功能。[③]

尽管我国当前的旅游减贫取得了较好的成效，但是仍然存在诸多问题亟须解决。譬如，①没有把旅游减贫与一般旅游开发区别开来，导致具体实施旅游减贫的目标不明确。②旅游减贫实施者急于求成造成贫困地区原本保护完好的自然资源遭到破坏，以"旅游减贫"的名义放任竭泽而渔的开发行为，造成区域经济"资源空心化"现象越来越严重。这种发展结果，最终导致恶性循环，减贫效益只能是短期的。③旅游减贫开发的城市化发展模式在凸显。不正确的开发理念和不科学的规划，使旅游减贫开发没有因地制宜，而只是简单地克隆其他城市现代化建筑等城市化发展模式，结果却演变成城市化的发展格局，使原本原始、古朴、安宁、自然的旅游资源失去了其原有的特色，失去了旅游吸引力。④旅游产品缺乏创新误把陋习当作特色开发。一些旅游开发者缺乏丰富的旅游开发经验和战略眼光，导致一些贫困地区在进行旅游减贫开发时没有认清当地与周边地区的旅游资源情况，使旅游发展误入歧途；旅游产品缺乏创新，难以形成强有力的旅游吸引力和旅游竞争力。⑤旅游减贫的管理体制和市场培育不健全。在实践中，由于监管不力，旅游减贫资金的非法占用或者挪作他用时常发生。同时，旅游减贫的市场培育不完善，靠政府一手包揽的现状仍大量存在。⑥当地居民的利益受损削弱了旅游减贫效益。贫困地区的受益排挤了贫困人口的受益，区域社会经济增长

①　郭清霞：《旅游扶贫开发中存在的问题及对策》，《经济地理》2003 年第 4 期。
②　顾仲阳、郁静娴：《脱贫攻坚一年一个台阶 我国年度扶贫连续 6 年超千万人》，《人民日报》2019 年 3 月 17 日。
③　高舜礼：《对旅游扶贫的初步探讨》，《中国行政管理》1997 年第 7 期。

并不能等同于贫困人口真正获益。很多贫困地区把区域社会经济发展误解为是旅游发展的目标，这将使区域经济发展的目标发生偏离，极易将贫困人口排挤出受益群体，外来投资者或旅游活动参与者无疑会剥夺贫困人口的部分受益机会。①

从微观层面而言，户是一个国家或地区最小的构成要素，旅游减贫落实到户的层面，体现为对减贫工作的不断深入，并向精准目标发力。大减贫格局通常是按照区域进行划分的，扶贫资金使用效率相对较低，在旅游扶贫资源的分配过程中甚至还存在"精英俘获"现象。②究其原因，关键在于贫困地区各家各户的经济状况具有较大的差距，实质上贫困地区的贫困也是相对的，不是整个贫困地区的所有家庭都是真正的贫困户。实际情况是：减贫政策被通过宏观或中观的贫困标准制定出来，绝大多数贫困地区的富裕家庭或者个体极易"被贫困化"，而不是贫困地区的贫困家庭或个体被排除在贫困范围之外的现象。③因此，进入新时代的减贫政策，更多的是基于家户的视角，提出了"精准扶贫、精准脱贫"的反贫困发展新要求，既要减贫到村到户，又要实现贫困家庭"两不愁、三保障、两确保"④的精准脱贫目标。⑤这些问题并不是旅游减贫开发的必然结果，而是由不科学、不合理的开发所造成的。因此，需要规范旅游扶贫开发工作，使旅游扶贫能够充分发挥其应有的作用。⑥

综上所述，旅游业对地方经济的发展起着越来越重要的作用，这影响并吸引着诸多具有潜在旅游资源的贫困地区，也试图通过发展旅游

①　李刚、徐虹：《影响我国可持续旅游扶贫效益的因子分析》，《旅游学刊》2006 年第 21 期。
②　温涛、朱炯、王小华：《中国农贷的"精英俘获"机制：贫困县与非贫困县的分层比较》，《经济研究》2016 年第 2 期。
③　周强：《多维贫困、不平等与反贫困政策绩效评估》，武汉大学博士学位论文，2017。
④　"两不愁"：不愁吃、不愁穿。"三保障"：保障其义务教育、基本医疗和住房安全。"两确保"：确保贫困地区农民人均纯收入增长幅度高于全国平均水平，确保基本公共服务主要领域指标接近全国平均水平。
⑤　国家行政学院编写组：《中国精准脱贫攻坚十讲》，人民出版社，2016。
⑥　郭清霞：《旅游扶贫开发中存在的问题及对策》，《经济地理》2003 年第 4 期。

带动整个区域社会经济的发展，最终实现脱贫目标。特别是近年来，旅游作为贫困地区一种重要的减贫方式，正在得到国内外旅游管理领域的接纳和肯定，尤其是党的十八届五中全会提出"旅游扶贫、精准脱贫"战略决策以来，旅游减贫正逐渐成为带动贫困地区经济发展、实现精准脱贫目标的有效方式。处于我国西南部的滇桂黔石漠化片区也试图通过发展旅游帮助贫困人口脱贫致富。然而，贫困地区包括滇桂黔石漠化片区想要通过发展旅游业带动地方经济发展从而实现脱贫绝非易事。各贫困地区经济发展水平、社会环境、资源条件以及文化认同等的差异，导致各界对旅游减贫理念的理解和认识尚停留于初级认知层面，尽管有些贫困地区在一定程度上通过实施旅游减贫获得了明显效果，但当前旅游减贫理论体系尚未完善，旅游减贫机制和体系仍不健全，实践中"旅游减贫对象不精准、脱贫效果不理想"的现象依旧严重。滇桂黔石漠化片区旅游减贫还存在一些特殊问题，如少数民族贫困人口的规模最大，贫困人口最多，贫困程度最深，贫困居民底数最难弄清，脱贫难度最大等，在旅游减贫过程中还普遍存在状况不明、针对性不强等问题。

因此，在石漠化形成的特殊地质地貌和生存环境以及当前旅游减贫存在诸多问题的背景下，如何建立一套有效的旅游持续减贫体系和机制，使处于弱势地位的贫困人口能够从旅游减贫开发中真正受益而脱贫，增强旅游业在滇桂黔石漠化片区中减贫的效果和持续性，让该片区内有资源条件的地方的困难群众都能够吃上"旅游饭"，实现在减贫攻坚的道路上"一个都不能掉队"的目标，并且不但要脱贫，还要通过发展旅游产业富起来，振兴乡村经济，这不仅是决定旅游减贫精准脱贫成败的关键，还是对旅游减贫效果的实践检验，同时也是滇桂黔石漠化片区旅游发展亟须解决的关键性问题，也是本研究的出发点。

滇桂黔石漠化片区地处中国的西南地区，三省（区）交界地带分布着世界上面积最大的喀斯特地貌区，集革命老区、民族地区和边境地区于一体，是全国 14 个特别困难连片区之一。该区域内风光旖旎、山水如画，民族文化底蕴深厚，但是自然条件相对恶劣，喀斯特地形地貌特征显著，过度垦殖与自然退化，瘠薄的土壤不断流失，石漠化这一"生态恶疾"让300多万群众处于深度贫困中。滇桂黔石漠化特困片区的91个县（市、区）人均耕地仅0.99亩。为此，国务院扶贫办与国家发改委联合组织编制了《滇桂黔石漠化片区区域发展与扶贫攻坚规划（2011—2020年）》（以下简称《规划》），以规范该片区减贫工作的进一步开展，同时推动旅游减贫工作的进展。在《规划》的指导下，依托丰富的旅游资源，该片区旅游发展取得了一定的成效，促进了滇桂黔石漠化片区的社会经济发展，有效地降低了贫困地区的贫困率。"驱穷魔，靠绿色"，在习近平总书记"绿水青山就是金山银山"理念指引下，滇桂黔石漠化片区的旅游减贫开发迎来了重大的历史发展机遇。在此大背景下，从精准脱贫视角出发，深入研究滇桂黔石漠化片区的旅游减贫模式和机制，对促进跨区域性的旅游减贫开发具有重大的理论和现实意义。这不仅可以为其他连片特困地区的旅游减贫提供理论指导和经验参考，还可以广泛地推广旅游减贫理念的应用。

二　滇桂黔石漠化片区旅游减贫意义

（一）理论意义

1. 有助于深入推进旅游学、地理学、经济学、管理学等多学科交叉融合发展

集中连片特困地区的旅游精准脱贫问题是旅游管理、石漠化治理、社会发展、产业融合等共同存在的关键问题，具有典型的多学科交叉融合性。因此，连片特困地区旅游减贫不仅涉及旅游学的知识，还涉及地理学、经济学、社会学等多学科多领域的知识，本研究力图打破各学科之间的壁垒和界限，综合运用旅游学、政治学、地理学、经济学、社会学、管理学、生态学等多学科交叉融合的理论和方法，对滇桂黔石漠化片区旅游减贫问题进行系统、科学的研究，有助于促进政治学中的政治经济学和地方政府学、地理学中的人文地理和地理科学、经济学中的产业经济发展和区域经济发展、社会学中的社会治理（特别是基层社会治理）、管理学中的公共管理与公共服务等学科体系的深入发展，拉长研究的历史时段，拓展研究的深度和宽度，深入推进旅游学、经济学、管理学等多学科交叉融合发展，同时深化和完善地理学、管理学、经济学等相关学科体系建设。

2. 为贫困地区旅游减贫的持续性提供新的理论指导和依据

滇桂黔石漠化片区中潜在的贫困程度、旅游资源特性、旅游减贫的精准要素，以及旅游开发过程中利益群体之间的矛盾、思想观念和跨文化冲突等，具有独特的学术价值和研究意义，能够丰富相关理论知识，尤其对旅游减贫等理论研究滞后的局面大有裨益。然而，旅游减贫这一研究命题近年来一直备受学者们的关注，但至今尚未形成系统完整的理论分析框架和范式，其理论多散见于其他学科如经济学、社会学、管理学等成熟的理论体系中，部分学者在研究旅游减贫问题时只是根据研究的需要，部分地借鉴和使用这些零散的与旅游减贫相关的理论，不利于旅游减贫理论的深化和完善。因此，本研究综合运用旅游目的地生命周期理论、旅游可持续发展理论、区域经济发展理论等理论知识，深入分析滇桂黔石漠化片区的贫困程度、资源禀赋、旅游发展现状、旅游减贫效益和效果等多个因素之间的内在联系，从精准脱贫视角出发，进行系统、科学的剖析，研究通过科学地构筑滇桂黔石漠化片区旅游减贫研究的理论分析框架，进一步丰富和发展旅游可持续发展的内涵和外延，拓展经济学等其他相关学科的运用范畴，总结归纳出适用于滇桂黔石漠化片区的旅游减贫模式，推动旅游目的地研究由传统的旅游减贫"广撒网"模式向"精准定位"转化，有利于提高本项目的研究深度；将滇桂黔石漠化片区的旅游减贫与其他贫困地区如滇西边境山区、武陵山区等的旅游减贫区别开来，有利于拓展本研究的广度。结合研究的深度和广度，有助于完善和深化旅游减贫研究理论体系，为相关学科的理论研究提供一个独具代表性的大样本参考，同时为滇桂黔石漠化片区旅游减贫的可持续性，以及有针对性地调整和制定旅游减贫战略和政策措施提供新的理论指导和依据。

（二）实践意义

旅游业是中国扶贫开发战略的一个重要组成部分，具有目标准、成本低、见效快、受益面广、返贫率低、受益期长等主要特点。[①]滇桂黔石漠化片区是我国 14 个集中连片特困地区中贫困人口最多、贫困程度最深的地区，大部分贫困人口还未真正脱贫致富，实施旅游减贫是党和政府以及社会各界人士心系该片区群众、帮助其尽早实现脱贫致富的重要举措。在具体实践过程中，关注民生、改善民生和振兴乡村是滇桂黔石漠化片区实施旅游减贫的主要目的。实施旅游减贫有利于拓宽贫困地区"旅游减贫"的思路、改善贫困地区基础设施和人居环境、带动贫困人口实现物质和精神的"双脱贫"、发挥旅游业的关联带动作用、促进省际联动发展与交流合作，将地区旅游资源优势转换为经济优势，增加区域经济收入，提高贫困人口的旅游减贫红利，实现精准脱贫的目标。本研究成果具有较强的应用性和普适性，不仅适用于滇桂黔石漠化片区，也适用于武陵山区、六盘山区、乌蒙山区等其他 13个连片特困地区，还可为全国其他贫困地区实施旅游减贫提供参考和借鉴。

1.有利于拓宽贫困地区"旅游减贫"的思路

为积极贯彻落实党的十八届五中全会提出的"旅游扶贫、精准脱贫"战略，将旅游减贫和精准脱贫嵌入贫困地区地域环境、民族文化、生计方式、社会结构、基层治理等过程中，研究旅游减贫的精准脱贫实践，提高社会各界对旅游减贫的认识，树立和重塑旅游业自身形象，不断扩大旅游业在社会经济发展中的影响，开阔和拓宽发展"大旅游""旅游减

[①]　国家旅游局：《中国旅游发展报告（2016）》。

贫"的思路，将以往纯粹为发展旅游而疲于协调各个环节转变为积极主动地加强与各机构和部门之间的沟通协调，以反哺回报社会，不仅受到广泛支持，还突破旅游界一直以来"就旅游论旅游""为发展旅游而发展"的封闭思维模式，同时还对滇桂黔石漠化片区发展"大旅游"的思路具有一定的启发意义。[①]在此基础上，促进滇桂黔石漠化片区旅游业改革发展，加大旅游减贫攻坚力度，充分发挥旅游业在扩内需、稳增长、增就业、减贫困、惠民生中的独特作用，有利于保障和改善民生，促进贫困人口致富，加快跨区域的经济增长，确保滇桂黔石漠化片区的贫困人口与全国人民一起共享改革发展成果。

2. 有利于改善贫困地区基础设施和人居环境

一方面，在滇桂黔石漠化片区实施旅游减贫在很大程度上可以改善当地的交通、医疗、卫生、通信网络等公共基础服务设施，促进社会主义新农村建设。另一方面，旅游减贫可以让乡村环境"美起来"。滇桂黔石漠化片区个别地区的人居环境还有待进一步改善。旅游减贫是一种资源节约型、环境友好型的减贫开发模式，可以留住乡民、留下乡村、传承文化，能够让人们望得见山、看得见水、记得住乡愁，让贫困乡村宜居、宜业、宜游，让城里人心有静谧之地，让乡村原生态的自然与文化得以保护、传承和发展，实现百姓富、生态美两者有机统一，实现现代与传统的有机衔接，促进滇桂黔石漠化片区人居环境的有效治理和不断改善。

3. 有利于带动贫困人口实现物质和精神的"双脱贫"

乡村旅游的发展可以作为贫困人口脱贫致富的新引擎。旅游产业覆盖面广、产业链条长，非常适合"大众创业、万众创新"，可以让农民的脑袋先"富起来"，从"扶志"到"扶智"，激发人们灵活就业、创业，是农村脱贫奔小康的新引擎。据统计，旅游业平均直接地增加1个就业

---

① 高舜礼:《对旅游扶贫的初步探讨》,《中国行政管理》1997年第7期。

岗位，就能间接地带动全社会增加 5~8 个就业岗位。[①]滇桂黔石漠化片区中大部分地区青山绿水，自然生态保护较好，拥有民族文化多样的、丰富的旅游资源，尤其适合发展旅游，把这些潜在旅游资源优势转化为旅游产业优势，充分发挥"旅游 +"的功能和作用，积极兴办旅游实体，扶持和推动发展旅游减贫项目，大力发展乡村休闲游、民族风情游、文化旅游等旅游业态，促进贫困地区社会经济的持续发展，能有效缓解就业供需矛盾，带动当地群众吃上旅游饭、走上旅游路，实现以就业促增收，提高老百姓的收入水平，加快贫困人口脱贫致富奔小康的步伐[②]。同时，为困难群众打开一扇通向外部世界的窗户，保障贫困人口的发展权益和受益机会，使他们获得新的发展机会和人生出彩的机会。很多乡村旅游景点的村民在同外界的交往中，掌握了新知识、新技能，更新了理念，逐步形成了现代生活方式，提高了综合素质，实现了物质和精神的"双脱贫"，有助于增强贫困地区"造血"功能，从根本上帮助滇桂黔石漠化片区人民走向富裕、走一条稳定长远的经济发展之路。因此，将滇桂黔石漠化片区的旅游资源优势转换为经济优势，可以增加就业岗位促增收，提高区域整体经济收入，对解决区域性贫困问题、促进乡村振兴和社会和谐发展具有重要的战略意义和现实意义。

4. 有利于发挥旅游业的关联带动作用促进乡村振兴

滇桂黔石漠化片区内自然条件相对恶劣，喀斯特地形地貌特征显著，但潜在的旅游资源丰富，民族文化底蕴深厚，民俗风情浓郁，民间工艺丰富，为旅游发展奠定了坚实的基础。旅游业不仅具有较强的产业关联效应，而且还具备较强的诱导性效应、直接效应和间接效应。例如，世界旅游组织研究结果表明：旅游业的发展能够带动交通、餐饮、通信等109 个行业的发展。因此，在滇桂黔石漠化片区实施旅游减贫，能够进

---

① 郎艳林：《抢占山地旅游发展制高点——访贵州省旅游发展委员会主任李三旗》，《当代贵州》2016 年第 27 期。
② 郎艳林：《抢占山地旅游发展制高点——访贵州省旅游发展委员会主任李三旗》，《当代贵州》2016 年第 27 期。

一步挖掘和开发该片区内的潜在旅游资源，逐渐形成很多新的、特色鲜明的旅游胜地，完善与旅游地建设风格相对应的旅游接待服务设施和设备，这在很大程度上促进了旅游生产力作用的发挥。发展成为国际知名喀斯特山水与文化旅游目的地、边境旅游示范区等，从单一开发模式转变为多元化发展模式，为该片区旅游经济高质量发展找到新的增长点，对于将旅游业打造成为区域经济发展的支柱性产业具有重要的战略意义，为建设"旅游强国""旅游强省"的目标奠定基础。

5. 有利于促进省际联动发展与交流合作

在滇桂黔石漠化片区中，云南、广西和贵州三省（区）相连的贫困县（市、区）有29个，还有8个边境县，这些地区的石漠化面积最大、贫困程度最深，而旅游减贫是一项社会性系统工程，所涉及的面广、关联性久，影响到社会生活的各个方面，在滇桂黔石漠化片区实施旅游减贫，能够促进滇桂黔石漠化片区建立健全跨省（区）协作机制，充分发挥比较优势，以及旅游的乘数效应，实现资源优势共享和互补，进一步加强滇桂黔石漠化片区各省（区）、各市州、各县（市、区）之间的协调发展与交流合作，深入推进西部大开发战略；同时，还有利于保护和改善该片区的生态环境，提高旅游减贫的效益和效率，保护珠江流域和长江流域这两大流域的重要生态安全屏障，促进民族团结进步和边境地区繁荣稳定。

第二节　旅游减贫相关概念及其关系

一　贫困

贫困是一个全球性难题，在世界各国均不同程度地存在。至于什么是贫困，则涉及价值判断的问题，而不仅是经济学意义上的。随着现代经济社会的发展，贫困往往和政府一系列无偿的援助政策联系在一起，其政策含义也显而易见 ①。

贫困是一种复杂的社会现象。贫困具有不确切、动态等特征。随着人们对贫困的认识越来越深入，"贫困"一词已经成为一个具有多维角度的概念。因为，贫困的内涵随着人类社会的进步亦在不断丰富和延伸，从最初的经济领域延伸到政治、社会、文化等领域，贫困的评价标准也由较强的客观性扩展到主观感受。同样，人类认识贫困的概念也是从经济和物质层面开始的，最开始的关注点在物质生活上的困难，以及用以实现基本生存所需的物质资料是否得以满足。例如，英国学者 Rowntree 认为，"人们缺乏获得一定数量的、必需的物资与服务，即为贫困"。② 我国国家统计局指出，贫困一般是指物质生活困难，即一个人或一人家庭的生活水平达不到一种社会可接受的最低标准。他们缺乏某些必要的生活资料和服务，生活处于困难境地。③ 人类社会的进步使人们逐渐认识到：贫困并不仅存于物质层面，还存在于人们对社会、文化等的需求满足方面。可见，社会、文化等精神层面的相关内容也是考量贫困的重要内容之一。英国的汤森指出，贫困并非简单地意味着吃不饱、穿不暖等基本需求的缺乏，贫困更多地意味着家庭或个体遭受的"相对剥夺"。这种剥夺是一种在社会中与平均水平比较的相对匮乏状态，使其不足以达到正常平均的社会生活水平。那些缺乏获得各种食物以及最基本的生活与社交条件资源的个人、家庭、群体就是所谓贫困的。④

人们对贫困的研究逐渐从贫困的表面现象转入贫困的本质，即"能力缺乏"这一根源性致贫问题。正如印度经济学家阿玛蒂亚·森所提出的能力剥夺的贫困理论强调的，"贫困除了可被看作收入低以外，还应被

---

① 郭雪剑：《三条保障线：中国反贫困的理论与实践》，中国社会出版社，2007。

② 张岩松：《发展与中国农村反贫困》，中国财政经济出版社，2004，第26页。

③ 国家统计局"中国城镇居民贫困问题研究"课题组和"中国农村贫困标准"课题组的研究报告，1990；唐钧：《确定中国城镇贫困线方法的探讨》，《社会学研究》1997年第2期。

④ Townsend, *Poverty in the United Kingdom:A Survey of Household Resource and Standards of Living*, California: University of California Press,1979. 唐钧：《确定中国城镇贫困线方法的探讨》，《社会学研究》1997年第2期。

看作基本能力被剥夺"，强调能力对贫困的影响是非常大的。《1981 年世界发展报告》明确指出，贫困是缺乏必要的资源支持获取大多数人都能获得的、众所周知的饮食和生活条件以及参加某些活动的机会。也就是"缺少达到最低生活水准的能力"。[①]《1990 年世界发展报告》中更直接地将贫困定义为，"缺少达到最低生活水平的能力"。[②]

贫困的内涵随着人类的文明进步演变成一个涉及社会经济、文化等多元化的概念。例如，杨颖指出，贫困是一种生存与发展状态，不能单从收入角度来理解，它还包括在社会、精神、健康、知识等方面的贫困。[③]奥本海默在《贫困真相》一书中指出，"贫困是指物质上、社会上和情感上的匮乏，意味着在食物、保暖和衣着方面的开支要少于平均水平。它不仅夺去了人们的生存机会的工具，还悄悄地夺去了人们享受退休生涯的机会"。[④]美国学者劳埃德·雷诺兹在《微观经济学》一书中认为："贫困问题表现在，美国的许多家庭没有足够的收入可以使之达到最起码的生活水平。"[⑤]

综观贫困发展历程，人类对脱贫的认识过程是一个不断变化的动态过程，历经了从物质方面转向社会和文化等精神方面，再到能力方面，最后到涉及众多领域。人们通常认为的收入不足问题早就已经不能涵盖贫困的内涵和外延了，贫困已经成为一个具有综合性特征的概念。影响贫困的因素主要包括地理位置、社会文化、交通、权益、能力等，若这些影响因素方面存在的问题能够得以妥善解决，能够在很大程度上帮助贫困人口获得脱贫致富的发展机会，从而帮助贫困人口彻底摆脱贫困。

本研究探讨的滇桂黔石漠化片区的脱贫问题更多强调的是物质资料

---

① 世界银行:《1981 年世界发展报告》，经济出版社，1982。
② 世界银行:《1990 年世界发展报告》，经济出版社，1991。
③ 杨颖:《公共支出、经济增长与贫困——基于 2002—2008 年中国贫困县相关数据的实证研究》，《贵州财政学院学报》2011 年第 1 期。
④ Carey Pooenheim.*Poverty:the Facts*, CPAG, 1993.
⑤ 〔美〕劳埃德·雷诺兹:《微观经济学》，马宾译，商务印书馆，1982。

的匮乏，因为该片区少数民族人口最多，交通极为不便，长期处于较封闭的状态，且恶劣的自然条件使当地老百姓一直生活在以传统小农经济为主的境况，"靠天吃饭"习以为常，缺乏力求发展进步的内生动力和主观意识。因此，贫困是恶劣的自然条件阻碍了社会经济的发展，以致个人、家庭或群体达不到一种社会可接受的最低标准，具有很强的代际传递性。

二 旅游减贫

旅游减贫的概念于 1991 年首次被提出，指在具备一定旅游发展条件和基础的贫困地区（或者欠发达地区）实施的一种区别于以往减贫方式的造血式减贫。《中国旅游发展报告（2016）》指出，旅游扶贫是充分运用市场机制的扶贫，是造血式扶贫，是广泛受益的扶贫，是物质和精神"双扶贫"，是富有尊严、促和谐的减贫[①]。旅游扶贫的目标是通过发展旅游带动贫困人口脱贫致富，促进贫困地区经济发展，强调减贫的目的和宗旨，而非旅游这一载体、工具或手段。[②]

学术界对旅游减贫、减贫旅游以及一般性旅游开发等相关概念的内涵和外延的界定尚未形成体系。现有文献立足于"旅游"研究旅游减贫的相对较多，而立足于"减贫"研究旅游减贫的文献则相对较少，也就是所选的研究视角和出发点不同。一些学者将减贫旅游等同于旅游减贫，一些学者却认为二者是截然不同的概念，因为减贫旅游是以减贫为主要导向，是对旅游减贫的深化。李佳指出，"减贫旅游以贫困人口的持续获益和发展为目标，以可持续旅游为基石，以机制构建为核心，是一种旅游可持续发展的新理念和使用工具"。[③]减贫旅游的提出有利于实现

---

① 国家旅游局：《中国旅游发展报告（2016）》。
② 黄渊基：《国内外旅游扶贫研究述评》，《淮海工学院学报》（人文社会科学版）2019 年第 2 期。
③ 李佳：《旅游扶贫理论与实践》，首都经贸大学出版社，2010，第 42~43 页。

与国际研究接轨。Zeng 和 Chris 总结出我国最主要的两种关于减贫旅游
（Tourism-Assisting the Poor:TAP）的理解：一种认为减贫旅游是具体
的减贫战略，通过旅游发展增加收入和提高贫困人口的能力；另一种则
认为，减贫旅游是将减贫作为主要目标的旅游发展模式。[①] 有学者指出：
中国的减贫旅游在概念和实施过程方面虽与西方国家的 PPT 与 ST-EP
存在相似之处，但依然存在诸多差异。例如，"减贫旅游"之关键在于
"扶"，更强调外援力量的作用和重要性，这与 PPT 和 ST-EP 的含义并
不一致。[②] 减贫旅游的首要任务是减缓甚至消除贫困，尤其要确保贫困
人口受益，[③] 重点和落脚点是旅游，与作为减贫开发方式之一的旅游减贫
亦不同，旅游减贫则是以减贫为目标导向来发展旅游，重点和落脚点是
减贫。减贫旅游侧重于旅游研究，不仅是旅游发展的一种模式，也是旅
游可持续发展与消除贫困的一种方式。贫困地区的任何旅游活动、旅游
产品都可能成为减贫旅游的内容。从概念上而言，减贫旅游的概念比旅
游减贫更接近国际上流行的 PPT 概念，但它的概念范畴远远小于旅游
减贫。[④]

三　旅游减贫与其他产业减贫之关系

旅游业与其他产业联系紧密，带动作用明显。据统计，旅游业可以
带动约 109 个相关产业的发展，直接带动的主要是交通、住宿和餐饮，
间接带动的关联产业则更多。产业升级是多维的，每一个产业本身也需
要其他产业配合，任何一个产业都不适合单独发展，对于贫困地区的产

---

① Zeng Benxiang, Chris Ryan, "Assisting the Poor in China through Tourism Development: a
Review of Research", *Tourism Management*,2012,33:239-248.
② 朱璇:《PPT 战略与背包旅游——以滇西北为例》,《人文地理》2006 年第 3 期。
③ 黄渊基:《国内外旅游扶贫研究述评》,《淮海工学院学报》(人文社会科学版) 2019 年第
2 期。
④ 张祖群:《Pro-Poor Tourism 公益性研究：文献基础、机制与展望》,《北京第二外国语学
院学报》2012 年第 3 期。

业发展而言更是如此。

我国的贫困地区是以第一产业为主，土地仍然是广大农民的生存之本，而旅游减贫直接针对的是农村贫困人口，因此在发展旅游经济的同时，要以农业为主，厘清旅游业与农业之间相互联系、相互促进的关系，将农业与旅游业耦合，开发以加工制造业为特色的第二产业，生产"农旅"产品，通过建立电商平台，将"农旅"产品销往各地，充分发挥旅游业与农牧业耦合发展对贫困地区的增收作用，提升农业附加值，将农业与服务、物流、旅游等第三产业融合发展，还可以充分利用贫困地区的资源优势，实现自我发展、自我建设、自我脱贫。此外，外来游客到贫困地区旅游，将外界的新知识、新观念等带给参与旅游活动的贫困人口，可以促进贫困人口接收新的信息、感受新鲜的事物、提升自我的愿望。

四　旅游减贫的运行机理

（一）精准识别是旅游减贫的基础

精准识别通过科学、合理、有效的识别方法，简化识别程序，精准地剖析贫困地区的旅游开发条件以及贫困人口的致贫等具体情况，精确地识别哪些贫困地区适合旅游减贫工作，哪些类型的旅游减贫项目适合开发，哪些贫困人口适合参与旅游减贫活动，从而解决"是否能减"、"用什么减"以及"谁是减贫对象"的问题，有力地促进乡村振兴。

（二）精准帮扶是旅游减贫的核心

旅游减贫精准帮扶是在精准识别的基础上，在旅游减贫开发的实际过程中发现贫困地区的贫困人口存在的贫困问题及其特征，建立有效的旅游持续减贫机制和保障措施，解决旅游减贫中"减哪样""哪个减""如何减"的问题。

（三）精准考核是旅游减贫的检验

旅游减贫精准考核是对旅游减贫效果的检验。旅游脱贫的成效需要更系统和专业的评估机制，需要动员第三方的力量进行科学的抽样评估，也需要贫困人口的积极参与。考核不仅是对地方政府的考核和评估，还包括对贫困户的扶持效果进行考核和评估，保证精准脱贫和减贫目标的实现，避免返贫现象的发生，更注重帮扶措施的可行性和持续性。

（四）精准监管是旅游减贫的保障

旅游减贫的精准监管贯穿了旅游减贫全过程，包括精准识别和精准帮扶过程等，以及对旅游减贫目标对象、旅游减贫项目和旅游减贫项目资金、旅游减贫各参与主体的协调、旅游减贫效果等全方位实施监督和管理。精准监管的作用在于保障旅游减贫的有效实施以及精准脱贫和减贫目标的实现，解决旅游减贫中"谁来管""管什么""如何管"的问题。

总体上看，有针对性的旅游减贫是一个不断反馈的、动态的、开放的运行系统。在最初实施旅游减贫时，旅游减贫系统（见图1-1）的运行需要遵循一定的程序和方法，对贫困地区现有的旅游减贫开发条件以及贫困人口的贫困状况进行深入调查和剖析，从而精准地识别旅游减贫的目标对象，并根据这些目标对象的贫困程度和特征，因地制宜、因人而异，有针对性地实施旅游精准帮扶。与此同时，有效地监管整个精准识别过程和精准帮扶过程，最后对这些减贫成效进行考核。旅游减贫系统运行过程中的运行环境会随着旅游减贫工作的不断推进以及减贫效果的逐渐显现而随即发生变化，旅游减贫的目标对象、帮扶内容以及监管措施等也会处于相应的动态变化中。旅游减贫系统会结合减贫目标的现实情况以及系统各方反馈的信息进行相应的调整。

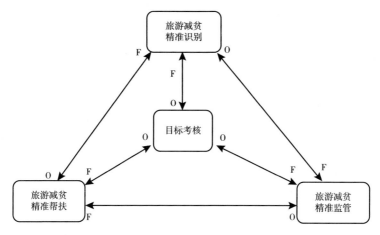

图 1-1 旅游减贫系统

注："O"表示运行；"F"表示反馈。

五 石漠化的概念、分布特征与成因

（一）石漠化的概念

石漠化灾害的概念提出最早是在 20 世纪 80 年代初期[①]。Yuan 采用石漠化（Rock desertification）概念[②]。杨汉奎采用喀斯特荒漠化（Karst desertification）概念[③]，用来表征植被、土壤覆盖的喀斯特地区转变为岩石裸露喀斯特景观的过程，并指出石漠化是中国南方亚热带喀斯特地区严峻的生态问题，导致喀斯特风化残积层土迅速贫瘠化，是我国四大地质生态灾难中最难整治的问题。屠玉麟认为，石漠化是指在喀斯特的自然背景下，受人类活动干扰破坏造成土壤严重侵蚀、基岩大面积裸

① Williams P. W., "Environmental change and human impact on karst terrains: An introduction", *Catena*, 1993, (Suppl.25): 1-19.

② Yuan Daoxian, Rock desertification in the subtropical karst of south China, In: Webmaster. Copyrights by Karst Dynamics Laboratory and Network Center of Guangxi Normal University, 1995-1999. http:// www .karst.edu.cn/desert/ rockdesert. htm.

③ 杨汉奎：《喀斯特荒漠化是一种地质生态灾难》，《海洋地质与第四纪地质》1995 年第 3 期。

露、生产力下降的土地退化过程，所形成的土地被称为石漠土地[①]。这一定义指明了石漠化的成因和实质，但忽略了气候环境的界定。喀斯特地貌在世界范围和我国均有广泛分布，因地理位置不同，气候条件有较大差异。干旱地区主要是由降水稀少、气候干旱形成的一种自然地理景观，是一种自然结果，与南方湿润气候区类似景观在成因上有本质区别。张殿发等对此进行了补充，认为石漠化是指在亚热带地区岩溶及其发育的自然环境背景下受人为活动的干扰破坏造成土壤严重侵蚀、基岩大面积出露、生产力严重下降的土地退化现象[②]。王世杰认为，石漠化是一个广义的概念，在南方湿润地区，在人类活动的驱动下，受人类不合理社会经济活动的干扰破坏，流水侵蚀导致地表出现岩石裸露的荒漠化景观，都应该归属石漠化的范畴。[③] 王德炉认为，石漠化即石质荒漠化，是指在我国南方湿润地区碳酸盐岩发育的喀斯特脆弱生态环境下，由人为干扰造成植被持续退化乃至丧失导致水土资源流失、土地生产力下降、基岩大面积裸露于地表（或砾石堆积）而呈现类似荒漠景观的土地退化过程。[④] 李阳兵等认为，石漠化是喀斯特生态系统的一种生态过程，是指发生在历史时期主要由人类活动所导致的一种使环境向荒漠演变的退化过程，主要指人为加速石漠化。石漠化土地不包括纯粹由自然因素形成的原生石漠或类荒漠景观。[⑤]

通过梳理现有文献，关于石漠化的定义可归纳为两类，一类认为，石漠化是一种退化土地或土地退化现象；另一类认为，石漠化是一种土地退化过程，所形成的土地称为石漠化土地。石漠化的变化导致地表形态和景观变化，以及土地系统功能的退化。不同土地利用类型的石漠化

[①] 屠玉麟：《贵州土地石漠化现状及成因分析》，载李箐《石灰岩地区开发治理》，贵州人民出版社，1996。

[②] 张殿发、王世杰、周德全等：《贵州省喀斯特地区土地石漠化的内动力作用机制》，《水土保持通报》2001年第4期。

[③] 王世杰：《喀斯特石漠化概念演绎及其科学内涵的探讨》，《中国岩溶》2002年第2期。

[④] 王德炉：《喀斯特石漠化的形成过程及防治研究》，南京林业大学博士学位论文，2003。

[⑤] 李阳兵、王世杰、容丽：《关于喀斯特石漠和石漠化概念的讨论》，《中国沙漠》2004年第6期。

表现形式有所不同，并非所有的石漠化过程均使土地出现类似荒漠的景观。忽视由石漠化引起的喀斯特生态系统和生态过程的变化，会导致难以刻画不同石漠化类型的共同本质。热带和亚热带地区喀斯特生态系统的脆弱性是石漠化的形成基础，但人口压力、土地利用规划和实践的不合理、大气污染等触发了这一事件所有过程。因此，石漠化，亦称石质荒漠化，是指因水土流失而导致地表土壤损失、基岩裸露、土地丧失农业利用价值和生态环境退化的现象。石漠化多发生在石灰岩地区，土层厚度薄（多数不足10cm），地表呈现类似荒漠景观的岩石逐渐裸露的演变过程[①]。

（二）石漠化的分布特征

我国石漠化的分布在不同时期呈现不同的特征。2004~2005年，中国国家林业和草原局组织开展了对包括滇桂黔石漠化片区在内的岩溶地区石漠化土地的监测工作。监测范围涉及湖北、湖南、广东、广西、贵州、云南、重庆、四川8省（区、市）的460个县（市、区），监测区总面积107.14万平方公里，监测区内岩溶面积为45.10万平方公里。监测结果显示，我国石漠化分布特征主要表现在四个方面。一是分布相对比较集中。以云贵高原为中心的81个县，土地面积仅占监测区面积的27.1%，而石漠化面积却占石漠化总面积的53.4%。二是主要发生于坡度较大的坡面上。发生在16度以上坡面上的石漠化面积达1100万公顷，占石漠化总面积的84.9%。三是程度以轻度、中度为主。轻度、中度石漠化面积占石漠化总面积的73.2%。四是石漠化发生率与贫困状况密切相关。监测区的平均石漠化发生率为28.7%，而县财政收入低于2000万元的18个县，石漠化发生率为40.7%，高出监测区平均值12个百分点；在农民年均纯收入低于800元的5个县，石漠化发生率高达52.8%，比监测区平均值高出24.1个百分点。

---

① 周健民：《土壤学大辞典》，科学出版社，2013。

（三）石漠化的成因

石漠化主要是严重的水土流失所致。人地矛盾成为治理石漠化的一个最大难题。统计分析显示，人为因素形成的石漠化土地中，过度樵采形成的占 31.4%，不合理耕作形成的占 21.2%，开垦形成的占 15.1%，乱砍滥伐形成的占 13.4%，过度放牧形成的占 8.2%。另外，乱开矿和无序工程建设等也加剧了石漠化的扩展，占人为因素形成的石漠化面积的 10.7%。总体上看，石漠化的形成原因主要包括自然因素和人为因素，其中人为因素所占比例较大。

一方面，自然因素是形成石漠化的基础条件。岩溶地区丰富的碳酸盐岩具有易淋溶、成土慢的特点，是石漠化形成的物质基础。山高坡陡，气候温暖，雨水丰沛而集中，为石漠化的形成提供了侵蚀动力和溶蚀条件。据统计，因自然因素形成的石漠化面积占石漠化总面积的 26%。

另一方面，人为因素是造成石漠化的主要原因。岩溶地区人口密度大，地区经济贫困，群众生态意识淡薄，各种不合理的土地资源开发活动频繁，导致土地石漠化。据统计，人为因素造成的石漠化面积占石漠化总面积的 74%，主要表现为 5 个特征。一是过度樵采。岩溶地区经济欠发达，农村能源种类少，群众生活能源主要靠薪柴，特别是在一些缺煤少电、能源种类单一的地区，樵采是植被破坏的主要原因。据调查，监测区的能源结构中，36% 的县薪柴比重大于 50%。二是不合理的耕作方式。岩溶地区山多平地少，农业生产大多沿用传统的刀耕火种、陡坡耕种、广种薄收的方式。由于缺乏必要的水保措施和科学的耕种方式，充沛而集中的降水使得土壤易被冲蚀，导致土地石漠化。据调查，监测区现有耕地中 15 度以上的坡耕地约占耕地总面积的 20%。三是过度开垦。岩溶地区耕地少，为保证足够的耕地，解决温饱问题，当地群众往往通过毁林毁草开垦来扩大耕地面积，增加粮食产量，这些新开垦地，由于缺乏水保措施，土壤流失严重，最后导致植被消失、土被冲走、石头露出。四是乱砍滥伐。新中国成立以来，西南岩溶地区先后出现几次大规模砍伐森林资源，导致森林面积大幅度减少，使森林资源受到严重破坏，导致地表失去保护，加速了石漠化的发展进程。五是乱放牧。岩溶地区散养牲畜，不仅毁坏林草植被，且造成土壤易被冲蚀。据测算，一头山羊在一年内可以将 10 亩 3~5 年生的石山植被吃光。

综上，从成因来看，导致石漠化的主要因素是人为活动。由于长期以来自然植被不断遭到破坏，大面积的陡坡开荒造成地表裸露，加上喀斯特石山区土层薄、基岩出露浅、暴雨冲刷力强，大量的水土流失后岩石逐渐凸现裸露，呈现石漠化现象，并且随着时间的推移，石漠化的程度也在不断加深和发展。石漠化发展最直接的后果就是土地资源的丧失，又由于石漠化地区缺少植被，不能涵养水源，往往伴随着严重人畜饮水困难。

六 石漠化致贫的机理

（一）农业人口增长过快，土地负荷压力大

滇桂黔石漠化片区是少数民族聚集区，农业人口比重大、增长快。以贵州为例，人口从 1949 年的 1403 万人增加到 1998 年的 3657 万人，农业人口占总人口的 80% 以上，自然增长率比全国平均水平高 5 个千分点，人口平均密度已达 200 人 /km，远远超过当前生产力水平下的合理人口容量约 150 人 /km 的限度，人口超载率在 30% 以上。人口增长快、密度大，使滇桂黔石漠化片区陷入人口增加—过度开垦—土壤侵蚀性退化—石漠化扩展—经济贫困的恶性循环中。

（二）对土地掠夺式经营，致贫困程度加深

在滇桂黔石漠化片区，乱砍滥伐、滥垦滥耕、铲草皮、挖树根、烧秸秆等现象经常发生，不少贫困地区尤其是交通不便的偏远山区，在

1990 年以前普遍存在"刀耕火种，烧山种地"的现象。该片区年均降雨量多在 800~1991mm，暴雨集中在春季（约占 40%）和夏季（占 55%以上）。春季和初夏季的暴雨正是大面积坡耕地的中耕播种季节，农作物（玉米、油菜、绿肥等）正处于幼苗阶段，疏松的坡土得不到很好的覆盖，因此对土地掠夺式经营以及春季和初夏季暴雨增多造成了严重的水土流失和土地石漠化，并且该片区 1/3 的旱耕地仍采用落后的顺坡耕种方式，加剧了水土流失和石漠化，严重影响了当地的生态经济可持续发展，使农业生产和收成受到极大影响，在很大程度上加深了长期依靠小农经济维持生计的当地群众的贫困程度。

（三）生活环境信息闭塞，致群众思想保守

滇桂黔石漠化片区的贫困群众大多数生活在偏远山区，信息闭塞，一些人不愿接受新事物，不愿学习新技能，缺乏致富能力。同时，受传统思想影响严重，当地群众对物质生活追求不高，基本温饱一旦得到满足，便没有更多热情去追求更加美好的生活，容易满足现状。一些贫困群众"等、靠、要"思想比较严重，总是指望政府或非政府组织给钱给物救济，却不愿意自力更生。经济贫困只是外在表现，思想观念保守和长期以来形成的易于满足现状的心态，才是缺乏脱贫内生动力的根本原因。

（四）生存环境极为恶劣，削弱脱贫的信心

滇桂黔石漠化片区土地总面积为 22.8 万平方公里，其中石漠化面积 4.9 万平方公里，占总面积的 21.49%，中度以上石漠化面积达 3.3 万平方公里，是全国石漠化问题最严重的地区，有 80 个县属于国家石漠化综合治理重点县。人均耕地面积仅为 0.99 亩。土壤贫瘠，资源环境承载力低，干旱洪涝等灾害频发，生态条件脆弱。例如，广西素有"八山一水一分田"之称，深度贫困地区更是"九分石山一分土"。贫困户基本是生活在偏僻山村，地理生存环境十分恶劣，交通条件异常落后，有的需爬

几个小时山路才能走到村部或集镇，平时种植生产的土特产艰难运输出去卖，造成贫困户农产品销售成本很高，严重制约着他们通过种养脱贫。很多贫困村缺水非常严重，有的贫困村甚至没有一分水田，只能在石头山的石窝里种玉米，农业生产收成很不稳定，农业经济收益非常差。贫困户长期在这样恶劣的环境中生产生活，祖祖辈辈贫困从而逐渐丧失了脱贫信心和动力，认定了贫困的现实和命运，淡化甚至失去了脱贫的信心和意志。

（五）资源开发利用较少，县域经济较薄弱

滇桂黔石漠化片区恶劣的自然环境，导致有限的资源就地转化程度低、精深加工能力弱，能源、矿产、生物资源、旅游等资源优势没有转化为产业优势。缺少带动力强的大企业、大基地和产业集群，产业链条不完整，市场体系不完善，配套设施落后，尚未形成有效带动经济发展和减贫开发的支柱产业。城镇化进程滞后，城镇化率低于全国平均水平25个百分点。

第三节　旅游减贫国内外研究动态

一　国内研究动态

20世纪80年代，英国国际发展总局提出了有利于贫困人口发展的旅游（Pro-poor Tourism，PPT）战略，我国在此基础上提出了"旅游减贫"的口号。国内有些学者将英国国际发展总局提出的Pro-poor Tourism翻译为"旅游减贫"。20世纪80年代初期，我国将旅游减贫作为一种脱贫方式进行研究和实践，选择在一些城市或重点旅游地附近的贫困地区，充分利用当地潜在的特色旅游资源，取得了良好的脱贫致富效果。80年代后期，旅游业被正式纳入国民经济和社会发展计

划，国家开始有计划地对具有潜在旅游资源条件的贫困地区实施旅游开发，并给予资金和政策上的倾斜，很好地带动了贫困地区的经济发展，加快了贫困人口脱贫的步伐，同时吸引了学术界和更多旅游部门的高度重视。[①]

本书以"旅游减贫"为关键词在 CSSCI 中文社会科学引文索引中查询搜索到 2021 年 12 月 31 日前的近 150 篇相关文献，包括论文 142 篇、综述 1 篇、评论 3 篇、报告 1 份，这些文献资料主要源于《旅游学刊》《人文地理》《农村经济》《中国软科学》《经济问题》等，涵盖管理学、经济学、法学、社会学、民族学等学科领域。通过梳理这些主要文献资料发现，目前我国学者主要从 8 个方面对于旅游减贫进行研究，如旅游减贫的概念特征和理论依据、机制和模式、研究对象和目标、旅游减贫的效果评估等。

（一）旅游减贫的概念和理论依据

旅游减贫之概念于 20 世纪 90 年代初被首次提出后，掀起了国内学术界的研究热潮，并在我国旅游减贫实践过程中不断得到升华和完善。笔者通过整理相关文献资料发现，国内学者对旅游减贫的概念界定众说纷纭，仍未形成统一共识。综观文献研究，学者们从不同的视角对旅游减贫的概念进行界定，邓小海归纳出以下三种主要类型[②]。一是从地区发展目标出发，认为旅游扶贫是一种减贫方式，通过发展旅游带动贫困地区的经济发展，从而使该地区脱贫致富，[③]二是从地区与贫困人口发展目标角度出发，认为旅游扶贫是一种区域经济发展模式。三是以贫困人口发展目标为出发点，认为旅游扶贫是指在政府和社会力量的帮扶下，依托贫困地区的特色旅游资源，发展旅游业帮助贫困人口脱贫和实现贫困

① 孙东峰：《基于 PPT 战略的县域旅游业发展研究》，天津大学博士学位论文，2009。
② 邓小海：《旅游精准扶贫研究》，云南大学博士学位论文，2015。
③ 黄渊基：《贫困、扶贫与旅游扶贫：几个基本概念的厘清》，《长沙大学学报》（哲社版）2018 年第 1 期。

地区经济可持续发展。[①]笔者通过梳理文献研究发现还有第四种类型。第四种对旅游减贫概念的界定是从产业融合的角度出发，认为旅游减贫是一种促进贫困减缓的减贫方式，借助外界的扶持和当地贫困人口的内生力量进行发展。[②]此外，还有学者从生态效率、社区协同发展等角度对旅游减贫概念进行界定和概括。学术界有关旅游减贫的理论依据的研究，更多是从经济学、社会学等领域借鉴相关理论进行交叉性的研究。

（二）旅游减贫的机制和模式

旅游减贫机制的好坏在很大程度上决定着旅游减贫的成败，因此，旅游减贫机制是旅游减贫研究中最值得关注的问题。例如，邓小海等提出了旅游扶贫目标人群识别的市场甄别机制和"意愿—能力"识别模型以及旅游减贫项目识别的"RHB"框架。[③]王浪提出对旅游扶贫机制进行创新可以从三个层面进行，即"动力机制、决策机制和利益分配机制"[④]；等等。很多有关旅游减贫模式的研究往往把旅游减贫主体的帮扶模式和旅游资源类型的依托模式混杂在一起。

（三）旅游减贫中存在的问题与对策

尽管旅游减贫取得了一定的成效，但在实践过程中还存在一些问题，如需强化旅游业对关联产业的带动作用。例如，将旅游业与传统农业融合发展，强化旅游住宿业与贫困地区联系，从而提升旅游减贫的扶贫效应[⑤]。傅显捷探讨了武陵山片区生态旅游与精准扶贫

---

① 李柏槐：《四川旅游扶贫开发模式研究》，《成都大学学报》（教育科学版）2007 年第 6 期。
② 黄渊基：《国内外旅游扶贫研究述评》，《淮海工学院学报》（人文社会科学版）2019 年第 2 期。
③ 邓小海、曾亮、罗明义：《精准扶贫背景下旅游减贫精准识别研究》，《生态经济》2015 年第 4 期。
④ 王浪：《民族地区旅游扶贫机制创新研究》，《延边教育学院学报》2018 年第 1 期。
⑤ Pillaya M., Christian M. Rogerson, "Agricultire Tourism Linkages and Pro-Poor Impacts: The Accommodation Section of Urban Coastal Kwazulu-Natal,South Africa", *Applied Geography*, 2013(36):49-58.

的有效路径①。邓维杰认为，精准扶贫之难点包括规模排斥、区域排斥、识别排斥等，提出了实行贫困村分类机制化、确定贫困人口的规模等路径②。

简言之，国内学者对旅游减贫的系统理论研究较少，尚未成熟，只有零星论述可循，这对该领域提供了较大的研究空间。

二　国外研究动态

20 世纪六七十年代，国外学术界主要围绕旅游与经济的相互影响进行探讨③，并以对旅游乘数效应的研究为代表。20 世纪 80 年代，有关旅游与反贫困的研究仅包含在旅游伦理和可持续发展问题研究中，尚未形成专题，后来研究重点转移到如何使贫困人口在旅游发展中受益④。本研究以"Pro-Poor Tourism"和"tourism+poverty"为关键词，在 Elsevier、Web of Science、Routledge 等外文数据库检索，对 2021 年 12 月 31 日前的 150 余篇相关文献进行筛选和梳理，并总结归纳了国外旅游减贫的研究动态，可为我国乡村振兴视角下旅游持续减贫研究的理论和实践提供参考和借鉴。

（一）旅游减贫的理论依据及原则

1. 旅游减贫的概念

贫困是一个多维的概念，涵盖了经济、政治等因素，决定了减贫工

① 傅显捷：《生态旅游综合产业发展与地理标志产品研究——从武陵山片区酉阳县生态旅游与精准扶贫说起》，《长江师范学院学报》2015 年第 6 期。
② 邓维杰：《精准扶贫的难点、对策与路径选择》，《农村经济》2014 年第 6 期。
③ Bramwell B. L. B., *Rural Tourism and Sustainable Rural Development Proceedings from the Second International School of Rural* Development, London: National University of Ireland Galway, 1994:136. David H., "Pro-Poor Tourism: A Critique", *Third World Quarterly*, 2008(5):851-868.
④ Caroline A, Dellys R, Harold G., *Pro-Poor-Tourism Strategies: Making Tourism Work for the Poor*, London: ODI, IIED, and CRT, 2001.

作的综合性和复杂性。关于贫困的定义，国外学术界以及相关机构都有一定的理解。例如，世界银行规定的标准是目前国际贫困线采用较多的。但是，货币标准仅仅是贫困概念的一个方面，从更深层次意义上看，贫困还受到政治因素、社会因素、风险因素等诸因素的影响[1]。PPT 即有利于贫困人口发展的旅游（Pro-Poor Tourism）的概念是英国国际发展局（Department for International Development，DFID）1999 年 4 月在可持续发展委员会的报告中首次提出的，旅游减贫与 PPT 概念也紧密相连。2000 年，英国国际发展局成立了旅游挑战基金，在全球范围内资助 PPT 实践项目。随后，该领域日益受到学术界和业界的广泛关注。帮助贫困人口越过贫困线只是 PPT 最基本的目的，旅游政策制定者或者旅游规划与管理人员不能将此作为旅游减贫的最终目的。但是，目前的研究显示，提高经济水平仍然是旅游减贫的前提和根本目标，并将确保贫困人口的收益作为最明确的目标。总之，PPT 是旅游发展和管理的一种方式，强调充分利用各种能为贫困人口带来净收益的旅游类型，不局限于某种具体的旅游形式[2]。旅游减贫是一套战略，其目标是使旅游业的利益惠及脆弱和贫穷的社区，从而加强旅游企业和穷人之间的联系，为减贫作出贡献。

2. 旅游减贫的理论依据

Deloitte、Touche 对旅游与贫困问题进行了回顾。Caroline Asheley 等提交了"有利于贫困人口发展的报告"，其中"使贫困人口从旅游中获利的策略"是该报告四个核心问题之一。旅游减贫的产生背后具有强大的理论基石，包括自由主义 / 新自由主义、批判阶段、可替代发展和后

---

① International Monetary Fund(IMF), The Gambia: Poverty Reduction Strategy Paper, 2014-09-18.IMF Country Report, 2007. http://www.imf.org/external/pubs/ft/scr/2007/cr07308.pdf.
② Zuhal ÖNEZ ÇETİN, Hüseyin ÖZGÜR. "A Critical Theoretical Evaluation on Pro-Poor Tourism and Poverty Alleviation", *Mustafa Kemal University Journal of Social Sciences Institute*, 2012,17:115-133.

结构主义等 ①。

3. 旅游减贫的原则

旅游减贫的原则包括八个方面：一是整体生活水平原则；二是参与原则②；三是广泛应用原则；四是均衡发展原则；五是利益分配原则，即成本收益分配分析是必要的，以及如何最好地平衡二者③；六是弹性原则，即旅游 PPT 项目的速度和规模需要弹性；七是商业现实，即项目和策略需要商业有效性，商业开发必须是现实的；八是跨学科学习④。

（二）旅游减贫的方式

1. "旅游 + 自然生态与减贫"

Spenceley 等研究了卢旺达旅游给穷人带来的益处，认为野生生物是该国开展自然旅游减贫的重要资源⑤。Job 和 Paesler 以肯尼亚的瓦西尼岛为例，对自然旅游、保护区、减贫和危机之间的联系进行深入剖析，认为以地质景观为基础的自然旅游是那些自然资源丰富的地区如非洲开展旅游减贫的主要方式⑥。Kiernan 以老挝人民民主共和国为个案对发展中国家的自然保护、地理旅游和减贫关系进行了深入研究⑦。Richardson 等

---

① 李会琴、侯林春、杨树旺、JR Brent Ritchie：《国外旅游扶贫研究进展》,《人文地理》2015 年第 1 期。

② Roe D., Urquhart P., Pro-poor tourism: Harnessing the world's largest industry for the world's poor, 2014-09-18. IIED, World Summit on Sustainable Development, 2001.5. http://www.eldis.org/vfile/upload/1/document/0708/DOC10076.pdf.

③ Chok S., Macbeth J., Warren C., "Tourism as a tool for poverty alleviation: A critical analysis of "pro-poor tourism" and implications for sustainability", *Current Issues in Tourism*, 2007,10 (2/3):144–165.

④ Butler R., Curran R, O'Gorman K. D., "Pro-poor tourism in a first world urban setting: Case study of Glasgow Govan", *International Journal of Tourism Research*, 2013,15(5):443–457.

⑤ Spenceley A., Habyalimana S., Tusabe R., et al., "Benefits to the poor from gorilla tourism in Rwanda", *Development Southern Africa*, 2010, 27(5):647–662.

⑥ Job H., Paesler F., "Links between nature-based tourism, protected areas, poverty alleviation and crises- the example of Wasini Island (Kenya)", *Journal of Outdoor Recreation and Tourism*, 2013(1/2): 18–28.

⑦ Kiernan K., "The nature conservation, geotourism and poverty reduction nexus in developing countries: A case study from the Lao PDR", *Geoheritage*, 2013,5(3):207–225.

研究了赞比亚野生动物保护对农村的影响，发现当地农作物容易受到野生动物的破坏[1]，这说明自然旅游与减贫也存在一些矛盾。

2. "旅游 + 遗产与减贫"

遗产旅游的积极效应主要体现在提高居民生活水平、推动文化交流、保护当地传统文化与工艺等方面[2]。例如，Hampton 探讨了印尼爪哇婆罗浮屠遗产地居民以公园员工、私营企业和非正式部门三种渠道参与旅游活动，旅游者的消费是他们获得旅游收入的直接来源[3]。Suntikul 等对老挝 engxay Caves 遗产附近 13 个村庄中的 213 个家庭进行了深度访谈，发现当地居民认为他们并不贫穷，他们的经济收入也主要来自游客的消费[4]。Poyya Moli 探讨了以社区为基础的生态文化遗产旅游促进了印度的和平与可持续发展，认为对生态文化遗产的保护修复了工业发展破坏的自然生态环境，为当地居民和游客创造了舒适的环境，有助于促进"主—客"的沟通交流[5]。

3. "旅游 + 农业与减贫"

很多研究者从传统的农场观光、乡村旅游角度对"旅游 + 农业与减贫"进行研究，如 Rid 等人探讨了冈比亚乡村旅游活动动机，但是这并非当前的研究热点，当前国外研究热点与视角多为食品供应角度，这为我国旅游减贫开发模式提供了新的研究视角[6]。然而，有学者通过来自住宿部门的证据对南非乡村旅游业与农业的关系的研究发现，将旅游业与

---

[1] Richardson R. B., Fernandez A., Tshchirley D., et al., "Wildlife conservation in Zambia: Impacts on rural household welfare", *World Development,* 2012,40(5):1068-1081.

[2] 李会琴、侯林春、杨树旺、JR Brent Ritchie：《国外旅游扶贫研究进展》，《人文地理》2015 年第 1 期。

[3] Hampton M. P., "Heritage, local communities and economic development", *Annals of Tourism Research*, 2005, 32(3):735-759.

[4] Suntikul W., Bauer T., Song H., "Pro-poor tourism development in Viengxay, Laos: Current state and future prospects", *Asia Pacific Journal Research*, 2009,14(2):153-168.

[5] Poyya Moli G., "Promotion of peace and sustainability by community based heritage eco-cultural tourism in India", *The International Journal of Humanities and Peace*, 2003,19(1):40-45.

[6] Rid W., Ezeduji I. O., Haider U. P., "Segmentation by motivation for rural tourism activities in the Gambia", *Tourism Management*, 2014,40(2):102-116.

农业联系起来有利于实现并应对旅游减贫的目标和挑战 [1]。

4. "旅游 + 社区参与减贫"

Murray 认为，旅游作为贫困弱势群体的救星，可以为他们提供机会和经济利益，促进社会交流，改善民生。他介绍定义并研究了社区利益旅游计划（Community Benefit Tourism Initiatives, CBTI）的概念，并确定有助于创建一个成功、可持续和负责任 CBTI 的最佳方案的特色范围，提出社区利益旅游计划的主要利益相关者包括政府、私营企业、非政府组织和社区 [2]。他还探讨了如何综合评估旅游业对社区发展和可持续生活的影响，提出可持续旅游的一个主要挑战是发展经济上可行的企业，在保护土著文化和环境的同时为当地社区提供生计利益。但是，由于普遍缺乏有效的评估和监测方法，对方法缺乏协商一致的意见，以及无法纳入一些监测系统，对这些项目难以进行评价 [3]。Harris 以马来西亚沙捞越巴里尼奥（Bario）的贫困社区为例，对旅游业融入社区发展进行了研究，认为 Bario 的案例研究展示了旅游业是如何与社区发展相结合的，并提出了使旅游业能够产生理想的社区发展成果的有利条件 [4]。Marx 和 Saskia 认为，减少贫困和环境问题是旅游业发展需要关注的核心问题，十分强调地方社区参与旅游规划和发展进程。基于地方参与、赋权和保护的理念，旅游业出现了社区旅游、生态旅游和乡村旅游等多种旅游形式。旅游减贫的概念是以市场为主导的方式出现的，它使更多的穷

[1] Torres R., Momsen J. H., "Challenges and potential for linking tourism and agriculture to achieve pro-poor tourism objects", *Progress in Development Studies*, 2004, 4(4):294-318.

[2] Murray C. Simpson., "Community benefit tourism initiatives-A conceptual oxymoron?", *Tourism Management*, 2008,29(1):1-18.

[3] Murray C. Simpson., "An integrated approach to assess the impacts of tourism on community development and sustainable livelihoods", *Community Development Journal*, 2009,44(2):186-208.

[4] Harris, Roger W., "Tourism in Bario, Sarawak, Malaysia: A case study of pro-poor community-based tourism integrated into community development", *Asia Pacific Journal of Tourism Research*, 2009,14(2): 125-135.

人能够更有效地参与产品开发过程[①]。Lapeyre 在对纳米比亚农村地区进行深入实地研究的基础上，评估了社区旅游企业（Community-Based Tourism Enterprises，CBTEs）对减贫和赋权的潜在贡献。研究表明，当地获得的旅游收入改善了农村家庭的生计，并与当地经济相联系。在职学习、培训课程以及非政府组织和捐助方的广泛支持进一步显示了增强农村行动者的能力，并为未来开启社会经济发展机会。为此，CBTEs 可以被描述为有利于穷人的举措。Hadi 等研究了吸引马来西亚土著人民参与旅游活动的因素，结果表明，土著人民愿意从事旅游活动。基于这些发现，研究人员提出了利用职业教育（旅游）通过减贫旅游方法（PPT）来消除土著社区贫困的设想[②]。Lepp 以乌干达的 Bigodi 村为例采用数据分析法剖析了居民对旅游业的态度，研究结果显示，当地居民对旅游发展持积极的态度，原因在于他们相信旅游促进社区发展，改善农业市场，产生收入以及会带来好运[③]。同样，Mensah 和 Amuquandoh 从社区居民的角度对戛纳的旅游减贫进行研究，结果显示，旅游可持续发展能够为当地居民提供包括饮用水、医疗、交通和安全在内的日常生活需求[④]。

（三）贫困人口参与旅游减贫研究

贫困人口参与旅游活动的形式多样，主要包括参与旅游决策咨询和制定、旅游开发与规划、旅游就业（导游、服务人员）等活动。其中，

---

① Marx, Saskia, Community-Based & Pro-Poor Tourism: Two Contemporary Approaches to Poverty Reduction in Developing and Least Developed Countries, International Trade Forum, 2011,6.

② Hadi M. Y. A., Roddin R., Razzaq A. R. A., et al., Poverty eradication through vocational education (tourism) among indigenous people communities in Malaysia: Pro-poor tourism approach(PPT), 3rd World Conference on Learning, Teaching and Education Leadership,2013-10-21. Procedia-Social and Behavioral Sciences,2013,93:1840-1844.

③ Lepp A., "Residents' attitudes towards tourism in Bigodi Village, Uganda", *Tourism Management*,2007,28(3):876-885.

④ Mensah E. A., Amuquandoh F. E., "Poverty reduction through tourism: Residents' perspectives", *Journal of Travel and Tourism Research*, 2010(spring/Fall):77-96.

参与旅游决策咨询和制定以及旅游开发和规划，被认为是较高等级的参与[1]。Lisa 研究了加拿大安大略省西部贫困地区居民参与旅游的潜在利益发现，1995 年，只有 4% 的安大略省贫困地区的家庭把旅游作为一种主要的经济来源，很多当地居民很想从旅游发展中获取利益，但是受限于他们的职业规划意识或者投资机会[2]。尽管旅游发展是一种为当地社区带来利益的手段，而当地社区承担着最大的保护机会成本。然而，这些理想很少受到检验。Matthew 和 Harold 采用小规模调查方法，调查了印度尼西亚一个公园内社区旅游业就业和创收的规模和分布。结果表明，分配不平等有利于外部经营者和城市门户居民，而不是农村村民[3]。Ross 和 Donald 认为，秘鲁塔基雷岛社区一体化旅游发展框架有助于引导规划、开发、管理、研究以及评估社区旅游项目，当地居民在当地的旅游部门就业，而塔基雷岛基于旅游发展的高水平的社区一体化整合可为绝大多数当地居民带来更多的社会经济利益[4]。

贫困人口参与旅游减贫的障碍研究也越来越受到国外研究者的关注。贫困人口受到思想意识和综合素质等方面的束缚，导致他们参与旅游减贫存在一定的障碍，这类问题和相应措施的研究也一直是贫困人口参与旅游减贫问题研究的主要内容。研究显示，所有的案例区都将人力资本的缺少视为最主要的障碍[5]，旅游市场进入性不充分以及歧视性的市场准入规则，导致旅游产品较少，对旅游产品内涵缺乏理解[6]，缺

---

① 张伟、张建春：《国外旅游与消除贫困问题研究评述》，《旅游学刊》2005 年第 1 期。

② Lisa M. Campbell, "Ecotourism in Rural Developing Communities", *Annals of Tourism Research*,1999,26(3):534－553.

③ Matthew J. Walpole, Harold J. Goodwin, "Local Economic Impacts of Dragon Tourism in Indonesia", *Annals of tourism Research*,2000,27(3):559－576.

④ Ross E. Mitchell, Donald G. Reid, "Community Integration Island Tourism in Peru", *Annals of Tourism research*,2001,28(1):113－139.

⑤ Clive Poultney, Anna Spenceley, Practical Strategies for Pro-Poor Tourism: Wilderness Safaris South Africa: Rocktail Bay and Ndumu Lodge, PPT Working Paper No.1,2001.

⑥ Naomi M.Saville, Practical Strategies for Pro-Poor Tourism: Case study of Pro-Poor Tourism and SNV in Humla District,West Nepal, PPT Working Paper No.3,2001.

少政府的积极支持，满足游客需求的能力有限[1]，正式部门和非正式部门以及当地供应商之间缺少相互沟通[2]。Blake 等从旅游业对整个经济和其中某些部门的影响的角度来审查旅游业如何影响贫穷的问题。发展了一个分析旅游业影响不同家庭的渠道的框架，并利用一个可计算的一般均衡模型来审查旅游业对巴西的经济影响和分配影响。结果表明，对所有收入群体的影响都是积极的。收入最低的家庭受益，但低于一些收入较高的群体。可以将更大份额的收入重新分配给穷人的政策正在考虑之中[3]。

　　旅游发展对贫困人口的影响主要包括经济、环境和社会文化三个方面。一是经济影响。例如，Muchapondwa 和 Stage 使用社会会计矩阵比较分析了博茨瓦纳、纳米比亚和南非的外国旅游业对经济的影响。对 GDP 的总体影响范围从 6%（南非）到 9%（纳米比亚）。在这三个国家中，较贫穷的人口群体在旅游业收入中所占的份额似乎低于他们在总收入中所占的份额[4]。Ashley 等通过研究旅游减贫的经验回顾发现，在一些地区，旅游被一些精英分子所控制，出现了资金分配的失衡。因此，要达到通过发展旅游业消除贫困这一目标并非易事。二是环境影响。旅游业的发展导致贫困地区自然资源和生存环境发生改变，会对贫困人口的生活产生积极和消极的影响。积极的影响表现为在一定程度上使贫困地区的环境得以改善，当地居民是最大的受益者[5]。值得一提的是，旅游发展还有助于提高当地人的素质，这与旅游减贫的目标相一致。例如，León

① Yves Renard, Practical Strategies for Pro-Poor Tourism: A Case Study of the St.Lucia Heritage Tourism Programme, PPT Working Paper No.7,2001.

② Xavier Cattarinich, Pro-poor tourism initiatives in developing countries: analysis of secondary case studies, No.8,2001.

③ Blake A., Arbache J. S., Sinclair M. T., et al., "Tourism and poverty relief", *Annals of Tourism Research*, 2008,35(1):107-126.

④ Muchapondwa E., Stage J., "The economic impacts of tourism in Botswana, Namibia and South Africa: Is Poverty Subsiding?", *Natural Resources Forcum*, 2013,37(2): 80-89.

⑤ Caroline Ashley, Dilys Roe, Harold Goodwin. Pro-poor Tourism Strategies: Making Tourism Work for the Poor, ODI, IIED, and CRT,2001.

分析了多米尼加沿海地区农村生计的影响，在对 23 个社区进行案例研究发现，影响旅游就业的重要因素包括个人及社区特征、国内线路或一日游线路的主宰程度[①]。然而，受到诸如贫困人口进入市场的可能性、商业可行性、完善的政策保障等诸多限制因素的消极影响，旅游减贫的效果也备受质疑。有学者认为，尽管尼泊尔的喜马拉雅山已成为国际旅游的热门目的地，但近年来国际旅游迅速发展，给喜马拉雅山脉附近的旅游目的地带来了严重的社会经济和环境后果。因此，必须重新考虑旅游业对环境的影响，并重新制定战略，使旅游业在该国成为一个可行的产业和一种可持续的选择[②]。三是社会文化影响。从社会文化角度而言，旅游对贫困人口的生活和发展产生的消极影响主要表现在导致贫困儿童犯罪、破坏当地文化等方面[③]，Nicholson 对菲律宾棉兰老岛（Mindanao）的研究也证实了这一点。他认为，贫困地区快速的旅游发展和商品化可能会使未成年人特别是儿童走上性犯罪道路[④]。发展旅游通常只是保护了文化的物质载体，却破坏了文化本身的灵魂[⑤]。

三　国内外研究述评

综上，国内外旅游减贫的相关研究取得了丰硕的成果，在很大程度上推动了旅游减贫理论和实践的快速发展。较国内研究而言，国外旅游减贫理论相关研究比较成熟，为旅游减贫实践提供了系统的理论依据，

---

① León Y. M., "The impact of tourism on rural livelihoods in the Dominican Republic's Coastal Areas", *The Journal of Development Studies*,2007,43(2):340−359.
② Sanjay K. Nepal, "Tourism in Protected Areas: Nepalese Himalaya", *Annals of Tourism Research*,2000,27(3):661−681.
③ 刘进:《国外旅游扶贫研究综述》,《旅游纵览》(下半月) 2014 年第 10 期。
④ Zurick D. N., "Adventure Travel and Sustainable Tourism in the Peripheral Economy of Nepal", *Annals of Association of American Geographers*,1992,82(4):608−628. Nicholson T., Culture, Tourism and Local Strategies Towards Development: Case Studies in the Philippines and Vietnam, Research Report(R6578)submitted to ESCOR, London: DIFD,1997.
⑤ 李会琴、侯林春、杨树旺、JR Brent Ritchie:《国外旅游扶贫研究进展》,《人文地理》2015 年第 1 期。

也为本研究提供理论支撑。

在研究内容方面，国内研究内容还有待深入。旅游减贫模式从自然旅游、文化遗产旅游的开发到旅游产业部门的内在联系，为旅游减贫提供了一定参考[①]，但内容仍显单薄。在研究方法方面，国内研究倾向于定性研究，而国外研究则更加注重定性分析与定量分析结合，对具体的案例进行深入的例证研究，增强了研究的理论意义。同时，有针对性地采用不同的定量方法，与地理学、管理学等学科领域交叉进行研究[②]，极大地促进了旅游减贫朝着多元化的方向发展。从研究范围来看，国内外研究更多地从宏观层面（国家或地区）和中观层面（贫困地区/社区）以及单一学科知识方面对旅游减贫问题进行探讨，但鲜有研究从跨区域角度和微观层面（从贫困个体或农户）以及交叉学科知识层面对贫困地区旅游减贫进行研究，未能充分体现"持续"的特点，而这将是未来旅游减贫研究的重点。

旅游减贫未来研究空间很大。国外的相关研究相比国内研究更为深入和广泛，中国旅游减贫的研究还很不足，在很多方面还存在诸多缺憾，如研究旅游减贫的内在机理、如何构建旅游减贫的精准识别体系和精准帮扶系统？旅游减贫模式和机制构建如何体现精准和持续性？贫困人口如何受益？减贫对象如何参与并提升自我减贫能力？以精准脱贫和减贫为目的的旅游减贫效果如何考核和检验？精准脱贫后旅游减贫如何可持续发展从而杜绝返贫现象的发生？如何构建集中连片特困地区跨区域范围的旅游减贫精准脱贫方案和措施？如何将这些方案和措施与全域旅游发展相结合、与乡村振兴有效衔接，深入推进有潜在旅游资源的贫困地区真正实现旅游减贫致富？等等。这些问题都值得深刻反思。随着旅游减贫工作的不断深入，我国的旅游减贫案例、贫困人口受益机制与模式、

---

① 李会琴、侯林春、杨树旺、JR Brent Ritchie：《国外旅游扶贫研究进展》，《人文地理》2015 年第 1 期。

② 李会琴、侯林春、杨树旺、JR Brent Ritchie：《国外旅游扶贫研究进展》，《人文地理》2015 年第 1 期。

跨区域旅游减贫精准脱贫和持续性措施等将是未来国内外旅游减贫研究的重点。这就要求我国要建立和完善沟通交流机制，与国际旅游减贫组织积极开展密切友好的合作交流，努力争取更多国际组织对旅游减贫工作的专项资金和项目，并参考借鉴国外旅游减贫的成功经验，必要时可以聘请国外旅游减贫相关专家来华进行现场指导。与此同时，国内的旅游减贫研究者也要把我国优秀的、最具代表性的旅游减贫案例推广到国际研究平台，宣传我国的旅游减贫成功经验，扩大我国的旅游减贫研究与实践在国际上的影响力。

上述研究分析为本研究进一步剖析和探索石漠化片区以乡村振兴为目的的旅游减贫打开了思路、提供了较大的研究空间，使本研究找到了研究的突破口和目标。本研究结合国内外研究结论和当前旅游减贫发展现状，将自然条件十分恶劣的滇桂黔石漠化片区作为研究范围，以旅游减贫的"持续性"问题作为研究突破口，提出了构建具有中国特色的跨区域旅游减贫体系和机制的政策建议和保障措施，将我国旅游减贫发展从各省（区、市）的"单打独斗"拓展到多省"联合作战"，从而实现乡村振兴的目标。

第四节　旅游减贫研究思路与框架

一　研究思路

本研究拟沿着"提出问题—分析问题—解决问题"的逻辑思路展开。提出问题——通过在滇桂黔石漠化片区中选择35个具有代表性的县（市、区）进行实地调查，深入了解当地的自然条件与石漠化程度、贫困现状和类型、贫困群体特征、旅游资源禀赋等现状，提出滇桂黔石漠化片区旅游减贫存在的问题。分析问题——以旅游减贫相关理论为指导，结合实地调研和深度访谈所获得的第一手数据资料，采用定性和定量相结合的研究方法，对滇桂黔石漠化片区旅游减贫效益和效率分别进行描述性统计分析和定量分析。解决问题——根据统计分析和 DEA 实证研究结果，将滇桂黔石漠化片区旅游减贫分为四种类型，并根据不同类型特征提出较为匹配的旅游减贫模式和发展思路，为确保旅游减贫工作有序开展且能够为贫困群众脱贫致富和乡村振兴有效衔接，构建了滇桂黔石漠化片区旅游减贫机制和体系，科学辨别滇桂黔石漠化片区实行旅游减贫开发的可行性研究，为确保滇桂黔石漠化片区旅游减贫体系的良性运转提出了旅游减贫的保障措施。研究思路如图 1-2 所示。

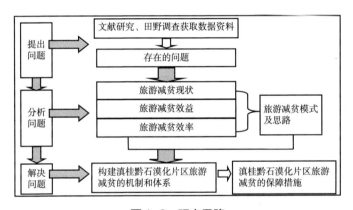

图 1-2 研究思路

本研究的目标范围涉及滇桂黔石漠化片区的 15 个地（市、州）、91个县（市、区）。由于该片区是全国 14 个片区中减贫对象最多、少数民族人口最多、所辖县数最多、民族自治县最多的片区，并非所有的县（市、区）都开展旅游减贫工作，为使研究结果更具科学性和客观性，本研究选择了滇桂黔石漠化片区作为研究对象，在云南、广西、贵州三省（区）石漠化区域范围内选择最具代表性的县（市、区）共 35 个作为案例地。从乡村振兴视角出发，充分利用这些地区丰富的自然资源和民族原生态人文旅游资源，对如何实施旅游减贫进行深入研究。

二 研究框架

本书研究内容主要包括六个部分，其中第一章为导论，第二章至第六章是本研究的核心分析部分，主要从滇桂黔石漠化片区实施旅游减贫的现状调查、旅游减贫效益与旅游减贫效率研究、旅游减贫模式选择与发展思路、旅游减贫机制的优化以及旅游减贫体系的构建，对滇桂黔石漠化片区旅游减贫进行深入探讨，并提出推广建议和保障措施，有助于指导滇桂黔石漠化片区通过发展旅游业实现贫困人口脱贫致富，同时为其他贫困地区实施旅游减贫提供参考和借鉴。具体而言，本研究的主要框架和内容如下。

第一章：以问题为导向，阐述了滇桂黔石漠化片区旅游减贫研究的选题背景和意义，通过梳理国内外旅游减贫相关文献，对贫困、旅游减贫、旅游减贫与其他产业减贫之关系，旅游减贫的运行机理、石漠化的概念、分布特征与成因以及致贫机理进行了详细阐述，提出研究思路和研究方法、研究目标和研究内容以及可能的创新之处，为后续研究提供理论参考和借鉴。

第二章：在笔者对滇桂黔石漠化片区进行实地调研的基础上，深入探讨了滇桂黔石漠化片区的贫困现状，包括自然条件与石漠化程度、贫困状况、贫困类型等，分别对滇桂黔三省（区）石漠化片区旅游减贫的发展现状进行概述，并归纳总结出滇桂黔石漠化片区中贫困群体的特征、旅游资源状况，以及旅游减贫存在的主要问题，为进一步研究奠定坚实的基础。

第三章：从乡村振兴视角出发，围绕精准脱贫，通过收集大量数据资料，采用定性与定量相结合的研究方法，主要从旅游减贫效益的统计分析和旅游减贫效率的实证分析两个部分进行深入研究，旨在为提升滇桂黔石漠化片区旅游减贫的应用价值以及针对全国其他不同特征的集中连片特困地区，深入有效地探索旅游减贫新模式，找出现有旅游减贫模式中存在的关键性问题，为后续研究提供强有力的支撑。

第四章：在前文研究旅游减贫效率及其动态演变情况的实证分析结果的基础上，将滇桂黔石漠化片区 35 个县（市、区）分成双低型地区、朝阳型地区、黄金型地区和潜力型地区四种类型，并根据不同类型地区的典型特征，提出了旅游减贫模式和发展思路。

第五章：在国家大力发展旅游减贫战略和旅游新常态的背景下，以机制设计理论为指导，借鉴已有的成功经验，因地制宜，创新旅游减贫开发路径、资源使用方式、减贫模式和考核体系等，构建一套适用于滇桂黔石漠化片区乃至全国其他贫困地区的旅游减贫机制，主要包括减贫机制、旅游减贫开发机制、旅游减贫利益分配机制以及省际联席机制，并提出机制优化思路。

第六章：为进一步提高滇桂黔石漠化片区旅游减贫的效率，确保旅游减贫机制的良性运转，此部分内容通过实地调研深入了解旅游精准脱贫帮扶对象的人口、教育程度、就业状况、经济收入来源等状况，以系统论为理论指导，结合相关理论成果，按照相关原则，以精准识别、精准帮扶、精准监管、精准考核"四位一体"，构建滇桂黔石漠化片区旅游减贫体系，并提出保障措施，为相关部门做决策参考，同时为其他贫困地区旅游减贫和乡村振兴提供参考和借鉴。

第五节　本章小结

作为本研究的开头部分，本章主要介绍了研究背景与意义、相关概念及关系辨析、国内外研究动态、研究思路与方法、研究目标与内容、研究可能的创新之处等，为后续研究奠定基础。消除贫困、改善民生、实现共同富裕，是社会主义的本质要求。本书研究的滇桂黔石漠化片区旅游减贫问题是我国为实现巩固拓展脱贫攻坚成果和乡村振兴有效衔接的重大社会问题，也是当前国际学术界的学科前沿问题。对此问题及时地开展深入系统的研究不仅有着特别重大的学术价值，对我国滇桂黔等贫困地区合理利用旅游资源、解决就业难题、提高区域竞争力，同样具有重大的现实意义。旅游业对地方经济的发展起着越来越重要的作用，这影响并吸引着诸多具有潜在旅游资源的贫困地区也试图通过旅游减贫带动区域经济发展，促进巩固拓展脱贫攻坚成果和乡村振兴有效衔接。滇桂黔石漠化片区所辖 15 个地（市、州）、91 个县（市、区），是全国 14 个片区中减贫对象最多、少数民族人口最多、所辖县数最多、民族自治县最多的片区，受石漠化的影响，该片区生态脆弱、土壤贫瘠、资源承载力低、经济基础薄弱、基础设施落后，特别是缺乏有效带动减贫开发的主导产业。然而，该片区拥有丰富的动植物资源、独特的自然景观、多彩的民族原生态人文旅游资源等，开发潜力巨大。基于此，旅游减贫在该片区可以并且应当作为反贫困的重要方式。本研究在借鉴国内外旅游减贫相关研究及实践经验的基础上，采用定性和定量相结合的方法分别对滇桂黔石漠化片区的旅游减贫效益和旅游减贫效率进行深入研究和探讨，总结、归纳并提炼出了适用于不同地区的旅游减贫模式，优化了旅游减贫机制，并构建了旅游减贫体系，提出实施与推广建议，有助于指导滇桂黔石漠化片区通过发展旅游业实现贫困人口脱贫致富，从而实现乡村振兴，同时为其他贫困地区实施旅游减贫提供参考和借鉴。

第二章
滇桂黔石漠化片区旅游减贫现状

滇桂黔石漠化片区实施旅游减贫战略，必须从四个方面进行可行性研究和评估：一是深入了解该片区概况，尤其是贫困群体特征；二是该片区内贫困地区旅游业发展的基础条件，即对滇桂黔石漠化片区中的贫困地区实施旅游减贫开发的潜力进行评估；三是阐明滇桂黔石漠化片区实施旅游减贫的必要性和基本原则；四是要充分考虑在滇桂黔石漠化片区实施旅游减贫开发的机制，以减少其实施过程的风险，确保旅游减贫能够精准地减真贫、真减贫。基于此，本章在实地调研的基础上重点剖析滇桂黔石漠化片区的旅游减贫现状，为后续研究奠定坚实的基础。

第一节 滇桂黔石漠化片区贫困现状

滇桂黔石漠化片区涉及云南、广西、贵州三省（区）的15个地（市、州）91个县（市、区），是全国14个片区中减贫对象最多、少数民族人口最多、所辖县数最多、民族自治县最多的片区。该片区内有83个民族自治县（区、市）、34个老区县（区、市）、8个边境县，如表2-1所示。

表2-1　滇桂黔石漠化片区各区县名单

		柳州市	融安县、融水苗族自治县、三江侗族自治县
滇桂黔石漠化集中连片特困地区（91个）	广西（35个）	桂林市	龙胜各族自治县、资源县
		南宁市	隆安县、马山县、上林县
		百色市	田阳县、德保县、靖西市、那坡县、凌云县、乐业县、田林县、西林县、隆林各族自治县、右江区、田东县、平果县
		河池市	凤山县、东兰县、罗城仫佬族自治县、环江毛南族自治县、巴马瑶族自治县、都安瑶族自治县、大化瑶族自治县、金城江县、南丹县、天峨县
		来宾市	忻城县
		崇左市	宁明县、龙州县、大新县、天等县
	贵州（44个）	六盘水市	六枝特区、水城县、钟山区
		安顺市	西秀区、平坝区、普定县、镇宁布依族苗族自治县、关岭布依族苗族自治县、紫云苗族布依族自治县
		黔西南布依族苗族自治州	兴仁县、普安县、晴隆县、贞丰县、望谟县、册亨县、安龙县、兴义市
		黔东南苗族侗族自治州	黄平县、施秉县、三穗县、镇远县、岑巩县、天柱县、锦屏县、剑河县、台江县、黎平县、榕江县、从江县、雷山县、麻江县、丹寨县、凯里市
		黔南布依族苗族自治州	荔波县、贵定县、独山县、平塘县、罗甸县、长顺县、龙里县、惠水县、三都水族自治县、瓮安县、都匀市
	云南（12个）	曲靖市	师宗县、罗平县
		红河哈尼族彝族自治州	屏边苗族自治县、泸西县
		文山壮族苗族自治州	砚山县、西畴县、麻栗坡县、马关县、丘北县、广南县、富宁县、文山市

资料来源：中国网，http://www.china.com.cn/cppcc/2016-10/13/content_39481959.htm。

一　自然条件与石漠化程度

滇桂黔石漠化片区大部分地处云贵高原东南部及与广西盆地过渡地带，石漠化面积大，是世界上喀斯特地貌发育最典型的地区之一。该片区位于我国最大的石漠化分布区——中国西南岩溶地区，土地总面积为

22.8 万平方公里，岩溶面积为 11.1 万平方公里，占总面积的 48.7%，其中石漠化面积多达 4.9 万平方公里，中度以上石漠化面积达 3.3 万平方公里，是全国石漠化问题最严重的地区，也是世界面积最大、岩溶发育最强烈的典型生态脆弱区。其中，有 80 个县属于国家石漠化综合治理重点县，是我国减贫攻坚的重中之重，也是我国 14 个集中连片特困地区中最集聚的地方。该片区内河流纵横，水系发育良好，水能资源蕴藏量巨大，地跨珠江流域、长江流域和红河流域，主要河流包括红水河、左右江、融江、清水江等，以亚热带湿润季风气候为主，年均降水量 880~1991mm。喀斯特地貌发育典型是该片区发展的重要地理环境标志，生物资源丰富，森林覆盖率为 47.7%，是珠江、长江流域重要的生态功能区，独特的自然景观资源为旅游减贫开发创造了条件。

（一）广西石漠化片区

广西的岩溶地貌发育最典型，广西石漠化片区是全国石漠化最严重的地区之一。岩溶分布区人口 1000 多万人，约占全区总人口的 25%，其中少数民族人口 800 多万人。据 2005 年开展的石漠化监测结果，广西有 12495 万亩土地属于岩溶地区，[①]占全区土地面积的 35.3%，其石漠化土地每年仍在以 3%~5% 的速度扩展。[②]其中，石漠化面积占土地面积的 30% 以上，主要集中分布在广西中部的红水河流域、柳江流域，广西西部的左右江地区，广西东北部的漓江流域中下游一带，具体包括岩溶发育典型的河池、百色、崇左、南宁、桂林、来宾和柳州等 7 个市的 76 个区县，行政面积高达 17.87 万平方公里，石漠化程度深。在石漠化土地中，轻度石漠化面积 2332.1 平方公里，占总石漠化面积的 10%；中度石漠化面积 6590.6 平方公里，占总石漠化面积的 27.2%；强度石漠化面积 13041.96 平方公里，占总石漠化面积的 55.2%；极强石漠化面积为

---

① 朱涛：《探索广西新农村建设的发展之路》，《广西城镇建设》2011 年第 8 期。
② 侯远瑞、黄大勇、郝海坤、庞世龙、许黎：《广西岩溶石漠化地区典型造林模式及营建技术》，《广西林业科学》2010 年第 12 期。

1805.1 平方公里，占总石漠化面积的 7.6%。这些统计数据表明，广西石漠化以强度恶化极强为主，占总石漠化面积的 62.8%，其主要分布在河池、百色和崇左等革命区、少数民族聚集地区、石山多地区和经济发展较落后地区，不易于石漠化治理。

（二）贵州石漠化片区

贵州因石漠化严重，许多地方不得不考虑"生态移民"，较为典型的如贵州麻山地区。据调查统计，贵州全省喀斯特石漠化山区由于生态恶化已不具备生存条件而需要移民搬迁的约 45 万人。贵州省轻度以上石漠化面积为 35920 平方公里，占土地面积的 20.39%。其中，轻度石漠化面积 22733 平方公里，中度石漠化面积 10518 平方公里，强度石漠化面积 2669 平方公里。另外，尚有 43714 平方公里的土地有潜在石漠化趋势。从县级行政单元的石漠化分布来看，除赤水、榕江、从江、雷山、剑河 5 个县（市）无明显石漠化外，其余都有明显的石漠化现象。从空间分布看，石漠化土地多集中分布在喀斯特发育的南部和西部，以六盘水、黔西南、黔南、安顺、毕节所占面积最多，呈现南部重北部轻、西部重东部轻的特点。按县级行政单元划分，石漠化面积占土地面积 40% 以上的有 9 个县，小于 10% 的有 17 个县，其余均在 10%~40%。在贵州 50 个减贫开发重点县中，石漠化面积占土地面积 20% 以上的有 30 个，凡是石漠化严重的地方，都是贵州最贫困的地方。

（三）云南石漠化片区

云南省 2016 年底的统计数据表明，全省岩溶地区石漠化土地总面积为 235.2 万公顷，占全省岩溶土地面积的 29.6%，涉及文山州、曲靖市、昭通市、丽江市、红河州、迪庆州、临沧市、昆明市、玉溪市、保山市和大理州 11 个州（市）65 个县（市、区）695 个乡（镇）。按州（市）分布状况，石漠化土地主要分布在文山州和曲靖市，面积分别为 64.7 万公顷和 42.7 万公顷（见图 2-1），分别占全省石漠化土地总面积的 27.5% 和 18.2%。

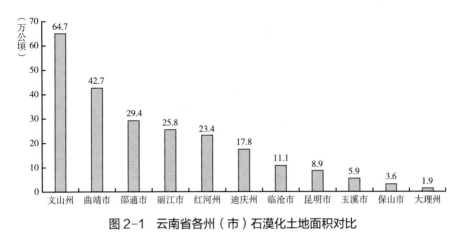

图 2-1　云南省各州（市）石漠化土地面积对比

资料来源：云南省林业和草原局《云南省（岩溶地区）石漠化状况公报》，2019 年 6 月。

　　云南省石漠化程度分为轻度石漠化、中度石漠化、重度石漠化和极重度石漠化。其中，轻度石漠化土地面积为 113.1 万公顷，占石漠化土地总面积的 48.1%；中度石漠化土地面积为 97.3 万公顷，占 41.4%；重度石漠化土地面积为 19.1 万公顷，占 8.1%；极重度石漠化土地面积为 5.7 万公顷，占 2.4%。全省石漠化土地以轻度、中度石漠化土地为主，两者合计占全省石漠化土地总面积的 89.5%（见图 2-2）。

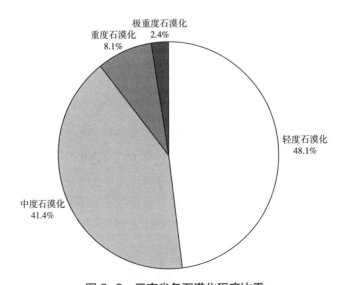

图 2-2　云南省各石漠化程度比重

资料来源：云南省林业和草原局《云南省（岩溶地区）石漠化状况公报》，2019 年 6 月。

二　贫困现状

根据云南省连续 3 次的监测结果，该省石漠化土地扩展趋势得到有效遏制，呈现石漠化面积持续减少，且缩减速度加快；石漠化程度不断减轻，重度和极重度减少明显；水土流失面积减少，侵蚀强度减弱；林草植被结构改善，生态环境状况稳步好转；石漠化耕地（主要为坡耕地）面积扩展趋势得到扭转；区域经济发展加快，减贫成绩突出的态势。①

（一）贫困面广，程度深，脱贫人口多

滇桂黔石漠化片区贫困面广、贫困程度深、贫困人口多，尤其是少数民族人口最多，是我国减贫攻坚的重中之重，也是我国 14 个集中连片特困地区中最集聚的地方，有 67 个国家级减贫开发工作重点县。国家统计局农村贫困监测数据表明，截至 2016 年底，滇桂黔石漠化片区还有农村深度贫困人口 312 万人，占全国 14 个集中连片特困地区贫困人口总数的 14.3%，仍是全国 14 个集中连片特困地区中贫困人口总量最多的片区；贫困发生率 11.9%，比全国 14 个集中连片特困地区平均水平高 1.4个百分点，比全国平均水平高出 7.4 个百分点；农村居民人均可支配收入 8212 元，比全国 14 个集中连片特困地区平均水平低 136 元，仅为全国农村平均水平的 66.4%。剩余贫困人口的生活条件差，有部分贫困群众住房困难，权权房、茅草房比例高，人畜混居现象仍然存在。2017 年底，滇桂黔石漠化片区农村贫困人口数量减少到 221 万人，贫困发生率下降到 8.4%。②2018 年 5 月，滇桂黔石漠化片区仍有深度贫困县 29 个

---

① 云南省林业和草原局：《云南省（岩溶地区）石漠化状况公报》，2019 年 6 月。
② 《滇桂黔石漠化片区区域发展与减贫攻坚现场推进会在云南文山举行》，《中国绿色时报》2018 年 5 月 29 日。

贫困人口 45.5 万人，面临许多亟待解决的困难和复杂问题。[①]2018 年底，滇桂黔石漠化片区的贫困发生率为 5.7%，比全国平均水平高 4 个百分点。正如习近平总书记所指出的，脱贫攻坚已经到了啃硬骨头、攻坚拔寨的冲刺阶段，所面对的都是贫中之贫、困中之困的艰巨任务。

（二）石漠化问题严重，制约经济发展

滇桂黔石漠化片区不合理的土地利用方式，致使原本就贫瘠的土壤受到严重侵蚀、植被被严重破坏，治理难度非常大，生态环境十分脆弱，资源环境承载力低，干旱洪涝等自然灾害频发。滇桂黔石漠化片区是脆弱的生态系统与人类不合理的社会经济活动相互作用的结果，对人类的生产和生活都产生了极大的影响，最突出的是导致该片区的社会经济发展严重滞后，自然灾害频发，因灾致贫返贫现象严重。农户收入仅靠单一的传统小农经济，由于人多地贫地少，人均耕地面积不足 1 亩，仅为 0.99 亩，导致难以满足自给自足，农村居民人均纯收入非常低，仅相当于全国平均水平的 58.8%。[②]从整体上看，滇桂黔石漠化片区人地矛盾突出，发展空间受限，传统产业落后，资源优势发挥不足，如生物资源、旅游资源以及能源等的优势未能够转化为产业优势，科学利用率非常低，精深加工能力弱，导致当地社会经济发展基础非常薄弱，市场体制机制不完善，市场发育程度较低，产业链条不完整，缺少带动力强的大企业、大基地和产业集群，尚未形成有效带动经济发展和旅游减贫开发的支柱产业，贫困群众增收渠道少、就业难度大。

（三）基础设施落后，交通、水利方面问题凸显

从基础条件看，滇桂黔石漠化片区环卫、水利、交通等基础设施落后，景区之间的通达性较弱，亟须加强建设，是制约该片区脱贫攻坚的

---

① 焦玉海：《滇桂黔石漠化片区生态扶贫再发力》，《中国绿色时报》2018 年 5 月 30 日。
② 周芙蓉：《中国最大的石漠化极贫区联手攻坚"地球的癌症"》，新华网，http://news.hexun.com/2012-06-28/142981393.html。

明显短板。其中，水利建设滞后，工程性缺水问题尤其凸显。有效的基本农田灌溉面积占比仅为 27.8%。交通主干网络不完善，榕江至三江、罗甸至乐业、富宁至那坡等省际交通问题突出，县际公路连通性差。县乡公路等级低、质量差，4.9% 的乡镇和 65.6% 的行政村不通沥青（水泥）路，17.4% 的行政村不通公路。

（四）社会发展滞后，内生发展动能不足

滇桂黔石漠化片区内的人均教育、卫生、社会保障和就业这几类支出都未达到全国平均水平，公共服务能力有待进一步提升。基层医疗卫生条件差，还有 9.7% 的村未建立村级卫生室，13.5% 的村卫生室没有合格的医生。14% 的自然村不能接收电视节目。乡村教师严重空缺，义务教育阶段的教学质量差，适龄儿童辍学现象时有发生，九年义务教育巩固率低于全国平均水平 9.8 个百分点，人均受教育年限低于全国平均水平 1.1 年，职业技术教育水平普遍偏低。科技对地方社会经济发展的贡献率也很低。总体上看，滇桂黔石漠化片区的绝大多数干部群众的思想保守、观念陈旧、市场意识淡薄，大部分农户的生产经营方式仍然以传统小农经济为主，内生发展动力不足，难以满足现代化农业发展的需求。

上述情况表明，滇桂黔石漠化片区贫困程度依然较深，脱贫任务艰巨，减贫成本越来越高，脱贫难度也越来越大，是脱贫攻坚战中最难攻克的堡垒之一，是今后需要集中力量重点攻坚的坚中之坚。

三　贫困类型

通过对滇桂黔石漠化片区进行实地调查研究所获得资料进行归纳整理，可根据该片区内贫困县（市、区）在旅游减贫过程中凸显的特征将贫困地区分为以下两种类型。

（一）有潜在旅游资源，外部条件性贫困

具有潜在旅游资源的外部条件性致贫的地区往往地理位置偏僻，交通、住宿、信息网络等基础条件和设施很落后，但是可开发的潜在旅游资源富集。在滇桂黔石漠化片区中，这类地区主要包括广西龙胜县、上林市、百色市、靖西市、大新县、三江县，贵州六盘水市、安顺市、都匀市、凯里市、兴义市、龙里县、荔波县、安龙县、贞丰县、晴隆县，以及云南罗平县等。

（二）无特色旅游资源，内部条件性贫困

无特色旅游资源，内部条件性致贫的地区基本上没有可作为旅游开发的特色资源，尽管个别地方有些零星的次优级资源，但不足以支撑实施旅游景区开发和旅游减贫工作的体量，并且当地没有大型工业，一、二产业相对落后，社会经济发展以及基础设施建设也非常落后，服务业尤其是旅游接待水平相当低，绝大多数年轻人都选择外出打工，受到人力、物力、财力等因素的影响和制约，很难通过旅游减贫开发在短期内让当地贫困人口快速实现脱贫，并在今后长期通过发展旅游业巩固脱贫成效。这类地区主要包括云南西畴县、麻栗坡县、泸西县，广西资源县，贵州贵定县、册亨县、望谟县和岑巩县等。

四 发展机遇

一是党中央、国务院高度重视区域协调发展和全面建成小康社会，就加大减贫开发力度、深入推进西部大开发作出了一系列战略部署，为加快区域旅游业发展提供了根本保证。[①]二是国务院先后出台了《关于进一步促进广西经济社会发展的若干意见》、《关于支持云南省加快建设面

[①]《六盘山片区区域发展与扶贫攻坚规划（2011–2020年）》。

向西南开放重要桥头堡的意见》和《关于进一步促进贵州经济社会又好又快发展的若干意见》，为增强该区域旅游业自我发展能力创造了条件。三是北部湾经济区、黔中经济区和滇中经济区等的加快发展为该片区旅游发展提供了良好的环境。四是中国—东盟自由贸易区的深入建设和泛珠三角区域经济合作的有效推进，可加强旅游业的对内对外开放与合作，增强旅游业发展活力，推进生产力布局调整，为旅游业发展提供了重大机遇。

第二节 滇桂黔石漠化片区旅游减贫现状

一 云南旅游减贫现状

（一）研究区概况

云南省石漠化片区包括曲靖市、文山州和红河州3个市州，总面积9.276万平方千米，辖12个县（市、区）（见表2-2），占滇桂黔石漠化片区15个市州的1/5，占滇桂黔石漠化片区91个县（市、区）的13.19%。可见，云南石漠化面积较广西和贵州少得多，但其贫困程度并不比广西和贵州石漠化片区的小。

表2-2 云南石漠化片区所辖12个县（市、区）

市州	具体县（市、区）
曲靖市（2个）	师宗县、罗平县
红河哈尼族彝族自治州（2个）	屏边苗族自治县、泸西县
文山壮族苗族自治州（8个）	砚山县、西畴县、麻栗坡县、马关县、丘北县、广南县、富宁县、文山市

（二）旅游资源

云南省石漠化片区所辖3个市州（曲靖市、文山州和红河州）地形地貌多样，民族风情各异。在漫长的历史进程中，云南省石漠化片区浓缩了全省丰富的自然和人文资源，特别是红河州成为云南省工业文明的发祥地和重要的工业基地，也是将云南与东盟相连接的重要纽带。

1. 自然资源

云南石漠化片区的自然景观资源丰富，大部分地区属于亚热带，年均降水量和日照量都相当充足，得天独厚的光、热、水、气条件，孕育了大量生物资源、水能资源、矿产资源，具有较好的旅游开发前景。例如，文山享有"三七之乡"的美誉，三七产量为全国之冠，品质上乘。红河州有自然保护区7个（其中国家级自然保护区3个），如国家地质公园阿庐古洞、国家级湿地公园老虎嘴梯田，国家级自然保护区有黄连山、金平分水岭、大围山（国家级森林公园）3个，野生动植物资源丰富，堪称"天然动植物王国"，被誉为"滇南生物基因库"。曲靖市有沾益海峰省级自然保护区等省级以上自然保护区5个，其中国家级1个（会泽黑颈鹤国家级自然保护区）；有云南珠江源国家森林公园等4个国家级森林公园、1个省级重要湿地。

2. 文化资源

云南石漠化片区内生活着彝族、布依族、壮族、苗族、瑶族等10余个世居少数民族，各民族在历史长河中逐渐形成了各自独特的语言、服饰文化、民俗风情和传统文化，节日包括壮族春节、苗族花山节、彝族火把节、瑶族盘王节等，有《哈尼四季生产调》、哈尼族多声部音乐、彝族烟盒舞、彝族海菜腔、会泽斑铜工艺、火腿制作技艺（宣威火腿制作技艺）等国家级非物质文化遗产，以及富源县水族狮子灯、罗平菜籽油古法压榨技艺等40余项省级非物质文化遗产。哈尼梯田文化景观拥有世界文化遗产和全球重要农业文化遗产"双遗产"头衔。此外，该片区还有中国国家历史文化名城、世界纪念性建筑遗产、国家级旅游文化名镇等文化资源，都具有极大的旅游开发价值。

总体上看，云南省石漠化片区内旅游资源丰富，主要包括旅游景区

（点）70 余个，国家 A 级旅游景区有 30 余个，为旅游减贫奠定了坚实的基础。

（三）贫困状况

云南省石漠化片区所辖的 3 个市州（曲靖市、文山州和红河州）都属于农村贫困面积大、贫困人口多、贫困程度深的市州，贫困人口大多居住在深山区、边境地区、高寒山区、革命老区和少数民族聚居区等，这些区域的自然条件十分恶劣、基础条件差、人畜饮水困难、交通十分不便、通信设施不完善，导致信息闭塞，与外界交流受到严重阻碍，城镇化水平低，科技文化落后，教育水平和受教育程度低，更严重的是这些区域内贫困人口自身的"造血"功能严重缺乏，[①]这在很大程度上严重制约了当地贫困人口的发展。其中，曲靖是云南省农村贫困面积最大、贫困人口最多、贫困程度最深的市州之一，全市贫困人口达 79.91 万人。"十二五"末，曲靖市还有建档贫困人口 66.64 万人，占全省的 13.9%，居全省第 2 位，贫困发生率 14.8%，全省每 7 个贫困人口里就有 1 个是曲靖人，全市每 5 个农民中就有 1 个贫困人口，贫困行政村 475 个，占全省的 11%，贫困乡镇 50 个，占全省的 10.5%。[②]据统计，2017 年曲靖市还有 5 个贫困县，43 个贫困乡，973 个贫困村，43.46 万贫困人口。导致曲靖市很多地方陷入贫困的原因复杂多样，条件型、素质型贫困现象普遍叠加凸显，减贫成本高，全范围脱贫难度大。文山州的 8 个县（市）均是国家级贫困县。全州贫困人口 65 万人，按照联合国公布的贫困标准，即每人每天消费 2 美元算，估计文山州贫困人口规模约占全州总人口的 20% 左右，全州文盲率为 5.43%，自我发展能力低，返贫率高，返贫的压力在一定程度上超过减贫的压力。红河州下辖 13 个县市，少数民族人口占总人口的 61.35%，全州有 7 个贫困县（其中 4 个深度贫困

---

① 高满良：《曲靖市精准扶贫的现状与对策研究》，《新丝路》（下旬）2016 年第 6 期。
② 中共云南省委：《让贫困地区同步全面建成小康社会——深入学习贯彻习近平总书记关于扶贫开发的战略思想》，《求是》2015 年第 7 期。

县）、798 个贫困村、21.03 万户 91.08 万贫困人口，贫困人口数占全省的 12.07%（居云南省第 2 位），[①]脱贫攻坚形势非常严峻。

（四）旅游减贫概况

近年来，云南省石漠化片区充分利用自然资源和民族文化资源优势，把旅游减贫作为一种重要的减贫手段，开展了一系列旅游减贫活动，投资建设了一系列旅游减贫项目，推动旅游减贫发展，其中较为典型的有曲靖市、文山州和红河州。

1. 曲靖市旅游减贫

曲靖市在全省率先组建旅游产业发展基金，设立旅游发展研究院。启动高速公路旅游标识标牌安装工作，加快推进沾益珠江源、罗平金鸡峰丛、麒麟水乡等重点旅游项目。2019 年，曲靖市文化和旅游局按照创机制、强队伍，盯难点、重举措，兴产业、促脱贫的工作思路，对会泽县火红乡的 4 个减贫承包村全面帮扶。该局共有 15 名骨干力量担任驻村干部，市直文旅系统 160 名干部职工共结对帮扶 1250 户建档立卡贫困户；筹集资金 100 余万元，集中用于保障建档立卡贫困户住房安全；筹集产业减贫资金 30 余万元，帮助贫困村发展产业。其中，罗平县利用花卉优势加快了旅游等现代服务业的发展，"一部手机游云南"曲靖板块的上线更进一步推动了罗平县的旅游发展，同时还极大地推进了麒麟水乡等 26 个旅游项目的实施，实现旅游收入 439.8 亿元，同比增长 56%。[②]

2. 文山州旅游减贫

义山州旅游减贫的做法主要包括三个方面。 是贯彻国家脱贫攻坚政策措施，坚持精准发力、靶向施策。近年来，文山州贯彻好党中央关

---

① 《云南红河脱贫攻坚取得决定性胜利 千百年来的绝对贫困问题将得到历史性解决》，中国日报网，2020 年 7 月 8 日，https://baijiahao.baidu.com/s?id=1671651239859975625&wfr=spider&for=pc。

② 曲靖市 2019 年政府工作报告。

于脱贫攻坚的政策措施，落实好云南省委的部署，坚持精准发力、靶向施策。"十二五"期间是文山州旅游产业调整思路、积极谋划、开拓进取的五年，旅游经济各项指标走出徘徊、逆袭上扬。全州接待国内外旅游者人次由 2010 年的 486 万增加到 2015 年的 1155 万，旅游总收入由 2010 年的 35 亿元增加到 2015 年的 102 亿元，实现人次超千万、收入超百亿元的直线式上升。从增长速度看，旅游人次年均增长 19%，旅游总收入年均增长 23%，均高于同期文山州地区生产总值增长速度。二是注重加强旅游规划编制，打造和传递休闲健康品牌。文山州还注重加强旅游规划编制，组织编制了《文山市旅游发展总体规划》（2013）、《西畴县香坪山旅游景区总体规划》（2014）、《普者黑国家度假公园总体规划》（2015）等多个规划，为文山州旅游资源开发、旅游景区建设、旅游开发方向奠定了基础。同时，文山州还通过各类媒体、各种展会有效地向外界传递文山休闲健康品牌。三是加强旅游减贫投入，有效完成脱贫攻坚目标。2018 年，文山州投入专项减贫资金 12.88 亿元，累计培育新型农业经营主体 8082 个，带动建档立卡贫困人口 43.7 万人，新增贫困劳动力转移就业 7.93 万人。截至 2018 年底，文山州累计实现 473 个贫困村 49.25 万贫困人口脱贫退出，贫困发生率降到 4.7%。[1]2018 年，西畴县和砚山县通过了省级退出贫困县评估，这是文山州历史上第一次有贫困县实现脱贫摘帽。2019 年全州实现 5 个县（市）脱贫摘帽，10.3 万贫困群众脱贫；2020 年最后一个县脱贫摘帽，所有建档立卡贫困人口全部实现脱贫。2020 年完成旅游投资 38 亿元，启动实施 42 个旅游文化项目建设，全年共接待旅游人数 3019.8 万人次，增长 35.7%，实现旅游收入 320.22 亿元，增长 31.9%。[2]

3. 红河州旅游减贫

红河州旅游减贫的做法主要包括四个方面。一是高度重视，周密部

---

① 朱毅、王永刚、张登海、李建宏：《奋斗精神激扬壮乡苗岭》，《云南日报》2019 年 7 月 28 日，http://wsnews.com.cn/wsnews_wzyw/p/211456.html。
② 资料来源：文山州文化和旅游局。

署。为扎实推进旅游减贫工作，红河州于 2016 年 1 月召开了全州旅游工作会暨旅游减贫推进会，将旅游减贫推进与乡村旅游提升作为红河州旅游产业发展的重点工作，将乡村旅游减贫作为减贫攻坚"五大计划"（增收、就业、设施、救助、兜底）之"增收"计划的主要内容，以及"十三五"的重要推动工作。《红河州旅游产业转型升级三年（2016—2018 年）行动计划》对发展乡村旅游作了部署和要求，制定出台了《红河州加快推进旅游特色村寨建设工作实施方案》，成立了红河浦发旅游投资基金（有限合伙），基金总规模 50.015 亿元，重点鼓励和支持全州 13 个县（市、区）充分发挥乡村旅游在脱贫攻坚工程中的乘积效应，[1]通过利用旅游产业发展资金支持贫困村和贫困群众开展乡村旅游创业就业，培育旅游特色村寨与乡村旅游特色产品。扩大旅游减贫的覆盖面，使参与者从乡村旅游发展中充分受益，大力开发乡村潜在的旅游资源，提高乡村旅游发展水平。[2]二是科学规划，明确思路。按照科学规划、严格保护、合理开发、规范经营、持续利用的原则，全面抓好乡村旅游资源调查分析，结合全州乡村旅游资源和贫困村现状，编制了《红河州旅游扶贫与乡村旅游规划（2016–2020 年）》，对 13 个县（市、区）贫困村的乡村旅游发展进行整体谋划，明确红河州乡村旅游减贫开发的总体思路、目标、保障措施。[3]三是加强投入，完善设施。强化资金筹措，大力建设乡村旅游基础设施。重点加强休闲农业和乡村旅游特色村的道路等基础设施和公共服务设施建设，[4]2019 年共安排 500 万元专项资金补助 20 个旅游特色村建设，争取到哈尼梯田保护与旅游公共服务设施建设资金等各级各类资金 4700 多万元，建设旅游重点项目、省级民族特色旅游村、乡村旅游景区（点）公共厕所和停车场等基础设施，支持贫困村和贫困户开展乡村旅游开发工作。四是加强减贫旅游人才队伍培训。利用上海

①　红河州文化和旅游局：《2017 年上半年旅游扶贫工作总结》，https://www.taodocs.com。
②　红河州文化和旅游局：《2017 年上半年旅游扶贫工作总结》，https://www.taodocs.com。
③　红河州文化和旅游局：《2017 年上半年旅游扶贫工作总结》，https://www.taodocs.com。
④　红河州人民政府办公室：《红河州进一步促进旅游投资和消费的实施意见》，http://heslth.gmw.cn。

市对口帮扶、送教上门等契机，先后在蒙自市、元阳县等地对旅游经营管理人才、酒店管理人才等旅游从业人员500余人次进行理论指导和现场实操培训，逐年提升全州旅游管理人员的综合能力素质，让更多贫困从业人员的素质和业务能力得以提升。

二　广西旅游减贫现状

（一）区域范围

滇桂黔石漠化片区广西片区包括南宁、柳州、桂林、百色、河池、来宾、崇左7个市州的35个县（市、区）416个乡镇5027个行政村，土地面积10万多平方公里，占全区总面积的42.2%（见表2-3）。①

表2-3　广西石漠化片区所辖县（市、区）

市州	具体县（市、区）
柳州市（3个）	融安县、融水苗族自治县、三江侗族自治县
桂林市（2个）	龙胜各族自治县、资源县
南宁市（3个）	隆安县、马山县、上林县
百色市（12个）	田阳县、德保县、靖西市、那坡县、凌云县、乐业县、田林县、西林县、隆林各族自治县、右江区、田东县、平果县
河池市（10个）	凤山县、东兰县、罗城仫佬族自治县、环江毛南族自治县、巴马瑶族自治县、都安瑶族自治县、大化瑶族自治县、金城江县、南丹县、天峨县
来宾市（1个）	忻城县
崇左市（4个）	宁明县、龙州县、大新县、天等县

广西石漠化片区包括20个深度贫困县30个深度贫困乡镇和1490个深度贫困村，约占广西贫困县乡村总数的一半。广西有150多万建档立卡贫困人口主要分布在深度贫困地区，是全国脱贫攻坚重要主战场之一，

---

① 周格如、谢彩文：《"十二五"石漠化片区水利投入162亿元》，《广西日报》2015年11月21日，http://www.gxdrc.gov.cn/zwgk/qnyw/201511/t20151123_655460.html。

不但贫困发生率很高，而且脱贫难度非常大。2017年广西壮族自治区减贫开发领导小组审定了20个深度贫困县，即都安瑶族自治县、三江侗族自治县、乐业县、大化瑶族自治县、那坡县、融水苗族自治县、隆林各族自治县、凤山县、东兰县、德保县、天等县、罗城仫佬族自治县、靖西市、凌云县、田林县、巴马瑶族自治县、忻城县、马山县、环江毛南族自治县和昭平县，除昭平县以外，其余19个县市都属于石漠化片区范围，集革命老区、边境地区、少数民族聚集区、大石山区、库区于一体，是广西脱贫攻坚战"最难啃的骨头"，特别是大化瑶族自治县、都安瑶族自治县、隆林各族自治县和那坡县等4个极度贫困县100个极度贫困村10000户左右极度贫困户，更是贫中之贫、困中之困。一方面，深度贫困地区自然条件非常恶劣、生态系统非常脆弱、地理环境非常复杂、贫困程度非常深、交通条件非常落后，被认为是除了沙漠以外最不适合人类生存的地方；另一方面，深度贫困地区不但具有天下独秀的喀斯特地质地貌，生态良好，景色壮美，远离喧嚣，环境幽静，而且是我国重要的富硒连片地区，食材有机绿色、天然环保。大化瑶族自治县更是被誉为人间美食天堂，是世界著名长寿美食生态康养基地。联合国官员在考察广西石漠化片区深度贫困县时，情不自禁发出"这是上帝和魔鬼同时眷顾的地方"的感慨。

（二）旅游资源

广西石漠化片区具有得天独厚的旅游资源，山海兼备，多姿多彩，主要包括桂林山水、民族风情、海滨风光等。

1. 自然景观

广西石漠化片区的自然景观主要包括如下几个。①峰林景观。广西的峰林是发育完美的热带岩溶地貌的典型代表，曾被明代旅行家徐霞客誉为"碧莲玉笋世界"。②岩溶洞穴景区。广西共有岩溶洞穴约10万个，素有"无山不洞，无洞不奇"之美誉。[1]③山地景观。广西海拔高

---

[1] 《广西旅游简介 游遍桂林》。

于 1500 米的山峰有数十座，大多山体雄伟，适合科学考察远足攀登。①
④河湖水景。广西境内的河流众多，在地域上多与奇峰相配，形成一派
山环水绕、山水相依的秀丽景色，众多的泉流景观分布较广，适合休闲
度假、康养等。②⑤瀑布景观。包括闻名遐迩的德天瀑布（中越交界）、
资源县的宝鼎瀑布、隆林县的冷水瀑布、靖西市的三叠岭瀑布等。③⑥滨
海景观。广西的海岸线长达 1595 公里，滨海风光具有较强的吸引力，其
中最著名的有北海银滩，有大、小蓬莱之称的涠洲、斜阳岛屿两岛均有
古火山遗址等。

2. 人文景观

广西石漠化片区的人文景观主要包括如下几个。①文物古迹和革命
纪念地。有 140 余处国家级和省（区）级重点文物保护单位，包括著名
的柳州白莲洞、桂林的甑皮岩等古人类遗址，宁明花山壁画、④柳州柳侯
祠、恭城的文庙等古迹，以及太平天国的发祥地——桂平金田村、百色
红七军军部等革命活动纪念地。②民族风情。广西壮族自治区生活着汉、
瑶、苗、侗等 12 个世居民族，各民族独特的语言、服饰、建筑、习俗、
节庆、民间艺术等文化，构成了多姿多彩的民风民俗，如壮族的三月三
歌节、瑶族的达努节和盘王节等，为打造民族风情观光游提供了良好的
条件。③现代建筑群体和园林艺术。近 40 年来，广西结合当地实际，因
地制宜，充分利用当地独特的自然景观和古建筑资源，构造了古建筑文
化和自然景观相结合的风景园林景观，颇具特色。⑤

总体而言，广西是典型的旅游资源富集区，主要包括 1 个国家级旅游
度假区、3 处国家级风景名胜区、29 处自治区级风景名胜区、7 处国家级
历史文物保护单位、220 处自治区级历史文物保护单位和 11 个国家级森
林公园。但是，资源分布却不平衡。正如北宋文学家王安石所感叹，"世

---

① 《广西旅游简介 游遍桂林》。
② 《广西旅游简介 游遍桂林》。
③ 《广西壮族自治区经济，文化》。
④ 《广西旅游简介 游遍桂林》。
⑤ 《广西壮族自治区经济，文化》。

之奇伟、瑰怪、非常之观，常在于险远，而人之所罕至焉"，广西独特的山水资源、优质生态、民族风情、边关风貌等，大部分被"遗落"在偏远地区，"藏在深闺无人识"，其为实施旅游减贫创造了契机。

（三）贫困状况

石漠化引起的生态恶化加剧了广西石漠化片区的贫困程度，严重制约了该片区内社会经济的发展。全区 28 个国家级贫困县中，有 23 个县（市、区）的石漠化面积占全区总面积的 30% 以上，涵盖的贫困村范围广、数量多，贫困人口数量多。全区贫困人口绝大部分分布在石漠化严重的地区，集石漠化片区、边境地区、革命老区、库区等于一体，脱贫任务相当艰巨。由于石漠化片区山多地少，耕地面积少，人口不断增加，人均耕地不足，粮食不能自给，贫困村群众文化程度普遍较低，青壮年劳动力大多外出务工，留守群众基本都是老人和小孩，农村劳动力紧缺，生产生活条件差，经济收入低，当地老百姓的生活水平较低，陷入越贫越垦、越垦越贫的恶性循环，导致该片区成为广西壮族自治区中经济最贫困、生态最恶劣的地区，在很大程度上制约了旅游减贫相关产业的发展，导致脱贫致富途径受到很大影响。

（四）旅游减贫概况

2013 年，广西召开了以旅游为主题的全区旅游发展重要大会，"减贫"也是会上的一个重要关键词。"加快发展旅游业是群众脱贫致富的需要！"一场旅游减贫的攻坚战就此在八桂大地打响。在随后的几年里，广西石漠化片区通过推进"清洁家园、清洁水源、清洁田园"和"村屯绿化""饮水净化""道路硬化"等专项活动，使乡村面貌发生根本性好转，给老百姓带来了宜人的生活环境；与此同时，也为乡村旅游业发展创造了良好的条件。广西以此为契机，加快了贫困地区旅游减贫的步伐。据广西石漠化片区各县（市、区）旅游和减贫部门的介绍，2016 年以来，全区精准识别出来进行旅游减贫的 550 个贫困村中，普遍存在群众思想保守、观念落后、发展思想不清晰、旅游规划滞后、旅游基础设施不完善、公共服务设备缺失、发展资金整合不足、单打独斗、零星投资、引导标识标牌不清、项目用地难、农产品档次低且品质差、旅游商品缺少等问题。广西壮族自治区文化和旅游厅以及扶贫办等部门对贫困村屯采取了一系列措施，帮助群众早日摆脱贫困。对有资源条件优势的贫困村进行旅游开发，改善村屯环境，通过旅游消费来拉动贫困村的经济发展。直接吸纳贫困户到企业就业，为贫困户提供收入来源。通过旅游大项目的投资建设，把贫困村作为旅游目的地或集散地进行建设，为贫困户提供工作机会，拉动地方经济的发展。对贫困户进行就业技能、生存本领培训，鼓励和扶持指导他们进行自主创业，通过扶持贫困户开办农家乐、销售土特产、担当导游讲解等途径和方式，增加收入来源。

三 贵州旅游减贫现状

（一）区域范围

滇桂黔石漠化片区贵州片区主要位于贵州省南部、西南部和东南部的六盘水市、安顺市、黔西南布依族苗族自治州、黔东南苗族侗族自治州和黔南布依族苗族自治州境内，包括六盘水市钟山区（大湾镇已被纳入乌蒙山片区）、水城县和六枝特区，安顺市西秀区等，共 44 个县（市、区）（见表 2-4），是滇桂黔石漠化片区中石漠化面积最大的片区。贵州省石漠化总面积 8.67 万平方公里，占整个滇桂黔石漠化片区土地面积的 38%，占贵州土地面积（17.62 万平方公里）的 49.21%。由于地质演变历史和构造活动不同，贵州石漠化片区东段和西段的地质地貌特征迥异。其中，东段主要是黔东南州，喀斯特地貌特征不显著、分布面积少，其中镇远至凯里一线之西北属于岩溶地貌区，镇远至凯里一线之东南属于剥蚀、侵蚀的非喀斯特地貌区，土层较厚，森林资源丰富；西段包括黔南州、安顺市、黔西南州和六盘水市的六枝特区及水城县，碳酸盐岩地层发育广泛，形成千姿百态、山高地少的高原型亚热带典型喀斯特地貌。

表2-4 滇桂黔石漠化片区贵州片区所辖县（市、区）

市州	具体县（市、区）
六盘水市 （3个）	六枝特区、水城县、钟山区
安顺市 （6个）	西秀区、平坝区、普定县、镇宁布依族苗族自治县、关岭布依族苗族自治县、紫云苗族布依族自治县
黔西南布依族苗族自治州 （8个）	兴仁县、普安县、晴隆县、贞丰县、望谟县、册亨县、安龙县、兴义市
黔东南苗族侗族自治州 （16个）	黄平县、施秉县、三穗县、镇远县、岑巩县、天柱县、锦屏县、剑河县、台江县、黎平县、榕江县、从江县、雷山县、麻江县、丹寨县、凯里市
黔南布依族苗族自治州 （11个）	荔波县、贵定县、独山县、平塘县、罗甸县、长顺县、龙里县、惠水县、三都水族自治县、瓮安县、都匀市

（二）旅游资源

贵州全省有92.5%的面积为山地、丘陵，近73%的面积为喀斯特地貌，大面积的高原喀斯特地貌造就了众多的奇峰、峻岭、峡谷、飞瀑、石林、溶洞、温泉、湖泊，形成了独具特色的自然风光。全省49个少数民族中有17个世居民族，少数民族人口占全省总人口的37.85%，生活在这片土地上的各民族同胞在历史长河中创造出了璀璨的民族文化，形成了丰富的原生态人文资源。这些喀斯特自然生态资源和多民族原生态人文资源具有巨大的旅游开发潜力，为旅游减贫创造了有利条件。

1.自然资源

贵州石漠化片区的自然资源主要包括如下几种。①气候资源。贵州石漠化片区位于亚热带季风性湿润气候区和亚热带常绿阔叶林带。气候温暖湿润，雨热同季，年均气温约16℃，日照数较高，"冬无严寒，夏无酷暑"，喀斯特地区复杂多变的地形地貌，孕育了品种繁多、储量丰厚的自然资源和历史悠久、绚丽多彩的人文资源。②水资源。贵州石漠化片区地处长江水系乌江流域和珠江水系北盘江流域的分水岭地带，有大小河流上千条，地表河网与地下河网均比较发达，年降水丰富，水能资源丰富。③森林资源。2011 年末，贵州石漠化片区森林覆盖率为 51.57%。其中，黔东南州的森林覆盖率最高（62.78%），是全国 28 个重点林区之一，素有"森林之州"的美誉，拥有 8 个省级林业重点县，占全省林业重点县个数的 80%，锦屏县和黎平县被列为国家级林业百强县。④生物多样性。贵州石漠化片区内生物多样性保存良好，生物资源极为丰富，包括 1 个世界文化自然遗产、2 个国家级自然保护区、6 个国家地质公园、11 个国家级风景名胜区、11 个国家森林公园。

2. 人文资源

贵州石漠化片区内有苗族、侗族、布依族等少数民族，民族民俗文化特色鲜明，民间手工艺和非物质文化遗产十分丰富。

（1）非物质文化遗产包括四大类。一是少数民族语言、童话、歌谣、音乐、诗歌、传说、服饰、工艺、习俗、建筑、舞蹈、体育等；二是少数民族纯手工技艺类、医药类等非物质文化遗产；三是少数民族古籍；四是安顺地戏、六盘水梭戛箐苗彩色服饰艺术、黔东南州侗族萨玛节、黔西南州皮纸制作技艺、黔南州水书习俗等（见表 2-5）。

表 2-5　贵州片区内各市（州）非物质文化遗产名录

市（州）	非物质文化遗产名称
安顺市	安顺地戏、铜鼓十二调
六盘水市	梭戛箐苗彩色服饰艺术、苗族芦笙舞"锦鸡舞"
黔东南州	侗族萨玛节、苗族姊妹节、苗族鼓藏节、苗年、皮纸制作技艺、苗族芦笙制作技艺、苗寨吊脚楼营造技艺、苗族蜡染技艺、苗绣、苗族银饰锻制技艺、反排苗族木鼓舞、锦鸡舞、芦笙舞、侗戏、侗族琵琶歌、侗族大歌、刻道、苗族古歌、仰阿莎、珠郎娘美、苗族贾理、苗族飞歌、苗族芒筒芦笙、苗族织锦、枫香染技艺、瑶族医药、苗族医药、侗族医药、苗族独木龙舟节、多声部民歌、苗族铜鼓舞、苗族剪纸、苗族泥哨、侗族木构建筑营造技艺、苗族服饰、侗族刺绣、侗年、月也、苗族栽岩习俗、歌会、赛龙舟
黔西南州	皮纸制作技艺、布依族八音坐唱、铜鼓十二调、布依戏
黔南州	水书习俗、水族端节、水族马尾绣、鼓龙鼓虎－长衫龙

资料来源：贵州省文化和旅游厅。

（2）红色文化旅游资源。包括安顺王若飞故居、荔波邓恩铭烈士故居、独山深河桥抗战遗址、黎平会议会址、镇远周达文故居、锦屏龙大道故居和"二十四道拐"抗战公路等。

（3）文化遗产。古人类文明遗址，包括旧石器文化普定穿洞古人类文化遗址、大洞和猫猫洞古人类文化遗址、牂牁文化宁谷汉遗址，东汉文化交乐汉墓群、夜郎文化镇宁夜郎洞风景区、明代耕战文化天龙屯堡景区等。

（4）全国重点文物保护单位。包括天台山伍龙寺、云山屯古建筑群、增冲鼓楼、青龙洞、郎德上寨古建筑群、地坪风雨桥、飞云崖古建筑群、旧州古建筑群、镇远和平村旧址、葛镜桥等，以镇远古城为龙头，全力推进古城、古镇、古寨、古建筑、古驿道等发展。

（5）民俗民间文化节庆。贵州石漠化片区内的民族节庆众多，一年12个月每月都有节过。有影响力的节庆包括苗族苗年、姊妹节，侗族萨玛节，瑶族盘王节，水族端午、卯节，布依族"三月三"，回族开斋节等。此外，还有苗族斗牛、苗族亚鲁王"上刀山、下火海"绝技、苗族"蜘蛛人"徒手攀岩绝技、铜鼓舞、侗族摔跤等传统民族体育活动。

（6）民族民间工艺品。包括安顺蜡染、布依地毯、三刀、地戏面具、黄平泥哨、平塘牙舟陶、荔波凉席、晴隆翡翠、普定土陶、贵定通草堆画、普安石砚、思州石砚、苗族银饰、水族马尾绣、民族刺绣等具有浓郁民族风情和地方民族特色的手工艺品、特色旅游纪念品，以及具有非物质文化遗产认证的手工艺品。

综上所述，贵州石漠化片区自然资源和人文资源丰富，为贵州旅游减贫奠定了坚实的基础。这些资源分布的特点，在"发展旅游产业"与"减贫开发"之间无形地架起了桥梁，建立起有机联系，把旅游资源优势转变为经济优势是贵州石漠化片区贫困人口脱贫致富、促进乡村振兴的一条有效途径。

（三）贫困状况

贵州曾是全国脱贫攻坚的主战场，是全国贫困人口最多、贫困面最大、贫困程度最深的省份。全省地处内陆山区，少数民族人口众多，受历史、自然、经济、社会等综合因素的制约，经济发展水平较低，与沿海等发达省份相比，呈明显的滞后状态，特别是一些边远民族地区的经济发展十分缓慢。全省 88 个县（市、区）中有 66 个国家级减贫开发工作重点县，其中石漠化片区内的 44 个县（市、区）中就有 33 个国家级减贫开发工作重点县，占整个滇桂黔石漠化片区内国家级减贫开发工作重点县总数的 49.21%。2011 年，贵州有 623 万人生活在贫困线以下，约占全国贫困人口的 1/10，其中石漠化片区贫困人口占一半以上。2011 年，贵州生产总值排在全国第 26 位，人均生产总值是全国平均水平的 47%，而贵州石漠化片区人均生产总值仅相当于全国平均水平的 38% 和全省平均水平的 82%。按照 2011 年提出的 2300 元的减贫标准，贵州石漠化片区内有农村减贫对象 529.03 万人，占农村户籍人口的 37.3%，比全国高 24.6 个百分点。2016 年，贵州省有 493 万贫困人口，其中 80% 以上是石漠化片区的贫困人口。贵州石漠化片区内有 3 个少数民族自治州，民族问题与贫困问题交织，基础设施落后，基本公共服务能力低，民生底子薄，生态环境脆弱，区域经济发展不平衡，城乡差距大，减贫开发难度大，[①]减贫任务艰巨。

（四）旅游减贫概况

自 20 世纪 90 年代初期起，贵州乡村旅游的发展随着民族文化村寨的开发而逐年推进。1991 年起，贵州率先在全国提出了"以旅游促进贫困地区脱贫致富"的思路，并在历年的全省旅游工作计划中将旅游

[①] 李晓红、孙红、郭蓉、陶泓、龙成舟、李超：《贵州集中连片特殊困难地区贫困现状研究》，《生态经济评论》2013 年第 2 期。

减贫工作作为一项重要任务进行认真安排，针对不同时期提出了不同的工作要求，强调旅游减贫工作是发展旅游业肩负的历史使命，任重而道远。这一指导思想作为"八五"期间旅游业发展的基本经验，被写进《贵州省旅游业"九五"发展计划及 2010 年长远目标》，围绕"旅游减贫"这一主题，贵州组织召开了贵州旅游业发展理论研讨会，从理论上对贵州旅游减贫工作进行了系统研究。1994 年，第一次提出了旅游减贫的概念。如今，"旅游减贫"的观念已深入人心，其成为指导贵州旅游业发展的一项理论依据和全省旅游行业共同完成的一个重大目标。

"十五"期间，贵州全省开展旅游接待活动的单位有 66670 家，通过旅游活动获得的收入为 47.32 亿元，旅游税收 8.68 亿元，有 63.03 万人依托发展旅游业摆脱了贫困，走上了致富之路，成为旅游减贫的受益者。[①] 据不完全统计，2002 年全省有 53.21 万人依托发展旅游业摆脱了贫困，走上了致富之路。2018 年，贵州省文化和旅游厅在新闻发布会上宣布，贵州省共接待游客 9.69 亿人次，实现旅游总收入 9400 多亿元，同比分别增长 30.2%、33.1%，呈现井喷式增长。旅游发展同时使 30.3 万贫困人口受益增收，助推脱贫攻坚更加有力。

"十二五"期间，贵州省大力发展乡村旅游减贫。自 2015 年以来，贵州省旅游部门采取强有力的措施，积极推动全省旅游"精准减贫"工作。据统计，2015 年，全省乡村旅游收入 676 亿元，占全省旅游总收入的 19%，同比增长 22%；接待人数 1.55 亿人次，占全省旅游接待人数的 41%，同比增长 19%；带动社会就业 287 万余人，受益人数超过 577 万人，旅游减贫作用显现。

"十三五"期间，贵州省把旅游业作为新兴产业进行部署，乡村旅游作为一项惠及民生的富民利多的朝阳产业，与老百姓脱贫致富有着密切相连的直接关系。统计数据表明，旅游业直接增加 1 个就业岗位，就

---

① 陈慧琳：《人文地理学》（第三版），科学出版社，2013，第 165 页。

能为全社会间接增加 5~8 个就业岗位。贵州省一些偏远山区和贫困地区大多拥有青山绿水，历史文化底蕴深厚，潜在的旅游资源丰富，特别适宜发展旅游。把当地的资源优势转化为旅游产业优势，大力发展乡村休闲游、民族风情游、文化旅游等旅游产业，能够有效缓解就业供需矛盾，带动当地群众吃上旅游饭、走上旅游路、发上旅游财，实现以就业促增收，提高群众收入水平，加快贫困地区贫困群众脱贫致富奔小康步伐。据统计，贵州"十三五"期间共有 2443 个村被列入全国乡村旅游减贫重点村。其中，六盘水市 173 个、遵义市 587 个、安顺市 195 个、毕节市 307 个、铜仁市 340 个、黔西南州 202 个、黔东南州 342 个、黔南州 271 个、贵安新区 26 个，其中滇桂黔石漠化片区涵盖 5 个市（州）1183 个村。[①] 旅游产业覆盖面广，产业链条长，适合大众创业、万众创新，是农村脱贫奔小康的新引擎。

第三节 滇桂黔石漠化片区贫困群体特征

在脱贫攻坚末期，仍处于贫困状态的贫困群体属于"最难啃的硬骨头"，其致贫原因具有很大的特殊性，与以往已经脱贫的群体具有明显的差别。总体来看，可将这部分人分为未脱贫、未被识别和有返贫风险三大类。

一 未脱贫的贫困群体

未脱贫的贫困群体的特征显著，通常是老、弱、病、孤、寡等原因致贫，其中因病致贫的占据绝大多数。通过调研走访了滇桂黔石漠化片区 52 个贫困村 325 户贫困户 1451 人的结果显示，因年老体弱无能力自

---

① 资料来源：贵州省文化和旅游厅。

给自足的贫困户有 33 户 165 人，占调查贫困户的 10.15%，占所调查贫困人口的 11.37%；因病致贫（通常是一户贫困户家里有一人患重大疾病，需要特殊理疗、特殊医学治疗等所需巨额医药费使原本可以早日脱贫的家庭陷入贫穷困境）的贫困户有 218 户 991 人，占所调查贫困户的 67.08%，占所调查贫困人口的 68.30%；而因孤、寡致贫的贫困户有 74 户 295 人，占所调查贫困户的 22.77%，占所调查贫困人口的 20.33%，如图 2-3 所示。

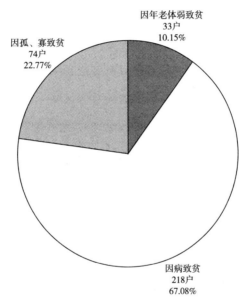

图 2-3　未脱贫的贫困群体分类统计

对于这部分贫困群体，主要采取社会保障兜底和优先提供景区就业岗位的方式进行减贫。例如，广西巴马县那桃乡平林村甘烟屯有 2 户尚未脱贫的都是因残致贫。其中一户贫困户家里有一位 30 多岁男性，他和他母亲都是智障，在他刚出生时其母亲就去世了，他一直由其奶奶抚养，如今他奶奶已年过八旬，无力再抚养他，他只能靠政府兜底维持简单的生活。类似的特殊情况并不鲜见，给减贫工作增加了难度。

二 未被识别的贫困群体

未被识别的贫困群体的特征主要包括以下几个方面。一是隐性贫困，未被识别。所谓隐性贫困是指离开出走，不能通过正常手段判断其贫困与否。二是统计工作的疏忽导致漏报、错漏。一部分贫困群体被统计漏掉，未被列入贫困户名单中，还有一部分群体并非贫困群体，却被统计为贫困群体。这些问题已被政府相关部门意识到，并已得到妥善处理，这也就是为何有些地方第二年的贫困人口要比第一年的要多，增加部分多是未曾被识别的贫困群体。因此，要强调精准识别。

三 有返贫风险的群体

脱贫后有返贫风险的贫困群体早期在政府的帮扶下顺利脱贫，但由于收入不稳定、家庭负担沉重、自身又没有劳作的特殊技能等，他们重返贫困队列或极大地增加返贫风险，成为新一轮需要扶持的贫困对象，如何让这部分贫困群体精准脱贫、不再返贫，这给旅游减贫工作带来了新的挑战。例如，赵某（48岁，其爱人46岁）是贵州六盘水玉舍景区新搬来的异地减贫搬迁户。移民搬迁到玉舍景区后于2018年7月在社区工作，每月工资3000元。他27岁的大儿子有一个5岁儿子，调研组到赵某搬迁的新房与他交谈时，正巧碰到一家人在给孙儿过5岁的生日。他的小女儿（21岁）做售货员，每月工资1500元。原本可以过着幸福小康生活的他们一家人，却因大儿子的肾衰竭陷入二次贫困。他儿子的病情十分危急，每月需医药费1000多元，一个月要做两次透析，儿媳在景区内一家酒吧上班，每月工资1700元，除生活费和小孩的日常开销外，几乎所剩无几，根本无法支撑她丈夫的巨额医疗费。为帮助他家能够顺利渡过难关，在政府的减贫政策下，赵某一家于2016年8月搬到玉舍景区后，通过三种方式增加家庭收入：一是以每月每平方米5元的租金租了一个40多平方米的门面，将其入股公司，年终分红；二是他在景区当环卫工人，每月工资 1700 元；三是在搬来以前有 10 亩左右土地，以每亩每年 400 元的价格流转后栽种油桐籽，每年可获得土地扭转费 4000 元。这些收入基本上可以维持这个家庭的开支，但难以支付他大儿子的巨额医疗费，使这个原本可以过上小康生活的家庭又回到贫困队列中。[①]

第四节　滇桂黔石漠化片区旅游资源概况

旅游资源是自然界和人类社会中能够用以开发旅游活动并对游客具有吸引力，产生经济效益、社会效益和生态效益等综合效益的事物和因素。本研究所指的旅游减贫开发的对象是旅游资源比较丰富且具有开发潜力的贫困地区，并不涵盖所有的贫困地区。我国很多旅游资源丰富的区域和贫困地区的空间格局分布都呈现高度重叠的状况，[②] 实施旅游减贫开发旨在将丰富的旅游资源优势转化为产品优势和经济优势。实地调研显示：我国 70% 以上的优质潜在旅游资源分布在老、少、边、穷等贫困地区，在全国 820 余个国家减贫工作重点开发县中，与落后的经济发展、闭塞的道路交通条件，以及地理区位相比，大部分地区都有着品级高、品质优良的旅游资源。[③] 在滇桂黔石漠化片区中，贫困县（市、区）旅游资源的空间分布同样有着极高的重合性。滇桂黔石漠化片区有 67 个国家减贫开发工作重点县，占全国减贫工作重点开发县的 8.17%，但该片区内旅游资源丰富、数量众多、门类齐全，几乎囊括了《旅游资源分类、调查与评价》中的全部主类和亚类，优质旅游资源较丰富，该片区是喀斯特地貌保存最好最完整、原生态文化最浓郁、少数民族分布最多的区

---

① 根据笔者实地调研深度访谈的第一手资料整理而成。
② 李志勇：《旅游扶贫应避免小马拉大车》，旅游频道，2017 年 8 月 20 日，http://travel. people.com.cn/nl/2017/0820/c41570−29481774.html。
③ 查建平、王挺之：《环境约束条件下景区旅游效率与旅游生产率评估》，《中国人口·资源与环境》2015 年第 5 期。

域，旅游开发潜力大，是中国最具旅游发展潜力的地方。

滇桂黔石漠化片区奇特的喀斯特地形地貌造就了该片区内拥有众多的生态湿地、地热温泉、峰丛溶洞等自然生态景观，还有底蕴深厚的国家级省级历史文化名城、名镇、名村和上百处重点历史文化遗产，以及多彩的民族传统文化，且大多数资源潜在的旅游开发价值较高，为开发观光旅游、生态旅游、红色旅游、户外运动、民族民俗游等奠定了资源基础和环境条件。[1]

一 自然生态类资源

滇桂黔石漠化片区多样性的地理环境和复杂的地质构造，孕育了丰富多样的自然旅游资源，以喀斯特山水风光为主要特色，有中国最美丽的喀斯特自然景观，具有高品质、垄断性的旅游资源，具备申报世界自然遗产的资源条件。片区内集中了黄果树瀑布、龙宫风景区、荔波、普者黑、驮娘江风光、大新德天瀑布等顶级旅游资源，资源品位一流，市场垄断性强。据不完全统计，该区域内还包括国家级风景名胜区 13 个、省级风景名胜区 6 个、中国优秀旅游城市 8 个、国家级水利风景区 8 个以及国家 5A 级旅游景区 2 个。[2] 此外，该区域还拥有众多的高原湖泊、生态湿地、地热温泉、高原草场、喀斯特溶洞等。

二 民族文化类资源

滇桂黔石漠化片区是全国 14 个集中连片特困地区中少数民族聚集的地区之一，汇集了壮族、苗族、布依族、瑶族、侗族、彝族等 40 多个少数民族，民族文化底蕴深厚，民俗风情浓郁，民间工艺丰富。其中，15 个市州的少数民族分布分别为南宁市 36 个，柳州市 48 个，桂林市 28 个，

---

[1] 刘祥恒、罗明义：《乌蒙山片区旅游发展及扶贫模式研究》，《当代经济管理》2015 年第 8 期。

[2] 根据滇桂黔石漠化片区各县（市、区）旅游部门提供的资料及政府网站的资料整理而成。

百色市 7 个，河池市 9 个，来宾市 6 个，崇左市 11 个，安顺市 20 个，六盘水市 32 个，黔西南布依族苗族自治州 35 个，黔东南苗族侗族自治州 9 个，黔南布依族苗族自治州 36 个，曲靖市 7 个，红河哈尼族彝族自治州 10 个，文山壮族苗族自治州 20 个。各民族和睦相处，交往交流交融不断加深。民族文化多姿多彩，民族村寨、建筑、服饰、民风民俗、饮食等十分丰富。以侗族大歌、壮锦、苗族古歌和布依族八音坐唱等为特色的各民族非物质文化遗产色彩斑斓，民俗节庆多样性特征显著，主要民族节日有瑶簏的小年节、瑶山陀螺节、苗族和布依族的四月八斗牛节、布依"哈尼哈节"和水族卯节等 50 多个，以民族歌舞为特色的民间文化活动就有 80 余项，如茂兰布依族矮人舞、瑶族猴鼓舞、瑶族打猎舞以及布依族傩戏和傩事等。[①]

三　古人类文化资源

滇桂黔石漠化片区历史文化悠久，底蕴深厚，文化形态丰富，文化内涵与魅力独特，是我国"古南方丝绸之路"，又是我国重要的革命老区，拥有百越文化、夷濮文化、氐羌文化、红色文化、夜郎文化、山地文化、军工文化、民居文化、节日文化、酒文化、茶文化、傩文化以及蜡染文化等，都具有很强的独特性、唯一性，成为该区域旅游资源的灵魂和个性的完整体现。据不完全统计，该片区内有 2 个国家历史文化名城、1 个省级历史文化名城、4 个国家历史文化名镇、7 个国家历史文化名村、3 个全国农业旅游示范点、1 个全国工业旅游示范点。[②] 这些底蕴深厚的历史文化资源和富集的旅游文化资源，是发展旅游减贫的良好条件。

---

① 根据滇桂黔石漠化片区各县（市、区）旅游部门提供的资料及政府网站的资料整理而成。

② 贵州省旅游发展委员会：《滇桂黔石漠化片区旅游发展规划》。

四 野生动植物资源

滇桂黔石漠化片区有独特的生态系统、清新的空气、优美的环境，是最纯洁的一块净土。该区域内野生生物类群繁多、种类丰富，在丰富的植物区系中，有众多的古老、孑遗成分，有原生性很强且面积很大的喀斯特森林。据不完全统计，该片区内有世界自然遗产地 1 个、国家级自然保护区 13 个、文化自然遗产 1 个、国家森林公园 19 个、世界地质公园 1 个、国家地质公园 9 个。喀斯特地区环境中的钙质含量高，对一些动物的发育和生长非常有利，加速了特有种、亚种或新特种的形成，具有极高的保护价值和科学意义。福建柏、掌叶木、香果树等单种特有属和少种特有属均为我国所特有，其中多数为国家重点保护植物，具有极高的保护价值。丰富的地方特有种类，为研究植物区系，特别是喀斯特植物区系的发生、形成和演化具有重要意义。

五 宜人的气候资源

滇桂黔石漠化片区的气候类型主要为亚热带湿润季风气候，常年受西风带控制，大部分地区立体气候明显，温暖湿润，无霜期长，年平均气温为 15℃，年平均相对湿度为 75%，舒适宜人。冬无严寒，夏无酷暑，雨量充沛，四季分明，四季宜游，是旅游发展的核心竞争力。

总体上看，滇桂黔石漠化片区内汇集了世界著名大瀑布之一的黄果树瀑布、被誉为"大自然的奇迹"的龙宫风景区、世界自然遗产荔波小七孔、美丽的普者黑和驮娘江风光等优质旅游资源，国家级历史文化名城会泽等历史文化古镇、丰富多彩的西江千户苗寨的苗族风俗文化等少数民族文化资源，以及独特的边境风貌等旅游资源，具有较强的旅游吸引力，使滇桂黔石漠化片区既是进行历史革命传统教育等红色文化旅游的重要区域，又是开展康体养生、休闲度假的旅游胜地，[①]还是开展边境旅游的目的地，资源品位一流，市场垄断性强。滇桂黔石漠化片区内潜在旅游资源的空间分布合理，组合度较好，特别是将自然生态景观与民族风情融合、红色文化与优美生态环境融合等，构成最具特色、最具魅力的旅游吸引物，增强滇桂黔石漠化片区的旅游吸引力和市场竞争力。

旅游业有条件成为滇桂黔石漠化片区中最具发展潜力的、最具富民效果的、最持久的产业之一。旅游业将成为该片区减贫和跨越式发展的主导产业，发挥龙头产业带动性，以旅游业为核心、为龙头带动农业、林业、生命产业（健康养生）等相关产业共同持续、健康发展，充分利用石漠化治理的成果，激发生态效应，构架延展生命长度和宽度、提高生活质量的旅游圈，可以将该片区打造成为未来旅游产业引领的新高地。然而，滇桂黔石漠化片区的旅游资源品位和数量参差不齐、结构不完全合理，有些地方的旅游资源具有全国乃至世界旅游吸引力，而有些地方根本没有可以开发的旅游资源，难以通过发展旅游业带动当地贫困群众脱贫致富，而在有旅游资源条件的贫困地区发展旅游减贫促进乡村振兴取得了哪些成果、存在哪些问题，这是本研究重点关注和拟解决的问题，在后续研究中会详细分析。

第五节　滇桂黔石漠化片区旅游减贫存在的问题

旅游活动和旅游业对区域经济发展影响的大小取决于自身的经济结构和供给能力，如果不顾自身条件，片面地强调积极作用，会产生适得其反的作用。[②]尽管滇桂黔石漠化片区旅游减贫取得了一定的成效，但还存在一些亟须解决的棘手问题，通过实地调研发现，贫困村寨所处的旅

---

① 刘祥恒、罗明义：《乌蒙山片区旅游发展及扶贫模式研究》，《当代经济管理》2015 年第 8 期。
② 陈慧琳：《人文地理学》（第三版），科学出版社，2013，第 165 页。

游减贫发展阶段不同，存在的问题也各不相同。通过对调研资料进行归纳，总结出一些普遍存在的共性问题，如石漠化导致自然生态环境脆弱，制约经济社会发展；资源开发尚不充分，影响旅游减贫效果；等等。主要包括以下 10 个方面。

一 自然生态环境脆弱，制约经济社会发展

滇桂黔石漠化片区属于中国石漠化分布面积最大、危害最严重的区域，生态环境十分脆弱。该片区内有多处世界文化遗产名录（荔波、环江、花山等）、国家级自然保护区、国家级森林公园、国家级湿地公园，是国家西南重要的生态屏障，生态保护责任重，各种限制条件多，许多贫困村落都处于生态保护红线内，禁止开发建设，缺乏大规模的产业带动当地发展，且交通、住宿等基础设施和公共服务落后，制约了乡村旅游的发展和乡村经济社会的发展。

二 资源开发尚不充分，影响旅游减贫效果

滇桂黔石漠化片区中大部分贫困地区的旅游资源丰富，生态旅游资源种类多、禀赋高，形成了有别于其他贫困地区的喀斯特岩溶地貌景观，多民族大杂居、小聚集形成了独具特色的民族文化。但是，该片区内的大多数贫困村的旅游减贫开发程度小，旅游"吃""住""游""购""娱"等要素非常缺乏，旅游产品仍然主要是传统的、层次较低的观光型旅游产品，业态单调，缺乏具有吸引力的旅游休闲度假类产品，并且旅游产品的品牌化、精致化和集聚性不强，有影响力的乡村旅游品牌还比较少。乡村旅游宣传营销主要针对周边县（市、区），"走出去"的意识、能力和意愿不强，难以形成对外宣传营销的整体优势，也尚未形成完整的休闲度假产业链，旅游业与农、林、牧、副、渔等相关产业的融合度不够，组织化程度不高，创新、创意、

文化等现代服务业形态匮乏，没有形成极具吸引力的旅游产品。乡村旅游客栈、农家乐以夫妻店、家庭式经营为主，公司制、企业化运作程度不高，在已开展的乡村旅游点中，由公司、合作社等组织经营的占比不高。旅游从业人员自身素质不高、经营理念不强，部分地区还存在恶性竞争，没有形成以品牌服务赢得市场的良性发展机制，旺季欺客、淡季抢客现象时有发生。乡村旅游利益联结机制还不健全，带动贫困人口参与旅游开发、经营管理的渠道不畅、方法不多。这些因素影响着旅游业应对市场演变的能力，对贫困人口参与旅游开发获益产生了一定影响，制约了旅游减贫的获益面与获益度。

三　空间整体规划缺位，增加跨区协调难度

滇桂黔石漠化片区内各市州虽然均明确提出将旅游减贫作为脱贫攻坚的重要举措，大力推动旅游减贫工作，但仍以单打独斗为主，区域内部尚未形成旅游减贫协作合力，有效的旅游减贫政策措施未做到共用共享共通。尽管各地区编制了不少区域性旅游相关规划及旅游减贫专项规划，但涉及滇桂黔石漠化片区协作脱贫的区域性规划仍然欠缺，各市州在规划衔接上仍存在差距，使不同地区旅游减贫的步伐、力度、政策等方面不一致。由于滇桂黔石漠化片区中各贫困县（市、区）的贫困程度不一致，地域差异性较大，资源禀赋不同，采用统一的政策实施旅游减贫具有极大的局限性。例如，云南文山州的麻栗坡县和西畴县、红河州泸西县、广西百色靖西市、崇左大新县等地分别与老挝、越南交界，是名副其实的边境县，旅游资源丰富，其中大新县的 5A 级景区——德天跨国瀑布，是与越南共同开发的旅游景区，而该瀑布的上游是靖西市的著名景区——鹅泉，相距几十公里，完全可以联合起来共同壮大两地的旅游产业，促进乡村振兴。但由于缺乏有效的沟通机制和发展资金，这些相邻地区的优势旅游资源未能真正有效地形成跨区、跨国联合发展的局势，类似的情况在滇桂黔石漠化片区并不鲜见。

四　基础配套设施落后，旅游减贫难度较大

滇桂黔石漠化片区旅游资源丰富，具有发展旅游业的比较优势，但因该片区的大多数贫困地区位置偏远，自然条件恶劣，生产生活条件落后，还受限于交通、水利、通信等基础设施薄弱的发展困境。同时，旅游所需的"食、住、行、游、购、娱"等配套设施总量偏少，不少地方旅游设施规模小、分布散、效益低、管理不到位，旅游酒店、旅游购物街区、休闲娱乐消费场所、健身养生设施、智慧景区设施等与旅游发达地区相比仍存在较大差距，特别是极度贫困地区的乡村旅游景区基础设施仍较落后，建设标准和档次偏低，公共服务设施欠缺，缺乏精品工程，严重制约了乡村旅游的发展。此外，旅游项目投资规模大、周期长且回报慢的特点，导致招商引资工作难度大，企业不愿为旅游开发进行大量的基础设施投入，地方政府财力有限，很难短时间内改善偏远山区的公共服务设施，尤其是交通和信息化服务设施。严重不足的信息化支撑导致滇桂黔石漠化片区对旅游信息化建设重视不够，通信基础设施不足，基础网络尚未全覆盖，无线网络设施设备布置较少，乡村旅游数据资源缺乏采集手段和机制，没有形成完整的数据库和网络体系，乡村旅游主题网站少，缺乏网络预订服务，存在信息资源零散、共享差、流通不畅等问题，消防、排污、垃圾处理清运等设施设备与既有标准要求有较大的差距，增加了滇桂黔石漠化片区旅游开发和减贫的难度。

五　旅游减贫投入不足，融资模式有待创新

旅游减贫资金投入力度普遍不足以满足发展之需。旅游减贫资金是旅游持续减贫工作能否实施和保质保量完成的重要保障之一。旅游业是前期投入大、回收期长的富民产业，目前，旅游业资金投入同脱贫攻坚的旅游减贫需求相比仍显不足。实地调研发现，滇桂黔石漠

化片区内大部分县（市、区）获得的旅游减贫专项资金补助较少，县（市、区）级配套资金所占比例较大且落实十分困难，给地方财政造成了沉重负担，降低了县（市、区）发展旅游减贫的积极性，导致大部分县（市、区）贫困村（屯）旅游资源开发滞后，开发建设程度低，旅游基础设施和配套服务设施仍然很落后，旅游公共服务设施尚不完善，贫困景区规划、开发、建设需要大量资金的投入，面临资金短缺的困境。例如，在贵州省，国家缩减或限制 BOT、BT、PPP 等投资规模后，政府投向旅游业的资金量大幅减少，既有项目存在停工、撤换等问题，影响当地旅游减贫绩效。有限的旅游减贫专项资金难以满足旅游交通等基础设施建设的需要，除贵州外，广西和云南的石漠化片区由于缺乏必要的旅游开发启动资金，导致旅游项目开工不足，有80% 以上的交通部门也因资金匮乏难以修建便捷的旅游交通设施，成为制约具有潜在的旅游资源条件的贫困地区实施旅游减贫的拦路虎，严重影响了旅游减贫工作的开展。在国家各级财政有限投入下，投融资模式缺乏突破和创新导致重大旅游项目数量较少，旅游减贫开发和产业升级难度较大。此外，有些贫困县（市、区）旅游部门的主管领导对旅游减贫开发的认识不到位，对当地旅游发展也没有进行科学论证，为避免已划拨的旅游减贫专项资金在规定使用期限内未使用完而被收回的风险，草率地将当地原本就紧张的旅游减贫专项资金挪用到别的项目上，未能将其用到刀刃上，间接地造成旅游减贫资金支出的浪费，严重影响了当地旅游减贫的进度和效果。

六　交通互联互通不够，旅游交通总体条件较差

尽管近年来滇桂黔石漠化片区的交通条件有所改善，尤其是贵州已实现了组组通公路，在很大程度上改善了旅游业发展的基础条件，但是由于历史欠账较多，滇桂黔石漠化片区在通用航空建设、高铁建设、河道通航、高速公路互联等方面仍存在诸多不足，"海、陆、空"交通运输

条件相对较差。主要表现为：支线机场和通用机场不够。统计数据显示，滇桂黔石漠化片区内已经通航的通用机场只有 10 个，而且部分机场如百色机场、河池机场以及其他支线机场客流量非常少，还不能自负盈亏，需要政府补助才能得以维持；高铁建设方面，近 5 年来贵州的高铁建设速度非常快，已实现贵州省市州所在地"市市通高铁"，但是广西和云南石漠化片区内的高铁发展却相对滞后，导致作为旅游线路组织基础的高速公路主干线互通互联相对发达地区仍存在较大差距，区域内"断头路"较多，文山州至黔西南州、黔西南州至黔南州、崇左市至百色市高速绕行较远，文山州—黔西南州、河池市—黔西南州、河池市—黔东南州、河池市—崇左市仍存在大片未通高速区域，导致沿线旅游资源难以开发；主干通道通往各景区景点的支线交通条件较差，缺乏交通节点相联结的快速通道，旅游专线尚未得到充分展开。此外，各省（区）内的道路交通条件也非常有限，大部分通组公路的道路等级较低，公路沿线的交通标识、旅游标识不足，与当前快速发展的自驾游和自助游等极不匹配，游客出行不方便，难以满足旅游业发展的现实需要，导致沿线乡村旅游发展受阻，限制旅游开发惠及面，对旅游减贫造成较大影响。例如，广西大新县具有 5A 级景区德天跨国瀑布等优质旅游资源，但是其旅游交通条件却有待提升。该县通往广西壮族自治区首府南宁的公路只有两条，一条是国道，需要 3 个多小时车程才能到达南宁，另一条是新修的高速路，需要 2 个多小时车程方可到达南宁，尚未形成与景区相协调的交通网，到邻县靖西市的道路没有开通，导致景区客流量非常小，与同为 5A 级景区的安顺黄果树大瀑布在旅游人次和旅游收入方面无法相比，严重制约了德天跨国大瀑布景区的发展。

七　旅游减贫人才匮乏，分布失衡现象突出

滇桂黔石漠化片区中的乡村旅游从业人员以农民为主，文化程度偏低、综合素质不高，缺技术、缺管理、缺思路。旅游资源规划与开发、

经营管理、旅游商品设计与开发、英语及其他小语种导游等方面高级专业技术人才严重匮乏，高端旅游管理服务人才缺口较大，引进难度大。旅游减贫人才分布区域不平衡现象突出，旅游相对发达地区和知名旅游景区能够吸引较多外来人才，但急需旅游减贫人才的相对落后地区面临"人才荒"。滇桂黔石漠化片区内各市州之间尚未建立有效的旅游人才交流机制，缺乏对旅游从业人员的规范化和系统化的培训，导致从业人员的服务意识不强、服务技能不够等现象普遍存在，不能适应滇桂黔石漠化片区旅游业高质量发展的需求，亟待建立常态化培训机制，为区域旅游发展补给旅游减贫人才。

八 旅游持续获益不足，群众满意度待提高

旅游业受外部因素影响较大，具有依附性强、季节性强的行业特征。滇桂黔石漠化片区内各市州大部分乡村旅游点（区）仍处于发展初期，旅游发展的政策执行力度不大，发展不稳定、不充分，旅游淡季导致村民存在季节性失业现象，受景区产品吸引力和旅游市场变化的影响，当地贫困群众的旅游获益并不高。部分景区开发不平衡、管理措施不当，无法吸纳更多贫困人口就业，旅游产业链尚未被拉长，带领群众脱贫致富的作用有待加强。贫困地区发展旅游业市场化不高，管理体制不完善，专业人才缺乏，市场营销能力弱，配套服务跟不上，不能满足游客多样化消费需求。现有的乡村旅游经营户、客栈等档次不高，同质化严重，特色不鲜明，设施简陋。购物、娱乐等公共服务不完善，经营户也只能满足游客的住宿和餐饮等基本旅游需求，个性化、特色化服务缺乏，当地贫困人口从事旅游工作的获益不足，群众的满意度有待提高。

九 旅游用地供给偏少，乡村旅游用地紧张

充足的用地供给是旅游项目落地的前提，旅游用地指标紧张导致招

商引资成功率低、项目落地难度大。例如，河池市 2016~2019 年三年多时间旅游用地总计 13 宗，仅 50 公顷（750 亩）。虽然各地积极推进增减挂钩和占补平衡，但多数用地都用于发达城市和当地城镇建设，并没有缓解乡村旅游用地紧张的问题。滇桂黔石漠化片区内各市州旅游用地创新机制的动能不足，农村土地三权分立、集体经营性建设用地入市、乡村旅游项目点状供地的土地利用新模式等探索仍较少，限制了乡村旅游项目招商和落地。

十 旅游减贫项目较少，贫困人口参与不多

滇桂黔石漠化片区中绝大多数贫困人口对旅游减贫的思想意识和认识水平有待提高，其素质和生产经营能力普遍偏低，缺乏发展意识，导致脱贫难度加大。正如习近平总书记指出的，脱贫攻坚越往后脱贫难度越大，因为剩下的大都是条件较差、基础较弱、贫困程度较深的地区和群众。该片区的贫困群众普遍内生动力不足，参与旅游减贫的较少。据实地调研统计，滇桂黔石漠化片区有 35%~40% 的贫困地区不注重提高贫困人口的发展意识培养，未能有效地调动困难群众参与旅游减贫的积极性和主动性，政府包办的做法在某种程度上助长了"等、靠、要"的依赖思想。有些贫困户认为，国家有责任和义务确保他们实现小康生活，确保他们的生存权和发展权，不劳而获、好吃懒做的思想屡见不鲜，导致贫困家庭出现明显的"三等"现象，即坐等救济、等补贴、等扶持。有个别真正贫困需要救济的家庭却因碍于面子而不愿承认自己是贫困户，典型的打肿脸充胖子，而当他们享受到国家建档立卡后的帮扶实惠时，却不愿因达到脱贫标准而脱贫摘帽，甚至有的还以作为"贫困户"为荣，将靠政府扶持当成一种理所当然的事。有的贫困户得到了政府免费发放的鸡苗、鸭苗、猪仔等，以及相应的喂养饲料，养大后绝大多数是他们自己食用，极少有贫困户将其作为当地的土特产品卖给游客，在他们看来，"（鸡、鸭、猪等）养大了自己都不够吃，不外卖"。尽管可以在一定

程度上改善生活质量，但他们并没有意识到卖了鸡（蛋）或鸭（蛋）或猪，还有钱可以再养更多的鸡，卖更多的钱。可见，传统封闭的思想和短浅的目光严重影响了一些贫困地区旅游减贫的发展，以及乡村振兴的进度。

第六节　本章小结

本章采用文献分析法、实地调研法等方法，从贫困现状、旅游减贫现状、贫困群体特征、旅游资源状况以及旅游减贫存在的主要问题五个方面对滇桂黔石漠化片区旅游减贫的总体概况进行了详细阐述。滇桂黔石漠化片区内有83个民族自治地方县（区、市）、34个老区县（区、市）、8个边境县，是典型的"老、少、边、穷"地区。该片区石漠化面积大，是全国石漠化问题最严重的地区，也是世界上面积最大、岩溶发育最强烈的典型生态脆弱区。有80个县属于国家石漠化综合治理重点县，是我国减贫攻坚的重中之重，也是我国14个集中连片特困地区最集聚的地方。该片区以亚热带湿润季风气候为主，年均降水量880~1991毫米，河流纵横，水系发育良好，北回归线从中穿过。特殊的地理位置和气候条件造就了特殊的地形地貌，喀斯特地貌发育典型是该片区发展的重要地理环境标志，生物资源丰富，生态环境较好。此外，该片区世代居住着十几个少数民族，民俗文化底蕴深厚。独特的自然景观资源和民族民俗文化资源为旅游减贫开发创造了条件。然而，该片区内贫困村寨所处的旅游减贫发展阶段不同，存在的问题也各不相同。通过对调研资料进行归纳，总结出一些普遍存在的共性问题，如石漠化导致自然生态环境脆弱，制约经济社会发展；资源开发不充分，影响旅游减贫效果；等等。这些问题严重影响了滇桂黔石漠化片区旅游减贫的成效和乡村振兴的进度，也是本研究所关注的问题，为后续研究指明了方向。

第三章
滇桂黔石漠化片区旅游减贫效果

通过上一章节对滇桂黔石漠化片区的现状调查分析可知，尽管该片区的旅游减贫取得了一定成效，但受到落后的经济发展、闭塞的交通和偏远地理区位的严重影响，仍然有 29 个县（市、区）处于深度贫困，且大多数县（市、区）（包括已脱贫的）处于贫困与非贫困的边缘，在旅游减贫开发过程中还存在诸多问题，这些问题导向将该片区的旅游减贫工作推向更深层次。自 2015 年以来，国家新一轮减贫战略的实施和减贫政策的落实，为这些贫困地区发展旅游带来了良好的发展机遇，改善了当地的基础设施条件，使当地在"两山"理念的指导下，获得了开发旅游和保护生态环境的经济支持，为乡村振兴奠定了坚实的基础。基于此，本章将采用定性与定量相结合的方法，分别深入探讨滇桂黔石漠化片区旅游减贫效益和旅游减贫效率两个重点内容，为后续研究奠定基础。

第一节　滇桂黔石漠化片区旅游减贫效益

本节采用文献计量学方法，通过构建滇桂黔石漠化片区旅游减贫效益评价指标体系，对 2015~2019 年滇桂黔石漠化片区 91 个县（市、区）旅游减贫的经济效益、社会效益和生态效益这三大效益进行统计分析和客观描述。本研究的统计数据来源是在收集大量有关旅游减贫的文献信息和通过实地调研获取的大量第一手统计数据，以及整合多个官方文件资料的基础上构建的滇桂黔石漠化片区旅游减贫基础数据库。这些信息来源主要包括从各县（市、区）的文化和旅游部门、乡村振兴部门和政府官网公布的各地统计年鉴、政府统计公报和政府工作报告上的 2015~2019 年官方数据等。通过将旅游减贫数据与旅游数据、贫困和减贫数据等进行关联匹配、整合，并对滇桂黔石漠化片区旅游减贫数据进行统计要素的提取、规范化处理，得出有关滇桂黔石漠化片区旅游减贫的综合成效。

一　滇桂黔石漠化片区旅游减贫成效

2015~2019 年，滇桂黔石漠化片区中大部分有资源条件的地区的旅游减贫效果呈逐年提升的趋势，对地方社会经济的带动作用明显，成为该片区中贫困群众脱贫致富的最优方式之一。根据实地调研了解到，滇桂黔石漠化片区的 91 个县（市、区）中，超过 1/3 的地区通过发展旅游产业带动当地群众脱贫致富，很多还入选世界旅游联盟、世界银行、中国国际减贫中心联合发布的《世界旅游联盟旅游减贫案例》，90% 典型案例来自中国，集中展示了中国近年来不同类型、不同地区的旅游减贫经验。笔者对其进行了归纳和整理（见表 3-1），为本研究提供参考。

表 3-1　2019~2020 年世界旅游联盟旅游减贫案例（滇桂黔石漠化片区）

年份	广西		贵州	
	县（市、区）	旅游减贫内容	县（市、区）	旅游减贫内容
2019	龙胜县	森林旅游减贫走出全域旅游发展新路子	安顺平坝区	"塘约经验"新时代农村改革典范
			安顺西秀区	旧州古建旧貌恢复，世界银行贷款
			黔南荔波县	字节跳动：山里 DOU 是好风光，抖音成为文旅减贫新抓手

续表

年份	广西		贵州	
	县（市、区）	旅游减贫内容	县（市、区）	旅游减贫内容
2020	巴马县	充分发挥生态优势，打造特色旅游减贫	黔东南榕江县	穷游网：以文创产品为抓手，"文创＋旅行"的多维减贫实践
			黔东南丹寨县	万达集团"包县"帮扶项目：企业通过全要素投入推动可持续脱贫
			黔东南雷山县	大力发展乡村旅游，助推民族村寨脱贫
			黔西南贞丰县	产业融合与民俗文化融合
			六盘水市	"六业并举"开创易地减贫搬迁"海坪模式"

根据表 3-1，从统计时间来看，2019 年，广西有龙胜县，贵州有安顺平坝区、安顺西秀区、黔南荔波县，共 4 个；2020 年，广西有巴马县，贵州有黔东南丹寨县、黔东南雷山县、黔东南榕江县、黔西南贞丰县和六盘水，共 6 个。从统计区域而言，2019~2020 年广西石漠化片区中只有龙胜县和巴马县的案例被列入世界旅游联盟旅游减贫案例，云南石漠化片区中没有案例被列入世界旅游联盟旅游减贫案例，贵州石漠化片区中有 8 个县（市、区）被列入世界旅游联盟旅游减贫案例，在一定程度上说明在滇桂黔石漠化片区 91 个县（市、区）的旅游减贫工作中，贵州石漠化片区的旅游减贫工作成效最佳，广西和云南也取得了一定成效。现将滇桂黔石漠化三省（区）的旅游减贫成效总结如下。

（一）云南石漠化片区取得的成效

近年来，滇桂黔石漠化片区中云南片区的旅游减贫保持着稳中求进的发展态势，尤其是曲靖市罗平县的旅游减贫工作成效显著，但仍然有个别地区如西畴县、屏边县等的旅游减贫发展还有很大的提升空间。云南石漠化片区所辖的三个市州旅游减贫成效具体如下。

1. 曲靖市

（1）坚持"挪穷窝"与"换穷业"并举。坚持把易地减贫搬迁作为脱贫攻坚的重中之重，牢牢把握"搬迁是手段，脱贫是目的"的根本要求，坚持"挪穷窝"与"换穷业"并举。按照"通不了就搬"的原则，以深度贫困地区为重点，对"一方水土养不起一方人"的30户以下、基础设施和公共服务尚未达到脱贫出列条件的自然村，下决心实行整村搬迁，做到应搬尽搬，全部实行城镇化集中安置。2018年易地搬迁群众5554户21771人。首批244户913人已乔迁新居入住新城。

（2）成立劳动力转移就业的党工委，组建转移就业脱贫行动工作领导小组，对全县农村劳动力全面摸底调查，建立信息库，与上海、福建、广东、浙江、江苏、安徽、河南等地开展劳务对接，鼓励和引导大批返乡农民工流转土地创建油橄榄、雪桃、桂花、草莓、百合等种植基地。2018年，仅会泽县就举办现场招聘会101场，提供就业岗位4万余个，实现新增转移就业56022人次（其中贫困劳动力22144人），实现转移就业101552人，全县常年外出务工累计34.47万人，务工收入突破110亿元，创建"农村劳动力转移就业示范基地"14家。

（3）道路交通的改善促进旅游减贫工作的开展。着力构建"以干线公路为主骨架、农村公路为脉络"的公路网络，实施贫困村"组组通"道路硬化、农村公路改扩建、危桥改造及安全防护四类交通工程。2018年，投资62725.81万元，修建行政村公路13条53.083公里，修建防护墙、波形护栏及标识标牌等共计52.5公里，实施50户以上自然村道路硬化工程共计556条1125公里。这为旅游产业发展提供了较为便捷的交通服务。

2. 文山州

受自然条件和地形地质的影响，文山州石漠化片区旅游资源并不是非常丰富，但也在部分有条件的地区如丘北县普者黑等地实施旅游减贫，取得一定的成效，主要包括以下几方面。

（1）不断改善旅游交通条件。交通不畅是影响地方旅游发展水平的重要瓶颈之一。近年来，为构筑立体交通网络体系，文山州每年投入巨额资金改善旅游通达条件。全力推进富那、平文、蒙文砚 3 条高速公路建设，以及都龙至南江河等 2 条边防公路建设；[①] 积极做好沿边高等级公路、铁路、机场等重点公共交通基础设施的建设，如天保至文山、文山至马关、珠街至广南高速公路，文山至天保铁路，百色水利枢纽工程过船设施、广南机场、丘北机场等。[②]

（2）持续推动旅游景区景点建设。与周边区域相比，文山州旅游景区数量少、等级低，导致景区知名度不高、旅游购买选择较少等负面效果。据统计，文山州近年来建设了丘北普者黑景观大道、"世外桃源"广南坝美等一批省级旅游重大项目的基础设施和文山市城乡一体化生态庭院农业观光综合示范园、文山凤凰酒店、君龙湖（暮底河水库）休闲度假区等重点项目，建设了丘北县双龙营镇落水洞村、广南县坝美镇汤纳村、麻栗坡县猛硐乡小坪寨村等 12 个省级旅游特色村，为塑造休闲健康旅游环境打下基础。

（3）高度重视旅游营销手段配合。在文山州旅游宣传营销过程中，旅游节事、新媒体以其快速集聚人气引发强烈关注，获得各类组织、企业青睐。2013 年亲子节目《爸爸去哪儿》的热播让普者黑山水深入人心，每年的花脸节、花街节、花山节等节日让旅游者蜂拥而至，微信、QQ、旅行 App 传播旅游咨询瞬时覆盖各个受众群体。重视利用特殊事件、移动互联网应用进行旅游营销宣传已成为文山的一种风尚。今后，文山州还可借助高铁、飞机等交通工具进一步扩大旅游信息覆盖范围，促进旅游宣传营销。

（4）加大各类旅游资本投入。旅游开发不能短平快，旅游建设同样

---

① 2015 年文山州政府工作报告，http://blog.sina.com。
② 2015 年文山州政府工作报告，http://blog.sina.com。

需要大量资金投入。在基本满足旅游通达的基础上，文山州投入专门资金进行旅游宣传、编制规划、合作交流；为快速推动景区景点建设，与多家企业、机构签订合作协议，截至 2014 年完成旅游投资 10 多亿元。2011 年，文山州与中国房地产开发集团就共同开发丘北普者黑旅游休闲度假基地签署了战略合作协议，计划投资 120 亿元；2012 年 8 月，广南县与云南亿海诚通投资有限公司签订了世外桃源坝美旅游合作开发协议书，采用 BOT 模式进行合作，计划投资 3 亿元（2014 年解除协议）；2013 年，广南县与文山州隆兴矿业有限公司签署广南地母历史文化旅游项目建设协议，计划投资 80 亿元。

（5）运用创意提升旅游产品内涵。与以往相比，旅游开发更加重视通过创意提升旅游产品品质。"十二五"期间，文山州在旅游餐饮开发中更加注重注入句町文化、壮族文化、苗族文化等民族特色文化，在旅游商品开发中力推文山州彩色宝石、中草药，在旅游景区开发中运用科技、生态、文化手段进行主题开发，在旅游宣传中突出综合多种营销手段进行立体营销，在乡村旅游开发中创造性地使用专业合作社的形式提升管理水平和运作效率，奇思妙想在旅游业发展中开启一段创新之旅、神奇之旅。

3. 红河州

红河州石漠化片区旅游减贫取得的成效主要包括以下几方面。

（1）产业投资规模不断扩大。坚持项目带动、投资拉动，努力夯实旅游产业发展基础。通过创新项目融资，整合旅游文化资源，与浦发银行合作设立 50.015 亿元的红河浦发旅游投资基金，已全部投放到蒙自的碧色寨等 21 个重点旅游项目，根据各县（市、区）及项目业主上报的项目进度计划和资金使用计划，2016 年第四季度和 2017 年第一季度项目提取使用资金达 21.15 亿元，将保证投放重点旅游项目顺利推进，预计拉动项目进度同比增长 30% 以上，拉动全州旅游固定资产投资增长 20% 以上。积极推广 PPP 模式引入社会主体参与旅游项目建设，继红河水乡、石屏县的非物质文化遗产传承馆之后，蒙自市碧色寨的滇越铁路历史文化公园、"东风韵"文化旅游综合体基础设施建设项目等也被纳入国家 PPP 项目库。抓好策划包装，建立健全项目库，加强项目资金申报，石屏县非遗旅游基础设施、屏边苗族风情精品旅游小镇等 7 个项目被列入 2016 年全国优选旅游项目。通过加快项目建设，重点推进哈尼梯田保护开发、临安古城保护恢复、福地弥勒休闲商务、滇越铁路异域风情旅游开发等项目，全州纳入旅游固定资产投资统计的项目共 130 个，计划总投资 483.6 亿元，累计完成投资 317 亿元，2016 年完成投资 105 亿元，同比增长 22.7%，完成年度任务数 100 亿元的 105%。

（2）乡村旅游的快速发展增加了农村经济收入。红河州被原云南省旅游发展委员会列为全省开发建设的民族特色旅游村共 4 批 19 个，首批 5 个民族特色旅游村于 2015 年通过省旅游发展委员会检查验收。第二批、第三批 8 个村寨于 2016 年 10 月通过省民族宗教事务委员会、旅游发展委员会联合检查验收。对通过验收的三批省级民族特色旅游村，州县（市、区）着重从基础设施完善及管理服务方面开展提升改造，改善了道路系统、村容整治、标识系统等设施。同时，积极推进第四批 6 个旅游特色村建设工作。截至 2015 年 12 月，全州乡村旅游接待人数 690.5 万人次，实现乡村旅游综合收入 42.2 亿元；2016 年，全州乡村旅游接待人数 706 万人次，实现乡村旅游综合收入 46 亿元；2017 年，全州乡村旅游接待人数 705.2 万人次，实现乡村旅游综合收入 42.2 亿元；2018 年，全州乡村旅游接待人数 706 万人次，实现乡村旅游综合收入 46.3 亿元。

（3）示范带动的成效明显。突出示范引领作用，促进乡村旅游发展。在第二届全国乡村旅游与旅游减贫工作推进大会上，全州共有 3 个项目入选全国旅游减贫示范项目：哈尼梯田元阳景区入选全国"景区带村"旅游减贫示范项目，泸西邵光炬①（红河州恒达农业科技发展有限公

---

① 中国红河网，http://www.hh.cn/hhl。

司）入选全国"能人带户"旅游减贫示范项目，石屏县的龙宏林下养殖专业合作社入选全国"合作社＋农户"旅游减贫示范项目。[①]旅游减贫示范项目有力地带动了该州乡村旅游发展。

（4）旅游要素企业得到不断提升。为补齐短板、壮大红河州旅游市场主体、提升旅游要素企业的服务质量和管理水平，全州各县市先后开展了旅游餐馆设施与服务等级、旅游团队餐饮服务企业等级、旅游汽车及驾驶员等级、经济型酒店等级、星级乡村旅游农家客栈等级、特色民居客栈等级评定工作。当前，全州拥有星级旅游餐馆5家、旅游团队餐饮服务企业4家、星级旅游汽车及驾驶员158辆（人）、经济型酒店1家、特色民居客栈4家、星级乡村旅游农家客栈17家、星级购物场所10家。一系列评定工作的开展，真正促进了红河州旅游要素主体的规模、质量、效益和水平提升，在一定程度上满足了游客全程、全面、全时的消费服务需求。

（二）广西石漠化片区取得的成效

在广西壮族自治区各级党委、政府的领导下，经过全行业的共同努力，广西旅游业全面实现了"十二五"规划目标，成为扩内需、调结构、惠民生、促增长、保稳定的重要力量，向实现旅游强区目标迈进了一大步。广西壮族自治区的旅游产业在经济指标、产业规模、发展布局、品牌建设、产品体系、产业要素、公共服务、市场开发、产业融合、区域协作、产业环境提升、重大项目推进、特色旅游名县创建等方面均取得显著成绩。

"十二五"期间，广西接待游客总人数12.64亿人次，年均增长18.95%，旅游总消费10850.03亿元，年均增长27.84%，其中接待入境游客1915.85万人次，年均增长12.46%，2015年接待入境游客及国际旅游消费位列全国前十。2015年底，广西国家A级旅游景区发展到

---

① 中国红河网，http://www.hh.cn/hhl。

308 家，比"十一五"期间增长 131%，其中，5A 级景区 4 家、4A 级景区 132 家；世界自然遗产 2 处；旅行社 652 家（62 家出境旅行社）、宾馆饭店 2000 多家（466 家星级饭店和上万家农家乐）；旅游行政管理部门、旅游企事业单位以及其他旅游经营单位约 3550 个，旅游直接从业人员 78.68 万人。广西创建特色旅游名县整合了专项资金近 12 亿元，拉动社会总投资 450 亿元，阳朔等 6 个县成为首批"广西特色旅游名县"。①

"十三五"期间，广西把实施乡村振兴战略摆在优先位置，制定了《脱贫攻坚旅游业发展实施方案》。2017 年底，广西有建档立卡贫困人口 267 万人、贫困村 3001 个、贫困县 43 个（国定贫困县 32 个）。2018 年度成果会商会先后在广西召开。广西培育贫困村创业致富带头人"两培两带两促"模式、易地减贫搬迁、携手奔小康行动、"三方"见面活动、减贫干部教育培训、乡村旅游减贫、残疾人脱贫攻坚等工作得到国务院扶贫办、国家发展改革委、文化和旅游部、中国残联等国家相关部门的充分肯定。2018 年前三季度，全区乡村旅游接待游客约 2.11 亿人次，增长约 23%，带动 150 个贫困村（屯）的贫困人口增收，7 个贫困县被纳入国家全域旅游示范区创建范围，巴马县仁寿源村风景区、河池市巨人投资发展有限公司、金秀县大岭村民合作社被列入 2018 年全国旅游减贫示范项目名录，阳朔县在 2018 年全国乡村旅游与旅游减贫工作推进会上作交流发言。

根据粤桂合作战略，推动旅游协作全域联动。充分发挥广西旅游资源禀赋和广东资金、龙头企业、旅游客源优势，广东和广西先后达成"深圳共识"，结成"南宁成果"，启动"珠海快车"，发布"广州政策"，推动"肇庆行动"，此外广西壮族自治区有 83 家景区针对广东籍游客实行门票减免政策，2018 年，共接待广东游客 1.07 亿人次，同比增长 40% 以上，10 万多贫困人口吃上"旅游饭"，实现稳定增收。

---

① 《广西壮族自治区旅游业发展"十三五"规划》。

例如，2016 年，三江县共落实资金 2.9 亿元，实施易地减贫搬迁项目 11 个，完成投资 4.11 亿元。全县接待游客总人数 699.79 万人次，旅游总收入 42.62 亿元，农村居民人均可支配收入 7406 元，增长 11%。完成"双认定"脱贫人数 18409 人、贫困村脱贫 12 个，占年度任务的 100%，贫困发生率由年初的 25.22% 下降到年末的 18.68%，下降 6.54 个百分点。[①]2017 年，三江县农村居民人均可支配收入 11195 元，增长 11%。顺利完成 14 个贫困村 11507 名贫困人口脱贫摘帽的认定工作，贫困发生率由 2017 年初的 22.84% 降至年末的 19.6%，下降了 3.24 个百分点。全年接待游客总人数 789.42 万人次，旅游总收入 56.62 亿元，分别增长 18%、32.8%。共完成基础设施项目建设 397 个，完成投资 3.51 亿元，低保兜底工作扎实开展，发放低保金 1.13 亿元，惠及 66.06 万人次；"粤桂帮扶协作"工作顺利推进，广东吴川市支持该县的帮扶资金达 2140 万元，帮扶成效初显。住房保障得到加强，实施危房改造 1998 户；产业减贫全面实施，兑现了奖补资金 5672 万元，教育减贫工作稳步开展，落实补助资金 6399.89 万元，累计完成易地减贫搬迁投资 10.44 亿元，建成搬迁安置房 3873 套，惠及 17412 人。[②]2018 年，全县接待游客总人数 901.21 万人次，同比增长 14%；旅游总收入 72.5 亿元，同比增长 31%。农村居民人均可支配收入 12400 元，同比增长 11.50%，实现 16 个贫困村摘帽出列，6053 户 26975 名贫困人口脱贫，贫困发生率从年初的 19.67% 下降到年末的 12.59%。[③]

如今，乡村旅游已经发展成为广西的一项特色支柱产业，极大地促进了广西减贫攻坚工作。据统计，2018 年，广西乡村接待游客约 3.08 亿人次，同比增长约 31%，约占广西游客接待量的 45.1%；乡村旅游收入约 2064.17 亿元，同比增长约 37%，约占广西旅游总收入

---

① 三江县 2017 年政府工作报告。
② 三江县 2018 年政府工作报告。
③ 三江县 2019 年政府工作报告。

的 27.1%。广西石漠化片区的贫困人口逐渐享受到旅游减贫带来的红利。总体上看，广西壮族自治区找准了乡村旅游这一突破口，推动石漠化片区旅游减贫发展，取得了明显成效，[①]其主要做法包括以下几个方面。

1. 加强产业融合，促进产业转型升级

近年来，广西文化和旅游厅以产业融合为突破口，倡导各地尤其是贫困地区因地制宜，合理地将旅游和农业、林业、水域等优势资源融合发展，并深入挖掘民族文化元素，创新乡村旅游发展业态，促进旅游减贫可持续发展。2018 年，广西壮族自治区评定了休闲农业与乡村旅游示范点 50 个、金绣球农家乐 24 家，培育了旅游特色小镇 23 个，旅游减贫与其他产业融合呈现良好发展态势。[②] 例如，三江县西北部的八江镇布央村海拔 600 多米，距县城 17 公里，距八江镇政府所在地 10 公里，桂三高速路穿过境内，三独公路横穿境内，交通便利。村寨辖区内有布央屯、美地屯、程牛屯 3 个自然屯，603 户 2452 人，主导产业为茶叶，茶园面积达 3600 余亩，是该县有名的古茶园所在地，先后被评为"广西侗茶村"和"全国一村一品示范村"。该村于 1988 年开始种植茶叶，产业发展好，生态环境良好。该景区属于三江县生态移民搬迁示范区，是广西核心示范区并正在申报国家级示范区。布央村于 2014 年成立了一个村集体旅游公司，主要经营红茶和绿茶两个品种，后续将增加白茶和黑茶生产线。2017 年 7 月政府开始筹划建设仙人山景区。该景区在前期的仙人山古茶园的基础上，新增了四季红枫林、茶浴中心、星空木屋、汽车露营地等几个新景点，景区内的道路、供电、供水、路灯、广播、监控等旅游基础服务设施不断得以改造和完善。同年，景区与文化旅游公司合作，采取"自然股 + 茶园入股"的模式，每亩地平均收入 3000 多元，分红比例分别是：销售分红 25%、旅游分红 18%。股份分为现金股、土

---

① 《广西发展乡村旅游 推动乡村振兴》，湖北频道 - 人民网，http://hb.people.com。

② 吴丽萍、李志雄、梁艺：《助力乡村振兴 广西乡村旅游火起来》，《广西日报》2019 年 2 月 22 日。

地股和自然资源股（自然资源股有 300 户共 1110 人持股，每人持 50 股，100 元 / 股），未入股的村民可分得自然资源股，0.45 元 / 股，共有 20 多万股，将营业总额的 18% 分给村集体。全村有 603 户 2530 人，3750 亩地，平均每户 6 亩左右。2018 年 5 月，该景区获批为国家 4A 级旅游景区，重点打造以该村为核心的茶旅文化品牌，10 月获得广西生态旅游示范区称号，12 月被评为"广西五星级农业核心示范区"。2018 年累计接待游客 80992 人次（其中购票游客 28686 人次，公务会议接待 6506 人次，本地游客 45800 人次），旅游总收入 104.96 万元。2018 年分红金额为 10.4 万元。景区的发展带动了当地村民脱贫致富、奔小康。截至 2019 年上半年，该村还有 30 多户未脱贫，其中有 4 户村民因疾病不能干农活。①

　　例如，50 多岁的陆阿姨是布央村里较早脱贫的人之一。她家的 7 亩多地全种了茶树，自己管护，年均收入 3 万元左右。她的大儿子在家加工茶叶，小儿子在三江县城里有了较稳定的工作。尽管已经衣食无忧，但是陆阿姨仍然孜孜不倦，风雨无阻地在茶园劳作。笔者在实地调研时正好在她家的茶园遇到雨中仍然坚持在茶园采茶的陆阿姨。在布央村，像陆阿姨这样通过双手勤劳致富的村民屡见不鲜。在实地调研过程中遇到突如其来的大雨，但当地村民已经习以为常，都有所准备，戴着备用的斗笠继续专心致志地采茶，56 岁的谢阿姨就是其中一位，她家的茶园面积只有 1 亩左右，她和老伴每天都是在茶园里度过的，每年的春、夏、秋三个季节均可采茶，每天人均采茶 5~7 斤，每斤茶叶平均价格在 10 元左右②。

　　星空木屋酒店是布央村仙人山旅游景区的一人亮点，位于景区内千亩茶海中，背靠三把叉山脉，面朝仙人山千亩茶园和古朴的侗寨，酒店后方有一个面积 20 多亩的农田体验区，以及即将修建的游泳池。

---

① 根据笔者实地调研所获得的第一手资料整理而成。
② 根据笔者实地调研所获得的第一手资料整理而成。

第1期共七栋，于2018年6月建设完工，总建筑面积2067.22平方米，全部是用加拿大进口的一级红松重木建造的独栋别墅，防火防潮，隔音效果好，整体按北斗七星布局，海拔约800米，酒店内可观云海看日出，享受仙境般的茶园，欣赏四季红枫林、魅力侗寨等，该酒店是集休闲度假、康养商务和家庭旅行等于一体的高端精品度假酒店。整个酒店有41间房，3个标准间，38个单间，共44个床位。每年的五一前、11月底到12月初为淡季，其余时间为旺季，旺季每个房间收费增加20~30元。2019年以来，周末、节假日客流量逐渐增多，带动了当地贫困人口脱贫致富，40岁的朱大姐就是其中之一，她是该酒店的厨师，已离异多年，独自抚养两个女儿。大女儿在南宁某所大学学习柬埔寨语，小女儿患有小儿麻痹症，药费需自理。她在酒店工作每月基本工资2500元，再加提成，基本能够维持生活，2018年还住进了安置房，顺利实现脱贫。还有酒店的收银员莫某、景区的观光车司机小刘，这两个未婚的年轻人都是20岁出头，来景区工作后逐渐实现了脱贫。①

2. 开展智力帮扶，助力旅游带动脱贫

2016年以来，广西积极推进旅游规划公益行动。自治区旅游发展委员会组织区内外30多家旅游规划设计单位，帮助150多个贫困村编制了乡村旅游发展规划。规划为贫困村提供旅游发展的科学指导，从源头上解决贫困村发展旅游无从下手的难题。同时，还组织大专院校旅游相关专业的师生到贫困村进行智力帮扶。例如，2016年7月，广西师范学院旅游学院的师生深入广西合山市河里镇洛满村调研，为该贫困村的旅游资源开发、产品定位、项目建设和市场营销出谋划策，受到村民的热烈欢迎。此外，针对贫困地区旅游从业人员文化程度较低、发展旅游经验不足等实际问题，广西提出了扩大智力旅游减贫的策略。自治区旅游部门通过主办乡村旅游经营管理培训班的方式，努力培养一支高素质的旅

---

① 根据笔者实地调研所获得的第一手资料整理而成。

游人才队伍，提升乡村旅游发展水平。据统计，2016 年上半年，广西以培训一批乡村旅游经营户、乡村旅游带头人、能工巧匠传承人和乡村旅游干部为重点，共举办各类培训班 7 期，培训人员 535 人次，受到旅游从业者的点赞。为解决这些培训者的就业问题，自治区旅发委主办了旅游减贫就业专题招聘会。通过举办招聘会，提供旅游就业机会，是广西围绕旅游减贫推出的又一新的服务举措。据统计，2016 年上半年，全区共举办旅游减贫就业专题招聘会 91 场，共达成签约意向 4878人。来宾市从 2015 年至 2018 年底共组织贫困人员乡村旅游技能培训活动 40 多期，累计 3000 多人次参加了培训；组织贫困户外出观摩 210人次；通过参加培训观摩，参与者提升了思想水平，开阔了视野，增长了见识，提高了技能水平，有效地增强了参与乡村旅游发展的能力和信心。①

3. 实施品牌战略，提高旅游收入水平

2018 年，广西先后举办了乡村旅游电商减贫宣传推介等活动，运用各种媒介和平台，以及"两广"减贫协作的契机，在主要客源地——广东等大力宣传和推广广西的特色美食和土特产、乡村旅游目的地等，打响"乡味广西"品牌。② 2017 年，广西共接待广东游客约 9355.80万人次，占广西接待国内游客接待总数的 9.1%。③例如，三江县八江镇布央村布央屯是 2016 年才新开发的景区，到 2019 年已有 10 家能提供食宿的农家乐，其中仙人阁农家乐是当地规模和条件都较好的一家，一共有 20 间客房 37 个床位，另外新增的 8 间房 16 个床位在 2019 年国庆投入使用，平时每个房间的价格为 150 元，节假日涨到 280 元，人均消费大约 200 元 / 天，一桌 10 人的饭菜（以当地特色菜为主）大概400 多元。由于布央村是有名的古茶园，仙人阁农家乐也附带着销售茶叶，年均销售量 500 斤左右，其中，中等档次的茶叶是 580 元 / 斤，卖

---

① 资料来源：来宾市文化广电和旅游局、来宾市扶贫开发办公室，2019 年 5 月。
② 《广西发展乡村旅游 推动乡村振兴》，《人民日报》2019 年 3 月 4 日。
③ 《广西发展乡村旅游 推动乡村振兴》，《人民日报》2019 年 3 月 4 日。

得较多的是春茶，价格也是最贵的。游客不断增多，对仙人阁农家乐的旅游服务质量和水平也提出了很高的要求。仙人阁的经营者逐渐认识到，不仅要从农家乐的硬件设施如室内装修、家具，饭菜的质量等方面不断探索和提升，还要加大对从业人员的培训和言传身教，提高他们的服务理念和意识。仙人阁平时接待量较大，有 3 个固定的服务员，每个人的工资待遇根据具体任务分工不同亦有所不同，其中有两个员工是3000 元底薪＋提成，每月总共收入估计是 5000~8000 元，还有一个主要负责洗碗、收餐具等，每月 2000 元。旺季时，游客较多，仙人阁会临时聘请当地的贫困人口做临时工，每天 200 元。"由于广西壮族自治区加强旅游推介，布央村布央屯景区的游客也不断增加，我们也看到了希望。"[①] 仙人阁景区的老板说。

又如，巴马县以"长寿"品牌为旅游吸引物，大力发展旅游减贫帮助该县甲篆镇仁乡村的贫困发生率由 17% 降至 2.57%，那桃乡平林村的贫困发生率由 20.35% 降至 2.64%。其中，李某娃就是通过参与旅游减贫活动实现脱贫的原贫困户之一。现已 50 岁的李某娃是巴马县那桃乡平林村达西屯村民，在来仁寿源景区工作以前他家还是贫困户。一家 5 口人，包括他的母亲和妻子、两个孩子。他的母亲已 80 多岁，较大的孩子 20岁，没有上学，在家待业，小儿子读小学六年级，当地政府给予的教育补助是每年 900 多元；他妻子患有精神病，在景区里做保洁工作，每月可领到 1500 元。他家的房子于 2014 年修建完，当时全靠他和妻子到沿海地区打工 10 年攒了几万元盖的，仅有的几亩土地因景区建设需要被征收后，每人得到 26 万元的征地补偿。李某娃说，"2010 年修建景区之后，最大的感想是可以在景区工作，离家近，能够照顾一家老小，终于不用在外地漂流了"。当他说到这里时，那种由心而生的幸福感不经意间流露在他的神情中。[②] 这就是旅游减贫最终要达到的效果，让参与旅游活动的

---

① 根据笔者实地调研所获得的第一手资料整理而成。
② 根据笔者实地调研所获得的第一手资料整理而成。

贫困户能够真正获得物质和精神"双受益"。

　　在调研过程中发现，与李某娃有类似经历的贫困户在那桃乡还非常多，景区的建立，不仅给他们提供了就业机会，使他们有了基本的生活保障，最让他们感到欣慰的是让他们找到了归属感，能够有更多时间陪陪家人，过上百姓富、生态美的幸福日子。不言而喻，旅游减贫的成效就这样自然显现了。再如，李某（男，33 岁），巴马县那桃乡平林村甘烟屯原贫困户，一家 6 口人，父母健在，有两个孩子还处于义务教育学习阶段，政府每个学期补贴他家大儿子 900 多元，补贴小女儿 750 元，这给李某减轻了很大的经济压力。自 2014 年景区建立后，李某就一直在家门口的景区里打工，每月收入 2000 多元，他妻子在当地的乡村幼儿园打工，每月收入 1000 多元。3 年前，在政府减贫政策的帮扶下，他通过免息贷款从银行借了 5 万元，租了 5 亩土地，每年租金 5000 元，种植砂糖李。3 年来，他和妻子除了要在各自岗位上辛勤劳作，还要充分利用业余时间照料李子园，每年他需要承担农药费（300 元）、1 吨有机肥费用和农忙时请临时工的费用等成本约 1 万元。2019 年李子第一年挂果，按照当地市场价，一斤李子的价格在 3~5 元，总收入五六千元，几乎都是卖给当地游客。尽管 2019 年的各项收入加起来也难以还完银行贷款，但是他很有信心地对笔者说："还款是迟早的事，现在日子一天比一天好过了，游客也越来越多了，明年李子树全部挂果了就不用担心了。"李某的自信让当地的旅游减贫工作人员心里倍感踏实，[①] 他也在旅游业的带动下顺利实现脱贫。

　　李某寨（男，50 多岁），有四五亩田地。每年在田里种两季稻谷，年均产量 4~5 吨。2019 年出租了两亩田地，还有两亩地种了砂糖李，2019 年开始挂果，每斤可卖 3 ~ 5 元，能增收 1000 多元。他的妻子（50多岁）在景区打工，负责做特色小吃，每天工作 4 个小时，每月收入 1000 多元。2018 年养了 2 头猪、四五十只鸡，但都因非洲猪瘟死了。儿

---

　　① 根据笔者实地调研所获得的第一手资料整理而成。

子在铁路局工作，能够自给自足，已不再给他增加经济负担，他说，自从村里发展乡村旅游后，他家的日子越来越好过了，[①]并且还顺利实现了脱贫。

李某编（男，54岁），2018年脱贫。他妻子（54岁）在县乡村振兴部门举办的免费技能培训班学习厨艺后，在景区里当厨师。他的两个孩子读书都获得了政府补贴，老大（读大学）每年可获得政府补贴5000多元，老二（读初中）可获得几百元的补助。因景区发展需要，他家的5亩田和3亩地全都流转了，分别获得田1200元/亩、地800元/亩的流转费。2019年，他修建了4层楼房，花了16万元把空置的10个房间装修成了民宿。李某编说，旅游减贫开发以来，村里和自己家里都发生了很大变化。在开发前，没有这种房，水从下面（村里的井）挑上来；景区开发后，饮用水接通了，交通便利了，水泥路也在2018年完工了，生活和出行都很方便。他还说，2019年以来，每到周末两天到村里的游客大概有五六百人。[②]

4.通过实施旅游减贫释放旅游经济红利

2016~2018年，广西下拨了旅游发展专项资金6.994亿元，大部分用于石漠化片区的旅游减贫工作，帮助旅游减贫村加快发展乡村旅游，创新经营和管理模式，总结出10多种不同经营主体合作模式。例如，巴马瑶族自治县合乐村于2016年就通过采用农旅融合发展模式实现了整村脱贫摘帽，带动了当地贫困人口脱贫致富，促进乡村振兴。

（三）贵州石漠化片区取得的成效

旅游业是一项综合性产业，对相关行业具有较强的依托性和突出的关联带动性。发展旅游能促进区域经济发展、改善地区经济结

---

① 根据笔者实地调研所获得的第一手资料整理而成。
② 根据笔者实地调研所获得的第一手资料整理而成。

构。贵州旅游业起步于 20 世纪 80 年代初，经过 20 年的发展，这一新兴产业出现一派生机，取得了令人瞩目的成绩，在社会经济发展中的地位和作用越来越得到重视，绝大部分石漠化片区县（市、区）的旅游减贫资金、旅游接待总人数、旅游收入、脱贫人口数量、脱贫村数量、贫困人口纯收入等，在近五年都呈现稳定上升的趋势，不仅带动了贵州石漠化片区的贫困人口脱贫致富，还为贫困地区开辟新的财源、增加就业找到了一条切实可行的路子。主要成效包括以下几个方面。

1. 各级党委、政府高度重视，旅游减贫发展目标明确

2014 年 3 月，习近平总书记参加全国两会贵州代表团审议时，指示贵州充分发挥优势，把旅游业做大做强，使旅游业成为重要支柱产业。2015 年 6 月，习近平总书记在贵州调研期间专门主持召开涉及武陵山、乌蒙山、滇桂黔集中连片特困地区扶贫攻坚座谈会，就加大力度推进扶贫开发工作提出具体要求。在贵州，旅游减贫是全省上下的共识。贵州省高度重视旅游减贫工作，在下发的《中共贵州省委、贵州省人民政府关于加快旅游业发展的意见》中明确指出，将旅游发展与农村经济结构调整、减贫开发和生态保护结合起来，积极发展乡村旅游和观光农业的指导思想。时任中共贵州省委书记孙志刚指出，旅游是减贫的翅膀、减贫是旅游的战场，这为进一步开展旅游减贫奠定了新的基础。时任中共贵州省委副书记、省长谌贻琴指出，贵州坚持把脱贫攻坚作为头等大事和第一民生工程，大力推动乡村旅游扶贫，覆盖 3000 多个村寨，惠及 100 多万贫困群众。根据《贵州省大减贫条例》、《贵州省发展旅游业助推脱贫攻坚三年行动方案（2017—2019）旅游减贫实施方案》和《旅游业贯彻落实 2018 年脱贫攻坚夏秋攻势行动令的工作方案》文件精神，省文化和旅游厅认真开展各项旅游减贫工作。滇桂黔石漠化片区贵州片区中资源丰富的贫困县也积极响应贵州省委、省政府的号召和决策，把旅游减贫工作作为各县经济发展的一项重要任务，采取了一系列积极的政策措施，对有旅游资源条件的地区实行减贫式开发。实践证明，旅游减贫是一条可靠之路，充分验证了"开发一景，富民一方"的说法。例如，黔南州荔波县，县委、县政府把"旅游搭台，经济唱戏"作为全县的经济发展战略。由县委书记挂帅，成立了旅游资源开发领导小组，并设立了旅游局、樟江风景名胜区管理处，制定了一系列政策措施和管理法规，推动、促进旅游业的开发建设和管理。黔东南州施秉县提出"要像抓工业、农业一样抓旅游业"，实施"兴旅工程"，打破了"施秉县捧着金饭碗在讨饭吃"的局面。

2. 率先开展旅游减贫试点，引领贫困人口脱贫致富

贵州是我国减贫开发的主战场，为引领贫困人口脱贫致富，贵州省率先在我国开展乡村旅游减贫试点，围绕红色旅游、民族风情旅游和生态休闲旅游等主题，重点支持提升乡村旅馆服务水平、促进旅游商品开发、改善"农家乐"接待条件，成功推动黔东南州雷山县西江镇、遵义市娄山关景区等一批乡村旅游减贫项目，带动上百万人脱贫致富。自2012年起，贵州省乡村振兴部门提出要用3年时间打造10~20个乡村旅游减贫重点县、10~30个乡村旅游示范点，其目的在于深入探索乡村旅游发展的规律，厘清发展思路，从而进一步明确发展方向和目标，[①]引领全省乡村旅游持续健康发展。2012年3月，贵州省确定了首批全省乡村旅游减贫重点县和示范点。首次评选的示范县和示范点将获得财政减贫资金的扶持，统筹安排，突出重点，打造亮点，为全省乡村旅游减贫作出示范。全省首批乡村旅游减贫重点县包括雷山县、镇远县、赤水市、关岭县、七星关区、水城县、罗甸县、江口县、松桃县、开阳县10个县，其中有50%是滇桂黔石漠化片区的特困县，如表3-2所示。

---

① 农业部、国家旅游局：《关于继续开展全国休闲农业与乡村旅游示范县和示范点创建活动的通知》，《中华人民共和国农业部公报》2013年4月20日。

表3-2　贵州省首批乡村旅游扶贫重点县

序号	示范县名称	是否属于滇桂黔石漠化片区
1	雷山县	是
2	镇远县	是
3	赤水市	否
4	关岭县	是
5	七星关区	否
6	水城县	是
7	罗甸县	是
8	江口县	否
9	松桃县	否
10	开阳县	否

资料来源：贵州省乡村振兴部门、贵州省旅游局。

表3-2中这些入围的乡村旅游扶贫重点县的区域内大多有1个以上知名的乡村旅游点，形成一定规模的乡村旅游产业带或集聚区，年均接待游客5000人次以上，贫困农户受益面达30%以上，旅游从业人员中贫困户占40%以上，有20%以上从业人员取得相应的职业资格证书，有超过60%的从业人员接受过专业的培训。

贵州省首批乡村旅游示范点有20个，其中有65%（13个）属于滇桂黔石漠化片区特困县范畴，包括平坝区天龙镇天龙屯堡、黄果树风景名胜区、六枝特区郎岱镇安乐村等，如表3-3所示。

表3-3　贵州省首批乡村旅游扶贫示范点

序号	示范点名称	是否属于滇桂黔石漠化片区
1	平坝区天龙镇天龙屯堡	是
2	黄果树风景名胜区	是
3	大方县油杉河风景区	否
4	花溪区党武乡摆贡寨	否
5	息烽县小寨坝镇红岩葡萄沟	否

序号	示范点名称	是否属于滇桂黔石漠化片区
6	六枝特区郎岱镇安乐村	是
7	六枝特区陇脚乡	是
8	盘州市贵州娘娘山喀斯特特色农业生态旅游观光园	是
9	锦屏县隆里古城	是
10	从江县芭沙村	是
11	施秉县甘溪乡望城村生态观光旅游示范点	是
12	剑河县剑河现代农业示范园	是
13	贵定县云雾镇营上村	是
14	瓮安县江界河镇茶园村	是
15	惠水县好花红乡	是
16	荔波县朝阳村八烂村	是
17	碧江区大明边城	否
18	江口县太平乡寨沙侗寨民族风情园	否
19	汇川区板桥镇	否
20	习水县茶园塘边	否

资料来源：贵州省乡村振兴部门、贵州省旅游局。

贵州省首批乡村旅游示范点产业优势凸显，近年来的总资产、销售收入等主要经济指标均呈稳定增长态势，年均营业收入达 50 万元以上，年接待游客量达 1000 万人次以上，吸纳当地农村劳动力就业人数占从业人员总数的 60% 以上。[①]旅游减贫项目实施效果明显，每年有 20% 的贫困户脱贫，贫困农户参与积极性高，还能带动其他产业共同发展。

3. 挖掘贫困地区旅游资源，实施旅游持续减贫工程

自 2017 年以来，贵州实施发展旅游业助推脱贫攻坚三年行动，持续用好贵州省旅游资源大普查成果，以新发现未开发的 5.2 万处旅游资源和 77 处优良温泉旅游资源为基础，优先开发石漠化贫困地区的旅游资源，优先安排石漠化贫困地区的旅游项目。当前，66 个贫困县开发

[①] 农业部、国家旅游局：《关于继续开展全国休闲农业与乡村旅游示范县和示范点创建活动的通知》，《中华人民共和国农业部公报》2013 年 4 月 20 日。

旅游资源 19495 处，其中 16 个石漠化深度贫困县开发旅游资源 4490 处、建成旅游项目 3105 个、实施温泉旅游项目 31 个。大力推进旅游项目建设、景区带动、乡村旅游等 9 项旅游减贫工程，"旅游 +"多产业融合发展步伐加快，实现旅游业带动就业 98.64 万人，89.7 万贫困人口受益增收脱贫。贵州石漠化片区涌现出"互联网 + 旅游减贫"的"好花红模式"、"民族文化 + 旅游减贫"的"西江样本"等助推脱贫先进典型。例如，六盘水市水城县百车河温泉景区是贵州省 100 个重点旅游景区之一，距双水城区 15 公里，地跨阿戛和蟠龙两镇，是以居住、商业、公园、体育运动为主的大健康生态旅游景区。该景区发展带动了周边村寨的发展，为附近贫困人口提供了就业的机会，帮扶他们走上脱贫之路。

4. 发挥旅游减贫乘积效应，促进区域社会经济发展

贵州对全省 100 个旅游景区规划范围内的贫困村及全省适宜开展乡村旅游的贫困村进行逐一建档立卡，建立旅游扶贫数据库，充分掌握这些贫困村的潜在旅游资源和贫困状况，[1] 实现贫困村寨旅游规划全覆盖和 9000 个贫困村中的"宜游"村寨旅游从业人员培训全覆盖，重点打造 100 个省级转型升级乡村旅游扶贫示范区。市、州抓好 1000 个乡村旅游扶贫重点村寨，包含 517 个全国旅游扶贫试点村；县（市、区）打造 1 万个以上乡村旅游扶贫示范点（户），以点带面形成全省乡村旅游扶贫示范带。[2] 据统计，旅游减贫重点村脱贫情况如下：2016 年 328 个，2017 年 409 个，2018 年 2422 个，2019 年 2422 个。2016 年旅游带动 29.40 万贫困人口受益增收脱贫，2017 年旅游带动 29.95 万贫困人口受益增收脱贫，2018 年带动 30.40 万贫困人口受益增收脱贫，2019 年带动 89.70 万贫困人口受益增收脱贫。截至 2018 年 12 月底，全省旅游减贫云建立信息员 1388 个，录入 6308 个村，

---

① 高舜礼：《乡村旅游与精准扶贫》，《中国旅游报》2016 年 2 月 19 日。
② 精准扶贫工作总结，http://wenxue.yjbys.com。

通过旅游减贫累计带动超过 89 万贫困人口受益增收，完成 2018 年度计划的 107.13%。[①] 2016~2019 年，贵州省旅游接待总人数、旅游总收入连续保持 30% 以上的增长速度。当前，贵州已有 3500 多个自然村寨发展乡村旅游，农家乐近 1 万家，覆盖建档立卡贫困户 324014户，贫困人口 1076563 人。2019 年，贵州打造了 12 个全国乡村旅游重点村，2020 年有 189 个省级以上乡村旅游扶贫示范点、国家乡村旅游扶贫重点村 2422 个。[②] 贵州出台实施乡村旅游村寨、客栈、农家乐经营户建设服务等方面三个省级地方标准，评定标准级以上乡村旅游村寨、客栈、农家乐经营户达 1515 家。

5. 抓住对口帮扶合作机遇，推进交通服务体系建设

近年来，贵州加快推进快旅慢游交通服务体系建设，重点支持贫困地区完善步道、停车场、游客中心等旅游公共服务设施，建成旅游厕所 4822 座，旅游公共服务设施更加完善，旅游电商平台、重点智慧旅游景区建设逐渐完成。与此同时，贵州还充分利用对口帮扶省市资源优势，强化旅游推介、市场拓展、景区打造、旅游招商引资和人才培训等方面务实合作。实施过路费减半等特惠旅游政策，吸引更多对口帮扶省市游客入黔，广东、浙江、江苏入黔游客数量位列前三[③]。

6. 转变贫困人口思想观念，提高旅游减贫环保意识

旅游减贫的发展使贫困人口得到了经济实惠，从更深层次的角度而言，促进了人们思想观念的转变，推进了贫困地区的精神文明建设。大量游客涌进山区，带来了现代文明、经济信息和管理方法，村民开始摒弃陈旧的小农观念，以商品生产者和经营者的身份，参与旅游区域经济的大循环，逐渐认识到保护自然环境的重要性。例如，安顺龙宫景区开发后，免费提供上万株果树苗给农户栽种，还付给农民栽插费，农民

---

① 贵州省文化和旅游厅：《2018 年贵州省旅游产业发展助推脱贫攻坚工作情况》。
② 《贵州省 2020 年国民经济和社会发展统计公报》。
③ 李晓霞：《贵州旅游扶贫主要做法及成效》，中华人民共和国文化和旅游部，2019 年 11月 6 日，https://www.mct.gov.cn/whzx/qgwhxxlb/gz/201911/t20191106_848712.htm。

自己管理果树，独自享有果实的收益权。与此同时，为切实保护森林资源，避免当地居民继续滥砍滥伐树木，农户获得实惠后，思想观念也开始悄然发生变化，他们也逐渐认识到保护资源、保护环境的重要性，[①]从原来的不理解、不支持转变为积极主动协助管理处搞好工作。如今，宝顺龙宫景区管理处的科室领导中就有 7 人是当地农民。300 名工作人员中 60% 是当地农民，他们也开始意识到提高文化素质的重要性和紧迫性，注意到自己的言行举止和村容寨貌，[②]极大地增强了环境保护意识。

二　滇桂黔石漠化片区旅游减贫综合效益

旅游减贫效益评估可以检验和动态监控旅游减贫的成效、促进贫困地区和贫困人口的可持续发展。过去学界对减贫效益的研究主要集中在宏观经济层面，重点以人均国内生产总值、人均可支配收入、恩格尔系数等为重要的参考指标来衡量旅游减贫的效益。然而，旅游业很强的综合性和带动性使其有别于其他产业，旅游效益不仅体现在经济方面，还表现在社会、环境等非经济效益方面。大多数学者在旅游减贫效益研究中更多关注对集体经济、社区等宏观和中观的影响分析，而对贫困户、贫困人口的旅游减贫综合效益的研究较少。基于此，本研究从经济和非经济、微观和宏观的多维度视角对旅游减贫效益进行研究，拟构建旅游减贫效益评价体系，对滇桂黔石漠化片区旅游减贫的综合效益进行深入剖析。

从经济和非经济维度而言，经济维度能够最直观地反映出贫困地区的发展状况，但随着旅游减贫效益研究的不断深入，我们发现不能仅以经济发展水平判断一个地区的贫困人口是否脱贫，脱贫过程中还涉及基

---

① 蒋兴勇、陈德乾:《旅游扶贫看贵州》,《中国旅游报》2001 年 7 月 9 日。
② 蒋兴勇、陈德乾:《旅游扶贫看贵州》,《中国旅游报》2001 年 7 月 9 日。

础设施等其他一些因素的变化，因此还应综合考虑社会效益和生态效益等非经济效益要素。而经济效益、社会效益和生态效益只是停留于宏观层面，还应该从微观角度更多地关注实施旅游减贫带来的旅游总收入、人均旅游收入、旅游接待游客量、贫困人口脱贫指数、贫困发生率、城镇化率、森林覆盖率等的变化。根据数据采集等实际情况以及滇桂黔石漠化片区旅游减贫的现状，经过反复甄选，我们构建了一个反映以上两个维度的旅游减贫综合效益评价指标体系（见图3-1）。

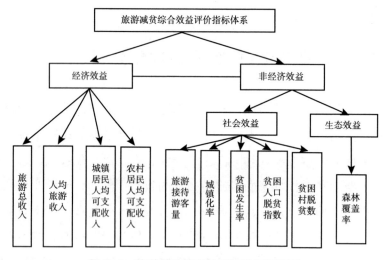

图3-1　旅游减贫综合效益评价指标体系

根据图3-1的指标体系，本研究采取访谈研究法和文献计量学方法对滇桂黔石漠化片区旅游减贫综合效益进行统计分析。由于旅游减贫需要具有旅游开发条件的地区方可实行，而并非所有贫困地区都适合采用旅游发展的方式实施减贫，因此，本研究主要以滇桂黔石漠化片区实施旅游减贫的35个县（市、区）为代表进行统计分析，研究对象的选取详见本章后面章节。

（一）经济效益

经济效益指标是衡量滇桂黔石漠化片区旅游减贫对地方社会经济

发展作用的重要指标，主要包括旅游总收入、人均旅游收入、城镇居民人均可支配收入和农村居民人均可支配收入 4 个指标，详见图 3-2、图 3-3、图 3-4、图 3-5。

1. 旅游总收入

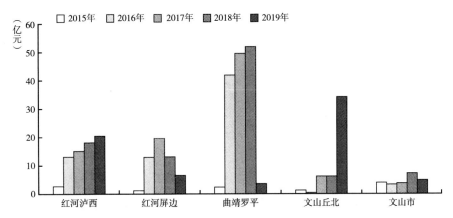

图 3-2　2015~2019 年云南省石漠化片区 5 个县（市、区）旅游总收入

资料来源：笔者根据实地调研所获数据以及政府官网、历年统计公报等收集的数据整理后绘制。

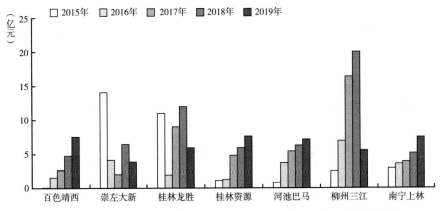

图 3-3　2015~2019 年广西石漠化片区 7 个县（区、市）旅游总收入

资料来源：笔者根据实地调研所获数据以及政府官网、历年统计公报等收集的数据整理后绘制。

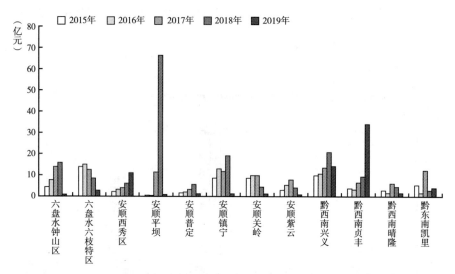

图 3-4　2015~2019 年贵州省石漠化片区部分县（市、区）旅游总收入（1）

资料来源：笔者根据实地调研所获数据以及政府官网、历年统计公报等收集的数据整理后绘制。

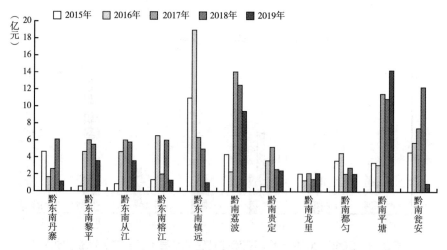

图 3-5　2015~2019 年贵州省石漠化片区部分县（市、区）旅游总收入（2）

资料来源：笔者根据实地调研所获数据以及政府官网、历年统计公报等收集的数据整理后绘制。

　　根据以上4个图可见，2015~2018年滇桂黔石漠化片区35个县（市、区）的经济效益总体上呈上升趋势。其中，旅游总收入普遍存在的特征是，2015~2018年保持快速增长，特别是2017~2018年，绝大部分地区实现了旅游业的井喷式增长，且2018年达到峰值，但受世界经济增速放缓等因素的影响，2019年旅游总收入受到极大的影响，不增反降，呈现明显下滑的态势，且下降幅度较大。例如，柳州三江2018年旅游总收入是20.04亿元，而2019年则大幅下降到5.54亿元，相差14.5亿元；桂林龙胜2018年旅游总收入是12亿元，而2019年则下降至5.96亿元，相差6.04亿元；黔西南兴义2017年和2018年的旅游总收入分别是13.9亿元和20.89亿元，增长迅速，而2019年则下降到14.47亿元，比2018年减少了6.42亿元，说明这些地方的旅游发展不仅受到外部社会经济发展因素的影响较大，还受到自身内涵式发展的影响，如基础设施的维护、游客一次性游玩的概率更大等，旅游吸引物的吸引力有待进一步提升。然而，也有地区的旅游总收入从2015年至2019年一直保持增长的态势，如桂林资源、南宁上林、百色靖西、河池巴马、安顺西秀区、红河泸西这6个县（市、区），如图3-6所示。

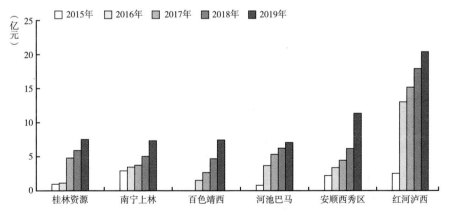

图3-6　滇桂黔石漠化片区中6个县（市、区）旅游总收入连续5年增长

资料来源：笔者根据实地调研所获数据以及政府官网、历年统计公报等收集的数据整理后绘制。

2.人均旅游收入

总体上看，滇桂黔石漠化片区35个县（市、区）的人均旅游收入都是保持上升的态势，人均旅游收入受到旅游总收入和总人口的影响，尽管旅游总收入总体上在2018年出现了拐点，但随着总人口基数的变化，人均旅游收入仍然保持增长的良好势头，并未因旅游总收入的减少而受到影响（见图3-7、图3-8、图3-9、图3-10）。

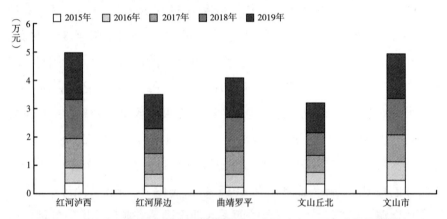

图3-7　2015~2019年云南石漠化片区5个县（市、区）人均旅游收入

资料来源：笔者根据实地调研所获数据以及政府官网、历年统计公报等收集的数据整理后绘制。

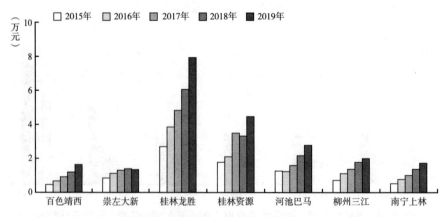

图3-8　2015~2019年广西石漠化片区7个县（市、区）人均旅游收入

资料来源：笔者根据实地调研所获数据以及政府官网、历年统计公报等收集的数据整理后绘制。

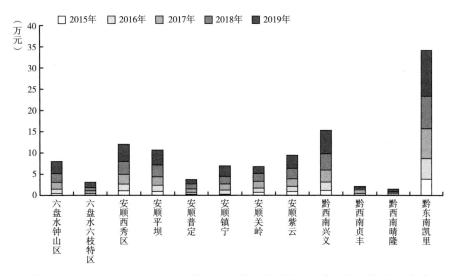

图 3-9　2015~2019 年贵州石漠化片区部分县（市、区）人均旅游收入（1）

资料来源：笔者根据实地调研所获数据以及政府官网、历年统计公报等收集的数据整理后绘制。

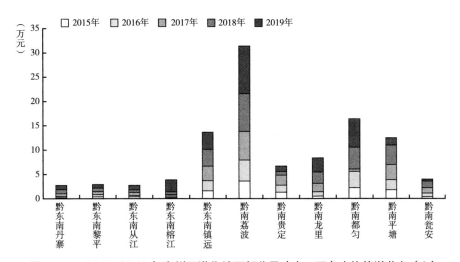

图 3-10　2015~2019 年贵州石漠化片区部分县（市、区）人均旅游收入（2）

资料来源：笔者根据实地调研所获数据以及政府官网、历年统计公报等收集的数据整理后绘制。

3. 城镇居民人均可支配收入和农村居民人均可支配收入

城镇居民人均可支配收入和农村居民人均可支配收入都出现逐年

增长的情况，说明旅游减贫效果明显。然而，2015~2019 年，滇桂黔石漠化片区 35 个县（市、区）中农村居民人均可支配收入年均排名前 3 位的分别是曲靖罗平（13462.2 元）、崇左大新（12373 元）、红河泸西（11525 元），年均排名最低的 3 位分别是：安顺紫云（7805.8 元）、黔西南晴隆（7649.8 元）、河池巴马（7320.4 元）。曲靖罗平、崇左大新和红河泸西这 3 个县的旅游开发起步较早，且具有独特的优势旅游资源，在不断摸索中找到适合自身发展的旅游减贫模式，如罗平的四季花海旅游减贫、大新景区带动减贫、泸西乡村旅游减贫等模式收到了良好的效果。安顺紫云、黔西南晴隆和河池巴马都有着不错的旅游资源，但由于旅游业发展起步较晚，旅游发展相关要素并不完善，且本身经济发展滞后，严重影响了旅游减贫成效，对增加农村居民人均可支配收入的作用还有待充分发挥。尽管旅游减贫在这些地方取得了一定的成效，但并不完全是衡量农村居民人均可支配收入增加或减少的唯一指标，还会受到当地其他产业发展的影响，而这些县（市、区）旅游业发展对减贫的效果究竟如何，还可以通过计算旅游减贫率得到更客观的结果，在本章第二节内容中会详细阐述。

2015~2019 年广西壮族自治区城镇、农村居民人均可支配收入如图 3-11 所示。

图 3-11　2015~2019 年广西壮族自治区城镇、农村居民人均可支配收入统计

资料来源：2015~2019 年国家统计局数据。

从纵向上看，广西壮族自治区石漠化片区 7 个县（市、区）的城镇居民人均可支配收入（见图 3-12）和农村居民人均可支配收入（见图 3-13）从 2015 年至 2019 年总体呈现增长的态势。尽管城镇居民人均可支配收入有一定的波动，且比农村居民人均可支配收入的波动大，但并不影响总体增长的大趋势。参照广西农村居民人均可支配收入 2015~2019 年的数据，广西石漠化片区 7 个县（市、区）中几乎没有这 5 年都完全对应达到广西的农村居民人均可支配收入水平，尽管大新县这 5 年平均农村居民人均可支配收入位列滇桂黔石漠化片区 35 个县（市、区）第 2，但其 2015 年和 2016 年却没有达到广西的总体水平，通过实地调研可知，2016 年以后，大新县的旅游业快速发展，旅游减贫的带动作用明显，以至于 2017 年农村居民人均可支配收入远超广西全区农村居民人均可支配收入，2018 年受当地政策和客观因素的影响，略有下降，但 2019 年又一跃赶超了广西全区农村居民人均可支配收入。其余 6 个县（市、区）的农村居民人均可支配收入在 2015~2019 年都没有达到广西全区农村居民人均可支配收入的水平，但与各县（市、区）自身发展相比，都是呈不断上升的趋势，且旅游总收入和人均旅游收入除了在 2019 年受外在客观因素影响有所下降以外，都呈现逐年上升的态势，说明这些贫困地区社会经济发展受石漠化、基础设施等的影响较大，还有很大的提升空间。

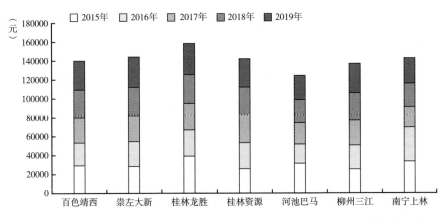

图 3-12　2015~2019 年广西石漠化片区 7 个县（区、市）城镇居民人均可支配收入

资料来源：笔者根据实地调研所获数据以及政府官网、历年统计公报等收集的数据整理后绘制。

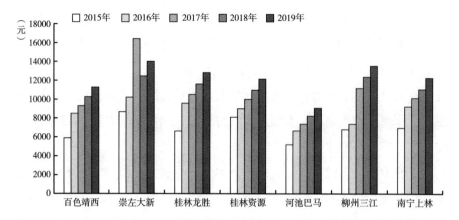

图3-13　2015~2019年广西石漠化片区7个县（区、市）农村居民人均可支配收入

资料来源：笔者根据实地调研所获数据以及政府官网、历年统计公报等收集的数据整理后绘制。

2015~2019年贵州城镇、农村居民人均可支配收入如图3-14所示。

图3-14　2015~2019年贵州省城镇、农村居民人均可支配收入统计

资料来源：2015~2019年国家统计局数据。

从纵向上看，贵州石漠化片区23个县（市、区）的大部分地区城镇居民人均可支配收入和农村居民人均可支配收入（见图3-15、图3-16、图3-17、图3-18）从2015年至2019年均有波动，城镇居民人均可支配收入比农村居民人均可支配收入波动大，但总体上都呈现增长的态势。

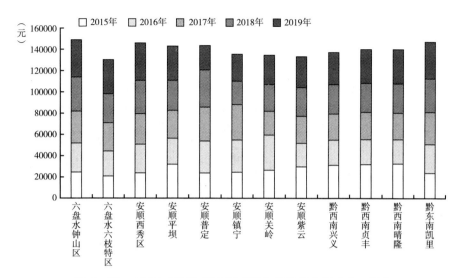

图 3-15　2015~2019 年贵州石漠化片区部分县（市、区）
城镇居民人均可支配收入（1）

资料来源：笔者根据实地调研所获数据以及政府官网、历年统计公报等收集的数据整理后绘制。

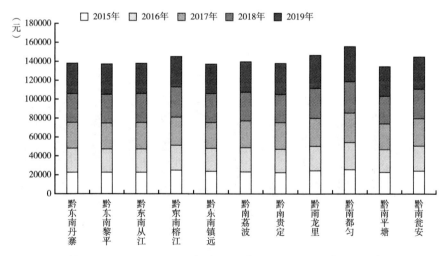

图 3-16　2015~2019 年贵州石漠化片区部分县（市、区）
城镇居民人均可支配收入（2）

资料来源：笔者根据实地调研所获数据以及政府官网、历年统计公报等收集的数据整理后绘制。

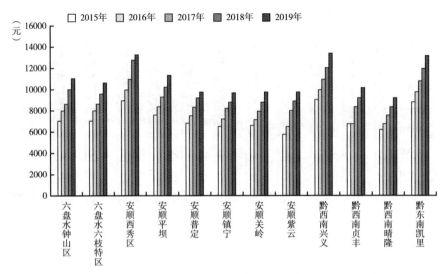

图 3-17　2015~2019 年贵州石漠化片区部分县（市、区）
农村居民人均可支配收入（1）

资料来源：笔者根据实地调研所获数据以及政府官网、历年统计公报等收集的数据整理后绘制。

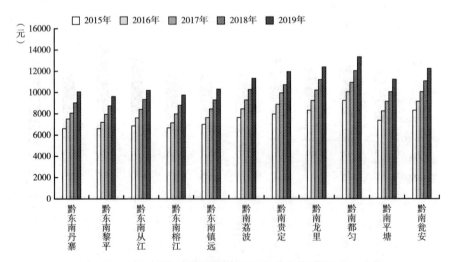

图 3-18　2015~2019 年贵州石漠化片区部分县（市、区）
农村居民人均可支配收入（2）

资料来源：笔者根据实地调研所获数据以及政府官网、历年统计公报等收集的数据整理后绘制。

参照图 3-17、图 3-18 贵州农村居民人均可支配收入 2015~2019 年的数据,贵州石漠化片区 23 个县(市、区)中有六盘水六枝特区、安顺普定、安顺镇宁、安顺关岭、安顺紫云、黔西南贞丰、黔西南晴隆、黔东南丹寨、黔东南黎平、黔东南从江、黔东南榕江和黔东南镇远 12 个县(市、区)的农村居民人均可支配收入从 2015 年至 2019 年每年都低于全省农村居民人均可支配收入水平。此外,六盘水钟山区 2015~2017 年的农村居民人均可支配收入也低于全省农村居民人均可支配收入水平,但六盘水市对旅游业的投入和野玉海生态旅游景区减贫的成功,极大地带动了当地农村居民人均可支配收入的提高,在 2018 年和 2019 年超过全省水平。根据实地调查和统计数据,这些县(市、区)的旅游总收入和人均旅游收入除了在 2019 年受外在客观因素影响有所下降以外,2015~2018 年总体呈现上升的态势,尽管农村居民人均可支配收入略低于全省水平,但旅游业的发展确实对当地经济的发展起到了带动作用。

2015~2019 年,云南省城镇、农村居民人均可支配收入如图 3-19 所示。

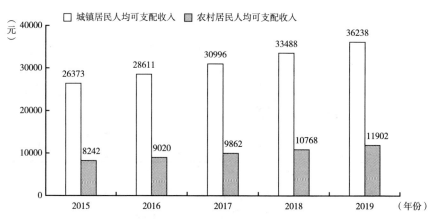

图 3-19　2015~2019 年云南省城镇、农村居民人均可支配收入统计

资料来源:2015~2019 年国家统计局数据。

从纵向上看,云南省石漠化片区 5 个县(市、区)的城镇居民人均可支配收入和农村居民人均可支配收入从 2015 年至 2019 年都呈现逐年增加的态势。尽管城镇居民人均可支配收入有一定的波动，且比农村居民人均可支配收入的波动大，但并不影响总体增长的大趋势。

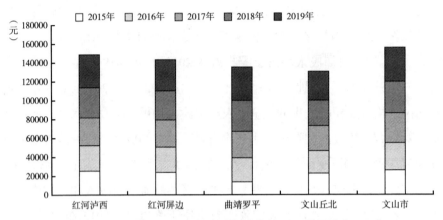

图 3-20　2015~2019 年云南省石漠化片区 5 个县（市、区）
城镇居民人均可支配收入

资料来源：笔者根据实地调研所获数据以及政府官网、历年统计公报等收集的数据整理后绘制。

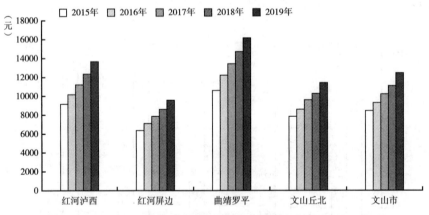

图 3-21　2015~2019 年云南省石漠化片区 5 个县（市、区）
农村居民人均可支配收入

资料来源：笔者根据实地调研所获数据以及政府官网、历年统计公报等收集的数据整理后绘制。

参照云南城镇、农村居民人均可支配收入 2015~ 2019 年的数据，云南石漠化片区 5 个县（市、区）有曲靖罗平、红河泸西完全对应达到云南省农村居民人均可支配收入水平，并且这 5 年平均农村居民人均可支配收入位列滇桂黔石漠化片区 35 个县（市、区）第 1 和第 3 位，这与这两个县的旅游业发展对农村贫困人口的带动和减贫作用密不可分。文山丘北和红河屏边 2015~2019 年的农村居民人均可支配收入水平都没有达到云南全省的水平，但从时间纵轴看，这两个县的城镇、农村居民人均可支配收入都呈不断上升的态势。通过实地调研发现，文山丘北和红河屏边受石漠化自然条件的限制，经济发展非常缓慢且滞后，旅游业是这两个县的支柱性产业，尽管发展速度较慢，但并没有影响旅游减贫的效果。

（二）社会效益

旅游减贫社会效益指标是旅游者及其活动对旅游地文化、宗教、道德、治安等诸方面的综合影响，主要表现在提供游览、娱乐、休憩和体育活动的良好场所，丰富生活，提供就业机会等方面。当旅游者人数及其活动量低于旅游环境的承受能力时，旅游社会效益一般随旅游者人数的增加而增加；反之，社会效益随旅游者人数的增加而急剧下降。旅游减贫社会效益是衡量滇桂黔石漠化片区旅游减贫对地方社会发展作用的重要指标，主要包括旅游接待游客量、城镇化率、贫困发生率、贫困人

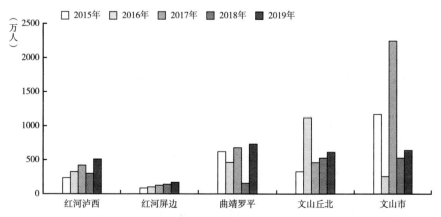

图 3-22　2015~2019 年云南石漠化片区 5 个县（市、区）旅游接待游客量

资料来源：笔者根据实地调研所获数据以及政府官网、历年统计公报等收集的数据整理后绘制。

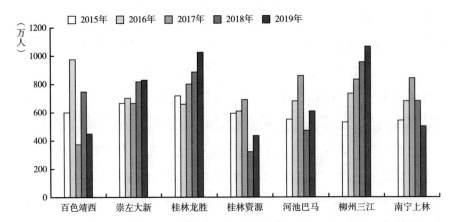

图 3-23　2015~2019 年广西石漠化片区 7 个县（市、区）旅游接待游客量

资料来源：笔者根据实地调研所获数据以及政府官网、历年统计公报等收集的数据整理后绘制。

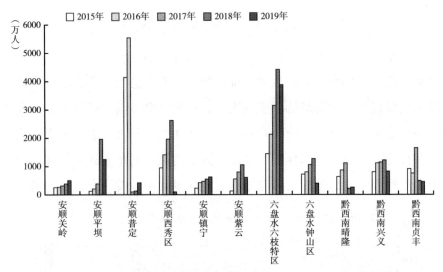

图 3-24　2015~2019 年贵州石漠化片区部分县（市、区）旅游接待游客量（1）

资料来源：笔者根据实地调研所获数据以及政府官网、历年统计公报等收集的数据整理后绘制。

口脱贫指数、贫困村脱贫数 5 项指标。

1. 旅游接待游客量

2015~2019 年，滇桂黔石漠化片区 35 个县（市、区）旅游接待游客量在不断变动中增长，总体呈上升趋势。具体而言，广西石漠化片区 7 个县（市、区）旅游接待游客量除柳州三江在 2019 年突破 1000 万人（实际

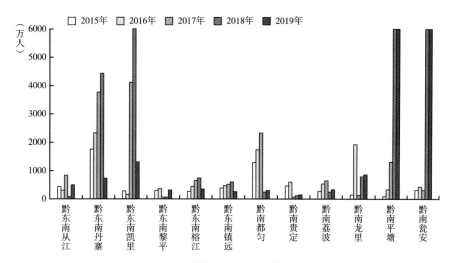

图 3-25　2015~2019 年贵州石漠化片区部分县（市、区）旅游接待游客量（2）

资料来源：笔者根据实地调研所获数据以及政府官网、历年统计公报等收集的数据整理后绘制。

是 1000.55 万人）以外，其余 6 个县（市、区）2019 年均未能超过 1000
万人，说明旅游业市场的拓展和旅游市场营销还有很大的提升空间。

2. 城镇化率

2015~2019 年，滇桂黔石漠化片区 35 个县（市、区）的城镇化率总
体呈上升趋势（见图 3-26、图 3-27、图 3-28、图 3-29），说明这些地

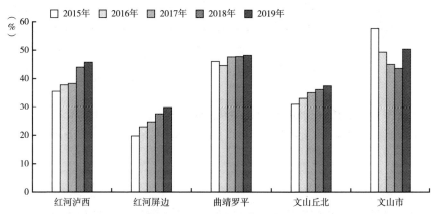

图 3-26　2015~2019 年云南石漠化片区 5 个县（市、区）城镇化率

资料来源：笔者根据实地调研所获数据以及政府官网、历年统计公报等收集的数据整理后绘制。

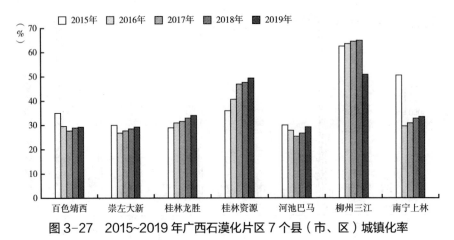

图 3-27　2015~2019 年广西石漠化片区 7 个县（市、区）城镇化率

资料来源：笔者根据实地调研所获数据以及政府官网、历年统计公报等收集的数据整理后绘制。

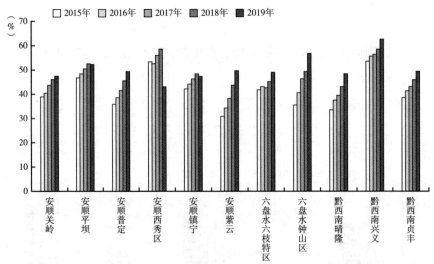

图 3-28　2015~2019 年贵州石漠化片区部分县（市、区）城镇化率（1）

资料来源：笔者根据实地调研所获数据以及政府官网、历年统计公报等收集的数据整理后绘制。

区的城镇化水平在不断提高，相应地，反映了贫困人口数量在逐渐减少，贫困群众的生活水平日益提高。旅游减贫不仅为贫困地区的贫困人口提

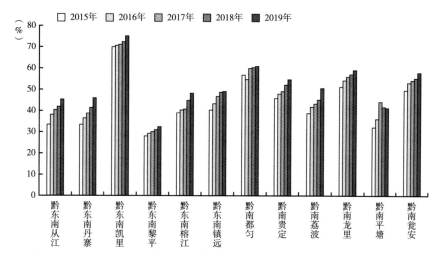

图3-29　2015~2019年贵州石漠化片区部分县（市、区）城镇化率（2）

资料来源：笔者根据实地调研所获数据以及政府官网、历年统计公报等收集的数据整理后绘制。

供就业机会，带动了贫困人口脱贫致富，而且还极大地带动了贫困地区的乡村环境卫生整治以及交通、通信、水电等基础设施建设，在切实为当地群众创造便利生活条件的同时，也为他们增加经济收入，帮助他们实现旅游减贫的目标。

3. 贫困发生率

滇桂黔石漠化片区35个县（市、区）的贫困发生率在2015~2019年总体都呈快速下降趋势（见图3-30、图3-31、图3-32、图3-33）。其中，广西石漠化片区中，2019年贫困发生率在1%以下的有崇左大新、桂林资源、桂林龙胜。2015~2019年，贵州石漠化片区的贫困发生率是滇桂黔石漠化片区35个县（市、区）中降幅最大、效果最好的，说明贵州减贫效果显著，特别是有35%的县（市、区）在2019年就实现了贫困发生率为0的好成绩，包括六盘水钟山区、六盘水六枝特区、安顺西秀区、安顺普定、黔东南镇远、黔南贵定、黔南龙里和黔南瓮安，共8个。2019年，云南曲靖罗平的贫困发生率是0.007%，是云南5个县（市、区）最低的，除泸西市的旅游减贫率在1%以下（0.95%），其他 3 个县（市、区）的贫困发生率均在 1% 以上，说明减贫力度还有待进一步提高。

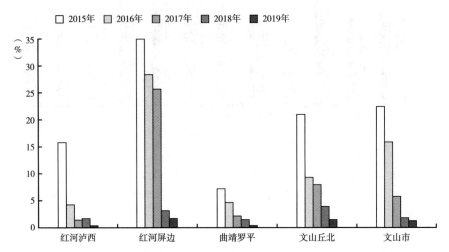

图 3-30 2015~2019 年云南石漠化片区 5 个县（市、区）贫困发生率

资料来源：笔者根据实地调研所获数据以及政府官网、历年统计公报等收集的数据整理后绘制。

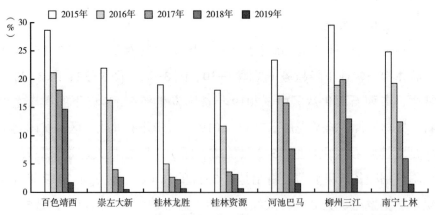

图 3-31 2015~2019 年广西石漠化片区 7 个县（市、区）贫困发生率

资料来源：笔者根据实地调研所获数据以及政府官网、历年统计公报等收集的数据整理后绘制。

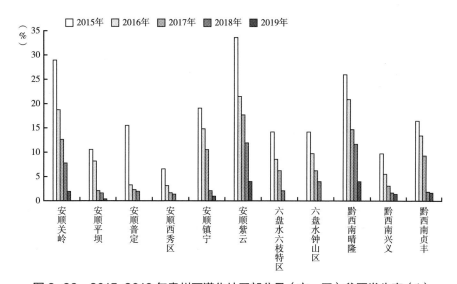

图 3-32　2015~2019 年贵州石漠化片区部分县（市、区）贫困发生率（1）

资料来源：笔者根据实地调研所获数据以及政府官网、历年统计公报等收集的数据整理后绘制。

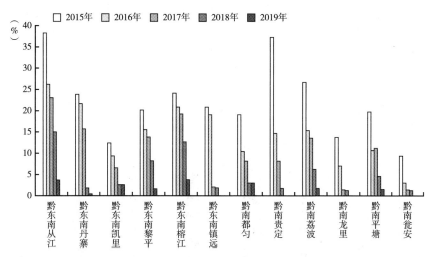

图 3-33　2015~2019 年贵州石漠化片区部分县（市、区）贫困发生率（2）

资料来源：笔者根据实地调研所获数据以及政府官网、历年统计公报等收集的数据整理后绘制。

4. 贫困人口脱贫指数

贫困人口脱贫指数是指当年的脱贫人口与上一年的贫困人口之比，

即贫困人口脱贫指数＝（当年的脱贫人口／上一年的贫困人口）×100%，
反映了减贫的效果。2015~2019年，滇桂黔石漠化片区35个县（市、区）
的脱贫指数都发生了质的变化，都是从2015年最低值快速发展到2019
年的最高值（见图3-34、图3-35、图3-36、图3-37）。这与我国实施
脱贫攻坚战略的进程相一致。2014年我国全面实施脱贫攻坚摸底调查工
作以来，大部分县（市、区）在2015年开始启动旅游减贫，经过一两年

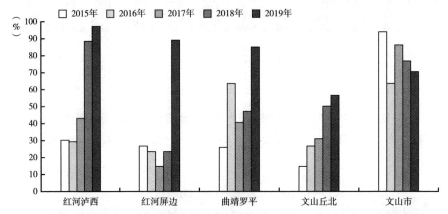

图3-34 2015~2019年云南石漠化片区5个县（市、区）贫困人口脱贫指数

资料来源：笔者根据实地调研所获数据以及政府官网、历年统计公报等收集的数据整理后
绘制。

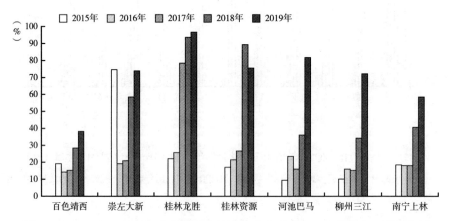

图3-35 2015~2019年广西石漠化片区7个县（市、区）贫困人口脱贫指数

资料来源：笔者根据实地调研所获数据以及政府官网、历年统计公报等收集的数据整理后
绘制。

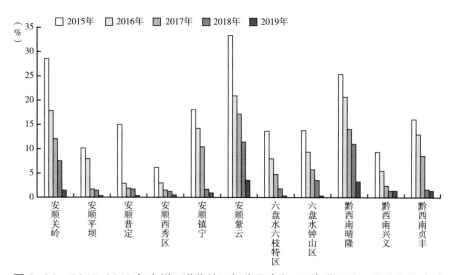

图 3-36　2015~2019 年贵州石漠化片区部分县（市、区）贫困人口脱贫指数（1）

资料来源：笔者根据实地调研所获数据以及政府官网、历年统计公报等收集的数据整理后绘制。

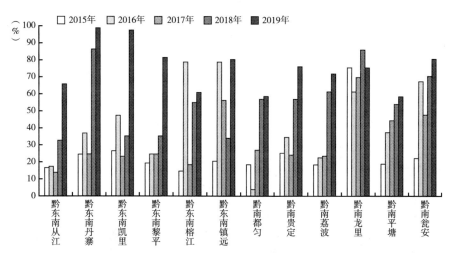

图 3-37　2015~2019 年贵州石漠化片区部分县（市、区）贫困人口脱贫指数（2）

资料来源：笔者根据实地调研所获数据以及政府官网、历年统计公报等收集的数据整理后绘制。

不断发展和探索，在 2016~2017 年找到了适合当地发展的旅游减贫模式，结合精准摸排的结果，大力推动旅游业发展带动农村贫困人口脱贫致富，所以绝大部分地区的旅游减贫工作在 2018 年取得非常不错的成效，贫困人口越来越少，脱贫人数越来越多，贫困人口脱贫指数总体呈上升趋势。国家脱贫攻坚战略计划在 2020 年全面收官，而滇桂黔石漠化片区中的很多地区充分发挥了旅游业的减贫作用，在 2019 年，绝大部分地区就依托旅游业的发展带动当地贫困人口实现了脱贫致富目标。因此，2019 年绝大多数滇桂黔石漠化片区 35 个县（市、区）的贫困人口脱贫指数达到增长的峰值，最高的是 100%，包括安顺西秀区、安顺平坝、黔东南凯里、黔东南丹寨这 4 个县（市、区），说明这些地方旅游减贫的效果明显，对社会发展的作用显著。

5. 贫困村脱贫数

滇桂黔石漠化片区是全国 14 个片区中少数民族人口最多、民族自治县最多的片区，独特的少数民族人文资源和自然资源共同赋予了该片区贫困村良好的发展前景和机遇。调查显示，2015~2019 年，滇桂黔石漠化片区 35 个县（市、区）中，有 3949 个贫困村通过发展旅游业先后实现脱贫致富，同时也带动贫困村里的贫困人口脱贫致富，极大地促进了社会和谐发展。因此，贫困村脱贫数在很大程度上反映了旅游减贫的社会效益，如图 3-38、图 3-39、图 3-40、图 3-41 所示。

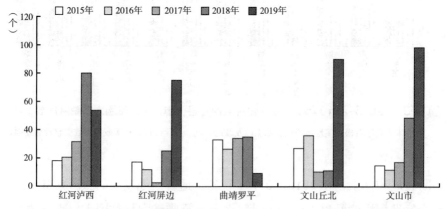

图 3-38　2015~2019 年云南石漠化片区 5 个县（市、区）贫困村脱贫数

资料来源：笔者根据实地调研所获数据以及政府官网、历年统计公报等收集的数据整理后绘制。

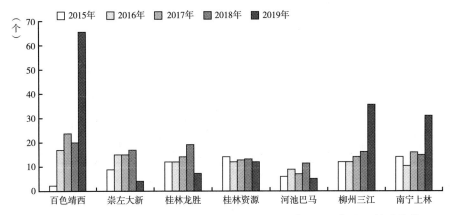

图 3-39　2015~2019 年广西石漠化片区 7 个县（市、区）贫困村脱贫数

资料来源：笔者根据实地调研所获数据以及政府官网、历年统计公报等收集的数据整理后绘制。

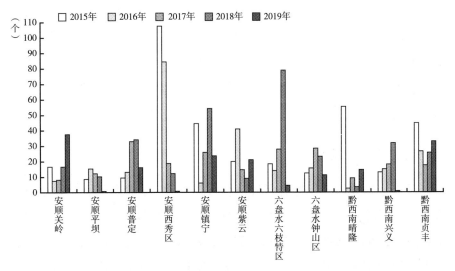

图 3-40　2015~2019 年贵州石漠化片区部分县（市、区）贫困村脱贫数（1）

资料来源：笔者根据实地调研所获数据以及政府官网、历年统计公报等收集的数据整理后绘制。

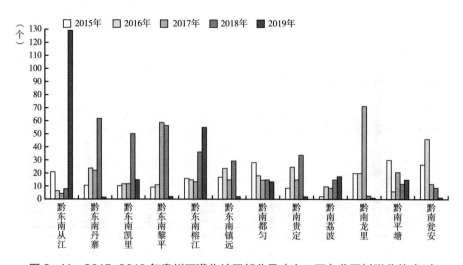

图3-41 2015~2019年贵州石漠化片区部分县（市、区）贫困村脱贫数（2）

资料来源：笔者根据实地调研所获数据以及政府官网、历年统计公报等收集的数据整理后绘制。

以上4张图显示，滇桂黔三省（区）石漠化片区贫困村脱贫数在2015~2019年发生明显变化，贫困村脱贫人数逐年减少，特别是2018年和2019年，很多县（市、区）实现贫困村全部脱贫，脱贫的贫困村数比前几年更多，说明充分发挥了旅游的减贫功能，帮助贫困地区的贫困村享受到旅游发展的红利，能够在2020年实现全村摘帽。

（三）生态效益

评价生态效益的指标有多种，如森林覆盖率、退耕还林数、水土保持亩数、石漠化改善数、水污染治理等，滇桂黔石漠化片区的主要特征是石漠化这个顽疾严重影响和阻碍了该片区自然生态系统的良性运转。鉴于本研究对象范围之广泛，涵盖了滇桂黔石漠化片区35个县（市、区），导致完整数据的收集具有很大的难度，甚至有些地区根本没有上述指标相对应的近几年的完整数据，无法形成横向和纵向比较，并且旅游业的发展也对旅游目的地的生态环境有一定的要求，茂密的森林植被必然和高负氧离子的清新空气相联系，有一定规模的森林面积是很多贫困地区打造生态旅游吸引游客的重要资源。因此，较大的森林面积和较高的森林覆盖率就成为很多地区发展乡村旅游和生态旅游关注的重要指标。森林覆盖率是指一个特定区域内森林面积占土地总面积的百分比，简单地说，就是某省、市、县、乡境内的森林面积占该地所有土地面积的百分比就是该省、市、县（市、区）、乡（镇）的森林覆盖率，它科学反映了一个地区森林植被状况，森林覆盖率越高，表明森林植被越好。国内外的研究表明，要使一个国家/地区的生态环境比较优越，其森林覆盖率至少应达到30%以上。森林覆盖率高，说明生态环境好，这是发展生态旅游的必要条件，且会更容易受游客青睐。滇桂黔石漠化片区受到"石漠化"的自然因素影响，提高森林覆盖率，发展多种形式的生态旅游，具有更重要的意义。同时，森林覆盖率的高低会直接影响该片区生态旅游目的地的旅游带动减贫好坏情况。因此，本研究选择森林覆盖率这一极具代表性的指标来研判滇桂黔石漠化片区旅游减贫的生态效益。

2015~2019年，滇桂黔石漠化片区35个县（市、区）的森林覆盖率总体呈上升的良好发展趋势（见图3-42、图3-43、图3-44、图3-45）。说明该片区在认真贯彻执行国家脱贫攻坚和乡村振兴的重任时，将"两山"理念融入精准减贫过程中，把石山荒山变成"金山银山"。滇桂黔石

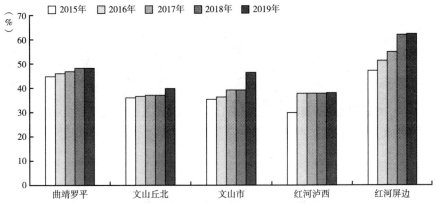

图3-42 2015~2019年云南石漠化片区5个县（市、区）森林覆盖率

资料来源：笔者根据实地调研所获数据以及政府官网、历年统计公报等收集的数据整理后绘制。

漠化片区不断提高的森林覆盖率提升了该片区的生态效益，成为石漠化地区通过发展"生态旅游+"（农业等）多产业融合的方式带动当地困难群众脱贫致富的重要条件。

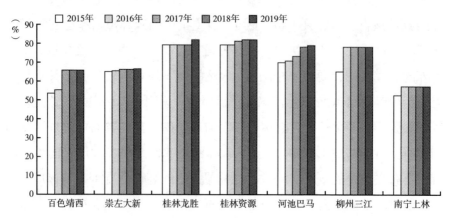

图3-43　2015~2019年广西石漠化片区7个县（市、区）森林覆盖率

资料来源：笔者根据实地调研所获数据以及政府官网、历年统计公报等收集的数据整理后绘制。

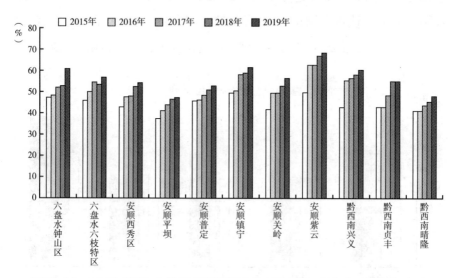

图3-44　2015~2019年贵州石漠化片区部分县（市、区）森林覆盖率（1）

资料来源：笔者根据实地调研所获数据以及政府官网、历年统计公报等收集的数据整理后绘制。

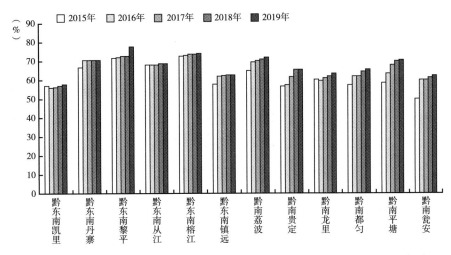

图 3-45　2015~2019 年贵州石漠化片区部分县（市、区）森林覆盖率（2）

资料来源：笔者根据实地调研所获数据以及政府官网、历年统计公报等收集的数据整理后绘制。

　　2015~2019 年滇桂黔石漠化片区 35 个县（市、区）中有柳州三江、桂林龙胜、桂林资源、河池巴马、崇左大新、黔东南丹寨、黔东南黎平、黔东南从江、黔东南榕江、黔南荔波共 10 个县的森林覆盖率 5 年来均超过 60%，且每一年均较上一年度有所提高。桂林龙胜 2019 年的森林覆盖率为 81.76%，桂林资源 2017~2019 年的森林覆盖率分别为 81.1%、81.83%、81.83%，均超过 80%，2018 年和 2019 年的森林覆盖率均是滇桂黔石漠化片区 35 个县（市、区）中最高的。森林覆盖率在 70%～80% 的县（市、区）有 5 个，包括桂林龙胜、桂林资源、河池巴马、黔东南黎平、黔东南榕江；在 60%～70% 的县（市、区）有 5 个，包括柳州三江、崇左大新、黔东南丹寨、黔东南从江和黔南荔波。

　　2019 年，广西全区森林覆盖率为 62.45%，除了南宁上林县的森林覆盖率（56.87%）未达到广西全区水平外，其余 6 个县（市、区）均超过广西全区的森林覆盖率。2019 年，贵州省森林覆盖率为 55.3%，低于全省森林覆盖率的有安顺西秀（54.49%）、安顺平坝（47.44%）、安顺普定（52.67%）、黔西南贞丰（55.09%）、黔西南晴隆（48.16%）。2019 年，云南的森林覆盖率是 59.7%，除了红河屏边（62.22%）超过云南全省的森林覆盖率外，其余 4 个县市均未能超过全省的森林覆盖率，包括曲靖罗平（48%）、文山丘北（39.65%）、文山（46.4%）、红河泸西（37.98%）。

实地调研发现，滇桂黔石漠化片区中的很多地区并未因当地的石漠化程度严重而放弃治理生态环境，而是通过一代又一代人的艰苦努力和奋斗，坚持不懈探索石漠化治理的有效路径和成功模式，采取造林绿化、综合治理石漠化等多种方式，提高森林覆盖率。例如，2016 年以来，安顺西秀区完成造林绿化 5 万余亩，综合治理石漠化面积 40 余平方公里，森林覆盖率达 52.44%；[①] 广西巴马县石漠化土地面积有 26580 公顷，潜在石漠化土地面积有 35996 公顷，自 2011 年实施石漠化综合治理工程以来，该县积极实施退耕还林、封山育林措施，开展长和、弄列、弄中、弄京等 11 个小流域综合治理，治理面积 6515 公顷，涉及贫困村 30 个、贫困人口 2.5 万人，2019 年全县石漠化地区森林覆盖率达 76% 以上，[②] 全县达到 78.84%；安顺紫云县属于滇桂黔石漠化特困地区，山地占总面积的77.8%，近年来，通过退耕还林、封山育林、人工造林等多种途径治理石漠化，恢复绿色生态林地近 100 万亩，生态环境得到极大改善，如今紫云拥有 68.63% 的森林覆盖率，较 2015 年提升 5.97 个百分点，生态环境成为紫云的名片。在"公司 + 农户 + 旅游"模式的带动下，紫云县充分利用丰富的森林资源和广阔的林下空间建成了农业观光园、板当蓝莓园、坝羊生态茶园、原生态苗寨等，使受石漠化影响成为经济落后的深度贫困村的打郎村、板当村等村寨顺利脱贫致富，使农旅产业融合发展助推减贫成为紫云地区石漠化荒山治理的"生态屏障"、农旅融合的"景观长廊"、长期稳定的"绿色银行"。这些地区通过将石漠化治理与旅游开发结合起来，将光秃秃的石头变成绿洲，吸引着无数游客前来游玩，带动当地困难群众走上脱贫致富路。云南省文山州西畴县就是一个典型

---

① 数据来源：安顺市西秀区政府。
② 数据来源：巴马瑶族自治县文化广电体育和旅游局。

的例子。

西畴县位于云南省东南部，99.9% 的土地属于山区，石漠化面积占 75.4%，群山裸露、怪石林立，是云南全省乃至滇桂黔石漠化程度最严重的地区之一，曾被外国地质专家断言为"基本失去人类生存条件的地方"。2019 年，全县农村居民人均可支配收入达到 10565 元，实现了从基本解决温饱到脱贫致富奔小康的历史跨越，创造了基本丧失人类生存条件的石漠化地区发展的奇迹。2020 年，全县累计在石漠化地区拓荒改造田地 24.4 万亩，炸石造地 10 多万亩，治理石漠化 140 余平方公里，植树造林 50 万亩，封山育林 87 万亩，森林覆盖率从 25% 提高到 50.68%，[①]让当地人从他们亲自播种的"绿洲"中收获幸福和喜悦。

三光石漠梯田旅游区位于西畴县兴街镇三光石漠化综合治理示范区，也是西畴县石漠化区变景区的典型代表。三光片区曾是西畴石漠化最严重的地区之一。三光村就因"树木被砍光、水土流失光、姑娘全跑光"而得名。2015 年，按照省、州党委、政府把三光打造成国家级石漠化综合治理示范区的部署要求，西畴县以生态修复、土地整治、水利建设、观光农业、村庄改造、旅游开发等多规合一的理念，科学规划，总投资 4.7 亿元进行石漠化综合治理。完成旅游基础设施建设投资 1350 万元，实施土地整治 1 万余亩、山地高效节水灌溉示范工程 3000 亩、退耕还林 3000 亩、美丽乡村建设 9 个、机耕道路 36 条（段）33.65 公里，种植以猕猴桃为主的高效经济林果园 5400 亩，每亩收入 1 万多元。建成观景台、风雨亭、旅游公厕、核心区停车场等旅游设施以及西畴县石漠化综合治理展览馆。通过实施基础设施综合治理，山变绿，石旮旯地变成"三保"台地，山路变坦途，村容村貌焕然一新。按照中央脱贫攻坚要求，精准施策到村到户，通过土地流转、观光旅游、务工增收等渠道，促进群众增收，充分发挥扶持政策叠加效应，实现了经济效益、社会效

---

① 胡梅君：《什么是"西畴精神"？我们要向"西畴精神"学习什么？》，《云南日报》2020年 8 月 25 日。

益、生态效益"三丰收"。三光石漠梯田旅游区依托三光石漠化综合治理示范区，以彰显人类战胜石漠化的奇迹——石漠变绿洲、石窝变桑田、天堑变坦途、穷乡换新颜，以及构建"西畴精神"教育基地为主线，打造一个展现万亩石漠梯田人文景观、展示"西畴精神"、体现石漠文化和观光农业、体验民俗的乡村旅游地。①

典型案例：

西畴县三光片区多依坪村原来是被石漠化包围的村，有 104 户 443人。该村依托三光石漠梯田旅游区，先后建了 5 家可供游客吃住的农家乐，江某某（1981 年出生）和高女士（1984 年出生）一家在 2017 年 10月开办了多依坪村第一家农家乐。刚开始每天平均接待 3~4 桌客人，每月平均接待八九百位游客，食材采用自己种植的或者当地农户种植的，一年要用 7000 多只鸡做食材，间接带动当地贫困户增收。"我自己到昆明学了一周的厨艺，回来就自己当厨师了。每桌饭菜 200 块钱左右，自助烧烤 40 块一斤，周末的时候客人多点，有五六桌人来吃饭，忙的时候找本村的人来帮忙，10 块钱一个小时。一年纯收入大概 10 万块钱。现在来的游客越来越多了，我都不会出去打工了，就想好好地把我的农家乐经营好。"高女士高兴地给调研组人员说道。

随着三光石漠梯田旅游区的快速发展，游客络绎不绝。2018 年 1 月，江某凯（1973 年出生）在多依坪村也开了一家农家乐。他告诉笔者："每天平均有 2 桌来玩的，有 200 块收入，忙的时候请几个人帮忙，一天开80~100 块的工钱。吃的都是自种的，不够就收邻居种的菜和养的鸡。我家有 12 个房间可以住，有 16 个床位，住宿一晚 68（元）和 98（元）两种价格。"此外，云上仙居农家乐是多依坪村离猕猴桃基地最近的一家农家乐，2019 年初才修建好，有 16 间客房 21 张床，每晚住宿价格 130 元，由 70 岁高龄的钟先生及其女儿共同经营，雇用了 3 个当地的贫困户帮其打理。

---

① 资料来源：云南省西畴县文化广电和旅游局。

　　综上所述，2015~2019 年，滇桂黔石漠化片区 35 个县（市、区）旅游减贫综合效益呈现良好的发展态势，主要体现在经济效益、社会效益和生态效益三者的有机统一、明显提升，使贫困地区旅游减贫可持续发展。根据收集的数据统计，滇桂黔石漠化片区旅游减贫的经济效益明显提高，旅游总收入、游客接待量、城镇居民人均可支配收入、农村居民人均可支配收入以及贫困人口人均旅游收入逐年增长。贫困人口数和贫困发生率呈逐年递减的状态，脱贫人口数和城镇化率逐年递增，在经济发展和社会生活水平提高的同时，生态效益明显好转，森林覆盖率逐年提高。云南西畴县三光石漠化综合治理示范区变石漠梯田旅游区，带动当地困难群众脱贫致富的典型案例是滇桂黔石漠化片区旅游减贫综合效益水平逐渐提高的最好例证。

第二节　滇桂黔石漠化片区旅游减贫效率

　　本章第一节运用定性分析方法对滇桂黔石漠化片区 91 个县（市、区）的旅游减贫成效进行了深入的统计分析。分析结果显示：旅游作为精准减贫的一种重要方式，只适用于有潜在旅游资源和有潜力开发旅游的地方，这些地方并不全是滇桂黔石漠化片区所覆盖的 91 个县（市、区），笔者通过调查研究，最后梳理出 35 个最具代表性的地区，采用DEA 方法对滇桂黔石漠化片区旅游减贫的质量和效率进行实证分析，并根据全国其他集中连片特困地区的不同特征，深入探索旅游减贫发展模式，找出现有旅游减贫模式中存在的关键性问题，有针对性地构建旅游减贫系统、优化旅游减贫机制，以及提出相应的保障措施，实现高效率地持续性减贫，防止返贫现象重复发生，为全面实现小康社会的战略目标奠定坚实的基础。

一　评价方法与研究对象选取

（一）评价模型选择

通过查阅相关文献可知，有关效率评价的方法主要包括定性分析和定量评价两种，现有研究更多偏向采用定量评价法。在采用定量评价法的文献中，广泛运用的是数据包络分析模型、随机前沿生产函数模型、曼奎斯特指数模型以及将上述模型与 GIS 结合对旅游问题进行评价。这些模型的广泛运用极大地推动了效率问题的深入研究。综合上述模型评价法各自的特征以及旅游业的动态变化性和复杂性，本研究认为，使用 DEA-MI 模型与 ArcGIS 软件对旅游减贫效率评价及空间分异规律进行研究是较为理想的方法。其缘由有三：第一，旅游减贫是一个较为复杂的综合性问题，涉及范围广，与其他产业关联度强，属于典型的"多投入、多产出"的经济行为，以往用于"单投入、单产出"的评价方法不再适用于旅游减贫效率问题的评价；第二，旅游业属于第三产业，其投入和产出不如第二产业具有明确有规律的生产作业流程，旅游投入和产出不仅包括有形的产出，还有无形的服务，因此，很难找到一个合理的生产函数关系对各因素进行准确反映；第三，DEA-MI 模型不仅考虑了随机误差，减少人为主观因素干扰，而且将 DEA 模型与 MI 指数结合，更有利于从静态和动态两个维度对旅游减贫效率的规模报酬、分解效率、效率形态类别等进行深入剖析。因此，本研究选取 DEA 模型与 MI 指数对滇桂黔石漠化集中连片特困区旅游减贫效率进行评价。

1.DEA 方法

DEA 方法，即数据包络分析 (Data Envelopment Analysis,DEA) 方法。该方法及其模型由著名运筹学家、美国得克萨斯大学教授 Charnes 及 Cooper 和 Rhodes 于 1978 年提出，DEA 方法是一种综合运用管理科学、运筹学、数理经济学等多学科知识，利用线性规划方法，设置多项投入和产出指标，对具有可比性的同类型单位进行有效性评价的一种数量分析方法。DEA 方法是 Charnes、Cooper 和 Rhodes 基于"相对效率"

评价的基础上发展起来的一种新的、专门用于评价固定规模报酬条件下寻求决策单元（Decision Making Unit，DMU）相对效率的分析模型，[1]即 CCR 模型。简而言之，DEA 是评价具有多个投入与产出的决策单元相对有效性的一种系统分析方法。[2]DEA 具有不受投入产出量纲影响、不用对评价指标赋予权重值、投入产出指标之间无须构建明确函数关系式、评价不受主观因素的影响、评价结果较为公平，[3]以及可以处理不同类型的数据[4]等优点。

2.CCR-DEA 效率模型

1978 年，Charnes 及 Cooper 和 Rhodes 在权威的《欧洲运筹学杂志》上发表了一篇论文题目为 "Measuring the Efficiency of Decision Making Units"（决策单元的有效性度量）的重要论文，正式提出数据包络分析，成为运筹学中一个新的领域，其模型简称 CCR（C2R）模型。1984 年 Banker、Charnes 和 Cooper 改变 CCR 模型中规模报酬不变的假定，在 CCR 模型的基础上提出规模报酬可变条件下测算效率问题的 BCC 模型[5]。CCR 模型主要处理"固定规模报酬"（Constant Returns to Scale，CRS）的决策问题，适用于以削减投入来实现最大产出的投入导向问题分析，而 BCC 模型处理"变动规模报酬"（Variable Returns to Scale，VRS）的问题，研究在投入保持不变的情况下，如何增加产出，达到最优效率的产出导向的问题。从本质上讲，两者之间并无显著差异，只是从不同的角度思考同一问题，最终所得到的结论是一致的。鉴于研究问题的易控制性，本研究选取以投入为导向的 CCR 模型。

---

① 刘佳:《基于 DEA 的城市旅游效率研究》，陕西师范大学硕士学位论文,2010。
② Charnes A.,Cooper W. W., Rhodes E, "Measuring the Efficiency of Decision Making Units", *European Journal of Operational Research*, 1978, 6 (2), 429-444.
③ 尚清芳:《陇东南地区旅游扶贫效率分析——基于 DEA 视窗分析模型》，《重庆科技学院学报》（社会科学版）2020 年第 4 期。
④ 王松茂、郭英之:《旅游扶贫效率评价模型构建及实证研究——来自中国的经验证据》，《社会科学家》2018 年第 6 期。
⑤ CCR 模型和 BCC 模型分别是以三位学者姓名首字母命名而来。

$$(\text{DLP}_0)\frac{\min}{\theta,\lambda}\ \theta \tag{3-1}$$

subject to $\theta x_0 - x\lambda \geqslant 0$

$$Y\lambda \geqslant y_0 \tag{3-2}$$

$$\lambda \geqslant 0$$

每个决策单元 DMU_j 都有相应的效率评价指数，如下所示：

$$h_j = \frac{u^T y_i}{v^T x_j} = \frac{\sum_{r=1}^{s} u_r y_{rj}}{\sum_{i=1}^{mn} v_i x_{ij}}, j = 1,2,\cdots,n \tag{3-3}$$

可以适当地选取权系数 v 和 u，使得 $h_j \leqslant 1$，$j=1,\cdots$，n，对第 j_0 个决策单元进行效率评价。通常而言，h_{j_0} 值的大小决定了投入与产出的比例，h_{j_0} 值越大，表明 $\text{DUM}j_0$ 越能用相对较少的输入获得较多输出，反之亦然。

例如，把第 j_0 个决策单元的效率指数作为目标，以所有决策单元的效率指数为约束，即可构造出 CCR 模型，如下所示[①]。

$$\max h_{j_o} = \frac{\sum_{r=1}^{s} u_r y_{j_o}}{\sum_{i=1}^{m} v_i x_{ij_o}} \tag{3-4}$$

$$\text{s.t.} \frac{\sum_{r=1}^{s} u_r y_{rj}}{\sum_{i=1}^{m} v_i x_{ij}} \leqslant 1, j = 1,2,\cdots,n \tag{3-5}$$

$$u \geqslant 0, v \geqslant 0$$

3.Super-DEA 超效率 DEA 模型

相比较而言，CCR 模型是 DEA 的主要模型，但用 CCR 模型算出

---

① 王磊:《中国中低技术产业创新的机理、模式与绩效》，南京大学博士学位论文，2013。

的效率范围只是在 0~1，缺点是对于很多效率等于 1 的单位无法进行比较。Anderson 和 Peterson 在 CCR 模型的基础上进一步提出了超效率模型（Super Efficiency DEA）。利用超效率模型计算出的超效率值的范围允许超过 1，而不再仅限于 0~1。[①]

$$[\text{Super Radial}-I-C]\ \theta^* = \min_{\theta_1\lambda_1 s^-,s^+} \theta - \mathcal{E}e_{s^+} \tag{3-6}$$

$$\theta\chi_0 = \sum_{j=1,\neq 0}^{n} \lambda_j\chi_j + s^- \tag{3-7}$$

$$y_0 = \sum_{j=1,\neq 0}^{n} \lambda_j y_j - s^+ \tag{3-8}$$

$\mathcal{E}^1$ 为高阶无穷小量，s^- 和 s^+ 为松弛变量。

正确地运用 DEA 方法能够充分地考虑决策单元本身最优的投入和产出方案，更理想地反映评价对象自身的信息和特点，对于评价复杂系统的多投入多产出分析具有独到之处。[②] 因此，本研究关于旅游减贫的效率测算采用 DEA 方法。通常情况下，选择的测量指标是否科学合理、是否具有代表性，决定了采用此方法测算出的最终结果的信度和效度。

4.Malmquist（曼奎斯特）指数模型

数据包络分析模型评价的是在一定时期内某一地区效率与其他地区效率相比的相对效率，能够很好地分析旅游产业要素配置与利用情况，但不能够反映旅游减贫效率在时间维度上的变化情况以及引起效率变化的主要因素，于是本研究采用曼奎斯特（Malmquist）指数模型对决策单元的旅游减贫效率进行纵向分析。Malmquist 指数最早由瑞典学者

---

① 吕亮雯、何静：《基于超效率 DEA 模型的广东地方财政科技投入产出效率分析》，《科技管理研究》2011 年第 4 期。
② 刘超、傅若瑜、李佳慧、周文文：《基于 DEA-Tobit 方法的人工智能行业上市公司融资效率研究》，《运筹与管理》2019 年第 28 期。朱金龙、朱卫未、宋福明：《基于 PCA-SEDEA 的高校协同创新中心科研效率分析与评价——以江苏高校行业产业类协同创新中心为例》，《科技管理研究》2018 年第 24 期。

Malmquist 于 1953 年提出，用于分析不同时期的消费变化情况，后 Fare 等人将 Malmquist 思想引入生产研究中，并于 1994 年建立 Malmquist 生产力指数模型。[①] 该模型是目前广泛使用的效率评价模型之一。度量全要素生产率增长变动的 Malmquist 指数可以表示为如下公式。

$$MI_{t+1} = \left[\frac{D^{t+1}(x^{t+1}, y^{t+1})}{D^{t+1}(x^t, y^t)} \times \frac{D^t(x^{t+1}, y^{t+1})}{D^t(x^t, y^t)} \right]^{\frac{1}{2}} \qquad （3-9）$$

其中 $D^t(x^{t+1}, y^{t+1})$ 表示 $t+1$ 期的决策单元与 t 期生产前沿面之间的距离，即以 t 期的所有决策单元构造生产前沿面来衡量 $t+1$ 期的某个决策单元的效率变化情况，其他 $D^b(x^a, y^a)$ 的含义以此类推。MI_{t+1} 取值均大于零，若 $MI_{t+1}=1$，则与 t 期相比，$t+1$ 期效率值保持不变；若 $MI_{t+1} > 1$，则与 t 期相比，$t+1$ 期效率值提高；若 $MI_{t+1} < 1$，则与 t 期相比，$t+1$ 期效率值降低，MI 值越大，效率增长越快。全要素生产率变化指数（TFPC）又可分解为综合效率变化指数（EC）和技术进步变化指数（TC），用公式表示如下。

$$TFPC=EC(CRS) \times TC(CRS) \qquad （3-10）$$

式（3-10）中 EC（CRS）又可进一步分解为规模效率变化指数（SEC）和纯技术效率变化指数（PTEC），则：

$$TFPC=PTEC(VRS) \times SEC(CRS,VRS) \times TC(CRS) \qquad （3-11）$$

式（3-11）中综合效率变化指数、技术进步率变化指数、规模效率变化指数和纯技术效率变化指数则具有和全要素生产率变化指数相同的含义。

（二）研究对象选取

本研究所涉及滇桂黔石漠化片区的 15 个地（市、州）91 个县（市、区），是全国 14 个集中连片特困地区中少数民族人口最多、减贫对象最多、贫困问题最突出、贫困程度最严重、贫困范围最集中、所辖县数最多、民族自治县最多的典型片区，以滇桂黔石漠化片区作为案例地，对

---

① 闫峰真：《资源枯竭型城市旅游效率研究》，大连理工大学硕士学位论文，2013。

其旅游减贫效率的变化特征进行深层次探讨和阐释，是促进旅游减贫工作的必然要求，同时也为其他集中连片特困地区的旅游减贫开发提供理论指导。本研究为增强研究结论的准确性和科学性，从精准脱贫视角出发，在对象选取中须确保案例地至少要满足两个必要条件：一是属于贫困地区；二是开展旅游减贫活动，旅游业发展成为促进当地经济发展的重要产业。因此，对滇桂黔石漠化片区旅游减贫的实证研究主要选择最具代表性的几类案例数据进行剖析，根据该片区内贫困地区旅游减贫的现实情况，该片区可以分为实施了旅游减贫且效果显著的地区，以及实施了旅游减贫但效果不佳的地区，还有一类贫困地区有潜在的、可开发的旅游资源，但受到诸多因素的影响暂时还未能通过旅游开发实现减贫的功能。

在此基础上，本研究采用层次筛选法和排除法，根据旅游资源状况、旅游发展情况、旅游减贫情况以及拥有 3A 及以上级别旅游景区（点）（2017）的国家级贫困县等指标对滇桂黔石漠化片区内的贫困县（市、区）进行科学合理的筛选，剔除旅游资源相对欠缺且旅游开发仍处于初级阶段、旅游减贫的带动作用非常小或者几乎没有发挥带动作用的县（市、区）。这些县（市、区）主要包括：贵州岑巩县、望谟县、册亨县、普安县、三穗县、麻江县、台江县、天柱县，云南文山市、西畴县、麻栗坡县、砚山县、马关县、广南县、富宁县、师宗县，广西田阳县、德保县、西林县、田林县、天等县、东兰县、大化县、都安县等。最后，本研究从滇桂黔石漠化片区中选择了 35 个拥有 3A 及以上级别旅游景区（点）（2017）的国家级贫困县（市、区）作为样本（见表 3-4、表 3-5）进行实证研究，增强了研究内容的代表性和典型性。其缘由在于：国家级贫困县（市、区）在政策扶持、减贫投入等方面更具优势，旅游业发展势头强劲，为了促使贫困地区早日脱贫致富，各贫困县（市、区）的发展问题也成为研究的焦点。同时，3A 及以上级别旅游景区（点）在景区建设、带动区域发展方面拥有更强的实力与吸引力，是该县（市、区）旅游发展的重要支撑，对模型指标体系构建也更具代表性。此外，样本数量占整个滇桂黔石漠化片区所辖 91 个县（市、区）的 38.46%，超过 1/3，研究结论对其他集中连片特困地区同样具有普适性和借鉴价值。

表 3-4　DEA 实证研究样本选择与剔除一览

		旅游减贫最具代表性的县（市、区）	剔除的县（市、区）	
			旅游资源欠缺且旅游开发仍处于起步阶段	旅游减贫不具代表性
滇桂黔石漠化集中连片特困地区91个县（市、区）	广西（35个）	柳州三江县，桂林龙胜县、资源县，南宁上林县，百色靖西市，河池巴马县，崇左大新县（7个）	田阳县、德保县、西林县、田林县、那坡县、平果县、隆林县、天等县、东兰县、大化县、都安县、田东县、天峨县（13个）	融安县、融水县、隆安县、马山县、凌云县、乐业县、右江区、凤山县、忻城县、金城县、环江县、罗城县、南丹县、宁明县、龙州县（15个）
	云南（12个）	曲靖罗平县，文山丘北县、文山市，红河泸西县、屏边县（5个）	砚山县、西畴县、麻栗坡县、马关县、广南县、富宁县、师宗县（7个）	
	贵州（44个）	六盘水钟山区、六枝特区，安顺西秀区、平坝区、普定县、镇宁县、关岭县、紫云县，黔西南兴义市、贞丰县、晴隆县，黔东南凯里市、丹寨县、黎平县、从江县、榕江县、镇远县，黔南荔波县、贵定县、龙里县、都匀市、平塘县、瓮安县（23个）	岑巩县、望谟县、册亨县、普安县、兴仁县、三穗县、麻江县、天柱县、独山县（9个）	水城县、台江县、锦屏县、剑河县、黄平县、施秉县、雷山县、惠水县、罗甸县、长顺县、三都县、安龙县（12个）

表 3-5　研究对象及代表性景点分布名单

省区	市州	县（市、区）	3A 级景区名单（2017）	4A 级景区名单（2017）	5A 级景区名单	4A 级景区名单（2017年之后评定）
滇桂黔石漠化集中连片特困地区	广西	桂林市	龙胜县	龙胜县白面瑶寨、龙胜县龙脊小镇、龙胜县艺江南中国红玉文化园、龙胜县大唐湾（4个）	龙胜县南溪山公园、龙胜温泉旅游度假区、龙胜龙脊梯田景区、龙胜县白面瑶寨景区、龙胜县金车生态民族村景区、龙胜县岩门峡漂流（6个）	

续表

省区	市州	县（市、区）	3A 级景区名单（2017）	4A 级景区名单（2017）	5A 级景区名单	4A 级景区名单（2017年之后评定）
滇桂黔石漠化集中连片特困地区 广西	桂林市	资源县				桂林资江灯谷景区、桂林八角寨景区、桂林资江·天门山景区（3 个）
	柳州市	三江县	三江石门冲景区、三江县冠洞景区、柳州三江甜水寨旅游度假景区、三江县产口景区、三江县侗族博物馆（5 个）	三江程阳侗族八寨景区、柳州市三江县丹洲景区、柳州市三江县大侗寨景区（3 个）		三江县仙人山景区、月也侗寨（2 个）
	南宁市	上林县	上林县鼓鸣寨养生旅游度假区、上林县禾田农耕文化园、上林县霞客桃园壮乡旅游度假区、上林县云里湖景区、上林县万古茶园景区（5 个）	上林县金莲湖景区、上林县大龙湖景区（2 个）		
	百色	靖西市	靖西市龙潭湿地公园景区、靖西市渠洋湖景区（2 个）	靖西通灵大峡谷景区、靖西古龙山峡谷群生态旅游景区、百色靖西市鹅泉旅游景区（3 个）		靖西市旧州景区、靖西锦绣古镇景区、靖西小城故事景区（3 个）
	河池市	巴马县	河池市巴马长寿岛景区、巴马西山红色旅游区、巴马活泉水文化景区（3 个）	巴马盘阳河景区、巴马水晶宫景区（2 个）		巴马洞天福地景区、巴马长寿岛景区、巴马仁寿源景区（3 个）
	崇左市	大新县	大新县小灵珑景区、大新县凤凰岭景区、大新县黑水河景区（3 个）	大新德天跨国瀑布景区、大新县明仕景区、崇左大新德天·老木棉景区、大新龙宫仙境景区、大新县安平仙河景区（5 个）		大新县大阳幽谷景区（1 个）

省区	市州	县 (市、区)	3A级 景区名单 （2017）	4A级 景区名单 （2017）	5A级 景区 名单	4A级景区 名单（2017 年之后评定）
滇桂黔石漠化集中连片特困地区	广西 六盘水市	钟山区	钟山区明湖旅游景区、钟山区凉都高原比女街生态园旅游景区、钟山区月照养身谷旅游景区、明湖国家湿地公园、大河堡—凉都花海（5个）	梅花山旅游景区、韭菜坪娘娘山国家湿地公园（2个）		
	贵州 安顺市	六枝特区	牂牁江景区、六枝牛角布依风情旅游景区(2个)	迴龙溪温泉旅游景区（1个）		
		西秀区	安顺市西秀区苗岭屯堡古镇、安顺市西秀区九溪村旅游景区、安顺市西秀区大黑村旅游景区、安顺市西秀县大西桥镇鲍家屯旅游景区、安顺市西秀区药王谷旅游景区、安顺市西秀区龙青旅游景区（6个）	云峰八寨屯堡、旧州古镇、安顺兴伟石博园、虹山旅游景区(4个)	龙宫风景名胜区（1个）	
		平坝区	黎阳航空小镇、安顺市平坝区飞虎山旅游景区、安顺市平坝区塘约旅游景区（3个）	天龙屯堡古镇、小河湾旅游美丽乡村旅游景区（2个）		
		普定县	安顺市普定县黔山秀水旅游景区（1个）			
		镇宁县	安顺市镇宁县马鞍山红色旅游景区、安顺市镇宁县大寨布依风情旅游景区、安顺市镇宁县红旗湖公园旅游景区（3个）	夜郎洞、高荡千年布依古寨旅游景区（2个）	黄果树大瀑布（1个）	
		关岭县	木城河水利风景区、安顺市关岭县板贵火龙果生态园、安顺市关岭县上甲布依古寨旅游景区、安顺市关岭县奇缘谷冰雪小镇旅游景区、安顺市关岭县古生物化石群旅游景区（5个）			

省区	市州	县（市、区）	3A级景区名单（2017）	4A级景区名单（2017）	5A级景区名单	4A级景区名单（2017年之后评定）
滇桂黔石漠化集中连片特困地区	安顺市	紫云县		紫云格凸河国家级风景区（1个）		
	黔西南州	兴义市	黔西南州兴义新区刘氏庄园景区、黔西南州兴义新区何应钦故居旅游区、黔西南州兴义市雨补鲁天坑景区、黔西南州兴义市马家河湿地公园景区、黔西南州兴义市山地旅游暨户外运动大会会址旅游景区、黔西南州兴义市泥凼石林景区（6个）	马岭河峡谷风景名胜区、万峰林风景名胜区、马岭河峡谷漂流、万峰湖景区、兴义贵州醇景区（5个）		
		贞丰县	黔西南州贞丰县龙山阳光农旅景区、黔西南州贞丰县古城景区、黔西南州贞丰县北盘江大峡谷景区（3个）	双乳峰景区、三岔河景区（2个）		
		晴隆县	黔西南州晴隆县阿妹戚托小镇景区（1个）	晴隆史迪威—24道拐景区（1个）		
		凯里市	凯里苗洞风情园、苗妹非遗博物馆、黔东南州凯里市民族文化园旅游景区、黔东南州凯里市碧波花诗园旅游景区、黔东南州凯里市乡村振兴产业示范博览园景区、黔东南州凯里市桃李荷田·生态洛棉景区、黔东南州凯里市南花苗寨景区、黔东南州凯里市千年岩寨景区（8个）	云谷田园生态农业观光公园、凯里下司古镇(2个)		
		丹寨县	黔东南州丹寨县石桥古法造纸文化旅游景区（1个）	万达旅游小镇（1个）		

贵州　黔西南州

省区	市州	县 (市、区)	3A 级 景区名单 (2017)	4A 级 景区名单 (2017)	5A 级 景区 名单	4A 级景区 名单(2017 年之后评定)
滇桂黔石漠化集中连片特困地区	贵州					
		黎平县	翘街古城景区、黔东南州黎平县八舟河景区、黔东南州黎县平铜关景区、黔东南州黎平县南泉山景区、黔东南州黎平县滚正侗寨景区、黔东南州黎平县四寨侗寨景区、黔东南州黎平县黄岗侗寨景区(7个)	黎平县侗乡风景区、黎平肇兴侗文化旅游景区(2个)		
	黔东南州	从江县	从江县大歹景区、从江县党郎红景区、黔东南州从江县七星侗寨旅游景区、黔东南州从江县高华瑶浴谷景区、黔东南州从江县四联景区(5个)	从江邑沙原生态苗族旅游景区(1个)		
		榕江县	黔东南州榕江大利侗寨景区、黔东南州榕江县苗疆古驿小丹江旅游景区、黔东南州榕江七十二寨斗牛城景区(3个)	榕江县苗山侗水风景名胜区(1个)		
		镇远县	青龙洞古建城、黔东南州镇远县高过河景区(2个)	舞阳河景区(1个)	黔东南州镇远古城旅游景区(1个)	
	黔南州	都匀市	都匀市西山公园、杉木湖中央公园、斗篷山景区、都匀云峰公园、青云湖森林公园、黔南州都匀市文峰园景区、黔南州都匀市东方记忆景区、黔南州都匀市黔南职院研学旅游景区(8个)	黔南州都匀市茶文化影视小镇景区(1个)		
		贵定县	黔南州贵定县云雾茶乡旅游景区、黔南州贵定县阳宝山文化旅游区(2个)	"金海雪山—四季花谷"景区(1个)		

续表

省区	市州	县（市、区）	3A级景区名单（2017）	4A级景区名单（2017）	5A级景区名单	4A级景区名单（2017年之后评定）
滇桂黔石漠化集中连片特困地区	黔南州	平塘县	京舟康体养生乐园、黔南州平塘县甲茶景区、黔南州平塘县六硐景区（3个）	黔南州平塘县掌布"藏字石"景区、平塘风景区、中国天眼景区（3个）		
		龙里县	龙里大草原景区、龙里莲花山湿地公园、十里刺梨沟、龙架山国家森林公园、黔南州龙里县贾托山风景区、黔南州龙里县孔雀寨景区（6个）	双龙镇巫山峡谷旅游风景区、龙里中铁巫山大峡谷旅游区（2个）		
		瓮安县	黔南州瓮安县朱家山景区（1个）	江界河风景名胜区、瓮安草塘千年古邑（2个）		
		荔波县	荔波恩铭故里、荔波古镇、荔波瑶山古寨、黔南州荔波县布洛亚景区、黔南州荔波县万亩梅原景区、黔南州荔波县瑶麓青瑶古风园景区、黔南州荔波县梦柳布依风情小镇景区、黔南州荔波县佳荣大土苗寨景区、黔南州荔波寨票渔隐民宿景区、黔南州荔波县瑶山古寨景区（10个）	荔波小七孔风景区（1个）	荔波漳江风景名胜区（1个）	
云南	曲靖市	罗平县	罗平县相石阶景区（1个）	多依河、九龙瀑布群、鲁布格三峡（3个）		
	文山市	文山市	君龙湖水利风景区、文山广南世外桃源坝美景区、文山州博物馆景区（3个）			
		丘北县			普者黑旅游景区（1个）	
	红河州	泸西县	泸西青龙山生态休闲农业庄园景区（1个）	阿庐古洞（1个）		
		屏边县	屏边滴水苗寨（1个）	屏边大围山自然保护区风景区（1个）		

资料来源：云南省文化和旅游厅、广西壮族自治区文化和旅游厅、贵州省文化和旅游厅。

二 评价指标构建与数据来源

（一）评价指标体系建构原则

1. 目标导向性原则

对旅游减贫效率进行评价旨在通过对旅游减贫开发工作的评估，找出减贫工作中存在的问题或漏洞，并有针对性地提出改进措施，为决策者和管理者提供改进方法和建议策略，从而提高旅游减贫的效率提升效果。因此，要围绕旅游减贫效率评价的目标选取评价指标，通过提升旅游减贫效果的目标指引，制定能够真正反映出滇桂黔石漠化片区旅游减贫效率实际情况且针对性较强的指标，以清晰明了的方式呈现直观的数据，便于决策者能够迅速获取相关信息，指导旅游减贫实践。

2. 科学性原则

科学性原则是效率评价顺利进行和效率评价结果真实客观的前提基础。在设计滇桂黔石漠化片区旅游减贫效率评价指标体系时，要以科学理论为指导，遵循客观规律，以反映当地旅游持续减贫工作进展的相关要素和当地发展本质为依据，准确筛选出能够反映旅游减贫效率的相应指标。同时，采用的投入指标和产出指标必须与旅游减贫之间存在一定的逻辑关系，即这些指标在一定程度上存在因果关系，投入能够带来一定程度的产出。

3. 可操作性原则

要保障滇桂黔石漠化片区的旅游减贫效率评估结果真实可靠，还需要遵循指标体系的可操作性原则。一方面，指标体系的建立应该根据科学的理论基础，评价指标应充分反映旅游减贫工作的内在机制。另一方面，指标要能够进行量化，不能量化的数据是不能直接转化为数量来反映事物的特征的。这就要求指标的建立要从实际出发，要求数据简单可度量。最后，可操作性还要求各指标数据能够实现可持续监测。减贫工作是长期进行的，对于旅游减贫工作效率评价也需要综合考虑到历年的统计数据，避免受局部因素的影响。

4. 针对性原则

地域环境的差异会对旅游减贫工作产生不同的客观影响，因此旅游减贫效率评价指标的选取要坚持针对性和特殊性的原则。指标的选取要与旅游减贫效率评价目标相一致，重点考察反映旅游减贫效率目标的关键指标。如果没有抓住重点，会使一些重要指标丢失，影响效率评估效果。

（二）评价指标体系构建方法

1. 文献分析法

以中国知网 CNKI 和 Science Direct 、Web of Science 数据库作为中外文献检索平台，分别采用"旅游"并含"减贫"和"绩效 / 效应 / 效率"和"tourism poverty""pro-poor tourism""impact/effect"为中外文关键词，检索时间范围为 2021 年 12 月底以前，经筛选得到效率评价指标相关内容的文献。通过阅读这些相关文献，对效率评价的相关理论基础及体系构建的方式方法进行大致了解，记录文献中出现的效率评价指标的频次，为后期体系构建奠定基础。通过登录相关政府官方网站，查找有关旅游减贫效率评价的工作办法、效率评价工作报告以及减贫规划等，从政府层面为效率评价指标体系确定提供政策指导。

2. 德尔菲法

根据滇桂黔石漠化片区旅游减贫效率评价体系具体指标的内容，通过微信、邮件、电话等方式，针对旅游减贫、旅游规划与开发、旅游行为与感知、旅游生态、旅游经济和文化旅游等研究领域的专家学者，访问其对构建指标体系的建议及意见，通过对首次咨询结果详细记录，汇总整理后再次反馈给相关专家，让他们对自己的意见进行修改，根据专家修改后的反馈意见再次对其意见进行汇总整理，如此反复，直至得到相对具有集中代表性的评价指标，最终确定滇桂黔石漠化片区旅游减贫效率评价指标体系。

（三）评价指标体系构建

1.评价指标体系梳理

旅游减贫效率评价的本质是以各类资源要素为投入，以各类减贫效果为产出，进而对最终的投入与产出的配比关系进行评价，因此效率测度的评价指标一般包含投入指标和产出指标两部分。尽管当前已有很多学者开始关注旅游减贫效率相关研究，研究文献数量逐渐增多，可借鉴的指标体系也在不断增多，但目前国内尚无公认的旅游减贫效率评价指标，本研究基于前人对旅游减贫效率评价的相关研究，遵循指标体系构建原则，综合运用文献分析法与德尔菲法对旅游减贫效率指标体系进行构建。首先，本研究通过文献分析法，对中国知网（CNKI）平台中的"中国学术期刊数据库"和"中国优秀硕博论文数据库"两大数据库中收录的文献进行高级检索，通过输入"旅游减贫效率"主题词进行查询，截至 2021 年 12 月 31 日共检索到文献资料 100 余篇，其中学术期刊论文 85 篇以及硕士论文 15 篇、会议论文 1 篇、报纸文章 2 篇，研究文献在 2019 年和 2020 年明显增加，且 2020 年达到一个峰值 35 篇（占总文献的 33%），故相应地选取 2020 年已发表文献的 33% 即 12 篇作为代表性文献，总共选取的代表性文献数量占所检索文献的 1/3 以上（见图 3-46）。其次，通过整理现有文献资料，梳理出旅游减贫效率评价指标，为本研究的旅游减贫评价指标体系构建提供参考借鉴（见表 3-6）。最后，将整理结果发给相关专家进行意见征求，在对专家意见汇总分析的基础上，结合前人研究成果获得本研究最终的旅游减贫效率评价指标体系（见表 3-7）。

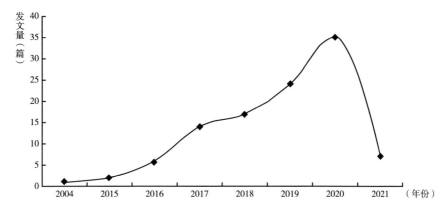

图 3-46　2004~2021 年部分年份 CNKI 有关旅游减贫效率文献数量发表分布

资料来源：中国知网（CNKI）自动生成的可视图。

表 3-6　国内旅游减贫效率评价指标体系梳理

序号	作者	文章题目	投入指标	产出指标	发表期刊	发表年份
1	龙祖坤等	《武陵山区旅游扶贫效率的时间演进与空间分异》	人均旅游综合收入、人均接待游客量	城镇居民人均可支配收入、农村居民人均纯收入、人均 GDP	经济地理	2015
2	李烨	《中国乡村旅游业扶贫效率研究》	乡村旅游活动的经营单位、乡村旅游业的游客数量	乡村旅游拉动农民就业人数、乡村旅游的年经营总收入	农村经济	2017
3	黄渊基	《连片特困地区旅游扶贫效率评价及时空分异——以武陵山湖南片区 20 个县(市、区)为例》	人均旅游综合收入、人均接待游客量	城镇居民人均可支配收入、农村居民人均纯收入、森林覆盖率、城镇化率	经济地理	2017
4	耿长伟等	《基于 DEA 模型的六盘山片区旅游扶贫效率评价研究》	旅游企业数量	人均旅游收入	中国林业科技大学学报（社会科学版）	2018
5	陈国柱等	《秦巴山片区旅游扶贫效率测度及精准优化研究》	人均旅游总收入、人均接待游客量	城镇居民人均可支配收入、农村居民人均纯收入、人均 GDP	资源开发与市场	2018

续表

序号	作者	文章题目	投入指标	产出指标	发表期刊	发表年份
6	王松茂等	《旅游扶贫效率评价模型构建及实证研究——来自中国的经验证据》	旅游综合收入、旅游接待人数	农村居民人均可支配收入、旅游贡献额、城镇居民人均可支配收入、旅游业从业人数	社会科学家	2018
7	乌兰等	《内蒙古民族地区旅游扶贫效率评价及优化对策研究》	人均旅游接待人数、人均旅游综合收入、旅行社数	人均GDP、农牧民人均可支配收入、第三产业从业人员占全社会从业人员比重	广西民族大学学报（哲学社会科学版）	2018
8	鄢慧丽等	《海南省少数民族地区旅游扶贫效率测度与时空演化分析》	人均旅游综合收入、人均接待游客量	农村居民人均纯收入	中国软科学	2018
9	孙春雷等	《精准扶贫背景下旅游扶贫效率研究——以湖北大别山区为例》	贫困人口收入、历年脱贫人口数	政府减贫资金投入、人均旅游接待人次、人均旅游收入	中国软科学	2018
10	程慧等	《我国旅游扶贫效率的时空差异及其驱动因素研究》	人均旅游综合收入、人均游客接待量	人均GDP	湖南财经学院学报	2019
11	王凯等	《湖北省旅游扶贫效率时空格局及其影响因素》	人均旅游收入、人均旅游接待人次	城镇居民人均可支配收入、农村居民人均纯收入、人均GDP、城镇化率、森林覆盖率	长江流域资源与环境	2019
12	钟学进	《西南边境地区旅游持续扶贫效率评价及时空分异——以桂西南重点旅游减贫区11县（市、区）为例》	人均旅游收入、人均旅游接待人次	城镇居民人均可支配收入	社会科学家	2019
13	王凯等	《旅游扶贫效率与资源优势度的空间耦合关系——以武陵山湖南片区32个贫困县为例》	人均旅游总收入、人均游客接待量	农村居民人均可支配收入	中南林业科技大学学报（社会科学版）	2019

续表

序号	作者	文章题目	投入指标	产出指标	发表期刊	发表年份
14	毕斗斗等	《集中连片特困区旅游扶贫效率及其影响因素研究——以滇桂黔片区为例》	旅游收入、旅游人数	城镇居民人均可支配收入、农村居民人均纯收入、人均GDP	贵州民族大学学报（哲学社会科学版）	2019
15	王志标等	《武陵山片区旅游扶贫效果分析》	人均旅游收入、人均旅游接待游客量	农村居民人均可支配收入、城镇居民人均可支配收入、人均国内生产总值（GDP）	中国农业资源与区划	2019
16	梁兴群等	《我国集中连片特困区旅游扶贫效率与扶贫路径》	旅游业固定资产投资、旅游业从业人数	农村居民人均可支配收入、贫困个体人均旅游收入、人均旅游收入、人均旅游接待人次	统计与决策	2020
17	王凯等	《集中连片特困区旅游扶贫效率与经济发展水平的时空耦合关系——以武陵山片区为例》	人均旅游接待人次、人均旅游收入	农村居民人均纯收入、城镇居民人均可支配收入、电话用户比例、每千人拥有病床数、在校中学生人数	经济地理	2020
18	冯斐等	《西部地区旅游扶贫效率及其影响因素研究——以甘肃省平凉市为例》	财政专项扶贫资金额度、省级财政拨付的减贫配套资金额度、旅游综合收入、农村居民人均纯收入、贫困居民人均纯收入	旅游减贫综合技术效率	地域研究与开发	2020
19	尚清芳	《陇东南地区旅游扶贫效率分析——基于DEA视窗分析模型》	当地旅游综合收入、旅游总人数	城镇居民人均可支配收入、农村居民人均纯收入、人均GDP	重庆科技学院学报（社会科学版）	2020
20	侯玉霞等	《南岭走廊民族地区旅游扶贫效率评价及时空分异》	人均接待游客数量、人均旅游综合收入	城镇居民人均可支配收入、农村居民人均纯收入	广西民族研究	2020
21	朱琳琳	《珠江—西江经济带广西段县域旅游扶贫效率测度研究》	人均旅游综合收入、人均接待游客数量	农村居民人均纯收入、城镇居民人均可支配收入、人均GDP	区域经济	2020

序号	作者	文章题目	投入指标	产出指标	发表期刊	发表年份
22	马可心	《旅游扶贫效率研究——一个空间计量经济学的分析框架》	人均A级旅游景区、人均旅行社数量、人均国际旅游外汇收入	人均农村家庭可支配收入	山东大学硕士学位论文	2020
23	王凯等	《区域产业结构转型升级水平与旅游扶贫效率耦合关系——以武陵山片区为例》	人均旅游综合收入、人均游客接待量	农村居民人均纯收入、人均GDP	自然资源学报	2020
24	李瑛等	《景区带村扶贫模式下农户参与旅游的经济效率——以秦巴山区旅游减贫重点村为例》	旅游经营现金支出、政府旅游支持支出、家庭旅游就业人数、旅游经营时间	家庭旅游收入总额	资源科学	2020
25	尤玮等	《2012—2018年罗霄山区旅游扶贫绩效的时空格局演变》	人均旅游综合收入、人均接待游客量	农村居民人均可支配收入、城镇居民人均可支配收入、森林覆盖率、城镇化率	地域研究与开发	2020
26	穆学青等	《多维贫困视角下县域旅游扶贫效率研究——以云南25个边境县（市）为例》	人均旅游收入、人均接待游客数量、人均GDP	农村居民人均纯收入、普通中学在校学生数、医院和卫生院床位数、移动电话年末用户	经济地理	2020
27	乔忠奎等	《山东省旅游产业扶贫效率评价及影响因素分析》	固定投资中第三产业的占比	各地区城乡低保总人口、在年末总人口的占比	科学与管理	2020
28	徐少癸等	《少数民族地区旅游扶贫效率与时空分异：基于广西面板数据的实证》	A级旅游景区数量、旅行社数量、星级饭店数量、旅游综合收入	人均GDP、农村居民人均可支配收入、森林覆盖率	统计与决策	2020
29	徐少癸等	《广西边境民族地区旅游扶贫效率测度与时空演化分析》	人均旅游综合收入、人均接待游客数量	人均GDP、农村居民人均可支配收入、旅游贡献额、城镇化率、森林覆盖率	世界地理研究	2021

续表

序号	作者	文章题目	投入指标	产出指标	发表期刊	发表年份
30	李燕楠等	《安徽省大别山区旅游扶贫效率时空格局演化及影响机理》	旅游收入、旅游人次	城镇居民人均可支配收入、农村居民人均纯收入、人均GDP	安徽农业大学学报（社会科学版）	2021
31	尹建军等	《集中连片特困区旅游扶贫效率评价及空间特征研究——以湖北大别山区为例》	人均旅游收入、人均接待游客量	人均GDP、常住居民人均可支配收入	黄冈师范学院学报	2021
32	陈超凡等	《连片特困区旅游扶贫效率评价及影响因素——来自罗霄山片区的经验证据》	人均旅游综合收入	城镇居民人均可支配收入、农村居民人均纯收入、人均GDP	经济地理	2021
33	张维梅等	《湘鄂渝黔接壤贫困区旅游扶贫效率测度及时空演化研究》	人均旅游综合收入、人均接待游客量、A级旅游景区的数量	农村居民人均纯收入、城镇居民人均可支配收入、人均GDP	老区建设	2021

资料来源：笔者根据在 CNKI 上收集的相关文献整理而成。

2. 评价指标选取要求

上述 DEA 方法对选取指标具有科学性、可靠性和数据量化三个最基本的要求。一是科学性。要求投入与产出各要素之间应有因果联系，评价指标体系与旅游减贫效率之间应有内在逻辑关系。二是可靠性。要求评价指标源于调查研究所获得的第一手资料、可靠的官方统计资料和影响因子名列前茅的学术期刊，且须合理使用专业术语。二是数据量化，要求能够从源头追溯评价指标所需的相关数据，可查验实际档案数据，[①]可量化数据。

---

① 孙春雷、张明善：《精准减贫背景下旅游扶贫效率研究——以湖北大别山区为例》，《中国软科学》2018 年第 4 期。

3. 评价指标体系构建

DEA 模型中所使用的指标主要是投入指标和产出指标。通常意义上，投入指标与产出指标都是从经济学角度出发构建的。经济学上一般以土地、劳动、资本作为基本生产投入要素，旅游减贫开发运营同样也需要这些要素的支持。但是，本研究是对滇桂黔石漠化集中片区的旅游减贫效率进行研究，需要选取与旅游减贫关系较为密切的要素构成评价指标。鉴于此，对于旅游减贫效率投入指标，在土地要素中，由于旅游减贫开发不直接受土地面积制约，土地因素对旅游减贫影响较小，且相关数据收集较难，因此土地因素不适合作为投入要素。在资本要素中，由于旅游减贫的本质是通过旅游业的发展实现精准脱贫的目标，从而提升贫困人口生活水平，促进贫困地区经济社会全面进步，实现乡村振兴。即旅游减贫是以减贫为目标导向，重点和落脚点是减贫。因此，投入评价指标体系需选取旅游发展各方面的投入指标，且要能够综合、宏观地反映旅游发展的总体情况。

（1）投入指标。本研究通过梳理现有文献中有关旅游减贫效率的投入—产出指标体系，将旅游减贫效率投入归纳为以下三个方面。

①政府对于当地旅游减贫的专项资金投入。政府对旅游减贫的专项资金投入可以直接衡量政府对旅游减贫方面的专项投入，反映了政府对旅游减贫的重视程度。由于反贫困是政府的一项基本职能，作为减贫工作的责任主体，政府对减贫资源的投入偏好影响极大，因此，政府的投入能力对提升贫困地区的旅游减贫效率至关重要。滇桂黔石漠化片区受石漠化自然特征的影响，农业产业附加值较低，工业基础薄弱，近年来，依靠第三产业尤其是旅游业的发展在很大程度上在该片区大部分县（市、区）的社会经济发展中发挥了极大的带动和促进作用，特别是"十三五"期间，大部分地方政府将发展旅游业作为推动区域脱贫致富的主要方式，在减贫资金的投入和配置方面向旅游景区、乡村旅游设施、交通条件改善、旅游服务设施改善等方面大幅度倾斜。因此，在反映"政府投入能

力"的指标选取上，政府减贫资金投入可以作为衡量政府在旅游减贫方面的资金投入力度的替代指标，以及各级政府对当地旅游减贫要素的投入水平。

②人均旅游综合支出。通过旅游总收入与总人口之比，可计算出人均旅游综合支出，反映了当地旅游业发展的成效。旅游减贫是通过发展旅游业促进经济增长，因此选取的投入指标体系必须能表征旅游业发展的现状，对于旅游产业的发展最直观的可计算指标就是旅游收入。旅游业发展的好坏直接反映在旅游收入这一指标上，旅游业发展状况是最为宏观的投入。本研究是对已经进行旅游减贫开发的县（市、区）的旅游减贫效率问题进行分析，旨在研究开展旅游活动的结果对当地贫困问题影响的效率问题，需要评价的是旅游减贫的经济效应，对于投入指标体系需选取衡量旅游业发展的指标。张晓明等的研究证实旅游乘数效应的存在使旅游综合支出的增加能够对地区投资和消费实现倍数级的双向作用，[①]旅游综合支出是最能集中反映旅游发展综合状况的要素之一，可以作为反映市场发展能力的投入指标，能够大致描绘旅游业发展的成果效应，而旅游总收入与总人口之比，可反映出人均旅游综合支出，一定程度上体现当地旅游业的规模和发展水平。

③人均旅游接待人次。由于旅游产业具有较强的关联性，旅游人次可大致表征旅游业对其他产业的带动效应，所以选取人均旅游接待人次作为旅游减贫效率的投入指标。通过当地旅游接待总量与总人口之比，可计算出人均旅游接待人次，反映了当地的旅游接待能力和旅游吸引力。因此，本研究选取政府减贫资金投入、人均旅游综合收入与人均接待游客量共同构成投入指标体系，这与表3-6中大部分旅游减贫效率研究文献的投入指标选择保持一致。

---

① 张晓明、张辉、魏伟新：《基于旅游扶贫战略的效应分析及创新对策研究——以星子县为例》，《生态经济》2010年第5期。

（2）产出指标。产出指标体系旨在反映贫困地区脱贫或贫困状况减轻或消除的情况。本研究主要探讨旅游要素投入对贫困地区贫困人口实施帮扶的效果。针对农村贫困人口，通过发展旅游业实现贫困人口减少、贫困程度降低、贫困发生率降低、农村居民人均可支配收入增加等目标就是实现了旅游减贫之目的。因此，需选取能够有效反映地区脱贫水平的观测数据作为产出指标，而最能反映这一目标的指标包括历年脱贫人口数量、贫困人口数量、贫困村脱贫数量、贫困发生率以及农村居民人均可支配收入。其中，贫困是一个多方面的概念，可以用以描述当地居民生活状态，所以选择了贫困村脱贫数量。贫困最常用的指标是贫困发生率。相较使用贫困人口数量这一绝对指标，贫困发生率能够衡量各个贫困地区整体贫困的相对水平，使得各地用该指标排除人口规模更具有可比性。由于贫困发生率与贫困缺口率综合反映一地的贫困状况，[①] 而两项指标都是基于贫困线所确定的贫困人口数。用本年度脱贫人口数与上一年末贫困人口总数的比值，即年度脱贫指数作为产出指标，可以较好地衡量贫困地区旅游减贫效率水平。由于贫困发生率属于逆向指标，根据 DEA 模型计算需要，采用了倒数处理[②]。贫困发生率揭示了某地生活在贫困线以下的人口占总人口的比例，只能粗略地体现某地贫困人口的规模。该指标往往与可支配收入挂钩，城乡居民人均可支配收入是反映城镇和农村居民生活水平的重要指标。[③] 农村居民人均可支配收入反映农

---

① 王春萍：《当代贫困的测度体系及其经济学涵义分析》，《社会科学辑刊》2009 年第 2 期。

② 由于"产出"通常是指有正向价值或意义的意思，而"贫困发生率"没有正向价值，因为这个指标越高意味着情况越糟糕。计算 DEA 的软件不会作区分，可能会对旅游减贫"效率"的最终计算结果产生影响。实地调研结果和历年官方统计数据显示，贫困发生率不是逐年递增，而是逐年递减的。从本质上看，说明减贫是有成效的，如果 DEA 计算软件简单地将贫困发生率当作一个产出项输入数据表，和其他几个有正向价值的指标放在一起，识别不了这是一个看似负向实质具有正向意义的指标，从数学意义上只会机械地把它们当作正向数据进行计算，这样算出来的结果反而会降低旅游减贫效率。然而，贫困发生率的倒数则是具有正向价值的指标，且软件也能够识别。因此，在实际计算的过程中，运用了"贫困发生率"这项指标的倒数，能够很好地反映旅游减贫的效果。

③ 龙祖坤、杜倩文、周婷：《武陵山区旅游扶贫效率的时间演进与空间分异》，《经济地理》2015 年第 10 期。

村地区居民的生活水平。本研究的旅游减贫对象是生活在贫困地区农村的贫困人口，当地居民既是旅游减贫的受益主体，也是旅游减贫的参与主体，其经济收入决定了旅游减贫的个体投入能力。鉴于绝对贫困对象是以村级单位为标准的农村居民，且当地核心旅游资源是以山岳、沟壑为主的自然景观以及依托乡村民俗的人文风情，因此，需要选取能够反映贫困地区乡村主体发展维度的自变量表征当地脱贫主体参与旅游减贫的能力。汪三贵等的研究表明贫困地区居民收入会促进提升减贫瞄准精度，同时促进贫困地区整体的主体参与度。[①] 农村居民人均可支配收入和贫困居民人均纯收入两项指标可以作为衡量贫困个体参与旅游业实现"造血式"脱贫能力的指标，共同反映"个体参与能力"维度。然而，考虑到旅游减贫效率评价指标的科学性及数据获取可行性，本研究采用上述思路选取农村居民人均可支配收入作为产出指标，反映滇桂黔石漠化片区中农村贫困地区居民的生活水平和旅游减贫的效果。考虑到与投入指标体系的对应关系，需选择与此对应的指标作为产出指标，因此，选取年度脱贫指数、贫困村脱贫个数、贫困发生率（倒数）以及农村居民人均可支配收入构成产出指标体系。

　　综上，本节内容主要是评价滇桂黔石漠化片区旅游减贫的效率，即检验旅游发展对当地经济的带动作用和减贫效应，因此在选取投入与产出指标时本着科学、合理、求真的态度和原则，通过参考表3-6中现有研究对旅游减贫效率投入产出评价指标体系的构建，根据上述对投入与产出指标的阐释，考虑到选取可量化的替代性指标是评价旅游全要素效率的通常做法，旅游减贫效率评价指标的科学性及数据获取可行性，以及与产出指标体系的对应关系，本研究选择了相应的投入与产出指标，构建了滇桂黔石漠化片区旅游减贫效率投入—产出指标体系，如表3-7所示。

---

　　① 　汪三贵、Albert, P.、Shubham C. 等:《中国新时期农村扶贫与村级贫困瞄准》,《管理世界》2007 年第 1 期。

表 3-7　滇桂黔石漠化片区旅游减贫效率投入—产出指标体系

指标类型	评价指标	单位	测算公式	指标说明
投入指标	政府减贫资金投入	亿元	已有的统计数据	衡量政府在旅游减贫方面的资金投入力度，以及对当地旅游减贫要素的投入水平
	人均旅游接待人次	人次	接待游客人数 / 总人口	反映旅游业发展的带动作用
	人均旅游综合支出	万元	旅游总收入 / 总人口	反映旅游业发展成效以及潜力
产出指标	脱贫指数	%	（本年度脱贫人口数 / 上年末贫困人口总数）×100%	衡量该地区旅游减贫效率水平
	已脱贫贫困村	个	已有的统计数据	描述当地居民生活状态
	贫困发生率（倒数）	%	已有的统计数据	贫困发生率可以衡量各地整体贫困的相对水平，而其倒数则是对当地减贫效果的检验
	农村居民人均可支配收入	元	已有的统计数据	衡量农村地区居民的生活水平，反映旅游业产生的经济效益

　　根据 DEA 方法对决策单元（Decision Making Unit，DMU）数量的硬性要求，决策单元（DMU）的数量必须大于投入与产出两个指标乘积的两倍。本研究中的 DMU 数量是 35 个，投入指标数量为 3 个，产出指标数量是 4 个，因 35 > [2 (3×4)=24]，根据 DEA 指标选取要求，[1] 评价指标的数量一般要少于 DMU 数量的 1/3，本研究选取的评价指标共有 7 个，即 7<[35×30%=10.5]。因此，本研究的 DMU 选取符合要求。

（四）数据来源与预处理

　　本书实证研究所用数据均来源于 2015~2019 年 [2] 滇桂黔石漠化片区

---

① 张俊容、郭耀煌：《评价指标与 DEA 有效的关系》，《系统工程理论方法应用》2004 年第 6 期。

② 由于 2020 年是脱贫攻坚的收官之年，很多贫困地区已在 2019 年实现脱贫摘帽，有少部分还未脱贫，且 2020 年突如其来的新型冠状肺炎疫情使旅游业受到重创，若使用 2020 年的数据，多项数据不再具有客观性和可比性，势必影响研究结果的信度和效度。因此，本研究在测算旅游减贫效率时未采用 2020 年的数据。

35 个县（市、区）政府工作报告、历年国民经济与社会发展统计公报、各县（市、区）人民政府减贫开发办公室和旅游部门统计数据等。所有数据真实有效，确保了实证研究的信度和效度。笔者对所收集到的投入与产出相关数据资料进行整理、归纳、计算等，得到投入与产出指标原始数据。

三 CCR-DEA 模型计算分析

（一）滇桂黔石漠化片区的 35 个县（市、区）旅游减贫效率

本书研究对象为滇桂黔石漠化片区的 35 个县（市、区），将这 35 个县（市、区）简记为 $DMU_j(j=1,2,\cdots,35)$，根据表 3-7，投入指标为政府减贫资金投入、人均旅游接待人次、人均旅游综合支出；产出指标为脱贫指数、已脱贫贫困村、贫困发生率（倒数）、农村居民人均可支配收入。本研究利用 DEA-SOLVER Pro5.0 计算出 2015~2019 年滇桂黔石漠化片区 35 个县（市、区）旅游减贫效率（CCR）（见表 3-8）以及旅游减贫 lamda 值（CCR）（见表 3-9）。

表 3-8　滇桂黔石漠化片区 35 个县（市、区）旅游减贫效率（CCR）

	地区	2015 年	2016 年	2017 年	2018 年	2019 年	平均值	标准差
广西	柳州三江	0.886	0.642	0.708	0.774	1.000	0.802	0.128
	桂林龙胜	0.228	0.915	1.000	0.833	0.877	0.771	0.277
	桂林资源	1.000	1.000	0.603	1.000	0.572	0.835	0.202
	南宁上林	1.000	1.000	1.000	1.000	1.000	1.000	0.000
	百色靖西	1.000	1.000	1.000	1.000	1.000	1.000	0.000
	河池巴马	0.777	0.865	0.606	0.804	0.725	0.755	0.087
	崇左大新	1.000	0.760	1.000	1.000	1.000	0.952	0.096
贵州	六盘水钟山区	0.734	0.290	0.300	0.294	1.000	0.524	0.293
	六盘水六枝特区	0.678	0.769	0.789	1.000	0.415	0.730	0.190

地区		2015 年	2016 年	2017 年	2018 年	2019 年	平均值	标准差
贵州	安顺西秀区	1.000	1.000	0.554	0.451	0.184	0.638	0.320
	安顺平坝	0.583	1.000	0.723	0.356	1.000	0.732	0.248
	安顺普定	0.621	0.901	1.000	0.825	0.816	0.833	0.125
	安顺镇宁	0.649	0.297	0.413	0.528	0.669	0.511	0.141
	安顺关岭	0.848	0.285	0.378	0.487	0.902	0.580	0.250
	安顺紫云	0.338	0.601	0.292	0.458	0.790	0.496	0.182
	黔西南兴义	0.338	0.224	0.212	0.196	0.156	0.225	0.061
	黔西南贞丰	0.740	1.000	1.000	1.000	1.000	0.948	0.104
	黔西南晴隆	1.000	1.000	1.000	1.000	0.641	0.928	0.144
	黔东南凯里	0.157	0.616	0.194	1.000	0.267	0.447	0.321
	黔东南丹寨	0.901	1.000	1.000	1.000	1.000	0.980	0.039
	黔东南黎平	1.000	0.594	1.000	1.000	0.598	0.838	0.198
	黔东南从江	1.000	0.569	0.695	0.734	1.000	0.800	0.172
	黔东南榕江	1.000	1.000	1.000	0.975	1.000	0.995	0.010
	黔东南镇远	0.142	0.192	0.427	0.480	0.983	0.445	0.299
	黔南荔波	0.133	0.444	0.170	0.163	0.112	0.204	0.122
	黔南贵定	1.000	0.459	0.438	1.000	1.000	0.779	0.270
	黔南龙里	1.000	1.000	1.000	1.000	0.440	0.888	0.224
	黔南都匀	0.273	0.317	1.000	0.732	0.544	0.573	0.270
	黔南平塘	0.271	0.540	0.297	0.219	0.315	0.328	0.111
	黔南瓮安	0.683	1.000	0.818	0.525	1.000	0.805	0.184
云南	曲靖罗平	1.000	1.000	1.000	1.000	1.000	1.000	0.000
	文山丘北	1.000	1.000	1.000	1.000	1.000	1.000	0.000
	文山市	1.000	1.000	1.000	1.000	1.000	1.000	0.000
	红河泸西	0.716	0.899	1.000	1.000	0.876	0.898	0.104
	红河屏边	1.000	0.919	0.920	1.000	1.000	0.968	0.040
平均值		0.734	0.746	0.730	0.767	0.768	0.749	0.016
标准差		0.303	0.279	0.298	0.285	0.289	0.229	0.101

表3-9　滇桂黔石漠化片区35个县（市、区）旅游减贫lambda值（CCR）

地区		2015年	2016年	2017年	2018年	2019年
广西	柳州三江	0.974	1.018	0.914	1.017	1.000
	桂林龙胜	1.164	1.281	1.000	1.546	1.321
	桂林资源	1.000	1.000	1.025	1.000	1.028
	南宁上林	1.000	1.000	1.000	1.000	1.000
	百色靖西	1.000	1.000	1.000	1.000	1.000
	河池巴马	1.004	1.542	0.989	0.981	1.131
	崇左大新	1.000	1.158	1.000	1.000	1.000
贵州	六盘水钟山区	0.991	1.139	1.131	1.038	1.000
	六盘水六枝特区	1.142	1.156	1.399	1.000	1.001
	安顺西秀区	1.000	1.000	1.280	1.179	1.227
	安顺平坝	1.159	1.000	1.569	1.925	1.000
	安顺普定	1.097	1.203	1.000	1.015	1.232
	安顺镇宁	1.065	1.078	1.049	1.071	1.015
	安顺关岭	1.100	1.035	0.980	0.939	1.075
	安顺紫云	1.000	0.865	1.012	0.898	0.977
	黔西南兴义	1.281	1.386	1.369	1.191	1.231
	黔西南贞丰	1.121	1.000	1.000	1.000	1.000
	黔西南晴隆	1.000	1.000	1.000	1.000	0.969
	黔东南凯里	1.296	1.089	1.195	1.000	1.168
	黔东南丹寨	0.988	1.000	1.000	1.000	1.000
	黔东南黎平	1.000	1.043	1.000	1.000	1.014
	黔东南从江	1.000	1.107	1.076	1.024	1.000
	黔东南榕江	1.000	1.000	1.000	0.911	1.000
	黔东南镇远	1.029	1.137	1.046	0.997	1.001
	黔南荔波	1.163	0.988	1.164	0.953	0.995
	黔南贵定	1.000	1.113	1.141	1.000	1.000
	黔南龙里	1.000	1.000	1.000	1.000	1.011
	黔南都匀	1.340	1.128	1.000	1.066	1.132
	黔南平塘	1.047	1.039	1.037	0.971	0.991
	黔南瓮安	1.277	1.000	1.350	1.279	1.000

续表

地区		2015 年	2016 年	2017 年	2018 年	2019 年
云南	曲靖罗平	1.000	1.000	1.000	1.000	1.000
	文山丘北	1.000	1.000	1.000	1.000	1.000
	文山市	1.000	1.000	1.000	1.000	1.000
	红河泸西	1.061	1.061	1.000	1.000	1.117
	红河屏边	1.000	0.791	0.779	1.000	1.000

如前所述，CCR 模型算出的旅游减贫效率范围只是 0~1，缺点是对于很多效率等于 1 的单位无法进行比较，即表 3-8 和表 3-9 显示的数值难以区别旅游减贫效率的精准度。因此，本研究依据 Anderson 和 Peterson 提出的超效率模型（Super Efficiency DEA），利用 DEA-SOLVER Pro5.0 计算出 2015~2019 年滇桂黔石漠化片区 35 个县（市、区）旅游减贫超效率（Super-CCR），其计算结果（见表 3-10）将不再限制在 0~1 的范围内，而是允许效率值超过 1，有利于对所有计算结果进行准确比较。

表 3-10　滇桂黔石漠化片区 35 个县（市、区）旅游减贫超效率（Super-CCR）

地区		2015 年	2016 年	2017 年	2018 年	2019 年	平均值	标准差
广西	柳州三江	0.886	0.642	0.708	0.774	1.189	0.840	0.192
	桂林龙胜	0.228	0.915	1.188	0.833	0.877	0.808	0.315
	桂林资源	1.367	1.391	0.603	1.660	0.572	1.119	0.446
	南宁上林	2.464	1.049	1.109	1.124	1.045	1.358	0.554
	百色靖西	12.129	2.769	1.958	1.503	2.235	4.119	4.026
	河池巴马	0.777	0.865	0.606	0.804	0.725	0.755	0.087
	崇左大新	2.182	0.760	2.312	1.411	1.503	1.634	0.564
贵州	六盘水钟山区	0.734	0.290	0.300	0.294	1.006	0.525	0.295
	六盘水六枝特区	0.678	0.769	0.789	1.156	0.415	0.761	0.238
	安顺西秀区	1.816	1.584	0.554	0.451	0.184	0.918	0.654
	安顺平坝	0.583	1.186	0.723	0.356	1.043	0.778	0.302

续表

地区		2015 年	2016 年	2017 年	2018 年	2019 年	平均值	标准差
贵州	安顺普定	0.621	0.901	1.091	0.825	0.816	0.851	0.151
	安顺镇宁	0.649	0.297	0.413	0.528	0.669	0.511	0.141
	安顺关岭	0.848	0.285	0.378	0.487	0.902	0.580	0.250
	安顺紫云	0.338	0.601	0.292	0.458	0.790	0.496	0.182
	黔西南兴义	0.338	0.224	0.212	0.196	0.156	0.225	0.061
	黔西南贞丰	0.740	1.023	2.384	1.189	1.810	1.429	0.592
	黔西南晴隆	3.935	3.158	1.944	1.516	0.641	2.239	1.173
	黔东南凯里	0.157	0.616	0.194	1.181	0.267	0.483	0.385
	黔东南丹寨	0.901	1.617	1.018	1.406	1.035	1.195	0.270
	黔东南黎平	1.792	0.594	2.151	1.025	0.598	1.232	0.634
	黔东南从江	1.268	0.569	0.695	0.734	5.955	1.844	2.069
	黔东南榕江	1.404	1.136	1.471	0.975	1.664	1.330	0.245
	黔东南镇远	0.142	0.192	0.427	0.480	0.983	0.445	0.299
	黔南荔波	0.133	0.444	0.170	0.163	0.112	0.204	0.122
	黔南贵定	1.199	0.459	0.438	1.818	1.853	1.153	0.621
	黔南龙里	1.862	1.649	3.632	2.696	0.440	2.056	1.068
	黔南都匀	0.273	0.317	1.305	0.732	0.544	0.634	0.374
	黔南平塘	0.271	0.540	0.297	0.219	0.315	0.328	0.111
	黔南瓮安	0.683	1.089	0.818	0.525	2.514	1.126	0.719
云南	曲靖罗平	2.433	1.840	1.618	1.192	1.900	1.797	0.404
	文山丘北	1.349	29.786	1.518	1.414	1.389	7.091	11.348
	文山市	1.983	2.892	4.314	1.802	1.737	2.546	0.977
	红河泸西	0.716	0.899	1.325	1.533	0.876	1.070	0.307
	红河屏边	1.356	0.919	0.920	1.372	1.538	1.221	0.254
平均值		1.407	1.836	1.139	0.995	1.151	1.306	0.869
标准差		2.012	4.848	0.938	0.560	1.018	1.248	1.931

根据上述 DEA 判别定理和定义, 从整体上看, 自 2015 年起, 滇桂黔石漠化片区大部分县 (市、区) 的旅游减贫都保持在中高水平阶段, 一直到 2018 年和 2019 年, 滇桂黔石漠化片区 35 个县 (市、区) 的旅

游减贫率一直保持在中等水平阶段。纵向上看，自2015年以来，滇桂黔石漠化片区大部分县（市、区）旅游减贫效率表现为先下降后上升，处于一个动态的变化过程。这说明在旅游减贫开发初期阶段，滇桂黔石漠化片区各种生产资料的配置，如交通等基础设施、接待能力、旅游的吸引力等都历经了一个不断探索和逐渐完善的过程。在滇桂黔石漠化片区35个县（市、区）中，南宁上林、百色靖西、崇左大新、黔西南贞丰、黔西南晴隆、黔东南丹寨、黔东南榕江、曲靖罗平、文山丘北、红河屏边这10个县（市、区）均在2015年出现了完全有效的情况后，2016~2019年也连续保持不错的有效性，占了所测量的35个县（市、区）的28.57%，说明这些县（市、区）能够达到生产的最佳前沿面上，达到产出最大化，这与当地政府对旅游减贫的重视程度和投入力度密不可分。从各县（市、区）的情况上看，2015~2019年旅游减贫效率平均值排在前3位的分别是文山丘北、百色靖西和文山市，这3个县市的旅游减贫率在5年内均达到DEA有效，本研究结合实地调研情况对这3个县市的旅游减贫进行详细分析。

1. 文山丘北

丘北县位于云南省东南部、文山州北部，属国家"一带一路"、长江经济带建设战略范畴。全县面积5038平方公里，耕地面积182万亩，辖3个镇9个乡101个村民委（社区）1265个自然村，总人口近50万人，农业人口占总人口的88%。丘北县历史悠久，民族众多，区位独特，资源丰富，但由于基础设施建设相对落后，工业不发达，产业结构不合理等，全县经济总量相对较小，农民人均纯收入低，财政收支矛盾突出，贫困面较大，是国家减贫开发的重点县。但由于该县具有开发旅游的资源优势，其旅游发展历经近30年，从无到有，从不到3平方公里的范围扩大到388平方公里，丘北成为文山州旅游产业龙头，旅游产业支撑经济社会发展的作用逐步显现，一个个落后贫穷的自然村走向富裕，脏乱差的小渔村成为有产业、有文化、村容整洁、有吸引力的景区示范带动村，成为丘北县最具代表性的脱贫典范。特别是2014年开展脱贫攻坚工作以来，丘北县紧紧围绕"两不愁、三保障"目标，紧盯贫困户退出 5 项、贫困村出列 7 项指标要求，结合普者黑景区 5A 级别创建、普者黑水乡小镇和舍得景区开发建设，成功创建为旅游减贫示范县，该县双龙营镇为旅游减贫示范乡镇，普者黑村为 24 个旅游减贫示范村之一，走出了一条景区带村、能人带户、大力发展乡村旅游、助推脱贫攻坚的旅游减贫路子。[①]

　　丘北县通过发展乡村特色文旅产业引领社会经济发展。该县深度挖掘地方多元民族文化资源，结合旅游减贫工程，以打造特色民族文化旅游品牌为抓手，依托乡村自然风光、民间文化艺术、乡土民俗风情等发展农业观光、休闲度假、民俗体验的乡村旅游，引导农村群众走旅游产业发展的路子。2019 年，文山州重点推进丘北普者黑 5A 级景区、普者黑水乡小镇等项目建设，实现了 91 个贫困村全部脱贫，贫困发生率由 2015 年的 16.78% 下降到 2019 年的 1.19%，农村居民人均可支配收入由 2015 年的 7874 元增加到 2019 年的 11389 元。主要做法包括以下 5 个方面。

　　（1）围绕脱贫攻坚"一个中心"，统领全县旅游产业发展。围绕脱贫目标任务这一中心，大力发展旅游产业，着力推出观光农业、生态旅游、葡萄酒、食用玫瑰花、辣椒系列等乡村特色产业，打造了一系列旅游精品路线，如依托普者黑高原喀斯特山水特点，打造高原训练基地；发展以康体疗养、养生医药博览园等为主要特色的大健康旅游产业，以得天独厚的资源条件推进了景区范围内村庄旅游业发展。通过采取特色农业和乡村旅游相结合的方式，引导群众种植油菜、玫瑰等，大力发展休闲观光农业。通过"公司＋基地＋农户＋乡村旅游"的发展模式，引入两家公司在景区范围内发展食用玫瑰，种植 2300 余亩，年支付土地租金 207 万元，带动周边阿诺、五家寨等 10 余个村寨 830 户群众增收致富，

---

① 文山壮族苗族自治州人民政府：《共建共享增收入 景区带村奔小康——云南丘北县旅游产业扶贫案例》，州乡村振兴部门，2020 年 7 月 6 日，http://www.ynws.gov.cn/info/4796/279187.htm。

其中惠及建档立卡贫困户 177 户 700 余人。通过统一规划，发展荷花种植 2 万亩，丰富了景区旅游产品，保护景区生态环境，促进普者黑景区的旅游产业转型升级。截至 2019 年 12 月，荷花种植共租赁锦屏镇、曰者镇、双龙营镇、八道哨乡 4 个乡（镇）4485 户 20348 亩土地，每年支付土地租金 1830 万元，使景区及周边村民每年获得稳定收益，实现了土地的保值增值。2019 年，全县共接待游客 585.3 万人次，实现旅游综合收入 52.5 亿元，分别同比增长 16.8% 和 29.9%，有效促进群众脱贫致富。

（2）围绕"三个重点"，不断攻破旅游减贫精准度难点。第一，实施美丽乡村建设，建设特色村寨发展旅游服务脱贫一批。出台民居改造奖励政策，参与民居改造农户，政府每户奖励 10000 元，对贫困农户提供 5 万元以下、期限 3 年以内的免担保、免抵押的信用贷款，县级财政给予贴息。全县共有 1241 户参加景区民居改造升级建设，涉及双龙营镇、曰者镇、八道哨乡 3 个乡镇 9 个村寨，发放贷款 1.1 亿元，贴息资金 200 余万元，兑现奖励资金 800 余万元。2016 年，仙人洞、菜花箐、普者黑 3 个村被国家发改委等 7 部门认定为乡村旅游减贫重点村；岩峰山、阿诺、阿鲁白、白脸山、猫猫冲、小白山 6 个村被列为全国乡村旅游减贫重点村。第二，鼓励就地创业和吸纳就业脱贫一批。以民居改造为基础，积极引导群众通过自主经营或转租餐饮、住宿、娱乐等服务业，实现稳定就业和增收。依托景区用工需求，在普者黑旅游文化公司招聘固定工 418 人。2019 年底，稳定聘用建档立卡贫困人口 16 人，季节性聘用建档立卡贫困人口 30 人，务工户均年收入实现增长 15000 元。出台政策引导建档立卡户通过产业小额贷款扶持发展产业，实现户均年收入增加 4000 余元。第三，土地流转增加收入一批。结合普者黑生态保护、景观打造等工作需求，采取土地流转方式用于荷花种植等生态修复和生态景观打造，共流转周边群众土地 4485 户 19912.315 亩，实现户均年收入增加 4000 余元。

（3）围绕项目建设，探索建立"企业＋贫困户"的乡村旅游发展模式。计划投资 13 亿元实施乡村旅游减贫项目，形成项目带旅游产业发展，旅游产业发展推进项目建设。重点实施普者黑国家 5A 级旅游景区创建项目，累计完成投资 3.58 亿元。实施普者黑水乡小镇建设，计划总投资 31.05 亿元。通过加大文旅产业项目建设力度，打造出了一批在全国和全省范围内具有典型示范作用的特色村寨和乡村文化旅游产业，景区带村成效凸显。同时，通过在企业和贫困户之间架起桥梁，让贫困户融入乡村旅游发展，最大限度扩大旅游减贫覆盖面，拓宽贫困户增收致富渠道，带动贫困村和贫困群众增收致富。例如，鼓励丘北县腾达乡村旅游开发有限责任公司通过实行"农户入股分红"的模式运作，带动 280 户农户参与入股，其中有 47 户是建档立卡户。

（4）挖掘民族文化特色，提升乡村旅游品质。自 2015 年以来，丘北县打好"乡村旅游减贫牌"，2016 年实现了普者黑景区 958 户贫困户 3773 人如期脱贫。该县按照旅游减贫思路，在大力推进民居改造的同时，全力挖掘民族文化，依托普者黑景区旅游资源优势，采取完善龙头景区建设、带动周边乡村发展方式，打造了普者黑彝族文化生态村、仙人洞和白脸山撒尼文化生态村、菜花箐苗族文化生态村、阿诺白族文化生态村和阿鲁白壮族文化生态村等一批宜居生态村寨。同时，以"花脸文化"作为支撑点，举办花脸节、辣椒节等系列活动，积极推进民族文化与旅游产业融合发展，通过"美丽乡村＋旅游＋文化＋减贫"模式，打造、升级文化旅游产业。

（5）围绕党建示范带动和能人带动，加快推进景区开发建设。通过打牢基层基础，各级基层党组织规范化水平明显提高。加大激励力度，党建促脱贫攻坚的内生动力明显增强。发挥能人带户作用，有力推进产业项目建设。丘北县在旅游减贫工作上，充分发挥了能人带户作用，在景区范围内引导发展能人 15 人，其中：民居改造带动能人 8 人，产业带动 7 人。同时，通过景区发展有力地带动了景区范围内及周边贫困村寨的基础设施建设等各项工作。建成集中供养特困人员养老示范点 1 个（八道哨中心敬老院）、普者黑居家养老服务中心、标准化村卫生室 7 个，部分自然村集体收入突破 20 万元，消除危房 754 户。

经验启示如下。

一是人与自然和谐相处、共生互利。普者黑景区自开发起，一直在自然景观方面做文章、下功夫，始终坚持可持续发展理念，始终践行美丽丘北建设理念，明确守住青山绿水就是守住了金山银山，景区带村可持续发展得到全面落实。

二是打造景区示范村，以点带面。实施景区民居改造、人居环境提升、民族文化保护等项目，带动了乡村旅游产业持续健康发展。通过实施有效的旅游减贫模式不断拓宽了旅游产业链，结合各村资源禀赋，打造出一批具有示范带动作用的典范，成为旅游业带动村民就业、促进村民增收，以及脱贫攻坚的重要阵地和坚强力量。

三是发展红利共享，县域旅游整体推进。丘北县的旅游减贫不断地拓宽覆盖面，从多个行业着手，整体推进，真正把旅游产业融入该县各行业的发展中，建立起景区与群众、村集体利益联系机制，形成以旅游为核心、辐射全县范围的全产业链，促进乡村振兴。

四是"旅游+"多产业融合发展，构建了系统的产业链。丘北县注重旅游减贫与多产业融合发展，大力发展观光农业，做实绿色生态农产品开发，不仅拓宽了产业链，而且更加凸显地方优势，拓宽群众增收渠道。

五是加强组织建设，以基层组织引领乡村旅游发展。丘北县的基层党员充分发挥了其先锋带头作用，村寨支部带动、党员拉动、工作推动，带领村寨群众走出了一条和谐文明、跨越发展的乡村旅游减贫新路子，旅游减贫效益得到充分显现。

2. 百色靖西市

靖西市位于祖国南疆边陲，地处广西西南边境、中越边境，边境线长 152.5 公里。靖西属岩溶地貌，石灰岩面积约占全县面积的 85%。独特的地形地貌造就了靖西秀丽的山水，素有"小桂林"之称。全市属亚热带季风性石灰岩高原气候，年平均气温 19.1℃，四季如春，享有"小昆明"之誉。2014 年，全市总人口 65.97 万人，壮族人口占总人口的

99.4%，是全国典型的壮族人口聚居地。近年来，靖西市强化实施"五个一批"旅游脱贫工程，有序推动旅游减贫工作开展。2018年，全市共接待国内外游客751.36万人次，旅游总消费81.61亿元，全市从事旅游业的人数8300多人，其中贫困人口1700多人。靖西市的做法主要包括以下三点。

（1）积极采取政策措施和资金支持优化旅游投资环境。一是成立旅游减贫工作领导小组。按照"一切围绕旅游、一切服务旅游"的要求，统筹协调推进旅游减贫工作。二是出台旅游业发展优惠政策。近年来，该市先后出台《靖西市人民政府关于加快星级旅游酒店体系发展的若干意见》等旅游产业扶持奖励办法。2014~2018年，靖西市给予成功创建星级酒店、星级农家乐等企业的奖励资金高达1403万元。三是认领任务，签订责任状。2016年，靖西市与百色市旅发委签订"旅游精准脱贫攻坚责任书"，利用"五个一批"工程着力推进旅游脱贫目标任务。2017年，完成百色市下达的旅游脱贫任务指标。四是用好用活自治区旅游专项资金。2015~2018年，自治区共下达靖西市旅游发展专项资金4214.2万元（其中2015年1000万元，2016年1000万元，2017年1100万元，2018年1114.2万元），主要用于旅游集散中心等旅游公共服务设施建设，以及景区创5A级等项目建设。同时，加大对旅游贫困村基础设施项目倾斜力度，2018年国家、自治区下达靖西市旅游发展专项资金用于旅游集散中心建设、2018年广西乡村旅游电商减贫宣传推介活动。五是整合部门资金强化基础设施建设。2016~2019年，靖西市先后整合交通、住建、农业等部门资金5亿多元分别建设和改善了骑行绿道、景区道路等。六是有效借助平台筹措建设资金。锦绣旅游公司每年融资不少于3亿元用于景区景点的开发、建设以及有旅游开发价值的土地收储工作。2016年成立靖西新发展投资集团，利用国家政策开展融资信贷，有效解决旅游等产业建设发展融资难题。"十三五"期间力争融资150亿元投入全域旅游建设工作，彻底解决靖西旅游产业链短、综合效益不高等问题。

（2）加大对旅游公共服务设施以及重大项目的建设力度。2016年，靖西市被列入广西乡村旅游减贫重点村范围涵盖3个乡（镇）3个村，即壬庄乡巴泽村、渠洋镇怀书村、湖润镇多吉村。靖西市以项目建设为抓手，重点打造巴泽梯田景区、渠洋湖怀书村项目建设旅游减贫合作试点项目。自旅游减贫工作开展以来，靖西市积极实施项目带动战略，通过项目建设完善基础设施，改善公共服务环境，提升村屯风貌，提供就业岗位，真正实现以旅游助脱贫、以旅游富村民。一是扎实推进自治区层面联系重大项目建设。2018年，靖西市被列入广西壮族自治区层面推进的重大旅游项目为靖西国际绣球城项目。二是稳步推进旅游重大项目建设。2018年9月，靖西市9个在建旅游项目完成投资额2.64亿元，旅游集散中心、锦绣古镇、小城故事、绣球城等旅游综合体围绕城市会客厅建设有序推进。三是以项目招商助推旅游减贫。2019年，靖西市通过招商引资开发建设靖西锦绣古镇项目和左右江国家度假公园靖西项目。其中，左右江国家度假公园靖西项目是靖西市努力践行全域旅游发展理念、推进旅游促经济的全新产业模式。

（3）靖西市积极推进涉旅企业助力旅游减贫。全市共有星级酒店6家、A级旅游景区7家、星级农家乐6家、乡村旅游区2家。通过涉旅企业建设和发展，带动当地一批群众实现创业就业。一是带动景区周边群众开办经营农家乐，代销土特产品。靖西市鹅泉是西南三大名泉之一，山水资源众多，田园风光秀丽，山环水绕，气候宜人，于2017年获得国家4A级旅游景区称号。该景区核心位置位于鹅泉村念安屯，建设游客中心、旅游厕所、登山步道、生态停车场等基础设施，发展农家乐、游船等。近年来，靖西市累计投资约1900万元用于鹅泉村念安屯旅游建设，主要用于鹅泉景区入口区基础设施建设（游客中心、风雨桥、生态停车场、购物店等），还有花海景观、观景台（亭）、游览步道、旅游厕所、骑行绿道等建设。念安屯总人口569人，建档立卡贫困人口37人，有餐饮店和农家乐12家、民宿1家。鹅泉景区的发展改变了当地老百姓的生活，胡氏就是其中一位。胡氏是地道的鹅泉村念安屯人，年轻时患了一种慢性病，不能做重体力活，一直待在家里没有工作，他妻子也没有正式工作，两个孩子分别上六、七年级，夫妻二人就靠耕种仅有的一亩多地维持着一家 4 口人的生活，传统的农作收成根本不够全家的生活所需，更不用说日常开销和他长期的医药费了，现实让他们家陷入深度贫困中。随着当地旅游减贫的深入推进，胡氏成为重点扶持对象。景区管理部门把他安排在鹅泉景区做非重体力的临时工，有事情做时每天可挣 100~150 元，他妻子在景区做清洁工，每月有 1500 元工资。在政府的帮扶下，胡氏家贷款建起了两层楼的房子，除自用外，房屋面积还有 100 多平方米闲置，景区管理部门按每平方米 4 元的价格租下后改成了有 6 个房间的民宿，他家每年又增加了 5000 多元的收入。工作之余，他们还种植蔬菜和水稻自给自足。旅游景区的发展带动胡氏一家的生活发生了巨大的变化，与他交谈时他重复了多次的话是"现在的生活比原来好得太多了"，对旅游减贫的满意度非常高。

　　靖西市湖润镇新灵村通灵景区的漂流船工许某军也是旅游减贫的受益者。40 多岁的许某军是湖润镇新灵村村民，原来他与妻子一直在浙江打工，两人的月收入五六千元，辛苦积攒了多年后终于盖了两层的小楼房，6 间卧室，他母亲于 2012 年患了脑瘫，没人帮他照顾一对双胞胎儿子，他只好带着妻子回家照顾老人和小孩。家里老人看病、小孩上学花销很大，许某军在家附近的通灵景区做船工，每月有 4000 元收入，他妻子在通灵景区做服务员，每月工资 2000 元，两人每月收入 6000 元，使这个经济负担沉重的家庭的日子越过越好。

　　3. 文山市

　　文山市是云南省文山壮族苗族自治州首府，是全州政治经济文化信息中心，总面积 2977 平方千米。文山市以喀斯特岩溶地貌为主的多种地形地貌形成了"山水林洞相共生，奇险秀稀皆齐备"的多种优美自然景观。2015~2019 年，文山市依托其境内较为丰富的旅游资源，如老君山国家级自然保护区、上天生桥风景区、森林公园风景区、东山公园风景区、西华公园风景区、文山州第一个党支部——德厚洒戛竜党支部、文山市民主政府纪念馆等，通过举办乡村文旅活动、马拉松赛事民族文化与旅游节庆研讨会、文山地方美食文化与产品开发研讨会等活动，不断丰富和发展文山旅游业态，完善旅游供给力，强化宣传，不断吸引游客，提高文山旅游的知名度[1]，加大旅游减贫的力度。

截至2019年，文山市共有星级饭店3个、星级饭店客房339间、名胜风景区和文物保护区16个。接待游客612.13万人次，比上年增长23%；接待国内游客611.67万人次，比上年增长23%；旅游业总收入80.5亿元，比上年增长25.1%。贫困发生率由2015年的22%下降到2019年的0.95%，实现100个贫困村全部脱贫，农村居民人均可支配收入也由2015年的8484元提高到2019年的12504元，旅游减贫效果突出。

（二）滇桂黔石漠化片区三省（区）旅游减贫效率

本研究利用CCR模型和DEA-SOLVER Pro5.0计算出滇桂黔石漠化片区三省（区）旅游减贫效率，如表3-11所示。

表3-11　滇桂黔石漠化片区三省（区）旅游减贫效率（CCR）

省（区）	2015年	2016年	2017年	2018年	2019年
广西［7个县（市、区）］	0.454	1.000	1.000	1.000	1.000
贵州［23个县（市、区）］	0.524	1.000	1.000	1.000	1.000
云南［5个县（市、区）］	1.000	1.000	1.000	1.000	1.000

如前所述，CCR模型算出的滇桂黔三省（区）旅游效率范围只是在0~1，其缺点在于对于很多效率等于1的单位无法进行比较，即表3-11的数值与上述表3-8和表3-9显示的数值一样，难以区别旅游减贫效率

---

[1] 肖依群、孟昭濡：《云南文山乡村旅游收入500亿元，带动1.6万人脱贫》，中国文化传媒网，2020年7月4日，http://www.ccdy.cn/portal/detail?id=25fff1bd-02c1-4254-b563-6aaca6029e37 &categoryid=11563-mssql&categoryname=%E6%97%85%E6%B8%B8。

的精准度。因此，本研究依据 Anderson 和 Peterson 提出的超效率模型（Super Efficiency DEA），利用 DEA-SOLVER Pro5.0 计算出 2015~2019 年，滇桂黔石漠化片区三省（区）旅游减贫超效率（Super-CCR），其计算结果（见表 3-12）将不再限制在 0~1 的范围内，而是允许效率值超过 1，有利于对所有计算结果进行准确比较。

表 3-12　滇桂黔石漠化片区三省（区）旅游减贫超效率（Super-CCR）

省（区）	2015 年	2016 年	2017 年	2018 年	2019 年
广西［7 个县（市、区）］	0.454	1.861	1.472	1.377	1.103
贵州［23 个县（市、区）］	0.524	1.521	1.418	1.372	1.739
云南［5 个县（市、区）］	4.070	3.332	4.244	4.255	7.033

根据表 3-12 滇桂黔石漠化片区三省（区）旅游减贫超效率（Super-CCR），从整体上看，2015 年，滇桂黔石漠化片区三省（区）的旅游减贫效率保持在中等水平。相比较而言，云南和贵州的旅游减贫效率均完全有效，尽管贵州的旅游减贫效率没有超过 1，但是超过 0.5 说明是有效的，广西的旅游减贫效率排在第 3 位，还没有达到完全有效。2016 年，滇桂黔石漠化片区三省（区）的旅游减贫效率均超过 1，达到一个峰值，尽管云南的旅游减贫效率较 2015 年略有下降，但都远远超过贵州和广西，广西旅游减贫效率的增长速度位列三省（区）之首。2017~2019 年，滇桂黔石漠化片区三省（区）的旅游减贫效率略有变化，但都保持在中上水平，贵州和云南的旅游减贫效率在 2019 年达到五年之峰值，特别是云南旅游减贫效率在这五年都远远超过贵州和广西，与实地调研相符，说明云南石漠化片区旅游减贫的作用得到充分发挥，旅游减贫效率较其他两省（区）更高。从纵向上看，自 2015 年以来，滇桂黔石漠化片区的旅游减贫效率总体保持上升的趋势，各省（区）旅游减贫效率变化情况各不相同，并未形成一致的规律，如云南大致经历了先下降后上升的变化过程，贵州则经历了先上升后下降又上升的过程，而广西经历的

变化过程则是先上升后下降。这说明,"十三五"时期的社会经济发展为旅游减贫奠定了坚实的基础。通过发展旅游产业,各种生产资料的配置包括基础设施的配置、接待能力、旅游目的地的吸引力等都得到不断完善。

具体而言,这些旅游减贫效率的良好数字背景在于 2015 年是具有特殊意义的一年。2015 年不仅作为"十二五"时期的收官之年,而且 2015 年还作为国家旅游局和国务院扶贫办提出"五年目标"①的开局之年,滇桂黔石漠化片区三省(区)积极响应国家号召,努力按要求在 5 年内,通过实施旅游减贫减少至少 16.9% 的贫困人口,即要通过旅游实现的脱贫人口达到 1100 万人。滇桂黔三省(区)旅游资源禀赋相对较好,按国家旅游局和国务院扶贫办提出的"五年目标"要求,要通过旅游减贫实现的脱贫人数占全省(区、市)贫困人数的 20% 左右。因此,滇桂黔石漠化片区三省(区)认真贯彻执行国家精准脱贫的相关政策规定,全力以赴地围绕国家战略决策真抓实干,充分发挥自身资源禀赋优势,积极调动所有力量和资源,大力发展旅游带动有条件的贫困县(市、区)进行减贫开发,收到了良好的效果。

滇桂黔石漠化片区旅游减贫经过 2015 年的奋力拼搏,2016 年的旅游减贫效率迅速提高,旅游减贫效果显著。2016~2019 年滇桂黔石漠化片区中贵州和广西的旅游减贫效率略有下降的趋势,这并不代表旅游减贫效果不佳,相反可见良好的旅游减贫效果。因为,自 2015 年滇桂黔石漠化片区三省(区)大范围、大力度实施旅游减贫以来,当年就收到了良好的效果,每年通过旅游减贫带动脱贫的人数在逐渐减少,说明旅游减贫效果立竿见影。当地贫困人口通过到旅游景区就业、获得景区项目建设征地赔偿、参与村级景区管理合作社入股分红、收取土地租金、参

---

① 2015 年,国家旅游局和国务院扶贫办提出了"五年目标",即在 5 年时间内,以旅游为扶贫手段,减少至少 16.9% 的贫困人口。

与景区表演团队等渠道增加收入，能够在较短时间内快速脱贫致富。在实地调研中还发现，很多著名的景区周边几乎没有贫困户，原来的贫困户，绝大部分都在景区发展成熟后一两年内就脱贫了，有些在2015年底前就已经通过旅游减贫实现了小康生活。

滇桂黔石漠化片区三省（区）基本上都是通过大景区带动小景区的发展，优先考虑景区所能够辐射到的周边贫困人口的就业保障问题，这种旅游减贫模式让大部分贫困人口在较短时间内快速脱贫致富。例如，1995~2000年，贵州荔波全县的农民通过参与到旅游业服务中而脱贫的达7560多户69687人。具体情况是：1995年3100人，1996年6200人，1997年8500人，1998年12000人，1999年15000人，2000年24887人。该县独特的布依族土花布开发后，仅2000年就使1500户农户创收100多万元。以小七孔景区内驾欧乡拉关村为例，未开发风景区以前，该村水、电、路均不通，经济十分落后，老百姓生活相当贫困，人均纯收入不足200元，是典型的国家级贫困村。开发旅游景区后极大地促进了当地旅游业的发展，那些之前住破茅草屋的村民一年累到头还断粮3个月的日子已经一去不复返了。如今的拉关村早已焕然一新，许多贫困户从事旅游业后不仅解决了吃饱穿暖的问题，还盖了新房，安了电灯电话、自来水，购置了电视等家用电器。该村已有旅游马车96辆，仅此一项就使该村农民每户收入可达8000多元。

又如，坐落在杉木河畔的贵州施秉县城关镇白塘村是一个苗族村寨。过去，该村是典型的"三靠村"，即靠扶持、靠救济、靠补助。自实施杉木河漂流旅游项目后，村支部、村委会明确提出了"一手抓农业、一手抓旅游业"的发展思路，截至2000年底，全村从事旅游业的农户已达300多户1950人，分别占全村的85%和89%，从事烧烤、售货、运输等专业户158户，从事护航、运输的人员有232人，全村农民人均纯收入达3903元。如今，全村每家每户都用上了自来水，看上了闭路电视，用上了电灯，很多农户还用上了手机，全村现有4辆东风汽车、3辆川路农用车、20 台拖拉机和 52 辆摩托车。昔日的"三靠村"实施旅游减贫后成了有名的小康村，在滇桂黔石漠化片区内具有一定的旅游减贫示范效应。

2016~2019 年，贫困人口数量在不断减少，说明减贫收到了良好效果。而时间越往后，减贫工作越难做，甚至到了啃硬骨头的最关键时刻。特别是 2018 年和 2019 年都未能顺利脱贫的贫困人口，一定有着非常特殊的原因导致其一直处于贫困状态，其中大部分未脱贫人口为因病致贫者、患有智障或精神病的孤寡老人等。按照国家相关规定，这部分贫困人口可以享受社会兜底保障政策，同时很多景区管委会或村委会也利用当地旅游收入积极地帮扶他们，为他们改建住房、使他们入股到村集体合作社参与景区分红等，充分展现了脱贫路上"一个也不能掉队"的信心和决心。例如，广西三江县丹洲镇丹洲村村民燕某某（男，61 岁），身体良好，未婚，一直与其母亲（86 岁）生活在一起，平时不打临时工，在家照顾母亲。2018 年由政府完全出资将其 65 平方米的老房屋进行重建，2019 年 7 月入住新房。燕某某种植有 40 株柚子，年收入约 4500 元。政府还免费发放 70 只鸡鸭苗给他养，鸡鸭均是景区的餐馆直接预订。总体上，他的收入来源主要是：卖柚子收入、政府补贴、低保（与母亲两人共 440 元 / 月）、卖鸡鸭的收入以及旅游分红（村内每人 600 元 / 年，与其母亲一共 1200 元 / 年）。[①]

又如，广西三江县丹洲镇丹洲村村民莫某某（男，48 岁），全家三口人，母亲 80 岁，眼睛看不见，女儿 20 岁，在广西中医药大学读大专（针灸专业），享有精准减贫：一档 1000 元 / 年，二档 3500 元 / 年，每个月生活费 1500 元。莫某某平时在景区里做临时工，年收入 4000~5000 元。2017 年，他通过政府提供的免息贷款减贫政策贷了 3 万元，主要用于养殖、修建房屋、供其女儿读书，该贷款于 2019 年 9 月到期，据他说

---

① 笔者根据实地调研深度访谈所获得的第一手资料整理而成。

还没有钱能够还上。[①]但随着景区的快速发展，游客的不断增加，他对生活充满了信心。

四　规模报酬阶段解读

"规模报酬一览表"是根据计算减贫效率时产生的 lambda 值计算的。"lambda 表达式"（lambda expression）是一个匿名函数，基于数学中的 λ 演算而得名。在 DEA 模型中，判断规模报酬阶段关键是对旅游减贫规模收益不变和在规模收益非增条件下的效率这两个前提条件下的情况进行对比。通过梳理现有的文献研究发现，当规模效率非增条件下产生的效率大于规模收益不变条件下产生的效率时，就是规模递减阶段，说明旅游减贫效果显著，达到了减少贫困人口、降低贫困发生率、增加贫困人口收入的预期目标，同时旅游业的发展已经无法消化旅游减贫的投入要素[②]，可以适当减少旅游减贫要素投入规模。而当规模效率非增条件下的效率小于规模收益不变条件下的效率时，属于规模递增阶段，说明旅游减贫的要素还没有达到最优规模，需进一步加大旅游减贫的要素投入。[③]当规模效率非增条件下的效率等于规模收益不变条件下的效率时，属于规模不变阶段，说明旅游产业发展对减贫的促进作用尚未充分发挥，还有很大的提升空间。

通过梳理文献研究发现，旅游减贫处于规模报酬递增的阶段则表示旅游产业规模扩大能够给当地带来更加有效的经济产出。这与本研究的结论恰恰相反，导致该结果的主要因素是投入与产出指标不同。本研究的投入指标在大部分现有文献研究的基础上增加了"政府减贫资金投入"，产出指标则与大部分现有文献研究中的差异很大，大部分现有文

---

① 笔者根据实地调研深度访谈所获得的第一手资料整理而成。
② 王耀斌、孙传玲、蒋金萍：《基于三阶段 DEA 模型的文化旅游效率与实证研究：以甘肃省为例》，《资源开发与市场》2016 年第 1 期。
③ 孙春雷、张明善：《精准扶贫背景下旅游扶贫效率研究——以湖北大别山区为例》，《中国软科学》2018 年第 4 期。

献研究的产出指标主要包括城镇居民人均可支配收入、农村居民人均纯收入、人均 GDP 等，其所覆盖的旅游减贫范围包括某个地区所有的贫困人口和非贫困人口，并不直接针对贫困人口，指标所反映的是旅游的发展促进了城镇居民和农村居民的收入增加，而贫困人口和非贫困人口参与旅游，导致收入增加。根据马太效应，很有可能富裕的人参与旅游所获收入会更多，而贫穷的人参与旅游获得的收入则非常少，结果可能是富的越来越高、穷的越来越穷。从严格意义上讲，现有大部分文献研究并没有限定旅游减贫的范围。本研究是从精准脱贫视角出发，将研究范围限定为农村贫困人口，通过发展旅游产业减少贫困人口、降低贫困发生率、提高农村居民人均可支配收入，促进乡村振兴，达到旅游减贫目标，在规模报酬中处于递减阶段，说明 DEA 投入 - 产出指标匹配良好，完全发挥了旅游减贫的最大效益。滇桂黔石漠化片区的规模报酬阶段如表 3-13 所示。

表 3-13　滇桂黔石漠化片区规模报酬阶段一览（根据 lambda 值确定）

地区		2015 年	2016 年	2017 年	2018 年	2019 年
广西	柳州三江	Decreasing	Decreasing	Decreasing	Decreasing	Constant
	桂林龙胜	Decreasing	Decreasing	Constant	Decreasing	Decreasing
	桂林资源	Constant	Constant	Decreasing	Constant	Decreasing
	南宁上林	Constant	Constant	Constant	Constant	Constant
	百色靖西	Constant	Constant	Constant	Constant	Constant
	河池巴马	Decreasing	Decreasing	Decreasing	Decreasing	Decreasing
	崇左大新	Constant	Decreasing	Constant	Constant	Constant
贵州	六盘水钟山区	Decreasing	Decreasing	Decreasing	Decreasing	Constant
	六盘水六枝特区	Decreasing	Decreasing	Decreasing	Constant	Decreasing
	安顺西秀区	Constant	Constant	Decreasing	Decreasing	Decreasing
	安顺平坝	Decreasing	Constant	Decreasing	Decreasing	Constant
	安顺普定	Decreasing	Decreasing	Constant	Decreasing	Decreasing

续表

地区		2015 年	2016 年	2017 年	2018 年	2019 年
贵州	安顺镇宁	Decreasing	Decreasing	Decreasing	Decreasing	Decreasing
	安顺关岭	Decreasing	Decreasing	Decreasing	Decreasing	Decreasing
	安顺紫云	Decreasing	Decreasing	Decreasing	Decreasing	Decreasing
	黔西南兴义	Decreasing	Decreasing	Decreasing	Decreasing	Decreasing
	黔西南贞丰	Decreasing	Constant	Constant	Constant	Constant
	黔西南晴隆	Constant	Constant	Constant	Constant	Decreasing
	黔东南凯里	Decreasing	Decreasing	Decreasing	Constant	Decreasing
	黔东南丹寨	Decreasing	Constant	Constant	Constant	Constant
	黔东南黎平	Constant	Decreasing	Constant	Constant	Decreasing
	黔东南从江	Constant	Decreasing	Decreasing	Decreasing	Constant
	黔东南榕江	Constant	Constant	Constant	Increasing	Constant
	黔东南镇远	Decreasing	Decreasing	Decreasing	Decreasing	Decreasing
	黔南荔波	Decreasing	Decreasing	Decreasing	Decreasing	Decreasing
	黔南贵定	Constant	Decreasing	Decreasing	Constant	Constant
	黔南龙里	Constant	Constant	Constant	Constant	Decreasing
	黔南都匀	Decreasing	Decreasing	Constant	Decreasing	Decreasing
	黔南平塘	Decreasing	Decreasing	Decreasing	Decreasing	Decreasing
	黔南瓮安	Decreasing	Constant	Decreasing	Decreasing	Constant
云南	曲靖罗平	Constant	Constant	Constant	Constant	Constant
	文山丘北	Constant	Constant	Constant	Constant	Constant
	文山市	Constant	Constant	Constant	Constant	Constant
	红河泸西	Decreasing	Decreasing	Constant	Constant	Decreasing
	红河屏边	Constant	Increasing	Increasing	Constant	Constant

注：Increasing 表示规模报酬递增，Decreasing 表示规模报酬递减，Constant 表示规模报酬不变。

总体上看，表3-13 所示的滇桂黔石漠化片区35 个县（市、区）中，以 2019 年为例，有桂林龙胜、桂林资源、河池巴马、六盘水六枝特区、安顺西秀区、安顺普定、安顺镇宁、安顺关岭、安顺紫云、黔西南兴义、黔西南晴隆、黔东南凯里、黔东南黎平、黔东南镇远、黔南荔波县、黔南龙里、黔南都匀、黔南平塘、红河泸西这 19 个县（市、区）的旅游减贫处于规模报酬递减的阶段，说明滇桂黔石漠化片区 35 个县（市、区）大部分地方旅游减贫的最大效益得以充分发挥，效果显著，达到减少贫困人口、降低贫困发生率、增加贫困人口收入的预期目标，但仍有柳州三江、南宁上林、百色靖西、崇左大新、六盘水钟山区、安顺平坝、黔西南贞丰、黔东南丹寨、黔东南从江、黔东南榕江、黔南贵定、黔南瓮安、曲靖罗平、文山丘北、文山市、红河屏边 16 个县（市、区）的旅游减贫处于规模报酬不变的阶段，说明还可以继续增加旅游减贫资金、旅游从业人员、基础设施建设等投入要素，仍然存在较大的上升空间。河池巴马、安顺镇宁、安顺关岭、安顺紫云、黔西南兴义、黔东南镇远、黔南荔波和黔南平塘这 8 个县（市）2015~2019 年这五年均属于规模报酬递减阶段，实地调研结果也与计算结果相符合，说明这些地方旅游减贫资金总体上能够满足实际使用需要，旅游从业人员充足，旅游基础配套设施相对较完善，旅游减贫效果好。然而，2015~2019 年这五年均属于规模报酬不变的县（市、区）包括南宁上林、百色靖西、曲靖罗平、文山丘北和文山市 5 个县（市）。结合实地调查发现，这些地方的旅游资源具有很大优势，政府也高度重视对旅游减贫的开发，对旅游减贫投入力度也较大，经过长时间的积累和发展，这些地方旅游减贫前期发展快，旅游减贫效果明显，导致投入要素还未能够充分消化和吸收，旅游减贫最大效益还有较大的提升空间，需要一段时间进行调整，可通过继续增加旅游减贫投入等方式进行帮扶。

五 Malmquist 指数动态分析

Malmquist 生产率指数可以通过比较当年与上一年的旅游减贫效率，判断当年的旅游减贫效率的发展动态，从而能够对滇桂黔石漠化片区 35

个县（市、区）的旅游减贫效率进行动态变化分析。本研究采用 MI 指数对滇桂黔石漠化片区 35 个县（市、区）历年旅游效率的变化情况进行判断。通过整理实地调研获取的 2015~2019 年滇桂黔石漠化片区 35 个县（市、区）的第一手数据资料，采用 MI 方法，利用 DEA-SOLVER Pro5.0 软件，以 2015 年的数据为基数，计算出 2016~2019 年滇桂黔石漠化片区 35 个县（市、区）的旅游减贫分解效率及全要素效率，即 MI 指数。

（一）旅游减贫分解效率分析

1. 综合（技术）效率

在 MI 模型的核算下，得到 2016~2019 年滇桂黔石漠化片区 35 个县（市、区）旅游减贫综合（技术）效率数据（见表 3-14）。

表 3-14　2016~2019 年滇桂黔石漠化片区 35 个县（市、区）
旅游减贫综合（技术）效率

地区		2016 年	2017 年	2018 年	2019 年	均值
广西	柳州三江	0.722	1.104	1.096	1.292	1.0535
	桂林龙胜	4.013	1.093	0.833	1.053	1.748
	桂林资源	1.000	0.603	1.658	0.572	0.95825
	南宁上林	1.000	1.000	1.000	1.000	1
	百色靖西	1.000	1.000	1.000	1.000	1
	河池巴马	1.111	0.701	1.328	0.902	1.0105
	崇左大新	0.755	1.324	1.000	1.000	1.01975
贵州	六盘水钟山区	0.393	1.032	0.983	3.402	1.4525
	六盘水六枝特区	1.116	1.036	1.253	0.415	0.955
	安顺西秀区	1.000	0.554	0.814	0.407	0.69375
	安顺平坝	1.716	0.723	0.492	2.813	1.436
	安顺普定	1.465	1.110	0.825	0.989	1.09725
	安顺镇宁	0.458	1.389	1.279	1.267	1.09825
	安顺关岭	0.336	1.328	1.286	1.852	1.2005

地区		2016 年	2017 年	2018 年	2019 年	均值
贵州	安顺紫云	1.779	0.486	1.568	1.725	1.3895
	黔西南兴义	0.663	0.947	0.922	0.796	0.832
	黔西南贞丰	1.350	1.000	1.000	1.000	1.0875
	黔西南晴隆	1.000	1.000	1.000	0.641	0.91025
	黔东南凯里	3.917	0.315	5.155	0.267	2.4135
	黔东南丹寨	1.111	1.000	1.000	1.000	1.02775
	黔东南黎平	0.594	1.683	1.000	0.599	0.969
	黔东南从江	0.582	1.195	1.051	1.368	1.049
	黔东南榕江	1.000	1.000	0.974	1.026	1
	黔东南镇远	1.360	2.218	1.123	2.048	1.68725
	黔南荔波	3.347	0.382	0.960	0.691	1.345
	黔南贵定	0.459	0.954	2.282	1.000	1.17375
	黔南龙里	1.000	1.000	1.000	0.440	0.86
	黔南都匀	1.159	3.159	0.732	0.743	1.44825
	黔南平塘	1.994	0.550	0.738	1.439	1.18025
	黔南瓮安	1.466	0.819	0.641	1.905	1.20775
云南	曲靖罗平	1.000	1.000	1.000	1.000	1
	文山丘北	1.000	1.000	1.000	1.000	1
	文山市	1.000	1.000	1.000	1.000	1
	红河泸西	1.260	1.111	1.000	0.875	1.0615
	红河屏边	0.916	1.005	1.086	0.875	1.00175
均值		—	—	—	—	1.15335

综合技术效率是开发区在一定（最优规模时）投入要素的生产效率。综合技术效率 = 纯技术效率 × 规模效率。综合技术效率是对决策单元的资源配置能力、资源使用效率等多方面能力的综合衡量与评价。综合技术效率包含多方面的信息，如实际规模下的生产能力的高低、实际规模与最优规模的差异等，是结合了多角度信息得出的数值，反映的是一个较为综合的效率值。滇桂黔石漠化片区中 35 个县（市、区）的综合技

术效率得分的大小区分了效率相对较高和效率相对较低的地区。综合技术效率大于等于 1，表示该决策单元的投入产出是综合有效的，即同时技术有效和规模有效，说明这些县（市、区）旅游减贫方面有效率，效率小于 1 表示该县旅游减贫方面无效率，效率值越高代表越有效。例如，柳州三江 2016 年效率值为 0.722 表示相对无效，2017 年上升至 1.104 表示相对有效；安顺紫云 2016 年效率值为 1.799 表示相对有效，2017 年下降至 0.486 表示相对无效。

仅从模型测算结果来看，2016~2019 年，滇桂黔石漠化片区 35 个县（市、区）中旅游减贫综合技术效率均值小于 1 的有桂林资源（0.95825）、六盘水六枝特区（0.955）、安顺西秀区（0.69375）、黔西南兴义（0.832）、黔西南晴隆（0.91025）、黔东南黎平（0.969）、黔南龙里（0.86）7 个县（市、区），其余县（市、区）的旅游减贫综合技术效率大于等于 1，其中南宁上林、百色靖西、黔西南贞丰、黔东南丹寨、黔东南镇远、曲靖罗平、文山丘北、文山市 8 个县（市、区）连续四年为旅游减贫综合有效，说明这几个县（市、区）在资源配置能力、资源使用效率等方面较好。例如，百色靖西借助其丰富的自然山水资源，以及民族民间手工艺品如"绣球"等特色资源，采取"景区带村""旅游带动民族手工艺品销售"等发展模式，在促进文旅融合发展的同时带动当地困难群众脱贫致富。黔东南丹寨在万达集团"包县"帮扶下，采用企业减贫的全要素模式，实行全要素投入、全程跟进、全效落实的发展思路，把企业家精神注入减贫事业中，建立丹寨小镇，实施囊括就业、医疗、教育、生产等的综合减贫，有效提高了万达丹寨小镇旅游综合体的旅游减贫效率。文山丘北近年来依托其得天独厚的自然资源和旅游资源，实施精准减贫打造旅游兴县战略，以普者黑景区（4A级）为重要载体，着力打造"五花产业"，在丘北县城至普者黑景区周边及普炭高速公路沿线种植万余亩荷花、玫瑰花、樱花、万寿菊和油菜花，助推乡村旅游减贫取得新成果，引领该县各族群众脱贫致富奔小康。

2.纯技术效率

采用 MI 模型对滇桂黔石漠化片区 35 个县（市、区）旅游减贫纯技术效率进行核算，其结果如表 3-15 所示。

表 3-15　2016~2019 年滇桂黔石漠化片区 35 个县（市、区）旅游减贫纯技术效率

地区		2016 年	2017 年	2018 年	2019 年	均值
广西	柳州三江	1.019	0.882	1.165	1.006	1.018
	桂林龙胜	1.008	1.000	1.000	1.000	1.002
	桂林资源	1.000	0.999	1.001	1.000	1
	南宁上林	1.000	1.000	1.000	1.000	1
	百色靖西	1.000	1.000	1.000	1.000	1
	河池巴马	1.015	0.877	1.085	1.052	1.00725
	崇左大新	1.000	1.000	1.000	1.000	1
贵州	六盘水钟山区	0.955	1.022	1.048	1.003	1.007
	六盘水六枝特区	1.000	1.000	1.000	1.000	1
	安顺西秀区	1.000	1.000	1.000	1.000	1
	安顺平坝	1.000	1.000	1.000	1.000	1
	安顺普定	1.002	1.000	0.998	1.002	1.0005
	安顺镇宁	0.913	1.030	1.100	0.998	1.01025
	安顺关岭	0.840	1.056	1.055	1.063	1.0035
	安顺紫云	1.130	1.031	1.071	1.083	1.07875
	黔西南兴义	1.000	0.997	1.003	1.000	1
	黔西南贞丰	1.000	1.000	1.000	1.000	1
	黔西南晴隆	1.000	1.000	1.000	0.967	0.99175
	黔东南凯里	1.035	0.984	1.016	1.000	1.00875
	黔东南丹寨	1.039	1.000	1.000	1.000	1.00975
	黔东南黎平	0.934	1.071	1.000	0.986	0.99775
	黔东南从江	0.980	1.011	0.889	1.135	1.00375
	黔东南榕江	1.000	1.000	0.999	1.001	1
	黔东南镇远	1.164	1.005	1.002	1.005	1.044

续表

地区		2016 年	2017 年	2018 年	2019 年	均值
贵州	黔南荔波	1.023	0.978	1.120	1.039	1.04
	黔南贵定	0.904	1.001	1.105	1.000	1.0025
	黔南龙里	1.000	1.000	1.000	1.000	1
	黔南都匀	1.000	1.000	1.000	1.000	1
	黔南平塘	1.083	0.975	1.074	1.022	1.0385
	黔南瓮安	1.000	1.000	1.000	1.000	
云南	曲靖罗平	1.000	1.000	1.000	1.000	1
	文山丘北	1.000	1.000	1.000	1.000	1
	文山市	1.000	1.000	1.000	1.000	1
	红河泸西	1.084	1.000	1.000	1.000	1.021
	红河屏边	1.000	1.000	1.000	1.000	1

纯技术效率是制度和管理水平带来的效率，是由于管理和技术等因素影响的生产效率。纯技术效率 =1，表示在目前的技术水平上，其投入资源的使用是有效率的。如果此时未能达到综合有效，说明其根本原因在于规模无效，因此其改革的重点在于如何更好地发挥其规模效应。从模型测算结果来看，从 2016~2019 年滇桂黔石漠化片区旅游减贫纯技术效率水平对比而言，35 个县（市、区）平均技术效率为 1.01，除黔西南晴隆和黔东南黎平以外，其余县（市、区）的旅游减贫纯技术效率均值都大于等于 1，其中柳州三江、桂林龙胜、河池巴马、六盘水钟山区、安顺普定、安顺镇宁、安顺关岭、安顺紫云、黔东南凯里、黔东南丹寨、黔东南从江、黔东南镇远、黔南荔波、黔南贵定、黔南平塘和红河泸西这 16 个县（市、区）的旅游减贫纯技术效率均值都大于 1，与其他县（市、区）相比，这些地区的平均技术效率较高，说明这些地区在旅游减贫开发过程中的旅游资源管理和利用等方面优于其他地区。黔西南晴隆和黔东南黎平的旅游减贫纯技术效率均值最低，分别为 0.99175 和 0.99775。随着旅游减贫开发进程的推进，技术效率水平较低的地区首先

要解决制约旅游减贫技术效率面临的各项阻碍因素，优化旅游资源的管理，完善旅游基础设施。

3. 规模效率

由综合效率比技术效率的计算方式得到 2016~2019 年滇桂黔石漠化片区 35 个县（市、区）的旅游减贫规模效率数据（见表 3-16）。

表 3-16　2016~2019 年滇桂黔石漠化片区 35 个县（市、区）的旅游减贫规模效率

地区		2016 年	2017 年	2018 年	2019 年	均值
广西	柳州三江	0.708	1.251	0.941	1.285	1.04625
	桂林龙胜	3.980	1.093	0.833	1.053	1.73975
	桂林资源	1.000	0.604	1.656	0.572	0.958
	南宁上林	1.000	1.000	1.000	1.000	1
	百色靖西	1.000	1.000	1.000	1.000	1
	河池巴马	1.095	0.800	1.224	0.858	0.99425
	崇左大新	0.755	1.324	1.000	1.000	1.01975
贵州	六盘水钟山区	0.411	1.009	0.938	3.393	1.43775
	六盘水六枝特区	1.116	1.036	1.253	0.415	0.955
	安顺西秀区	1.000	0.554	0.814	0.407	0.69375
	安顺平坝	1.716	0.723	0.492	2.813	1.436
	安顺普定	1.462	1.110	0.827	0.988	1.09675
	安顺镇宁	0.502	1.348	1.163	1.269	1.0705
	安顺关岭	0.401	1.257	1.219	1.742	1.15475
	安顺紫云	1.575	0.472	1.464	1.593	1.276
	黔西南兴义	0.663	0.950	0.919	0.796	0.832
	黔西南贞丰	1.350	1.000	1.000	1.000	1.0875
	黔西南晴隆	1.000	1.000	1.000	0.663	0.91575
	黔东南凯里	3.784	0.320	5.074	0.267	2.36125
	黔东南丹寨	1.069	1.000	1.000	1.000	1.01725
	黔东南黎平	0.636	1.572	1.000	0.607	0.95375
	黔东南从江	0.594	1.182	1.182	1.205	1.04075

续表

地区		2016 年	2017 年	2018 年	2019 年	均值
贵州	黔东南榕江	1.000	1.000	0.975	1.026	1.00025
	黔东南镇远	1.169	2.206	1.121	2.039	1.63375
	黔南荔波	3.273	0.391	0.858	0.664	1.2965
	黔南贵定	0.508	0.954	2.065	1.000	1.13175
	黔南龙里	1.000	1.000	1.000	0.440	0.86
	黔南都匀	1.159	3.159	0.732	0.743	1.44825
	黔南平塘	1.841	0.565	0.687	1.407	1.125
	黔南瓮安	1.466	0.819	0.641	1.905	1.20775
云南	曲靖罗平	1.000	1.000	1.000	1.000	1
	文山丘北	1.000	1.000	1.000	1.000	1
	文山市	1.000	1.000	1.000	1.000	1
	红河泸西	1.163	1.111	1.000	0.875	1.03725
	红河屏边	0.916	1.005	1.086	1.000	1.00175
均值		—	—	—	—	1.137971429

规模效率反映的是在制定和管理水平等因素一定的前提下，考虑各决策单元现有规模和最优规模之间的差异得出的效率值。规模效率值 =1，说明其达到最佳的规模效率，规模效率值越小，说明其与最优旅游减贫规模的差距越大。从表 3-16 可以看出，滇桂黔石漠化片区县（市、区）中规模效率均值小于 1 的有桂林资源（0.958）、河池巴马（0.99425）、六盘水六枝特区（0.955）、安顺西秀区（0.69375）、黔西南兴义（0.832）、黔西南晴隆（0.91575）、黔东南黎平（0.95375）、黔南龙里（0.86），其中安顺西秀区最低，与最优旅游减贫规模还有一定差距，仍需从实际出发，整合相关资源，有针对性地弥补现有规模要素的缺陷，进一步提升旅游减贫的规模效率值。其余县（市、区）旅游减贫规模效率均值均大于等于 1，规模效率水平较高且差异不大，表明这些县（市、区）已经无法从优化实际规模角度促进提升效率值。

（二）旅游减贫 MI 指数分析

2016~2019 年滇桂黔石漠化片区 35 个县（市、区）的旅游减贫 MI 指数如表 3-17 所示。

表 3-17　滇桂黔石漠化片区 35 个县（市、区）旅游减贫效率 MI 指数

地区	2016 年	2017 年	2018 年	2019 年	均值
柳州三江	0.676	0.932	1.150	1.732	1.1225
桂林龙胜	2.600	0.874	1.352	1.339	1.54125
桂林资源	0.755	0.447	1.596	0.732	0.8825
南宁上林	0.805	0.834	1.169	1.057	0.96625
百色靖西	0.417	0.874	0.798	1.476	0.89125
河池巴马	0.622	0.556	1.212	1.107	0.87425
崇左大新	0.382	1.430	0.777	1.339	0.982
六盘水钟山区	0.610	0.583	0.886	4.982	1.76525
六盘水六枝特区	0.846	0.879	1.379	0.708	0.953
安顺西秀区	0.593	0.446	0.854	0.812	0.67625
安顺平坝	1.022	0.361	0.550	4.635	1.642
安顺普定	1.063	0.883	1.017	1.663	1.1565
安顺镇宁	0.258	1.233	1.010	2.156	1.16425
安顺关岭	0.569	0.730	1.260	3.266	1.45625
安顺紫云	1.137	0.432	1.440	3.461	1.6175
黔西南兴义	0.644	0.794	0.847	1.310	0.89875
黔西南贞丰	0.487	1.385	0.550	1.461	0.97075
黔西南晴隆	0.800	0.359	0.985	0.887	0.75775
黔东南凯里	2.862	0.216	4.620	0.564	2.0655
黔东南丹寨	1.054	0.579	1.370	1.530	1.13325
黔东南黎平	0.369	1.688	0.923	0.927	0.97675
黔东南从江	0.405	0.768	0.999	2.652	1.206
黔东南榕江	1.186	0.562	0.934	1.981	1.16575
黔东南镇远	1.507	0.973	1.154	3.445	1.76975

续表

地区	2016 年	2017 年	2018 年	2019 年	均值
黔南荔波	1.898	0.280	1.020	1.300	1.1245
黔南贵定	0.297	0.746	2.946	1.804	1.44825
黔南龙里	1.132	0.970	0.863	0.741	0.9265
黔南都匀	0.725	2.725	0.636	1.434	1.38
黔南平塘	1.389	0.343	1.031	2.097	1.215
黔南瓮安	1.003	0.463	0.906	4.059	1.60775
曲靖罗平	0.606	0.643	0.754	1.621	0.906
文山丘北	2.224	0.188	0.843	1.003	1.0645
文山市	0.667	0.857	0.932	1.739	1.04875
红河泸西	0.673	0.742	1.491	0.918	0.956
红河屏边	0.549	0.709	1.122	1.144	0.881
均值	2.862	0.216	4.620	0.564	2.0655

注：该表没有列 2015 年滇桂黔石漠化片区 35 个县（市、区）旅游减贫效率的 MI 值。因为，文中有说明，MI 即 Malmquist 生产率指数测算需要依据前一年的原始数据，旨在判断当年的旅游减贫效率与上一年相比的变化情况，而由于实地调研时发现 2014 年滇桂黔石漠化片区中的大部分地区尚未实施旅游减贫，因此，受到客观因素的影响，没能够收集到 2014 年的数据，就只能在 2015 年数据的基础上，计算了 2016~2019 年滇桂黔石漠化片区 35 个县（市、区）旅游减贫效率的 MI 值。

　　总体上看，2016~2019 年，滇桂黔石漠化片区 35 个县（市、区）旅游减贫效率大小不断变化。其中，柳州三江、桂林龙胜、六盘水钟山区等 20 个县（市、区）旅游减贫效率 MI 值的均值都超过 1，桂林资源、南宁上林、百色靖西等 15 个县（市、区）旅游减贫效率 MI 值小于 1。具体而言，在除均值以外的 140 个数据中，共有 80 个数据小于 1，占到全部数据的 57.14%；共有 60 个数据大于 1，占到全部数据的 42.86%。这说明大部分情况下，滇桂黔石漠化片区 35 个县（市、区）旅游减贫效率每年均有增长。

　　旅游减贫效率在 2016~2019 年这 4 年内变化较为明显的一共有

28 个县（市、区），如柳州三江的 MI 值从 2016 年的 0.676 上升到 2019 年的 1.732，南宁上林的 MI 值从 2016 年的 0.805 上升到 2019 年的 1.057，六盘水钟山区的 MI 值从 2016 年的 0.610 上升到 2019 年的 4.982，类似上升的还有靖西市、巴马县、大新县等。通常地，影响旅游减贫效率增长的因素主要包括目标地区自身的经济基础，一、二、三产业的分布和投入情况，科学技术使用是否足够广泛和深入等。对于实施旅游减贫的地区，旅游减贫效率增长快速主要有两个方面的原因：一是该县（市、区）旅游资源本身不够丰富，经济基础较为薄弱，技术使用程度较低等因素导致旅游减贫效率并不高，但由于借鉴和吸收了其他地区的成功经验与做法，有利于保持较高的增长率；二是该县（市、区）所具有的旅游资源优势明显，当地旅游业能够可持续发展，根据旅游发展生命周期理论，当旅游业由快速发展阶段上升到稳固阶段后，游客增长率已经下降，但总游客量将继续增加并超过旅游目的地长住居民数量。为了扩大旅游市场范围，延长旅游季节，吸引更多的远距离游客，需要有针对性地采取广告促销、维修和完善基础设施等相应的措施，仍然能够保持游客量的增加和旅游综合收入的增长，从而使旅游减贫效率呈现较高发展态势。

表 3-17 数据显示，自 2015 年以来，滇桂黔石漠化片区如大别山区、乌蒙山区等其他贫困地区一样，在开展旅游减贫之初经历一段时间的探索磨合期。而后的几年，滇桂黔石漠化片区中的大部分县（市、区）能够充分合理地配置当地的各种优势资源，发挥资源的最优配置效益，促进旅游业的快速发展，充分有效地发挥了旅游减贫的乘积效应，提高社会经济发展水平，促进当地贫困人口提高生活质量，在解决当地一部分贫困人口的精准脱贫问题上取得了良好的成效，但仍有极少部分地区还有提升的空间，可以继续努力带动当地贫困人口实现精准脱贫，将返贫率降到 0。

六　效率形态类别分类

评价旅游效率可采用绝对数和相对数，进而对滇桂黔石漠化片区中35个县（市、区）进行动态效率形态类别的分类。本研究主要将其分为Ⅰ型、Ⅱ型、Ⅲ型、Ⅳ型四种类型（见表3-18）。

表3-18　滇桂黔石漠化片区旅游减贫效率的4种形态（4个象限表示）

I CCR 效率 < 0.749 MI 变化率 ≥ 1	II CCR 效率 ≥ 0.749 MI 变化率 ≥ 1
Ⅲ CCR 效率 < 0.749 MI 变化率 < 1	IV CCR 效率 ≥ 0.749 MI 变化率 < 1

本研究通过采用 CCR-DEA 效率模型计算得到 2015~2019 年滇桂黔石漠化片区 35 个最具代表性的县（市、区）的 DEA 均值为 0.749，比较直观地对旅游减贫效率的 4 个象限做了清晰的界定。

为区分出各种形态的临界值，本研究将滇桂黔石漠化片区 5 年的 DEA 均值 0.749 设置为横坐标的临界值，将 MI 为 1 设置为纵坐标的临界值。由此，可划分出 4 种类型，如图 3-47、表 3-19 所示。

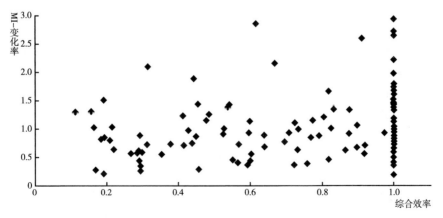

图 3-47　滇桂黔石漠化片区 35 个县（市、区）综合效率与效率变化率分布

表 3-19　滇桂黔石漠化片区 35 个县（市、区）旅游减贫效率演进模式

县（市、区）	2016 年	2017 年	2018 年	2019 年	演变模式
柳州三江	Ⅲ	Ⅲ	Ⅱ	Ⅱ	渐进
桂林龙胜	Ⅱ	Ⅳ	Ⅱ	Ⅱ	往复
桂林资源	Ⅳ	Ⅲ	Ⅱ	Ⅲ	突变
南宁上林	Ⅳ	Ⅳ	Ⅱ	Ⅱ	突变
百色靖西	Ⅳ	Ⅳ	Ⅳ	Ⅱ	渐进
河池巴马	Ⅳ	Ⅲ	Ⅱ	Ⅰ	突变
崇左大新	Ⅳ	Ⅱ	Ⅳ	Ⅱ	往复
六盘水钟山区	Ⅲ	Ⅲ	Ⅲ	Ⅱ	渐进
六盘水六枝特区	Ⅳ	Ⅳ	Ⅱ	Ⅲ	突变
安顺西秀区	Ⅳ	Ⅲ	Ⅲ	Ⅲ	渐进
安顺平坝	Ⅱ	Ⅲ	Ⅲ	Ⅱ	往复
安顺普定	Ⅱ	Ⅳ	Ⅱ	Ⅱ	往复
安顺镇宁	Ⅲ	Ⅰ	Ⅰ	Ⅰ	渐进
安顺关岭	Ⅲ	Ⅲ	Ⅰ	Ⅱ	突变
安顺紫云	Ⅰ	Ⅲ	Ⅰ	Ⅱ	突变
黔西南兴义	Ⅲ	Ⅲ	Ⅲ	Ⅰ	渐进
黔西南贞丰	Ⅳ	Ⅱ	Ⅳ	Ⅱ	往复
黔西南晴隆	Ⅳ	Ⅳ	Ⅳ	Ⅲ	渐进
黔东南凯里	Ⅰ	Ⅲ	Ⅱ	Ⅲ	突变
黔东南丹寨	Ⅱ	Ⅳ	Ⅱ	Ⅱ	往复
黔东南黎平	Ⅲ	Ⅱ	Ⅳ	Ⅲ	突变
黔东南从江	Ⅲ	Ⅲ	Ⅲ	Ⅱ	渐进
黔东南榕江	Ⅱ	Ⅳ	Ⅳ	Ⅱ	往复
黔东南镇远	Ⅰ	Ⅲ	Ⅰ	Ⅱ	突变
黔南荔波	Ⅰ	Ⅲ	Ⅰ	Ⅰ	往复
黔南贵定	Ⅲ	Ⅲ	Ⅱ	Ⅱ	渐进
黔南龙里	Ⅱ	Ⅳ	Ⅳ	Ⅲ	突变
黔南都匀	Ⅲ	Ⅱ	Ⅲ	Ⅰ	突变
黔南平塘	Ⅰ	Ⅲ	Ⅰ	Ⅰ	往复
黔南瓮安	Ⅱ	Ⅳ	Ⅲ	Ⅱ	突变

县（市、区）	2016 年	2017 年	2018 年	2019 年	演变模式
曲靖罗平	Ⅳ	Ⅳ	Ⅳ	Ⅱ	渐进
文山丘北	Ⅱ	Ⅳ	Ⅳ	Ⅱ	往复
文山市	Ⅳ	Ⅳ	Ⅳ	Ⅱ	渐进
红河泸西	Ⅳ	Ⅳ	Ⅱ	Ⅳ	往复
红河屏边	Ⅳ	Ⅳ	Ⅱ	Ⅱ	渐进

通过对滇桂黔石漠化片区 35 个县（市、区）2016~2019 年的旅游减贫综合效率大小及其效率变化率高低不等进行深入分析发现，这 4 年基于效率状态的旅游减贫类型不断变化，其演变模式有渐进式、往复式和突变式三种，如表 3-19 所示。

（一）渐进式演变模式

渐进式演变模式是指在 4 年内旅游减贫综合效率与效率变化趋势较为规律，相对平稳地朝相邻的一个象限渐进移动的情况。在滇桂黔石漠化片区 35 个县（市、区）中，三江县、靖西市、钟山区、西秀区、镇宁县、兴义市、晴隆县、从江县、贵定县、罗平县、文山市和屏边县 12 个县（市、区）属于渐进式演变模式。这些县（市、区）的旅游发展较为平稳，通过适当增加要素投入、提高劳动力素质等可以形成规模效应，使旅游减贫效率逐渐增加。

具体而言，镇宁县和兴义市从第Ⅲ象限演变到第Ⅰ象限，说明这两个县（市）在近 4 年内逐渐从综合效率低 -MI 变化率低，逐渐演进到综合效率低 -MI 变化率高的阶段，这意味着该县的旅游减贫综合效率不断增长。三江县、钟山区、从江县、贵定县 4 个县（区）均是从综合效率低 -MI 变化率低的第Ⅲ象限逐渐演进到综合效率高 -MI 变化率高的第Ⅱ象限，这说明这 4 个县（区）的旅游减贫综合效率呈现增长的趋势。靖西市、罗平县、文山市和屏边县则是从综合效率

高 -MI 变化率低的第Ⅳ象限演进到综合效率高 -MI 变化率高的第Ⅱ象限，尽管这 4 个县（市）的旅游减贫综合效率变化呈良好发展的态势，但旅游减贫效率还有提升的空间。只有西秀区和晴隆县这两个县（区）是从综合效率高 -MI 变化率低的第Ⅳ象限演进到综合效率低 -MI 变化率低的第Ⅲ象限。不同的是，西秀区是从 2016 年所处的第Ⅳ象限演进到 2017~2019 年所处的第Ⅲ象限，说明该区旅游减贫的综合效率不断减小。而晴隆县从 2016~2018 年都处于旅游减贫综合效率高 -MI 变化率低的第Ⅳ象限，2019 年才演进到综合效率低 -MI 变化率低的第Ⅲ象限，该县的旅游减贫效率 MI 指数从 2017 年的 0.359 上升到 2018 年的 0.985，随后又回落到 2019 年的 0.887，说明旅游减贫的综合效率在旅游发展生命周期进入巩固期后，没有采取相应的措施及时巩固发展成果，导致在保持几年的增长态势后在 2019 年有所放缓。

（二）往复式演变模式

往复式演变模式是指在 4 年内旅游减贫综合效率与效率变化从一个象限到另一个象限之间循环往复变化的情况。[①]在滇桂黔石漠化片区 35 个县（市、区）中，龙胜县、大新县、平坝区、普定县、贞丰县、丹寨县、榕江县、荔波县、平塘县、丘北县和泸西县共 11 个县（市、区）属于往复式演变模式。实质上，这些县（市、区）的旅游减贫效率较高，只是内部要素的调整和外部因素的变动而导致旅游效率发生一定波动。具体而言，平塘县和荔波县在第Ⅰ象限到第Ⅲ象限之间往复演变，说明这两个县（区）的 MI 变化值不稳定，时高时低。除了平坝区在第Ⅱ象限与第Ⅲ象限之间往复外，其余县（市、区）如龙胜县、大新县、普定县、贞丰县、丹寨县、榕江县、丘北县和泸西县在第Ⅱ象限与第Ⅳ象限

① 孙春雷、张明善：《精准扶贫背景下旅游扶贫效率研究——以湖北大别山区为例》，《中国软科学》2018 年第 4 期。

之间往复，说明这 8 个县的旅游减贫综合效率和 MI 变化率偏向高或低两个极端，极为不稳定。

（三）突变式演变模式

突变式演变模式是指在 4 年内旅游减贫综合效率与效率变化趋势无明显的规律可循，象限移动无规则，甚至从某个象限直接运动到不相邻的象限，需要延长观察年限后进行观察和论证。在滇桂黔石漠化片区 35 个县（市、区）中，资源县、上林县、巴马县、六枝特区、关岭县、紫云县、凯里市、黎平县、镇远县、龙里县、都匀市和瓮安县共 12 个县（市、区）属于突变式演变模式。其中，旅游减贫综合效率与效率变化率在第 I 象限和第 III 象限之间进行跳跃运动的县（市、区）有一半，包括巴马县、关岭县、紫云县、凯里市、镇远县和都匀市 6 个，剩余另外一半县（市、区）的旅游减贫综合效率与效率变化率主要是在第 II 象限与第 IV 象限之间进行跳跃运动。这些县（市、区）的旅游发展不太稳定，易受外界因素的干扰和影响，经常由于减贫政策、突发事件等因素，旅游减贫效率大幅增加或降低。

第三节　本章小结

本章围绕旅游减贫与乡村振兴，采用定性与定量相结合的方法，从旅游减贫效益和旅游减贫效率两个部分进行研究。首先，采用文献计量学方法，通过构建滇桂黔石漠化片区旅游减贫效益评价指标体系，对 2015~2019 年滇桂黔石漠化片区 91 个县（市、区）旅游减贫的经济效益、社会效益和生态效益这三大效益进行统计分析和客观描述。其次，选取滇桂黔石漠化片区 35 个县（市、区）作为研究对象，通过构建 DEA 评价模型、使用 ArcGIS 软件对其旅游减贫效率进行精准测算和评价，并采用 Malmquist 指数对这些地方的旅游减贫效率进行动态变化分析，将其动态效率形态分为Ⅰ型、Ⅱ型、Ⅲ型、Ⅳ型四种类型。在此基础上，根据旅游减贫综合效率及其效率变化率，探讨2016~2019年基于效率状态的旅游减贫类型不断变化的规律，将旅游减贫效率演变模式分为渐进式、往复式和突变式3种类型。研究发现，2015~2019年滇桂黔石漠化片区35个县（市、区）旅游减贫的总体效益呈良好的发展趋势，旅游减贫效率总体保持在中上等水平，说明开展旅游减贫的各县（市、区）认真贯彻执行从中央到地方各级政府的减贫总体部署和要求，在国家至地方政府部门减贫政策和减贫资金的大力支持下，有效配置当地特色旅游资源，通过发展旅游产业带动当地贫困人口脱贫致富，使旅游减贫效果达到预期目标。然而，少部分县（市、区）在旅游减贫的要素配置、旅游资源利用、旅游开发和基础设施完善等方面还有一个建设和提升的过程，导致这些地方的旅游减贫效率出现停滞不前的状态，尚未能保持持续良好的发展趋势，说明在旅游减贫开发过程中出现了一些关键性的问题，与实地调研结果相符，同时也印证了本研究第二章分析的十大问题。

第四章
滇桂黔石漠化片区旅游减贫模式

通过对滇桂黔石漠化片区旅游减贫效率的研究发现，尽管一些地区的旅游减贫效率在保持持续增长，但是大部分地区的旅游减贫效率并未能保持持续良好的发展趋势，这说明在旅游减贫开发过程中出现了一些关键性的问题，其主要原因在于滇桂黔石漠化片区 35 个县（市、区）的旅游减贫效率与旅游资源分布的情况不同，该区域内 35 个县（市、区）适宜采用的旅游减贫模式也会有所差异。本章根据前文滇桂黔石漠化片区 35 个县（市、区）2015~2019 年旅游减贫效率及其动态演变情况的实证分析结果，将这些地区分为双低型地区、朝阳型地区、黄金型地区和潜力型地区，并根据不同类型地区的典型特征，提出了旅游减贫模式和发展思路。

第一节　双低型地区——产业耦合模式

一　双低型地区的特征与模式的选择

双低型地区是指旅游发展水平较低、旅游减贫效率低的地区，根据

第三章表 3-18，主要分布在Ⅲ型。结合案例研究的实际测算结果，在滇桂黔石漠化片区 35 个县（市、区）中，双低型地区旅游减贫处于较低的发展水平，旅游减贫效率低，每年的旅游减贫效率增量小，甚至逐年递减，造成旅游减贫效果不佳。究其原因，一是受石漠化地质特征的影响，当地旅游资源禀赋较差，旅游基础服务配套设施不完善，接待能力不强；二是当地贫困人口参与旅游的意识不强、积极性不高，从旅游产业发展中获益有待提高；等等。在滇桂黔石漠化片区 35 个县（市、区）中，桂林资源、河池巴马、六盘水六枝特区、黔东南黎平、黔东南凯里、黔南龙里、黔南都匀、安顺西秀、黔西南晴隆 9 个县（市、区）为双低型地区。

双低型地区旅游业发展和起步都相对较晚，旅游减贫处于探索性阶段，当地贫困人口从旅游发展中获得经济效益的情况并不明显。实地调研发现，滇桂黔石漠化片区中这一类县（市、区）的旅游资源禀赋较差，同时缺乏专业的管理技术、人才和资金等，导致旅游产业自身发展可能存在先天不足，无法带动当地贫困人口持续地实现脱贫致富。

二 双低型地区旅游减贫发展思路

双低型地区在实行旅游减贫策略时，可以采取以下发展思路。一是要注意精准识别资源禀赋，加强产业结构转型升级，保障各产业结构比例协调，避免因旅游开发造成产业结构失衡等问题。二是要注意精准划分产业主导部门的职责权限。避免在产业联动过程中相关部门因利益冲突等问题出现监管不周、逃避责任等问题。三是要加大旅游减贫的投入，如地方旅游减贫专项资金等。四是要借鉴其他基础条件和资源条件类似地区旅游减贫的成功经验，以不断提高自身的旅游减贫效率。

总体上，双低型地区可以采取产业耦合模式，融合和依托区域内其他优势产业，降低旅游产业发展的经济要素成本，充分发挥各产业优势，实现"1+1 > 2"的"旅游+"产业耦合发展效果，促进该类型地区旅游减贫效率的提高。

第二节　朝阳型地区——跨区域联动模式

一　朝阳型地区的特征与模式的选择

朝阳型地区主要分布在 I 型（见表 3-18），即旅游减贫效率低-减贫效率变化率高的类型。该类型地区呈现旅游综合效率低下但处于逐渐增长的形势。从整体趋势和前人的研究结果看，这类地区通常会缓慢演进到第 II 象限中。在滇桂黔石漠化片区 35 个县（市、区）中，柳州三江、安顺镇宁、安顺关岭、安顺紫云、黔东南镇远、黔南荔波、黔南贵定、黔南平塘和黔西南兴义这 9 个县（市、区）为朝阳型地区。总体上，这类地区的突出特征是旅游资源禀赋度相对较高，但社会经济条件较差。较其他区域，这些区域产业结构朝单一化发展，经济效益较低，基础设施等条件落后成为影响旅游减贫的关键因素。

（一）柳州三江县

1. 概况

三江县地处湘、桂、黔三省区交界的广西北部，是国家级深度贫困县、桂滇黔石漠化片区县。全县总面积 2454 平方公里，人均土地面积 9.29 亩，人均耕地面积 0.55 亩，素有"九山半水半分田"之称。总人口 39.6 万人，主要有侗、苗、瑶、壮、汉等民族，侗族人口占总人口比例为 58%（约 22.9 万人），三江县是广西唯一的侗族自治县、全国 5 个侗族自治县侗族人口最多的县，民族民俗活动丰富多彩，素有"中国侗族在三江""百节之乡""千年侗寨·梦萦三江"之美誉。三江县利用良好的生态环境、浓郁的民族风情，以及通往湘、桂、黔三省区便捷的交通，整合"两茶一木"（三江茶叶、三江油茶和三江林木）及种稻养鱼（高山鱼稻和高山稻鱼）等县域特色优势农业资源，积极推进农业和旅游深度融合，大力实施旅游减贫，把"特色旅游"作为推动侗寨贫困人口精准脱贫致富的强大动力，推动县域经济高质量发展。截至 2018 年已带动 1.2 万多名贫困群众脱贫致富。

2. 旅游减贫取得的成效

2016 年，三江县确定为全国旅游标准化示范县，实现从旅游资源大县向旅游经济强县转变。打造三江"千年侗寨，梦萦三江"的旅游品牌形象，推动三江县旅游知名度和影响力持续提升。近年来，该县先后荣获"全国先进文化县""中国最具民俗特色旅游县""中国最佳民族原生态旅游目的地""全国旅游标准化示范县""广西特色旅游名县"等称号。紧密围绕三江县旅游产业，先后制定《三江侗族自治县民俗节庆管理规范》《三江侗族自治县农家旅馆服务质量要求与等级划分》等 9 项旅游服务类广西地方标准。

2019 年，三江县以承办柳州市第二届文化旅游产业发展大会为带动点，围绕全域旅游发展目标，加快推进县城大侗寨景区、丹洲景区、冠洞景区等提升工程，加大重点旅游配套项目实施力度，投入 83.99 亿元，精心谋划 26 个重点旅游项目，助推乡村旅游精品工程建设，三江被评为广西 2019 年度"旅游创新发展十强县"，八江镇布央村入选首批"全国乡村旅游示范点"，良口乡和里村被评为"2019 年中国美丽休闲乡村"。三江县把文旅融合作为主攻方向，充分挖掘民族传统文化特色，深入开展侗族大歌、百家宴、芦笙舞、工匠木艺、打油茶等民俗文化活动，高要求打造文化旅游品牌，《坐妹》《侗听三江》《侗恋程阳》均被评为"2019 年度广西特色旅游演艺项目"，央视一套纪录片曾对三江进行了报道，三江旅游的知名度和影响力持续提升。2019 年，全县接待游客 1000.55 万人次，同比增长 11.02%，旅游总收入 80.59 亿元，同比增长 11.16%。特色旅游业的强劲发展，极大地促进了三江县的脱贫攻坚，2019 年，全县实现 8381 户贫困户共 36709 人脱贫摘帽，贫困发生率下降到 1.99%。

3. 旅游减贫典型案例

三江县林溪镇、布央村、高友村和独峒乡旅游减贫取得显著成效，具有示范带动作用。

（1）A级旅游景区带动脱贫。三江县林溪镇百家宴订单源源不断。林溪镇的程阳八寨景区由8个侗族寨子组成，是国家4A级旅游景区，拥有国家重点文物保护单位程阳风雨桥等旅游资源。程阳八寨景区通过整合8个寨子的旅游资源，带动各寨的贫困户发展百家宴、农家饭店和宾馆，促进贫困户增收致富。2018年，程阳八寨景区已有农家旅馆25家，通过举办民俗表演、百家宴等，使参与的贫困户月收入达3000多元。程阳岩寨屯负责接百家宴订单的吴爱仙说："我们三江侗族百家宴菜品多、味道好，现在交通方便，我们的订单源源不断。"吴爱仙和村民们每天都很忙，他们非常愿意这样忙碌，她说，这样忙着就能脱贫，就能看到小康的希望。据了解，每逢周末或是旅游旺季，来品尝百家宴的游客每天可达二三百人，按照每位50元的入席标准，岩寨屯百家宴一天的收入就可达1.5万元。即便是旅游淡季，每天也有100人左右预订用餐。红火的生意让许多岩寨屯村民脱了贫。岩寨屯参与农家乐经营的村民，年收入都已达到两万元。

（2）利用特色茶资源发展茶旅融合带动脱贫。三江具有"高山出好茶"的自然生态环境，全县茶园面积达17.1万亩。绿油油的茶树和清新甘甜的茶水，让游客心旷神怡、流连忘返，增强了游客的旅游体验。近年来，布央村以茶强村、以茶富民、以茶兴旅，开发茶园观日出、自助采茶加工等旅游项目，倾力打响茶旅融合"金名片"，正在打造以茶园为主题的国家4A级旅游景区。八江镇布央村、独峒镇大塘坳、古宜镇马湾茶场等走出了一条"茶文化＋旅游"的新路子。

布央仙人山景区每年都举办茶文化节吸引游客，打造"广西第一春茶"品牌。2018年9月宾馆开业以来，基本上天天客满，客人还到茶园帮采茶。布央村村民吴荣标利用新村建设，把自己的房子改成宾馆，卖茶、住宿、餐饮的收入让他赚到盆满钵满。在布央村，类似的茶园宾馆已有 19 家,给周边贫困人口提供了更多就业岗位。例如,布央村仙人阁饭庄不仅为游客提供餐饮和住宿,还将当地茶叶和茶油包装成旅游商品卖给游客。该饭庄平时接待较多,聘有 3 个固定的员工(其中,两个厨师每月工资 5000~8000 元,一个做杂工的贫困户每月 2000 元),拥有 20 间房 37 个床位,旅游旺季时会增加临时工(200 元/天),主要是村里的贫困户。游客在饭庄吃住人均消费 200 元/天,一桌地道的农家菜约 400 元,每年可以卖茶叶 500 斤左右(主要是春茶),中等茶叶 580 元/斤。该饭庄在赚取经济利润的同时,直接或间接地带动了当地贫困户(5~10 户)脱贫致富。

(3)以节庆活动带旺农产品促增收。高友村以节庆活动带旺农产品促增收。高友村是柳州市"十大美丽乡村""中国传统村落""中国少数民族特色村寨",全村有贫困户 118 户 515 人。高友村党支部组织当地村民成立了农业旅游合作社,通过每年举办红薯节、韭菜节等文化旅游节暨旅游减贫农产品推介会活动,带动贫困户脱贫致富。高友村通过发展乡村旅游示范区,扩大种植规模,拓展市场,由红薯产业延伸至茶叶、茶油、韭菜等农产品的精深加工产业,旨在发展多元化的集乡村旅游、特色农产品、特色民族文化于一体的综合性旅游示范区,增加农民收入,充分发挥旅游减贫的乘积效应。高友村游客服务中心属于村集体所有,也是该村的减贫旅游中心,该村建制不到 30 年,茶叶总面积 500 多亩,农户采摘茶叶每天可挣 100~200 元,游客的增多也增加了茶叶的销量以及餐饮住宿等的需求,有效带动了当地贫困人口脱贫致富。例如,46 岁的潘某纺是土生土长的三江县林溪镇高友村人,上有年过七旬的父母,下有两个在义务教育阶段学习的儿子,一家 6 口人的生计问题主要靠他和妻子常年在外打工勉强维持。自村里成立了农业旅游合作社后,潘某纺和妻子结束了 10 余年在外打工的日子,回到村里在自家宅基地修建房屋,除自己用外,还打算用余下的 8 个房间做民宿,同时还与家人种了 3 亩地的茶叶,2019 年 1 亩地的春茶收入 1 万元左右,远远高于他和妻子在外打工两人每月挣得约 5000 元的计件工资。

"建房子已经花了20多万元，预计需要27万~30万元，自己有些存款，父母卖茶叶挣得的钱帮助点，借朋友5万元，还有政府的补助，差不多就够了。建房请工1个人200元1天，自己要帮忙打下手，房屋建好后打算用3楼5个房间、4楼3个房间做民宿，现在来玩的人每天都很多，应该1~2年就能把账还清。"潘某纺很自信地告诉笔者。

又如，46岁的潘某军是当地旅游减贫示范户，他和妻子二人通过收购生茶、办民宿脱贫致富，供养两个儿子读书。2009年（村里还未大力开发旅游），他便开始收购生茶，每年收购200余斤，并制成干茶叶（大概四五十斤）售卖。经过多年的积攒，他于2014年盖了1栋3层楼的房子（200m²），2015年开始办民宿（3个标间、4个单间，共10个床位，不提供餐饮），2017年开始赢利，每年净收入3万~5万元。同年，投入10万元购买茶叶加工机器，兴办茶叶加工厂，是该村3~4家茶叶加工厂中规模最大的。2017年生产干茶1万斤左右，其中普通茶叶50元/斤，春茶100元/斤（批发价）。2018年生产干茶2万斤左右，茶叶价格与前一年保持不变，全年纯收入20多万元，能生产高端茶叶3~4斤（批发价100~400元/斤），2019年每斤茶叶能赚几十块，最好的红茶100元/斤、绿茶200元/斤。"采茶或炒茶忙的时候会请临时工，5~10个人，基本上都是村里的贫困户，每人每天150元工资（包吃）"，潘某军说。

潘某军家越来越红火的茶叶生意和民宿生意直接或间接带动了当地约15个贫困户共同脱贫致富。杨某琴（贫困户）便是其中一位受益者。48岁的杨某琴从小生活在林溪镇高友村，成家后育有两个女儿，均在上学，丈夫在广东打工。如今为了照顾自己年老的母亲和携妻子在外打工的弟弟杨某山的三个孩子，她从公婆家搬回了高友村，在她弟弟的地里种了3亩茶树、2亩水稻（自给自足），将茶叶卖给潘某军家，同时又在潘某军家做临时工帮其采茶等，年收入3万元左右，为她家里的5口人解决了生计问题，顺利实现脱贫。"现在日子好过了，我老公打工供大女儿读大学，我就采茶卖茶，在潘某军家打临工，还可以照顾到我妈妈，供我的小女儿和我弟弟的三个小孩读书"，杨某琴开心地说。

（4）地方特色手工艺品农民画变成旅游商品促增收。独峒乡位于广西、湖南、贵州三省区交界处，是三江农民画的起源地，被文化部授予"中国民间文化艺术之乡"称号。特殊的地域性和就地取材的制作背景，令三江农民画极具民族文化特色。2012年，侗族农民画被列入广西壮族自治区级非遗保护名录。随后，画家队伍逐渐发展壮大，三江县涌现了一批土生土长的农民画家，仅独峒村就有200多位农民利用农闲时间创作，农民画年均产值300万元以上。38岁的吴某更是广西三江农民画非遗传承人，她已有数百幅作品远销海外。她说，"作品大多由客人定价，长和宽都为80厘米的常规大小的一幅农民画，水粉画售价约600元，如果是丙烯颜料画的则要上千元"。三江农民画家年产作品两万多幅。这些画作为装饰品走进景区、酒店和寻常百姓家，三江县各大景区还成立了农民画基地，力推农民画商品化、产业化并结合旅游商品、景区体验，扶持引导贫困户脱贫。①近两年，三江农民画群体每月人均绘画收入达到三四千元，有效带动了贫困人口脱贫、促进乡村振兴。

（二）安顺镇宁县

1. 概况

镇宁自治县隶属安顺市，位于贵州省西南部珠江水系与长江水系分水岭，海拔相对高差1322米，土地面积1717.3平方公里，人口约40万人，辖黄果树镇等15个乡镇、街道，行政村204个，其中国家级和省级民族村寨10个。境内旅游资源丰富，喀斯特地貌特征明显，溶洞、地下河、瀑布、湖泊、泉水多样，堪称喀斯特王国。镇宁是贵州西线旅游中心，拥有以山、洞、水"三奇"为特色的自然风光，景观独具一格，素有"风景县"之誉，境内有国家级风景名胜区和国家5A级旅游景区黄果树瀑布、龙宫，国家级非物质文化遗产镇宁铜鼓十二调，还有犀牛洞、

---

① 孟萍：《广西三江侗族自治县旅游扶贫见成效》，中国民族宗教网，源自《中国旅游报》2018年2月27日，http://www.mzb.com.cn/html/report/180225105-1.htm。

观音洞以及名扬海外的民族风情蜡染、织锦，以及夜郎洞天、高荡、牙礁石林、孟获屯、官寨白骨塔等景区。

2. 旅游减贫成效

按照省、市旅游减贫三年（2017~2019年）行动计划要求，结合该县目标任务，全县实施旅游减贫的村寨约50个，2017年录入贵州省旅游持续减贫云系统101个村，录入建档立卡贫困户人口10416人（三年总目标任务数10120人，超额录入296人）。2017年通过旅游业助推建档立卡贫困户脱贫2351人（脱贫目标2017年1000人，2018年4000人，2019年5120人），2017年超额完成目标任务数1351人，并录入旅游减贫云系统。2018年、2019年任务数将按照县委、县政府统一安排部署，纳入2018年实现脱贫摘帽。以2017年为例，镇宁县实施九项旅游减贫工程任务完成情况汇总如表4-1所示。[①] 截至2018年底，全县共有229家农家乐、117家家庭旅馆，平均年收入2249万元，旅游企业直接参与减贫的有贵州瀑乡高荡文化旅游开发有限公司及贵州夜郎洞景区开发有限责任公司，均为通过运营景区参与减贫。

表4-1　镇宁县2017年实施九项旅游减贫工程任务情况汇总

单位：人

2017年助推脱贫指标数	完成任务情况	实施旅游项目建设减贫工程	实施景区带动旅游减贫工程	实施旅游资源开发减贫工程	实施乡村旅游减贫工程	实施旅游商品减贫工程	实施旅游+多产业融合发展减贫工程	实施旅游结对帮扶工程	实施乡村旅游标准化建设工程	实施旅游教育培训减贫工程	合计
	任务数	50	230	50	250	300	100	20	0	0	1000
1000	实际完成	382	130	120	81	905	616	44	22	51	2351
	录入系统（含景区）	727	91	109	1047	307	118	1	81	104	2585

---

① 资料来源：安顺市文化广电和旅游局。

3. 旅游减贫典型案例

镇宁县旅游减贫的典型案例主要包括高荡村和黄果树景区。

（1）千年布依古寨——高荡。高荡是一个原汁原味的布依族第三土语区典型村寨，海拔 1186.20 米，气候凉爽、四季分明。寨子坐落在崇山峻岭中，北向靠山有两处水荡，山高水高，故被称"高荡"。古寨现遗存古民居多建于明清时期，距今 200~600 年，均为石木结构干栏式石板房，共 151 栋 423 间，占地 22000 余平方米，几乎未被破坏。寨门、古堡、营盘、石拱桥、古井等古建筑都是用石头建成的，高荡是目前保存最完好的布依族村寨之一。高荡人向来重视读书，村民文化素质较高，是镇宁县久负盛名的"秀才村"。仅咸丰同治年间就曾考取秀才 9 人，参加乡试、中试成为举人的有 1 人。民国时期，该村有 7 名中央军校（黄埔军校）毕业生、1 名国立师范学院毕业生。时至今日，每年，该村仍不断会有大学生、研究生等毕业，是一个名副其实的"文化村"。

高荡景区运营公司由贵州中青旅、贵州百事盈旅投和贵州 10 余家著名旅行社联盟组成。公司利用渠道和资金优势，与地方政府紧密合作，协助政府实现"旅游减贫"，为当地导入客源，为村民开展涉旅商业活动搭建平台，让当地百姓实现"不出古寨，通过旅游致富"的目标。帮助村民就业，帮扶村民创业，带动周边村寨开展相关旅游经营活动，解决村中留守老人和妇女就业问题，并致力布依文化的挖掘和传播，将高荡打造为"贵州布依族标志性古寨"，助力镇宁县脱贫攻坚和全域旅游发展。"我们景区在 2018 年 8 月以前已经开放，2018 年 11 月景区正式开业。全村有 874 人，景区员工有 100 人，其中 92% 的员工是本地人，其中，参与民族文化表演的有 12 人，每月 2100 元；保洁 10 人，每月 1400 元；电瓶车司机 10 人（本地人 7 人，伍大伯就是其中一位），每月 2300 元；等等。通过在高荡景区工作，贫困户均已脱贫，只有两个低保户，每月工资 1400 元。2018 年旅游接待人数 10 万余人次，旅游收入 100 多万元；2019 年有十六七万人次来参观，旅游收入 200 多万元"，高荡景区总经理宋某某说。"发展旅游好，比以前好，路都通喽。"高荡景区集市内就业的当地贫困户杨阿姨（布依族）感慨到。在高荡景区做保洁的陈大姐高兴地说："修景区征收了我家几分地，补了五六万元，拿给儿子在镇宁县城里买房子了，现在每个月工资 1400 元，生活是不愁了。"

（2）自然遗产 + 旅游减贫：黄果树景区脱贫攻坚纪实。黄果树旅游区位于贵州省西南部，距省会贵阳市 128 公里，距安顺城区 45 公里，交通便利，区位优势明显，由黄果树风景名胜区（5A）和龙宫风景名胜区（5A）以及大屯堡文化风景名胜区（4A）组成，管理黄果树镇、白水镇、龙宫镇，辖区行政总面积 256.8 平方公里，共有 31 个村居 7.58 万人，少数民族人口占总人口的 66.9%，总耕地面积 70246 亩。景区面积共 197.5 平方公里，占辖区总面积的 76.9%。景区森林覆盖率为 78% 以上，全年环境空气优良率达 100%，春夏秋冬皆宜旅游，有"天然氧吧""天然空调"的美称。黄果树景区旅游减贫具体做法和经验启示如下。

①制定旅游减贫工作方案，明确工作举措和目标任务。为深入实施大减贫战略行动，拟定了《黄果树风景名胜区旅游减贫工作实施方案》（2016）、《黄果树旅游区发展旅游业助推脱贫攻坚三年行动方案》（2017—2019 年），明确把旅游规划、设施建设、产业调整、旅游产品、人才培训、营销推介等方面作为近几年旅游减贫工作重点，当地旅游减贫队伍切实提高、强化政治站位，积极主动投入全区脱贫攻坚主战场，坚决服从全区脱贫攻坚主战场工作大局，抽调 4 名干部职工全脱产投入脱贫攻坚工作，全面落实全区脱贫攻坚网格化管理工作安排部署[1]，充分发挥黄果树精品景区的辐射作用，帮助贫困群众就近就业增收，确保旅游减贫取得实效。

②推行乡村旅游服务从业人员培训工作，带动农村群众"造血"机制建设。为提高村民群众服务技能水平、拓展其致富手段，围绕辖区旅

---

[1]　资料来源：安顺市文化广电和旅游局。

游主导产业和农旅结合实际，分别从乡村旅游经营管理、接待服务、客房服务、导游讲解、烹饪技能等方面组织开展了 10 余期乡村旅游从业人员服务质量提升培训班，配合农牧水局开展了 5 期产业结构调整和旅游减贫培训班。2016~2019 年，累计组织参训群众 1500 余人，转变村民群众致富观念，推进产业结构调整，提升村民群众发展乡村旅游的服务意识和水平。

③乡村旅游基础配套建设稳步推进，紧紧围绕"百区千村万户"乡村旅游减贫工程，形成点、线、面相结合的发展格局。深入开展 2 个 5A 级景区"1+5 个 100 工程"建设工作，不断完善基础设施建设，实施水网改造及直饮水系统安装、温泉酒店项目等，稳步推进"厕所革命"，新建和改建旅游厕所 10 座，重点实施了黄果树旅游区白水镇郎宫村旅游基础设施建设项目，投入 1000 万元完善游道、旅游厕所、停车场等基础设施，提升乡村旅游接待条件。通过项目建设就近就地解决劳务用工，充分发挥景区项目建设带动减贫效应。2019 年初，通过景区建设直接带动了募龙村、大三新村、把路村、翁寨村、盔林甲村、油寨村和坑边村等 7 个贫困村的 247 户贫困户 318 人，间接带动了这 7 个贫困村的 357 户 554 人参与旅游减贫活动。

④采取"乡村旅游＋互联网"模式，有序开展云上减贫工作。为把黄果树风景区范围内适宜开展乡村旅游的村寨纳入国家旅游减贫云系统，争取上级减贫资金支持，通过开展乡村旅游带动贫困户、贫困人口实现旅游脱贫，已完成精准减贫云录入工作，全区 3 个镇 12 个村寨（黄果树镇石头寨村等 5 个村，白水镇坑边村等 4 个村，龙宫镇桃子村等 3 个村）已被纳入国家旅游扶贫重点村云系统。

⑤加大乡村旅游宣传营销力度，提升乡村旅游的知名度和影响力。近年来，以传承弘扬布依族少数民族文化为契机，积极打造旅游与民俗文化高度融合的示范性精品项目，加强宣传推广。开展了布依"三月三""六月六"布依民族活动、"我们的节日"系列民族集中示范活动、"屯堡文化汇"徒步健身游活动等，筹办了黄果树旅游区"黄果节"、

"2017年贵州省油菜农旅一体化发展现场推进活动"等。以辖区乡村旅游资源为亮点,积极配合在贵州省第十三次旅游产业发展大会会刊《多彩贵州·颜值黔行》上宣传,在《中国旅游报》上对黄果树景区、龙宫景区的乡村旅游资源进行专刊宣传推广,大大提升了当地乡村旅游的知名度和对外知晓率。

(三)黔东南镇远县

1.概况

镇远县位于贵州省东部,历史悠久,文化深厚,至今已有2200多年的置县历史。全县面积1878平方公里,辖8镇4乡和1个省级经济开发区,共有110个行政村、12个社区和4个居委会,总人口27.51万人,其中农村户籍人口23.49万人,苗、侗、土家等少数民族人口13.2万人,占全县总人口的48%。2011年,镇远县被列入滇桂黔石漠化片区贫困县,受县域优质土地资源匮乏、潜在石漠化分布范围广等客观条件制约,到2014年开展建档立卡精准减贫时,全县仍有7个贫困乡镇57个贫困村,其中深度贫困村25个,贫困人口4.77万人,贫困发生率为20.3%。

2.旅游减贫成效

近年来,镇远县通过采取增加减贫投入资金、派驻减贫干部、完善基础设施、发展产业减贫(以旅游产业为主)等措施,取得了显著成效。2019年,镇远县实现了整县减贫摘帽目标,农村居民人均可支配收入预计为10201元,预计比2018年增长9.2%,实现了剩余1681户3979人建档立卡贫困人口全部脱贫、最后一个深度贫困村报京乡贵洒村出列、脱贫人口零返贫、新增贫困人口为零的目标,贫困村和贫困人口发生率均下降为零,全面完成了减贫目标任务。

3.旅游减贫模式及启示

(1)充分发挥旅游资源优势,采取"旅游+"多产业融合模式。镇远拥有中国历史文化名城、国家级风景名胜区舞阳河、全国农业旅游示范点铁西景区及国家非物质文化遗产赛龙舟等8张国家级旅游品牌,有景区（点）10个，其中，国家5A级旅游景区1个、4A级景区1个、3A级景区2个。近年来，镇远县立足县情，围绕打造国内知名的生态人文休闲度假旅游目的地，深入实施"文化旅游强县"战略，围绕脱贫攻坚奔小康目标，大力实施旅游减贫工程，充分发挥旅游资源优势和"旅游＋"的带动辐射作用，推动旅游产业与农业、工业、城镇、信息的融合发展、借力发展，强化旅游项目与减贫项目的统筹融合，促进项目整合实施、资金"打捆"使用，带动各景区周边乡镇及村寨的发展，帮助周边贫困人口脱贫。例如，镇远坚持党建引领脱贫攻坚，实施"1+2+N"措施，围绕促进农民增收总目标，用好林区和坝区两大空间，统筹发展花椒、精品水果、茶叶、中药材等多个产业，持续推进产业振兴治理贫困。全县12个乡镇也利用荒山石山发展了花椒、精品水果、茶叶等经果林产业，面积达9万余亩，全县森林覆盖率超过62%，荒山石山正逐步向"青山"和"金山"转化，基础设施进一步完善，水泥硬化路已连通村村寨寨，产业路连通了山林和坝区，绘就了一幅产业兴、生态美、百姓富的振兴画卷。

（2）积极引导企业强化社会责任，采取"公司＋农户＋景区"模式。镇远县增加了一大批星级酒店、精品客栈、旅游服务中心等基础设施项目，引导企业帮助贫困村发展家庭手工业和家庭服务业，鼓励绩曲酒、舞阳红桃、镇远素席、社饭等系列旅游产品的深加工，进一步拓展就业渠道，吸纳贫困人口就业。通过发展乡村旅游、农家乐等和"公司＋农户＋景区"模式把贫困群众组织起来，带动农村贫困人口通过办农家乐、发展观光农业、表演民族歌舞、制作手工艺品等增收致富，让贫困群众分享旅游发展红利。为使旅游脱贫效益最大化，镇远按照"政府主导、市场导向、绿色发展、融合发展、利益共享"原则，积极推进全县10个乡村旅游减贫重点村建设，带动8080人通过参与旅游经营、提供接待服务、出售土特产品、土地租金、入股分红等途径脱贫致富。截至2019年，镇远县有各类文化旅游服务企业1600余家，其中宾馆客栈700余家，农家乐150余家，旅游餐饮企业500余家，旅游购物店100余家，旅行社、旅游车队及景区管理企业 50 余家，旅游直接从业人员 3000 余人，间接从业人员 2 万余人。2019 年接待游客 1180 多万人次，旅游综合收益突破 100 亿元。[①]

（四）兴义市万峰林景区

黔西南州兴义市万峰林被誉为"天下山峰何其多、唯有此处峰成林"旅游景点，是国内山地旅游的最佳目的地、2016 年全国山地旅游大会的举办地。2019 年国际山地旅游暨户外运动大会系列活动之兴义万峰林国际徒步大会也在此隆重举行，这为当地旅游减贫工作带来了契机，万峰林景区周边的双生村、乐立村和下纳灰村从中受益最大。

1. 双生村乡愁集市旅游减贫模式及具体做法

黔西南州兴义市万峰林街道办事处双生村鄢家坝组，距离万峰林景区西南大门约 2 公里。项目建设区域内共 108 户 532 人，其中贫困户 7 户 21 人。该村的项目建设模式与产业发展规划具有典型的参考价值。产业兴旺，该村在发展中合理布局业态，按功能划分为趣石游区、趣石鉴赏游玩区、娱乐休闲区、田园观光区、八音坐唱区。业态布局涵盖了 13 家主题民宿，32 个文创产品展示售卖、非遗文化表演、奇石作坊等文化展示点，24 个酒吧文化、茶馆、酒馆等休闲娱乐点，15 家当地特色餐饮、中西餐厅，8 个康养、理疗馆，2 个配套功能服务接待点。发掘民族文化，促进当地产业由传统农业向旅游业转变。生态宜居，以记得住乡愁为理念，各项配套设施建设按照旅游全时化、产品多样化、体验个性化的思路进行统一的文化 IP 打造，创建立意鲜明、内涵丰富的"趣石民族村"。乡风文明，依托双生村浓厚的奇石文化元素，把奇石文化的解读以及概念融合在人与自然和谐发展中，充分体现优美洁净的人居环境与和美向善的精神家园。治理有效，充分调动群众自治的主体意识，树立自我带头、自我管理、自我监督、自我维护的良好风尚，形成以党员、

[①]　资源来源：镇远县政府办。

组委会成员、群众代表组成的环境卫生监督评比小组，实施环境卫生包干制，即各户对房前屋后及室内环境卫生包干，由评比小组每个月对各家各户环境卫生进行评比，以好促差。

该村的具体做法如下。一是采取林、房屋等入股企业、合作社等，发展精品客栈、农家乐、旅游商铺和石斛、花卉等，使资源变资产，户均年参与分红收入 7800 元。二是资金变股金。鼓励乐立村农户利用闲散资金入股万峰林旅游公司、醉玩街旅游开发有限公司、合作社等景区市场主体，形成互利共同体，2018 年实现资金入股户参股分红、资金变股金。三是农民变股民。260 人在景区客栈、农家乐、万峰林旅游公司就业和参与景区项目建设，月人均收入 3500 元。31 户农户以自家房屋、租房等方式开店经营农特旅游产品，发展精品客栈、农家乐，实现了从农民到"股民"的跃变，户均年营业收入 16.8 万元。6 人传承布依八音、舞狮、唢呐、布依傩仪舞等民族特色文艺，由万峰林旅游公司购买服务，年人均收入 5800 元。2018 年，乐立村居民年人均可支配收入 13000 元，成为兴义市山地旅游减贫和乡村振兴建设的示范、样板和标杆。

2. 乐立村旅游减贫模式及成效

乐立村位于兴义市西郊，距市中心 8 公里，地处国家 4A 景区万峰林的核心区域，具有特殊的地理优势，土地面积 3.28 平方公里，有耕地面积 1009 亩，辖 12 个村民小组 658 户 3683 人，居住着汉、布依、苗等民族。乐立村为兴义历史上著名"安平九寨"之一，保存了古桥、古树、石狮，传承有高台舞狮、八音座唱等民间艺术，尤其是至今还用于祭祀的"五姓宗祠"成为布依族特殊的文化现象和民俗代表。1999 年 12 月被兴义市命名为"小康村"。过去以农耕为主，辅以养殖、手工编织等产业，单一的产业使得乐立村群众长期贫困，2011 年人均年纯收入仅为 2640 元。

自 2011 年以来，兴义市先后承办了全省第六届旅游产业发展大会、6 届"中国美丽乡村·万峰林峰会"、4 届国际山地旅游暨户外运动大会等重要会议会展和文化体育旅游赛事活动，以此为契机，兴义市大力实施山地旅游减贫和乡村振兴战略，以脱贫攻坚奔小康为目标，依托万峰林旅游公司，规划建设万峰林旅游减贫创新示范区，推进新农村建设和旅游减贫融合发展，通过旅游带动该村脱贫致富。一是改善了景区基础设施。双生村建了入寨大门、停车场 2 个、配套公厕 4 个、休闲广场 1 个，实现生产生活污水生态工程净化处理，实现水、电、通信管网入地，实现村路全硬化改装步行道，为 55 户民居进行了立面改造和美化。二是资源变资产。48 户农户以耕种土地、养护山林为生，旅游开发扭转土地 500 余亩，种植花海观光园、采摘园、水果产业园，每亩土地每年可为农户创收租金 1500 元，可长期解决就业 20 人，人均可增加月收入 3000 元。种植期间，每天可解决 80 个劳动力务工，每人可增加月收入 3000 元。商业区修建，每天可解决 120 个劳动力务工，周边农户每人可增加月收入 5000 余元。租用房屋 55 幢，实现户均增收 2.2 万元。三是引导周边农户种植蔬菜、水果等供应民俗酒店、餐厅、特色小吃店及自行集市销售，实现户均收入 2 万元。四是积极挖掘，弘扬国学礼仪传统文化。趣石艺术村可长期解决劳动力就业 180 人，人均可增加月收入 2500 元。

3. 下纳灰村旅游减贫情况简介

下纳灰村位于万峰林街道办中下段，建寨已有 300 余年历史，有 864 户，总人口 2901 人。在上级领导和各级、各部门的关心支持下，下纳灰村依托区位优势，创新发展思路，调整产业结构，优化旅游业态布局，促进村民多渠道增收，夯实新农村建设向旅游特色村寨的转型升级。一是完善基础设施，村民、景区同时受益。修建广场 4 个，其中一个能容纳 2500 余人；修建完善了观光专用道路 11 公里，通组公路硬化率达 100%。通过在纳灰河两岸实施植树造林和沿岸村寨的湿地建设，在发展中优化生态设施，努力营造"天蓝、地绿、水清"的美丽环境。二是美化村容村貌，提升旅游形象。按照布依族建筑特色，实施民居改造和亮化工程，对 300 余栋房屋进行亮化，形成了具有浓郁布依族特色的青瓦灰墙、椽斗式建筑风格；2015 年建设的生物湿地和农贸市场项目分别投入 150 万元、200 万元进行绿化，将下纳灰村打造成为一个环境优美、乡风文明、村容整洁的美丽村庄。三是调整产业结构，促进农民增收。2018 年，万峰林景区接待游客 60.04 万人次。依托特有的区位优势，下纳灰现已发展"农家乐"20 余家、农家客栈 30 余家、旅游特色商品店 19 家。更好街是下纳灰村最具民族特色旅游的商品一条街，除经营农家乐、乡村客栈和出售特色旅游产品外，村民依靠卖凉剪粉、炸洋芋、糍粑、三耙一饭、布依八大碗、九缸钵等特色食品逐步实现增收致富。2018 年，户均增收约 15 万元。2013 年，下纳灰村被国家民委授予"民族特色村寨"称号，2014 年，下纳灰村被评为"中国十大最美乡村"之一。如今，全村群众依托山地旅游"吃上旅游饭"实现乡村振兴的愿景更加强烈。

4. 经验与启示

党的十九大会议指出，开展农村人居环境整治，统筹城乡发展，以建设美丽宜居村庄为导向，整合各种资源，强化各项举措，加快补齐农村人居环境短板。万峰林景区以典型的喀斯特地质地貌吸引着各地的游客，兴义市是贵州省范围内属于旅游开发较早的县市。兴义市作为黔西南州的州府所在地，占据地理区位优势，是黔西南的旅游集散中心。近年来，兴义市将主要精力放在了旅游减贫资金的规范运作和整合旅游资源进行大项目投资上，其周边的三个纳灰村属于成功的旅游减贫项目案例。因此，为最优化配置资源，在与毗邻的云南罗平县、贵州晴隆县、贞丰县、安顺市等联合发展中需要注意调和各方的利益，实现各个区域的共赢乃至多赢。

（五）朝阳型地区旅游减贫的典型特点

滇桂黔石漠化片区的类似地区还有安顺关岭县、安顺紫云县、黔南荔波县、黔南平塘县。总体上看，尽管这类地区的旅游资源丰富、资源禀赋度相对较高，旅游减贫取得了一定成效，但这类地区的典型特点是社会经济条件较差，与其他区域相比，区域产业结构较单一化，部分地区顶层设计规划不够全面，绝大多数部门还未认识到开展区域旅游联动发展的价值所在，对发展区域旅游还停留在旅游部门负责景区的阶段，特别是乡村产业链整合度较弱，忽略了与外界关联企业合作，极大限制了部分地区跨区域旅游项目的可持续发展，尽管一些地方政府开展区域联动发展联合工作，但缺乏具体实施策略，各地的公共服务体系尚不够完善，旅游产业的融合度参差不齐，导致滇桂黔石漠化片区各地资源整合效果也不够明显，旅游业发展水平不一致，旅游减贫效果也不尽相同，从而导致经济效益较低，旅游减贫开展所需的基本条件还有待提高。按照旅游生命周期理论，这类地区的旅游减贫正处于发展阶段，形成了一个庞大而又完善的旅游市场，吸引了大量的外来投资。旅游者人数继续上涨，甚至超过当地长住居民人数。交通条件、当地设施等都得到了极大改善，广告促销力度也大大增强，外来公司提供的大规模、现代化设施已经改变了旅游目的地形象。[①]旅游业发展之迅速使其需要大量劳动力和辅助设施，这为当地贫困人口提供了良好的就业机会。为保持这一阶段的旅游业可持续发展，最大限度发挥旅游减贫的乘积效应，应该提高整个区域的旅游竞争力。

二　朝阳型地区旅游减贫发展思路

对于这类地区，应当依托周边地区旅游资源禀赋优异、旅游产业发达的县（区、市），积极寻求跨区域联动合作。因此，可采取跨区域联动模式，与周边地区共同整合和开发优势旅游资源，扩大旅游产业规模，产生规模效应和聚焦效应，提高整个区域的旅游市场竞争力，突破发展制约壁垒。例如，安顺关岭县可以与毗邻的镇宁县、紫云县等实行区域联动；荔波县与平塘县可以实行跨区域联动，将世界自然遗产荔波小七

---

① 邹统钎：《旅游目的地管理》，高等教育出版社，2011，第137页。

孔与中国最具高科技的天眼景区联合起来，共同打造最优质的世界级旅游路线，发挥辐射带动作用，带动沿线景区（点）的发展，让更多的当地贫困人口参与到旅游减贫活动中；贵州黔东南黎平县、黔南龙里县就可与广西柳州三江县实行跨区域联动；等等。综合而言，这类地区应当采取缓进式的旅游减贫思路。

（一）加大旅游减贫要素投入，促进旅游减贫模式转变

保持区内各项行政层面的策略等外部环境不变的情况下，逐步加大旅游减贫要素的投入，如增加旅游专项减贫资金，不断增加贫困人口在旅游减贫开发过程中的参与等，其中旅游减贫规划是先导，其综合性、针对性、时效性更强，因此，必须方向正确，认真执行，确保资金能够及时跟进，从而促进旅游减贫效率的稳定增长，促进旅游减贫模式从渐进式发展到稳定式（处于II型），使旅游减贫持续、稳定。

（二）彰显地方特色优势资源，促进区域联动旅游减贫发展

实现联动发展旅游是旅游业贯彻落实新发展理念的重要举措，有利于推动滇桂黔石漠化片区旅游业的转型发展。区域旅游产业联动发展机制在我国旅游产业中运用广泛，滇桂黔石漠化片区也应该根据整个区域发展现状，充分发挥石漠化地形特征和喀斯特地质地貌资源优势，结合石漠化片区少数民族独特的民风民俗等文化资源，推动"旅游减贫＋"多产业融合发展，从宏观上实行滇桂黔石漠化片区的区域资源整合，建立健全三省（区）旅游减贫联动机制。推动乡村旅游产业发展，有效整合区域范围内的乡村旅游区域链条，建立跨区跨产业旅游合作新体系、从旅游产品开发到拉动区域内旅游产业发展的一体化机制，实现由单一功能向多元化功能转变。在实行跨区域联动模式的过程中，要注意避免将"沿势开发"异化为"附势开发"，即在借助大区域旅游减贫开发辐射效应的同时，能长期依附于大区域的开发模式，避免失去本区域的特色性开发。因此，要坚持在区域资源整合发展过程中，不断加

强自身综合能力建设，在学习中提升，实现该区域旅游减贫的"跨越式
发展"。

（三）加强旅游减贫过程监督，确保精准施策惠及贫困人口

由于跨区域的减贫涉及资金、人才管理等诸多具体问题，因此，实
施过程中需要坚持精准、公平、公开的基本原则，精准识别贫困户信息
并进行精准管理，公平分配利益相关者利益，公开旅游减贫事权信息，
特别是公开旅游减贫资金的使用信息，并接受相关部门及社会公众的监
督，让贫困人口切实享受到旅游减贫的帮扶措施。

第三节　黄金型地区——政企合作模式

一　黄金型地区特征与模式的选择

黄金型地区的典型特征是旅游减贫效率处于较好的状态，综合效率
值高，且每一年都处于较好的状态。尽管目前的态势较好，已经进入鼎
盛时期，旅游减贫成效显著，有效地带动了当地贫困人口脱贫，脱贫人
口数量和贫困人口收入逐年增加。但是，根据生命周期理论，这类地区
未来的发展潜力并不大，必须一如既往地保持较高的综合效率和低速增
长的良好状态，否则就容易进入停滞期或倒退期，这就需要政府进行全
面布置和宏观引导，同时企业积极参与合作。因此，这类地区适合采取
政企合作模式。在滇桂黔石漠化片区 35 个县（市、区）中，桂林龙胜
县、安顺普定县、黔东南丹寨县 3 个县属于此种类型。

（一）桂林龙胜县——政府全程跟进模式

1. 龙胜县概况及旅游减贫做法和成效

龙胜各族自治县是国家减贫开发工作重点县和滇桂黔石漠化片区

县，全境为山地，年平均气温 18.2℃。全县总面积 2538 平方公里，总人口 17.2 万人（农业人口 15 万人），其中，少数民族占 80% 以上，是一个"九山半水半分田"的典型少数民族山区县。2015 年底，全县有贫困村 59 个（占 49.58%），建档立卡贫困户 7680 户 29415 人，贫困发生率为 18.7%。通过精准施策，加强动态管理，2016~2018 年实现 45 个贫困村脱贫摘帽，3 年共减贫 28931 人，2018 年底贫困发生率降至 1.85%。2015~2018 年全区减贫工作考核中，龙胜连续 3 年获"优"，2019 年 4 月龙胜县实现整体脱贫，旅游减贫功不可没。

龙胜县是大桂林旅游区中旅游资源较丰富的县之一，有龙胜温泉、龙脊梯田等 2 处国家 4A 级旅游景区，还有花坪自然保护区、西江坪原始森林、彭祖原始森林、侗族鼓楼群、风雨桥、红军岩、黄洛瑶族长发村等观光景点和名胜古迹等。近年来，龙胜县充分发挥生态优势，全力打造"世界梯田原乡、多民族生态博物馆、中国红玉之乡、康寿养生圣地"四大旅游品牌，创新推出"景区辐射""支部引领""村寨联盟""企业带动"等旅游减贫模式。以全域旅游和旅游大循环建设为契机，结合当地的民族文化、民族风情，绿化房前屋后，大力发展乡村旅游，以精准脱贫推动乡村振兴。全县各级人大代表在脱贫攻坚产业减贫等方面较好地发挥了模范带头作用。例如，马堤乡县人大代表杨启良带领群众建设苗族图腾广场等基础设施，成立张家塘农业旅游开发有限公司开展乡村旅游，2019 年接待游客已达 5 万余人次，使张家村家家户户有活干、有钱赚。这些先进典型有力促进了脱贫攻坚相关政策的落地生根，切实推动解决人民群众最关心最直接最现实的利益问题。[①]2019 年，全县游客量达 995.40 万人次，实现旅游总消费 137.79 亿元，[②] 旅游减贫已成为龙胜脱贫攻坚工作的重要途径。

2. 经验与启示

习近平总书记曾指出：要紧紧扭住发展这个促使贫困地区脱贫致富

---

① 《勠力同心"摘穷帽"　精准发力"奔小康"——龙胜各族自治县脱贫攻坚工作纪实》，2018 年 12 月 21 日，http://www.gxnews.com.cn。
② 数据来源：2020 年龙胜县社会发展统计公报。

的第一要务，立足资源、市场、人文旅游等优势，因地制宜找准发展路子。政府主导旅游减贫事业，体现了政府高度重视的决心和信心，充分发挥旅游在减贫中的意义、作用、功效以及乘积效应，能够调动当地全员参与并投身到旅游减贫事业中的积极性，能够运用行政力量充分发挥政府在减贫政策、减贫事项跨部门甚至跨区域协调、减贫资金投入、减贫对象识别、减贫项目推进、减贫监管等方面的主导性，强调科学性和精准性，能够健全完善旅游减贫相关机制，促进贫困地区资源利用的转换与集约、产业内生的发展与增长、行业跨界的融合和联动，切实推动解决人民群众最关心最直接最现实的利益问题。龙胜县正是在政府强有力的主导和推动下，使旅游减贫的福利惠及贫困人口，具有应用价值，值得其他县（市、区）参考和借鉴。

（二）安顺普定县——企业帮扶秀水模式

1. 普定县概况及旅游减贫做法和成效

普定县地处喀斯特高原石漠化典型的黔中地区，总面积1091平方公里，有162个行政村，总人口约51.28万人。境内岩溶地貌广泛发育，演变形态类型齐全，地域分异明显，石漠化严重，2011年获国家林草局批准成立贵州普定石漠生态系统国家定位观测研究站。全县建档立卡贫困户32131户121602人，脱贫攻坚以来，累计脱贫29439户114155人。

近年来，普定县积极探索旅游发展新路径，结合实际，依托地方文化、特色农业、新兴产业和现代服务业，全面推行"旅游＋文化""旅游＋农业""旅游＋减贫""旅游＋康养"等模式，不断拓宽乡村旅游新视野，助推全域旅游发展。依托重点旅游项目打造一批旅游特色村，围绕韭黄、茶叶、食用菌和肉兔养殖的"三种一养"主导产业和生经果资源，深化农旅融合，助推乡村旅游提质升级。着力打造沙湾农业大观园、百花欢乐大世界、12个高效循环农业园等农旅融合业态。通过积极探索龙头企业带动、农民合作社推动、旅游产品商品拉动等新路子，培育旅游减贫示范区、示范村、示范户，完善乡村旅游配套设施，加强乡村旅游减贫培训，全力推进乡村旅游减贫工程。做大做强龙头企业，带动贫困户脱贫致富。普定县旅游减贫的具体做法和经验启示如下。

（1）抓标准促发展。积极推行乡村旅游标准化建设，结合实际制定《普定县乡村旅游标准化试点建设工作方案》并有序实施。秀水景区入围全省甲级旅游村寨，沙湾景区入围全省乙级旅游村寨，思源被评定为3A级景区，填补了该县无A级旅游景区的空白，且入围全省五星级乡村农家乐经营户，全县共有农家乐28家、家庭旅馆35家。2016~2018年，思源生态园直接带动就业人数112人，其中，建档立卡贫困人口数为72人，人均月收入1500元；秀水景区直接带动就业人数350人，其中建档立卡贫困人口87人，人均月收入1800元；沙湾农业大观园直接带动就业人数30人，间接带动就业人员150人，其中，建档立卡贫困人口15人，人均月收入1500元。2018年，全县乡村旅游直接从业人员1200余人，间接从业人员5200余人，其中建档立卡人员占比达35%以上。2019年，全县乡村农家乐旅游点达20余处，直接从业人员280余人，辐射带动贫困人口2300人就业。乡村旅游标准化的实施，使"以旅促农、以农助旅"互助多赢的乡村旅游日趋活跃。

（2）"村级公司"助推农村加快发展。普定县以消除"空壳村"、发展壮大村级集体经济、增加农民收入、实现同步小康为目标，在全县175个村（居）成立村级公司，整合资金1.75亿元，为每个村级公司分别注入100万元资金发展产业，走出了一条集体经济有实体、脱贫致富有路子、农村发展有后劲的新路。"一村一公司"做法得到省市领导认可，被写入市委文件，并在全市178个深度贫困村进行复制推广。

（3）"五民"机制推进基层民主建设。普定在全县各村全面推行"村事民议、村务民决、村财民管、村廉民督、村干民评"的"五民"工作机制，出台了《关于推行"五民"工作机制促进全县减贫项目建设的工作方案》，建立项目申报"民议"、项目实施"民决"、资金使用"民管"、项目监管"民督"、项目成效"民评"工作机制，有效提高了村级事务管理透明度，确保减贫的各类项目资金落到实处、发挥实效。如补郎乡本杰村通过"村事民议"，向县国土局争取项目资金 60 余万元，修通了 2.7 公里的通村公路，切实解决两村几百年来靠船出行的困难，为该村发展乡村旅游奠定了基础，带动周边 5000 余亩土地的开发利用，让 2 万余人受益。2015 年，"五民"工作机制被列入全国第一批 30 个改革案例和全省第一批 20 个改革案例，2018 年被民政部评选为城乡社区民主协商示范经验案例。

（4）着力激发群众内生动力。引导贫困群众树立"宁愿苦干、不愿苦熬"的观念，摒弃"靠着墙根晒太阳，等着别人送小康"的思想，实现由"要我脱贫"到"我要脱贫"的转变，不断激发贫困户内生动力，积极鼓励贫困户创业、帮助就业。自 2014 年以来，完成贫困劳动力全员培训 11628 人，多渠道帮助就业 21714 人，实现创业就业脱贫一批。

（5）抓项目促带动。通过秀水、沙湾、思源等乡村旅游景区（点）业态植入，塑造了全县旅游减贫典范，成功带动秀水村、陇财村、沙戈村等村贫困群众实现就业转移。2018 年，全县景区项目建成共计解决了 6000 余人就业或参与创业，建档立卡贫困户占比达 40% 以上，脱贫效果明显。2015~2018 年，共带动 174 人顺利脱贫致富。其中，"秀水五股"模式开创了旅游产业精准减贫发展新路，在石漠化土地上开出致富花。

2. 典型案例：秀水模式

秀水村位于普定县龙场乡西部，由 7 个自然村寨组成，全村有农户 972 户 3074 人，其中贫困户 527 户 1321 人，贫困发生率为 23.3%，属二类贫困村。全村共有土地 5200 多亩，人均土地 1.48 亩。该村自然风光优美，但由于交通不便、人多地少、缺乏资金，全村无产业、无集体经济、无增收来源，当地老百姓长期靠传统种植 / 养殖业和外出务工维持生计，始终难以摆脱贫困。2014 年，外出务工人口达到 1200 人以上，全年人均可支配收入在 2000 元以下，是典型的"三无"空壳村、空巢村、贫困村。自 2015 年 4 月开始，通过普定县委、县政府搭建平台，贵州兴伟集团投资开发，秀水村民全民参与的方式，秀出一条社会力量包干减贫、旅游产业精准减贫的发展新路。不到一年，秀水实现了从无产业、无集体经济、无增收来源的"三无"贫困村到生态秀美村的嬗变。2015 年以来发放工资 360 余万元，秀水村民的人均纯收入从 2014 年的 5448 元提高到 2015 年的 10038 元，同比增长 84.3%，贫困发生率下降至 5.5%。带动全村当地困难群众 527 户 1321 人通过"秀水五股"旅游减贫模式直接或间接参与就业，其中，建档立卡贫困人口 87 人。乡党委书记杨某说："这些都得益于县委、县政府的决策引领、规划引领，整合了资源投入，作用特别明显。"2016 年，秀水村被列入"全国乡村旅游减贫重点村"，成功入选"2016 中国最美休闲乡村"之"现代新村"。2018 年，村级集体资产已达 2.05 亿元。普定县秀水旅游减贫工作的具体做法和经验启示如下。

（1）党政搭台是基础。普定县委、县政府充分发挥决策引领作用，在项目、资金、人才等多方面制定一系列扶持政策，为秀水村的发展搭建平台、提供支撑。例如，整合项目资金扩建"普波大道"，修建旅游观光大道，实施电网升级改造、河道清理、绿化亮化、危房改造等民生工程；探索在秀水村成立二级党委，下设秀水村党支部、波玉村党支部、旅游党支部、产业党支部和营销党支部 5 个支部，主动介入、全程指导项目的开发、建设和管理工作。

（2）企业帮扶是核心。2015 年 4 月，祖籍秀水村的兴伟集团董事长王伟，积极按照省委、省政府"千企帮千村"大减贫行动要求，把资本、人力投入普定县穿洞街道秀水村建设中来，决定投资 5 亿元（已完成投资 3.77 亿元），帮扶秀水村发展综合旅游业、现代山地特色农业和乡村休闲产业，创造性地提出人头股、土地股、笑益股、孝亲股、发展股的"秀水五股"分配模式，提供"保姆式"服务，立誓"秀水不脱贫，企业不脱钩"，承诺"一点股份都不留、一份效益都不要"，项目建成后全部无偿送给村集体和村民，让秀水村实现了"一步跨越数千年"的梦想，创建了旅游减贫的"秀水样本"。兴伟集团采取物资帮扶、理念帮扶和精神帮扶三种帮扶方式，以及五个帮扶模式，即集团无偿帮扶模式、"秀水五股"分红模式、农家旅馆富民模式、农旅结合发展新模式和"保姆式"服务模式，重点建设山地旅游产业、现代生态高科技农业产业、基础设施建设和农家旅馆休闲产业四项内容。"兴伟集团公司选派100余人帮扶团队进驻秀水村，制定驻村帮扶三年行动计划，立誓秀水不脱贫、企业不脱钩，按照'一份股份都不留、一份效益都不要'的承诺，把无偿投资开发的农旅产业作为该村集体经济，帮助村支两委组建公司，进行经营指导，取得显著成效。"秀水景区王经理说。

（3）群众参与是关键。项目建设前，秀水村民踊跃拿出土地参与入股，积极配合房屋拆迁、矛盾调解等工作；项目建设过程中，全体村民男女老幼齐上阵，自发加入"建设大军"之中；景区投入运营后，村民主动到公司应聘上岗，共同为景区的发展出工出力、献计献策。公司全面公开利益分配方式，切实保障和扩大村民的知情权、参与权和监督权，凝聚了民心，激发了活力，树立了"秀水五股"的标杆，创造了脱贫攻坚的"秀水速度"。帮扶工作队进村入户对党和国家政策法规、秀水发展规划等进行宣传，让秀水人在思想上率先脱贫，提振了勤劳致富、打赢脱贫攻坚战的信心和决心。村支两委通过召开全体村民会、村民代表会等形式，建立完善了"群众议、群众定、群众建、群众督、群众管"的有效机制，选出管理、监督、计量等有关人员，提高了村民参与项目建设的积极性。村民不但积极主动将土地入股经营，全村劳动力更是自发带着工具到施工场地投身建设，老人和妇女则加入保洁等"后勤部队"，全力以赴加快项目建设。同时，村民还成立了义务巡逻队，每天对景区内的治安情况不间断进行巡逻，为景区和谐发展奠定了良好的环境。"兴伟集团为我们创造了一个很好的生活环境。""我原来在外打工，秀水景区开发后，回来就在家门口就能找个事情做，除了工资还有分红，老人小孩都能照顾到，2018年就脱贫了。""来我们这里旅游的人越来越多了，有时忙得饭都顾不上吃，现在我们日子越来越好过了嘛，基本上都脱贫了。"秀水景区的务工人员高兴地跟笔者说。

（4）"秀水五股"模式探索利益联结机制。"秀水五股"包括人头股、土地股、笑益股、孝亲股和发展股，是党政推动、企业反哺、村民共建脱贫致富奔小康的典型。具体而言，将收入利润按照"五股"模式进行分配。

表4-2 "秀水五股"分配方式

序号	股份名称	占比（%）	股权说明
1	人头股	10	凡是在户常住村民，人人都有股份
2	土地股	30	村民以土地入股，每分土地为一股，每年每亩土地分红不到1000元的，由兴伟集团公司从企业利润中进行补足
3	笑益股	30	在项目建设期间，村民轮流投工投劳累积工分，经村民代表大会认可后按股分红
4	孝亲股	5	百善孝为先，孝亲在当前，凡秀水村年龄在65岁以上村民，均享有养老金
5	发展股	25	主要用于增加集体经济积累、后续发展投入、贫困学子补助、受灾患病群众救助等

资料来源：贵州兴伟集团秀水景区公司。

（5）实现秀水村"三转"的蓝图。通过政企帮扶秀水村旅游减贫项目的实施，绘就的秀水村发展转方式、农村转景区、农民转身份的"三转"蓝图逐渐显现。一是发展转方式。充分盘活农村土地资本，通过公司化运作，促进土地集约经营，变"输血济困"为"造血脱贫"，在增加集体经济的同时，让村民的腰包鼓起来，实现整体脱贫效果最大化，改变了过去企业帮扶出钱多献智少、贫困群众观望多参与少的状况。二是农村转景区。秀水村遵循"靠山吃山、靠水吃水"的理念，做好"山水"大文章，通过实施一系列项目，使旅游产业、农业产业、民族民间文化等相互融合，让游客"望得见山，看得见水，记得住乡愁"的乡村旅游景区悄然形成。三是农民转身份。道路硬化、村庄绿化、房屋美化、村寨亮化……一个风景秀美、功能完善的乡村旅游景区悄然形成，逐步转变成公司股民、产业工人、个体工商户的村民们生活发生了翻天覆地的变化，新时期农民形象展现。①

兴伟集团帮扶秀水后，快速促进老百姓收入的增加，改变了老百姓的生活条件和居住环境，2015 年秀水村人均可支配收入达到 10800 元以上，2016 年人均可支配收入达到 18000 元以上。秀水村成立了三家集体经济管理公司——贵州秀水旅游资源开发有限公司、秀水农业开发有限公司、秀水花卉开发有限公司，截至 2016 年 12 月，该村外出务工人数已减至 100 人以上（其中大部分属于在外从事贸易行业），在村集体经济公司就业达到 600 人以上，依托秀水帮扶开发，从事相关行业的从业人员达到 600 人以上。秀水项目自 2016 年春节试营业以来，共接待游客 200 万人次以上，带动旅游经济收入达 5000 多万元。2016 年，"秀水五股"发放，人头股发了 110 多万元，笑益股发了 1100 多万元，土地股发了 870 多万元，孝亲股发了 160 多万元，预留发展股 70 多万元。

王经理还说："2017 年，秀水村人均可支配收入在 2014 年的基础上翻了 10 倍以上。秀水村民的孩子考上大学不用愁，生病有人治，老有所养，治安环境一流，卫生环境优美。将不再有空壳村、空巢村、留守妇女与儿童、老人赡养及小孩教育等社会问题与矛盾。"今后发展的秀水村将是一个社会主义新农村。

3. 经验与启示

企业提炼发展模式，提出发展方向和内容，帮助村支两委组建公司，进行经营指导，取得显著成效。在旅游减贫实践中，由企业根据当地资源特色，凝练出独特的发展模式，指引当地旅游减贫的发展方向和具体内容，采取物资、理念和精神三种帮扶方式，并从专业角度帮助村支两委组建公司，从管理理念、专业技术、经营思路等方面进行指导。企业的独特视角和专业运营可以科学、高效、高质量推进旅游减贫事业的发

---

① 资料来源：安顺市文体广电旅游局。

展，提高旅游减贫效率。

兴伟集团秀水旅游减贫实践形成的"三四五"发展思路，是由三种帮扶方式、四项内容、五个帮扶模式组成的。从实践过程看，兴伟集团秀水减贫项目反映出"帮扶动机、发展方向、减贫效果"系统解决贫困问题的工作思路；从实践行为看，兴伟集团立誓"秀水不脱贫，企业不脱钩"，承诺"一点股份都不留、一份效益都不要"，项目建成后全部无偿送给村集体和村民，让秀水村实现了"一步跨越数千年"的梦想，创建了旅游减贫的"秀水样本"，体现出"把企业家奉献精神注入旅游减贫事业中"的突出特点；从实践结果看，不仅从特质层面帮助当地困难群众脱贫致富，还从精神、思想、行为、文化、社会环境等方面种下了持续减贫的种子，创建了旅游减贫的"秀水样本"，带动了全县旅游的发展，具有普适性和推广价值，可供其他企业借鉴使用。

（三）黔东南丹寨县——企业减贫的全要素模式

1. 万达集团"包县"帮扶概况及旅游减贫做法和成效

丹寨县位于贵州省东南部，面积 940 平方公里，总人口 17.8 万人，少数民族占 87.81%，是一个以苗族为主，水、汉等多民族聚居的国家级贫困县。独特的地理环境和民族风情，造就了丹寨的民族文化与生态环境优势，丹寨是著名的"避暑胜地"和"非遗之乡"。2011 年丹寨县贫困发生率为 49%，贫困人口约占全县总人口的一半。万达集团结合 20 余年的减贫经验，从丹寨县的资源和贫困实际出发，开创性地提出企业包县帮扶的方案，承诺帮扶丹寨县在 2019 年实现全县整体脱贫。通过大胆实践，在政府的主导推动下，万达在丹寨县建设丹寨县万达小镇、兴办丹寨县职业技术学院，每年发放兜底减贫资金等，形成了企业减贫的全要素模式，推动丹寨县可持续脱贫，是我国民营企业减贫模式的首创之举，是企业参与精准减贫的典型案例，开启了"企业帮扶、整县脱贫"的社会减贫新模式。曾在中央电视台黄金时段播出的广告语"游丹寨，就是减贫"，让丹寨这个贫困县迅速成为旅游"网红"打卡地。万达集团利用旅游减贫助推丹寨整县脱贫主要措施和成效如下[①]。

（1）政府主导推动，"九大工程"推进旅游减贫。丹寨县扎实推进的"九大工程"包括旅游项目建设减贫、景区带动旅游减贫、旅游资源开发减贫、乡村旅游减贫、旅游商品减贫、"旅游+"多产业融合发展减贫、旅游结对帮扶、乡村旅游标准化建设、旅游教育培训减贫等。该工程在3年时间里，带动全县1.1万以上建档立卡贫困人口脱贫，为推进全县脱贫做出了突出贡献。

（2）旅游龙头拉动，多产业融合发展促进全县脱贫。2014年万达集团与丹寨县政府签订包县减贫协议，先后捐资约21亿元在丹寨县开展长期、中期、短期减贫项目。其中，投资约3亿元建设贵州万达职业技术学院，通过教育减贫提高当地人口的教育水平和职业技能，达到长期减贫的效果；投资约13亿元捐建丹寨万达小镇，发展旅游业促进地方经济增长，增加就业岗位，达到一人就业、全家脱贫的减贫效果；投资约5亿元设立万达产业减贫基金，每年拿出约5000万元万达产业减贫基金设置减贫劳动公益性岗位，开展生产（劳动）减贫奖补，对特殊人群的生产生活实施救助。丹寨县万达小镇的建设开发与运营管理主要包括提供动力、控制过程、落实效果三个阶段。动力源自政府的减贫政策和推进力度，以及万达集团投入的资金、专业团队和配套产业资源。控制过程中，万达在减贫项目选择上形成了一套严密的机制，并实施科学执行和科学把控，落实效果体现在经济、精神与行为、社会与文化方面。

丹寨万达小镇是万达集团"包县脱贫丹寨"的主体项目之一，于2017年7月3日对外开放。2017年累计接待游客550万人次，是2016年全县游客数量的600%；丹寨县旅游综合收入约24.3亿元，是2016年全县旅游综合收入的443%。丹寨县和万达小镇近年来游客数量与旅游

[①] 夏俊杰：《"丹寨经验"：旅游就是扶贫》，多彩贵州网，2020年10月31日，http://travel.gog.cn/system/2020/10/31/017759506.shtml。

综合收入如表 4-3、表 4-4 所示。丹寨万达小镇的成功运营和丹寨旅游的"井喷式"发展，推动形成了丹寨"一业兴百业旺"的多产业融合发展局面，带动丹寨全县域的产业发展和群众脱贫增收。根据丹寨县乡村振兴部门的数据：小镇运营 3 年来，带动全县旅游综合收入超过 100 亿元，解决 2000 多个就业岗位，其中贫困人口 751 人，直接带动 6407 名、间接带动 12810 名丹寨贫困人口实现了增收，为当地创造税收 3.36 亿元，拉动丹寨县 GDP 增长 1.2 个百分点。

表 4-3　丹寨县近年来游客数量与旅游综合收入

单位：万人次，亿元

时间	游客数量	旅游综合收入
2016 年	90.34	5.48
2017 年	367.83	29.02
2018 年	567.00	46.78
2019 年	739.96	57.28
2020 年上半年	233.48	15.58

资料来源：丹寨县 2016~2020 年政府工作报告。

表 4-4　丹寨县万达小镇游客数量与旅游综合收入

单位：万人次，亿元

年份	游客数量	旅游综合收入
2017	301.71	24.85
2018	436.95	35.83
2019	597.88	44.24
2020	600	57.28

（3）有效拉动丹寨的全县乡村旅游发展。丹寨万达旅游小镇的"火爆"也带动了周边村寨旅游的集体"升温"。小镇运营 3 年来，带动周边卡拉、龙泉山等 27 个旅游村寨和景区实现旅游综合收入 20.05 亿元，直接带动贫困人口 3763 人增收。形成以小镇为核心的 4 条旅游线路，辐

射 89 个贫困村的乡村旅游减贫带，带动全县 1.6 万个贫困人口实现增收。新增就业岗位帮助丹寨县减少贫困人口 5.65 万人，使丹寨县贫困发生率持续下降。截至 2019 年 12 月，全县累计减少贫困人口 5.88 万人，5 个贫困乡镇全部摘帽，96 个贫困村全部出列，贫困发生率从 2014 年的 37.76% 下降至 0，实现全部贫困人口脱贫。2019 年全县 GDP 为 39.14 亿元，农村居民人均可支配收入达到 10057 元。

2. 经验与启示

万达集团采用"包县"帮扶的方式，使丹寨县从滇桂黔石漠化片区中的一个国家级深度贫困县，一跃成为黔东南州的"旅游新星"。在这一实践过程中，企业包县参与减贫、全程跟进减贫事业，从制定完善的企业机制和专业的运营管理体系，注入动力和资金，形成科学的方案，到优化落实、效果评估和全程跟进等，实现了用企业家精神减贫的全要素模式[①]，能够有效提高旅游减贫项目的效率，扩大旅游减贫效果。在下一步的工作计划中，万达集团将继续用企业家精神减贫的八项经验推动减贫。丹寨减贫项目，从实践过程看，反映出"动力、过程、结果"系统解决贫困问题的思路；从实践行为看，体现出"把企业家精神注入减贫事业中"的突出特点；从实践结果看，不仅解决物质上短缺的贫困问题，还追求从精神、行为、社会和文化方面谋求长期的减贫效果。该模式具有普适性，可供其他企业借鉴使用，具有推广应用价值。[②]

二 黄金型地区旅游减贫发展思路

（一）采取政企合作模式，争取更多政府支持

为巩固黄金型地区旅游减贫的持续性，除了离不开当地旅游资源

---

① 企业减贫的全要素模式是指企业不仅进行产业减贫发展经济、增加就业，还从教育、社会兜底等其他方面实施减贫项目，实现经济、教育、信心、社会环境等全方面的提升，最后达到可持续脱贫的效果。

② 世界旅游联盟、世界银行、中国国际减贫中心：《旅游减贫案例》，杭州，2020，第99页。

的品质外，还应当继续获得当地政府的大力支持。采取"政企合作模式"是以政府为主导，在行政层面为旅游减贫提供良好的政策环境和战略指引，同时企业参与合作，最大限度解决由信息不对称引起的"市场失灵"现象。因此，该类型地区应当不断调整三大产业布局，合理地调整旅游减贫的投入要素。一方面，政府要为该类型地区旅游减贫持续发力，从战略层面科学设计，营造良好的政策环境，巩固提升旅游给当地贫困人口减贫带来的实质性效益；另一方面，政府要有针对性地建立一套与企业的合作机制。政府在为企业提供优质服务的同时，从企业引进、旅游项目实施、旅游减贫成效评估等方面进行全程跟踪和系统管理。

（二）科学选择适量企业，防止出现旅游漏损

结合滇桂黔石漠化片区中的黄金型地区的旅游减贫需求，有针对性地选择和引进企业，防止出现旅游漏损现象。同时，要建立市场生态，形成良性竞争态势，促进旅游减贫企业健康发展，要求企业在用工、原材料购买等方面有固定比例的当地贫困人口参与，甚至还要保证在其管理岗位中有一定数量的当地居民，从而保护当地经济优先发展，形成旅游相关产业循环发展，提高旅游减贫效益。

第四节　潜力型地区——项目支撑模式

一　潜力型地区特征与模式的选择

潜力型地区的典型特征是旅游减贫综合效率较高，但是变化率低，即 MI 变化值低于 1，说明其旅游减贫是逐年递减的。根据滇桂黔石漠化片区 35 个县（市、区）旅游减贫近 4 年的综合效率，该类型中的许多地区在进入第 IV 象限之前，都是从第 II 象限演变而来的，即从综合效率

高——历年递增的黄金型地区演变而来。究其原因，这类地区往往旅游开发较早，当前旅游资源已经开发殆尽。最佳策略是开发新的旅游减贫发展增长极，该类型地区比较适合采用项目支撑的模式，以项目为驱动，灵活运作。让项目的发展处在可控范围内，让项目的经济效益能够最大限度地惠及贫困人口，以提高旅游减贫效率。滇桂黔石漠化片区35个县（市、区）中的南宁上林县、崇左大新县、百色靖西市、六盘水钟山区、安顺平坝区、黔南瓮安县、黔东南从江县、黔东南榕江县、黔西南贞丰县、曲靖罗平县、文山市、文山丘北县、红河泸西县和红河屏边县14个县（市、区）属于此类情况。

（一）崇左大新县

1. 大新县旅游减贫基本情况及成效

大新县地处广西西南边陲，与越南高平省山水相连，边境线长43公里，行政区域面积2742平方公里，总人口38万人，其中壮族人口占总人口的98％。森林覆盖率达64.6％，旅游资源非常丰富，有德天跨国瀑布景区、明仕田园景区等40多处高品位的景区（点），先后获得"全国生态文明县""广西森林县城""广西优秀旅游县""广西十佳旅游休闲目的地""中国长寿之乡""最值得向世界推荐的旅游县"等荣誉称号。近年来，大新县坚持"政府主导、村企自愿、因地制宜、合作共赢"的原则，主动适应新常态，充分发挥旅游业在地区减贫开发中的特殊优势，探索出旅游发展、公司获益、农民脱贫的路子。

（1）以"公司＋农户"模式发展乡村旅游。大新县浓沙屯有88户350人，拥有3A级乡村旅游景区，是盛都工贸有限公司帮扶培育的旅游兴村先进典型。自2014年6月以来，在盛都工贸有限公司的帮扶下，大新县浓沙屯注册成立崇左市首家乡村旅游发展公司，采取"农户入股＋公司运作"的模式，通过科学规划，发挥资源优势，积累旅游发展资金等方式，抱团发展乡村旅游产业，共同走上致富道路。盛都工贸有限公司出资200多万元，扶持浓沙屯建设文化舞台、停车场、公厕、沿河观光道、环山道、生态草莓园等基础设施，已有农家乐 9 家、自行车租赁经营商户 1 家、脚踏船经营商户 1 家、射箭场 1 家，直接为该屯 40 多户 100 多名困难村民提供了就业。其中，有 7 户贫困户（26 人）以总土地 8 亩入股，有 6 名贫困群众从事保洁工作。2017~2019 年，接待游客 28 万多人次。该屯人均收入达 9800 多元，比周边未开展乡村旅游开发的村屯人均高出 4000 元以上，乡村旅游助推精准脱贫。

（2）以"协会＋农户"的模式发展农家乐。大新县堪圩乡明仕村位于风景秀丽的明仕田园风光景区，农民主要经济来源为明仕珍珠鸭养殖、高产优质水稻种植、特色旅游产品销售、农家乐旅游服务，明仕田园风景区获"广西五星级乡村旅游区"称号。明仕村以大新明仕旅游发展有限公司为领头羊，采取"公司＋农户"方式成立"明仕农宿协会"，对全村 50 多家农家乐进行统一管理、统一培训。通过加大投入，完善旅游基础设施，如扩建明仕村"农家乐"一条街，完善了明仕田园核心景区周边的 15 个村屯的环屯道路硬化、河道整治等，引导群众积极调整农业产业结构，大力发展珍珠鸭养殖、超级稻种植，仅明仕村弄朋屯植优质水稻达 270 亩、养殖珍珠鸭 6000 多羽和乳猪 3 万多头。转变思路，组织群众利用冬季闲田种植油菜花，让"闲田"变成"休闲"胜地，吸引了大量游客前来赏花游玩，改变了田园秋收后游客量减少的局面。2019 年，全村接待游客已达 60 万人次以上，明仕村"农家乐"为当地农民提供了近 250 个就业岗位。例如，明仕·那里酒店是粤桂协作旅游减贫项目，2018 年 10 月底项目运营后，直接带动约 20 个就业岗位，通过年底分红，可辐射带动 102 户 402 人贫困人口受益。2019 年上半年，该酒店已经为周边村寨提供了 38 个就业岗位，其中有 7 个是为贫困户提供的。

（3）以景区带村模式促脱贫。以景区带村模式带动周边村民参与旅游经营脱贫致富，德天跨国瀑布景区就是这种模式的成功案例。德天跨国瀑布景区位于中越边境广西崇左市大新县硕龙镇，景区包含自然景观、军事文化、边关特色等丰富的旅游资源，是一个集自然观光、人文景观及民俗体验于一体的综合性景区。核心景点德天瀑布位于中越边境的归春界河上，其是世界规模第四大、亚洲第一大跨国瀑布，有着很高的知名度、美誉度、主题强化度。景区于 1993 年开发，2007 年荣升 4A 级旅游景区，荣获"全球最美的瀑布景点""中国最美的地方·中国最美的六大瀑布""广西十佳旅游景区"等称号，是海内外知名的影视题材外景拍摄基地。"德天"是广西南部壮语"断山"的意思，德天瀑布横跨中越两国，终年有水，是黄果树瀑布的 5 倍[①]。

随着德天跨国瀑布景区的开发力度不断加大，其旅游市场日益繁荣，地处德天跨国瀑布景区内的德天屯群众紧紧抓住机遇，经过不断地探索，找出了符合自身发展经济的三个路径。一是创建股份合作项目。以股份的形式筹集资金，鼓励引导村民筹资购买竹排、电动观光车等旅游设施，整合后成立旅游公司，获得收益分红。二是发展个体边境贸易。利用中越边境的独特地理优势，引导边民成立互市贸易合作社，鼓励开展边境小额贸易，通过经营销售服饰、本地特色旅游纪念商品、越南特产、日用百货等拓宽贸易范围，补全旅游商品类别，促进边境地区经济贸易的发展。三是经营农家旅馆和农家乐。德天屯群众依托景区优势，建设经营富有壮族特色或越南异域风情的农家旅舍、饭庄，大大提高村民收入。2019 年，德天屯村民人均年收入已达 2 万元以上，成了全镇最富裕的村屯，在全县名列前茅[②]。通过与大新县硕龙镇德天村村支书及村民代表进行深度访谈，笔者深入了解了德天大瀑布景区对当地贫困人口的带动作用。

2. 经验与启示

采取多种模式有针对性地发展旅游业、促进脱贫，是大新县旅游减贫的主要特点。受基础条件、发展资金、发展理念、发展思路等的限制，需要借助外力，如引入成熟的企业的人力、物力、财力等资源，结合当

---

① 资源来源：大新县文化旅游和体育广电局。
② 资料来源：大新县文化旅游和体育广电局，以及实地调研获取的第一手资料。

地旅游资源特色和优势，与当地老百姓合作，形成"公司＋农户"模式共同发展乡村旅游，形成"协会＋农户"的模式发展农家乐，形成"景区带村促脱贫"模式，这三大模式在大新县旅游减贫实践应用中收到良好的效果，这对边境地区旅游减贫发展具有一定的普适性和参考价值。

（二）六盘水水城县野玉海山地旅游度假区

1. 野玉海山地旅游度假区旅游减贫概况及成效

六盘水水城县野玉海山地旅游度假区位于"中国·凉都"六盘水市南郊，核心区由野鸡坪高原户外运动基地、玉舍国家级森林公园和海坪彝族文化小镇三个景点组成，总面积68平方公里。近年来，六盘水野玉海山地旅游度假区凭借独特的民族文化旅游资源，充分发挥民族文化旅游的乘积效应，通过发展旅游带动当地贫困人口实现脱贫，成效显著。其中，最突出的成效是生态移民搬迁安置＋旅游景区减贫。2018年，减贫安置点一期工程已建设完成并投入使用，共投入资金31459.09万元，占地面积300亩，房屋建筑面积12.945万平方米，已有玉舍镇、勺米镇和坪寨乡等6个乡镇35个村的679户建档立卡贫困户2782人搬迁入住。二期工程安置贫困户500户1977人，三期工程搬迁安置贫困户648户2832人。该景区充分利用一系列扶持政策，因地制宜，成功引入了玉舍森林旅游开发有限公司等旅游发展企业，[①]形成了多舞台共演一出"减贫"戏的生动局面。六盘水野玉海山地旅游度假区减贫搬迁安置和旅游业融合发展的主要做法是盘活资源、找准平台、突出特色等，在生态移民搬迁安置与旅游景区减贫共同发展方面取得了显著成效，具体包括以下几点。

（1）拓宽渠道保就业，开展培训提技能。易地扶贫搬迁的重点就是要处理好搬得出与稳得住、能脱贫的关系。景区按照"一户一技能、一户一就业"指标，采取"组织安置、自主安置、委托代管"等模式解决

---

① 李韵、郭坤：《风景变"钱景"》，《六盘水日报》2018年3月14日。

搬迁户生活就业问题，做到安居与乐业并重、搬迁与脱贫同步，确保搬迁对象有业可就、稳步脱贫。[1]已安排搬迁安置户 1103 人就业，就业岗位充足，就业选择多。其中，安排 364 人到公益性岗位就业，主要就业岗位包括保安、环卫、绿化工、彝寨管理员等，安排了 168 人从事售货员、服务员、刺绣工等临聘岗位的工作，同时还组织了创业培训，积极引导 571 人自主创业。[2]截至 2019 年 4 月，该景区安置了700 多人务工，底薪 1500 元 +200~300 元的绩效奖励；自主创业的有40 户，每户至少有一人参加职业技能培训，每月平均收入 3000~5000元不等。旅游带动让新搬来的居民很快找到了生活保障的来源。景区负责人介绍，在彝族火把节期间，在景区附近炸洋芋的当地居民一天的毛收入最高可以达到 3 万元，而当地有名的羊肉汤锅一天的销售额可以达到 30 万元。在实地调研中，给课题组印象最深的是王女士，她有 4 个孩子，最大的 15 岁，最小的 4 岁，都是需要家庭抚养的年纪。她和她丈夫二人都没有正式工作，唯一的事就是在她家房屋边上搭了一个不足 5 平方米的雨棚，卖炸洋芋、炒饭、炒粉等便餐，据她说自从来到了景区旁，她的小本生意开始红火了，以至于他们两人每天都非常忙，她老公负责买菜、切洋芋，她只负责做，一年下来纯收入达到 200 多万元。看到她脸上露出喜悦的笑容，笔者和当地减贫工作人员也很欣慰，为他们点赞。[3]

此外，还有其他搬迁户也是景区发展带动的受益者。郭某飞就是其中一位。她 38 岁，育有两个儿子，大儿子在玉舍读初三，小儿子读六年级，成绩好。老公腿脚残疾，在居住地附近给人打零工如拌灰浆等，年均收入 1 万多元。2016 年，六盘水市委、市政府实施生态移民减贫攻坚工程，将她家从该市的都格镇搬迁到玉舍景区，原来的土地扭转后栽刺梨，每年每亩地的扭转费是 300~500 元不等。搬到景区后，在景区管理

---

[1]　资料来源：六盘水市文化广电和旅游局，六盘水野玉海山地旅游度假区管委会。

[2]　李韵、郭坤：《风景变"钱景"》，《六盘水日报》2018 年 3 月 14 日。

[3]　资料来源：笔者实地深度访谈所获得的第一手资料。

人员的组织下，经过短期非物质文化遗产刺绣的培训，她和几个新搬来的邻居每天到景区上班，任务是在景区廊道上坐着绣花片、腰带等，有两个目的：一是多位妇女同时在一起刺绣，形成一道美丽的民族文化传承的风景线，给游客还原真实的农家妇女刺绣现场；二是可以增加经济收入。销售方式有三种：一是将她们绣的刺绣卖给游客，通常一片腰带500~600元；二是她们自己需要也可以相互购买；三是有合作的服装厂会统一回收她们的绣片。这些方式可以为她们创收年均1万多元。现在两个儿子读书也有国家教育减贫政策帮扶，基本上只需提供日常开销和生活费即可，如今的生活已步入小康[1]。与郭某飞一起在玉舍景区上班的还有40多个易地扶贫搬迁来的贫困户，年龄从34岁到67岁，其中大多数是40岁到56岁，上班时间实行朝九晚五制，有管理人员负责考勤。她们每天在景区正常上下班，以刺绣为主，每月可领到1500元。

（2）创新旅游减贫模式，助力农户脱真贫。一是"三变"+易地减贫搬迁模式+公司模式。野玉海景区引进宏盈公司、城市公司等进入生态移民搬迁安置点，统一管理搬迁户入股的房屋，合作经营特色实体店，所得收益按投入股份比例实行分红。2016年，政府按照贫困系统中贫困人口数实施补助，每人补助5.5万元，政府补助了3.1亿元，进行简单装修，不够的由旅游公司补贴。2018年底搬了600多户，总共有1006户4000多人。[2] 在帮助迁入户解决了基本生活保障后，玉舍景区管理公司鼓励有经营能力的搬迁户自主创业、自主经营，对于没有经营能力的搬迁户，以闲置房屋入股的形式帮助他们将房屋面积作为股本，[3] 按照每平方米5元的股本金交由景区平台公司统一经营管理，按投入比例对利润进行分红。据统计，2016~2018年已有60户入股，其中2016年即获得分红资金2.44万元，平均每户获得406.19元的红利；2017年的分红资

---

① 笔者实地深度访谈所获得的第一手资料。
② 笔者实地深度访谈所获得的第一手资料。
③ 李韵、郭坤：《风景变"钱景"》，《六盘水日报》2018年3月14日。

金为 7.31 万元，平均每户获得 1218.4 元的红利。[①] 公司为了让更多新迁入的贫困人口能够尽早有事做、有工资领，专门为他们开办了技术培训班，按照一户一人、一人一技能的原则，帮助无技能的贫困户通过培训上岗，2018 年底该景区已有 700 多人经过培训得以上岗，每月工资根据实际绩效在 3000~5000 元不等，而没有技能的员工在景区做保洁等简单工种，每月工资是 1700~1800 元。同时，在景区自主创业的 40 户贫困户主要是在景区做当地特色饮食。

实地调查过程中发现，玉舍村原来居住的全是彝族，移民搬迁来的也是彝族。他们热爱生活和学习，以前有 20 户贫困户在凉都夜校学习，毕业后有的在妇联协会工作，每月工资 3000 元。如今的玉舍景区非常热闹，每天早上 9 点到 10 点有当地彝族歌舞表演，每天表演时间总共不超过 3 小时，周末 7 点到 8 点有篝火晚会，吸引了各地的游客前来游玩。据统计，2016 年玉舍景区接待旅游 15 万人次，2017 年有 30 万人次，2018 年有 40 多万人次，[②] 呈现一年比一年好的景象。在得益于政府的减贫政策后，移民搬迁户对现在的生活非常满意，对未来充满了憧憬，曹某珍（44 岁）就是其中一位。曹某珍全家 5 口人，两个儿子在广西打工，14 岁小女儿在外地读职校，每个学期需要 690 元生活费。搬迁到玉舍后，按易地搬迁政策，每人可获得 25 平方米的住房，共获得一套 100 平方米的房屋，两室两厅一厨一卫。她在玉舍景区做针线活，每月可以获得 1500 元收入。同时，若景区有表演，她还参与唱歌、跳舞等彝族文化表演。她老公有一只手臂断了，在景区做工，每月工资 1500 元。原来的 9 亩土地以每亩每年 400 元的租金流转后栽刺梨。他们已被列入 2019 年脱贫计划[③]。然而，景区里还有两个老人尚未脱贫，他们唯一的女儿已出嫁，为帮扶他们早日脱贫，过上小康生活，旅游公司为他们开了小超市，并负责为他们买了货架等小超市所需的基本设施设备，进货

---

① 李韵、郭坤：《风景变"钱景"》，《六盘水日报》2018 年 3 月 14 日。
② 笔者实地深度访谈所获得的第一手资料。
③ 笔者实地深度访谈所获得的第一手资料。

费是其女儿负担的。有了小超市后，两位老人的日常生活开销已不再是问题了①。

（3）"三变"＋易地减贫搬迁＋微田园＋公司模式。该模式的参与者主要是景区平台公司和搬迁户，以土地、资金和技术入股，各占50%的股份。②微田园的土地扭转费是每亩每年300~500元。为了保障微田园有效实施，分为三个阶段实施。第一阶段以公司管理解决搬迁户就业和帮扶搬迁户创业为主，打破海坪经济市场僵局，增加农户信心。第二阶段引领搬迁户入股分红，拓宽老百姓致富之路。第三阶段公司退出，让农户成为田园新主人。明确股权是纽带，移民搬迁成功，就是牢牢抓住了股份这个纽带，使公司与农户成为责任共同体和利益共同体，才能同心同德、共享共富。水城县政府已经将景区的海坪村作为第一批包装上市的"股权村"进行全面打造。

（4）公司＋联村党委＋农户模式。该模式主要采取两种方式。一是由六盘水希慕遮彝族文化开发有限公司对口帮扶坪寨乡。根据坪寨乡实际情况，由该公司出资100万元购买甜柿苗，种植范围覆盖云南和贵州两省的坪寨乡和普立乡4个村，参与者涵盖这4个村的贫困户111户580人。二是由水城玉舍森林旅游开发有限公司投资120万元帮扶勺米镇调整茶叶产业结构，覆盖茶树面积2500亩，投资35万元为勺米镇的贫困户购买鸡苗，投资60万元到勺米镇营田村合作社引导贫困户种植竹荪。③通过公司的大力支持，确保帮扶乡镇贫困户如期脱贫。④

2. **经验与启示**

总体上看，六盘水野玉海景区开创了"生态移民搬迁＋旅游景区减贫"模式，成为野玉海易地减贫搬迁的特色和亮点，是按照"搬迁一个寨子，打造一个景区，发展一个园区，激活一个集镇，脱贫一批群众"

---

① 笔者实地深度访谈所获得的第一手资料。
② 李韵、郭坤：《风景变"钱景"》，《六盘水日报》2018年3月14日。
③ 李韵、郭坤：《风景变"钱景"》，《六盘水日报》2018年3月14日。
④ 资料来源：六盘水市文化广电和旅游局、六盘水野玉海山地旅游度假区管委会，《六盘水日报—数字报刊》，http://epaper.lpswz.cn。

的思路，将地处边远、自然环境恶劣等地区的贫困群众集中搬迁到旅游
景区、产业园区、特色小镇、城市社区等发展条件好的地方，打造出以
高端规划"筑弘业"、多元投资"建家业"、公司帮扶"稳就业"、股权
连心"创新业"、盘活资产"添实业"、景区带动"兴产业"这"六业并
举"的易地减贫搬迁新模式。野玉海景区带动"兴产业"在一定程度上
取得了旅游减贫成效。然而，困难群众搬迁到景区后的生计问题如何得
到更好的解决，即怎么保障贫困户的收入来源可持续，如何将旅游发展
和减贫有机结合并持续发挥旅游减贫的作用，如何最优配置各项资源实
现宜居、宜游、促增收的目标等，都是景区发展旅游带动减贫面临的亟
须解决的问题。当前，六盘水野玉海景区已经发展较成熟，在景区发展
旅游带动当地困难群众脱贫致富方面还有很大的发展空间和潜力。

（三）曲靖罗平县

1. 罗平县旅游减贫概况及成效

罗平是一个以农业经济为主的山区县，气候温和，雨量充沛，土地
肥沃，油菜籽是传统的农村经济作物。鉴于罗平工业滞后、农业特色旅
游优势明显的实际，罗平县委、县政府坚持一手抓农业产业结构调整，
一手抓农业观光旅游。全县油菜种植面积达 80 万亩，罗平油菜花海成功
被评为世界最大的天然花园，以油菜花为主的观光农业成为支撑罗平旅
游发展的"半边天"，积极引导和扶持发展以"农家乐"为主的旅游服务
业，特色农业和农产品、新型农村、服务型农民，成为罗平旅游的三大
"吸铁石"，旅游减贫效果明显提升。

罗平县委、县政府把发展旅游业作为统筹城乡发展、促进经济增
长、脱贫致富、构建和谐社会的重要抓手，充分发挥旅游产业的强劲带
动作用，助推关联行业加快发展。一是与促进社会就业相结合。据罗平
县旅游部门统计，罗平旅游直接从业人员已达 4000 余人，间接从业人
员 2 万余人，从业人员年人均纯收入达 1 万余元。二是与新农村建设和
减贫工作相结合。因地制宜，采取农旅结合模式，开办农家乐、地方特

色小吃摊点、手工艺品加工点和民族工艺品销售店等。全县共有农家乐180余家，年收入近2000万元。长底乡坡脚村、鲁布革乡腊者村被评为云南省第一、第二批"特色乡村旅游示范村"。三是与服务业发展相结合。旅游产业的乘数带动效应不断显现，带动了餐饮、住宿、交通、信息等相关服务业的全面发展，使旅游业成为覆盖全县多产业、多领域的支撑产业，成为拉动消费增长的重要力量，成为带动脱贫人口致富的重要法宝。四是与更新发展观念相结合。旅游业的发展加快了各生产要素之间的快速流动，全县广大干部群众（特别是农民群众）的开放意识、文明意识和服务意识不断增强，科学发展的理念不断加强，生活水平越来越高。

与此同时，罗平县的旅游基础设施得到进一步改善。罗平县坚持把旅游放在加快工业化、城镇化和推进农业现代化的大格局中进行谋划，认真实施旅游业发展规划，采取多种措施筹措资金，加强旅游基础设施建设，推动并促进旅游业的发展。一是城市旅游配套功能不断完善。按照城市建设与旅游互助发展思路，坚持以旅游为统帅来规划和建设城市，围绕旅游"六要素"需求，不断完善县城旅游配套设施。目前，罗平县已有三星级酒店2家、中高档快捷酒店50余家，登记注册餐馆600余家，新建和改造街道30余条、公园（小游园）8个，建成了佰利商业影视广场、罗平旅游工艺文化城等一批高品质的休闲购物中心。二是景区基础设施建设成效显著。罗平县为改善景区通达条件，累计投入资金近10亿元修建、改造了县内多条旅游专线公路，形成了140多公里的旅游闭合线路，景区交通设施条件得到不断改善。先后筹集资金近2亿元，打造了4A级旅游景区1个、3A级2个，以及10余个知名景区和景点，打造了享誉海内外的"油菜花海"农业观光旅游等精品观光旅游产品。组织参加滇、黔5个市州自驾车无障碍旅游合作等，进一步提高了罗平的知名度，拓展了客源市场，[1]极大地增强了旅游减贫效果。

---

① 资料来源：罗平县文化广电和旅游局。

2. 经验与启示

罗平县在旅游减贫发展方面起步较早，以油菜花为主题的旅游发展在 20 世纪 90 年代就取得成功了，对周边困难群众的带动作用明显。如今，"油菜花"品牌仍然支撑着该县的旅游产业，油菜花旅游有明显的淡旺季之分，并且每年旺季的时间仅为淡季的 1/3，单一的旅游业态和旅游产品成为该县难以突破的瓶颈，周边新兴同类旅游市场的激烈竞争，制约了该县旅游产业的可持续发展。根据旅游生命周期理论，该县旅游产业发展处于衰落或复兴阶段。该阶段旅游者被新的旅游目的地所吸引，该旅游目的地面临从空间上和数量上都缩小的旅游市场，只留下一些周末度假游客或不留宿的游客。大批旅游设施被其他设施所取代，房地产转卖程度相当高。这一时期本地居民介入旅游业的程度又恢复增长。一种可能是旅游发展在停滞阶段之后进入复兴期，有两种途径：一是创造一系列新的人造景观，这是罗平县采取的，尤其是在油菜花地设立了很多儿童娱乐设施，但这种人工建造与大自然的天工之作形成了鲜明的对比，导致旅游功效大大降低；二是发挥未开发的自然旅游资源的优势，进行市场促销活动以吸引原有的和未来的游客。罗平县采用这种方式打造了 1 个 4A 级景区和 2 个 3A 级景区，以此带动周边贫困人口参与旅游活动，实现脱贫致富。这类景区的发展从旅游目的地生命周期的发展阶段到巩固阶段再到停滞阶段，最后沦落到衰落或复兴阶段，可谓经历了旅游目的地生命周期的全过程，其旅游减贫发展取得了一定效果，但旅游业的可持续发展却受到影响。因为独一无二的旅游目的地也会因为旅游者需求偏好的改变而不能永远具有吸引力，可能会出现重新复兴的旅游目的地最终也会面临衰落的情况，值得其他同类景区反思。

二 潜力型地区旅游减贫发展思路

潜力型地区在旅游开发减贫的过程中，适合采用"项目支撑型"模式。在现有的旅游发展格局中，逐渐将旅游发展模式从景区依赖型向项目驱动型转变，摆脱在旅游减贫过程中的旅游资源依赖性。在旅游规划中，旅游目的地永远是旅游目的地，永远对旅游者具有吸引力这种说法过于绝对。巴特勒指出，达到旅游目的地的最大容纳量后，会出现旅游总体质量和吸引力降低的情况。生命周期曲线形状可能会因为不同旅游目的地所具有的不同的特征而发生变化，如发展率、游客数量、可进入性、政府政策和相似的竞争地数量。对旅游目的地规划者、旅游减贫开发者和管理者而言，必须认识到旅游吸引物不是无限的，应作为有限的、不可再生的旅游资源来看待。旅游目的地的开发应保持在一个可承受的范围内，其潜在竞争力才能持久。[1] 因此，要积极与政府以及非政府组织建立友好合作关系，建立完善旅游开发监督管理机制，对利益相关者如旅游开发者和当地社区居民等形成强有力的监督管理体系，从而有效约束开发者与受益者的行为。该类型的区域在实行项目支撑模式过程中，还要注意有效控制项目驱动的度，要为贫困地区提供项目支撑，但又不能够过分依赖项目，政府要在利益分配过程中发挥宏观调控作用，将贫困人口纳入利益分配体系中并使其获得切实利益。

第五节　本章小结

本章在上一章旅游减贫效果的描述性统计分析和旅游减贫效率的定量分析的基础上，对滇桂黔石漠化片区 35 个县（市、区）进行了旅游减贫类型划分，有双低型地区、朝阳型地区、黄金型地区和潜力型地区 4 种类型，根据不同类型的不同特点和旅游减贫模式选择进行了深入剖析，通过实地调查所获取的第一手资料，对案例地的旅游减贫模式和经验启示进行阐述，并有针对性地提出了各种类型地区的旅游减贫发展思路。总体上看，这 4 种类型地区的旅游减贫都经历了开发式减贫，国际反贫

---

[1]　邹统钎:《旅游目的地管理》，高等教育出版社，2011，第139页。

困经验证明，开发式减贫能从根本上解决贫困人口的素质问题、发展问题和能力问题，形成自我可持续发展的良性机制。事实上，开发式减贫正是我国多年来农村减贫实践的经验总结，也是当前减贫工作中坚持的一个基本工作方针。我国旅游发展的实践证明，发展旅游可以解决旅游资源富集区的脱贫和持续发展问题。本章所选案例地的旅游业发展都获得了不同程度的减贫效果，其中属于黄金型地区的旅游减贫效果最佳。本质上，旅游减贫是旅游资源相对富集区开发式减贫的最佳模式，即在旅游资源条件较好的贫困地区通过扶持旅游发展带动地区经济发展，进而脱贫致富的一种区域经济发展模式，是借助于旅游经济对区域经济的带动作用而脱贫，旅游减贫的效果在更大范围内和更高层次上使贫困地区全面致富。

依据资源经济学理论，经济资源配置主要分为两个维度，即资源在不同部门、地区及群体间如何实现合理分配，以及如何实现资源在相关主体间的组织与高效利用。本章中，双低型地区旅游减贫效率和减贫变化率都处于较低的水平，很大程度上是因为资源配置缺乏合理性和可行性；而朝阳型地区和黄金型地区能够在不同部门和利益群体之间合理分配经济资源，并且实现资源的高效利用；潜力型地区要发展成朝阳型或黄金型，也不能忽视经济资源配置的重要性。万达·丹寨小镇、兴伟集团·普定"秀水五股"分红模式等案例都有力证明了：科学合理的资源配置和因地制宜，以及良好的系统运行和监管，是旅游减贫成功的关键之举。

第五章
滇桂黔石漠化片区旅游减贫机制

为巩固和完善上一章探讨的滇桂黔石漠化片区的旅游减贫的效果，本章重点对滇桂黔石漠化片区的旅游减贫的机制问题进行深入探讨，其目标在于如何更好地解决目前滇桂黔石漠化片区旅游减贫过程中出现的主要问题，确保旅游减贫能够持续健康的开展。

第一节　机制设计理论发展概述

机制（mechanism），最早源于古希腊语。在《辞海》中，机制是指机器的构造和动作原理。"机制"被引用到经济学和管理学领域，主要是描述一定的经济机体（如企业组织）内各构成要素之间相互联系和作用的关系及其功能。机制从属于制度，通过制度系统内部组成要素按照一定方式的相互作用实现其特定功能[①]。制度机制是人为设定的，如

---

①　饶勇：《旅游企业隐性知识创新与共享的激励机制研究》，厦门大学博士学位论文，2008。

竞争机制、市场机制、激励机制等，具有强烈的社会性。体制与机制既有区别，又有联系。体制是指国家的政策、目标和管理制度的总和，主要体现为政府的减贫目标、政策和各种手段。例如，旅游减贫作为减贫的一种重要方式，发挥着积极的作用。

机制是通过一系列具体运行方式来实现政策目标，主要体现为旅游开发的各种条件与旅游减贫效果之间的因果关系。这些机制主要包括精准减贫机制、旅游开发机制和利益分配机制等，与之相对应的分别有帮扶机制、减贫对象的利益机制等。这些机制的构建存在哪些要素或条件，以及它们之间构成何种因果关系？这是本章着重要解决的问题。例如，减贫机制由精准识别、精准帮扶、精准监管和精准考核四大要素构成，它们之间存在什么因果关系？这些因果关系决定了是否能够达到持续减贫的效果。那么，什么是有效率的旅游减贫机制？什么是有效率的旅游开发机制？什么是有效率的利益分配机制？是否已经形成了有效的一系列相互关联和促进的机制？等等。实质上，这是一个体制机制的重构和完善过程，机制设计理论可以提供指导和借鉴，可以指明如何才能设计出好的机制，解决滇桂黔石漠化片区当前在减贫最后的攻坚战中遇到的棘手问题，为进一步完成脱贫目标扫除障碍，以更少的成本获得更高的减贫效率。因此，本研究对滇桂黔石漠化片区旅游减贫机制设计必然也是围绕旅游减贫机制的构成要素及其相互关系来展开。

从宏观层面看，滇桂黔石漠化片区在旅游减贫进程中要认识到个体逐利性与信息不对称这两个基本客观的现实。根据机制设计理论，旅游减贫制度的安排和落实能取得良好效果，关键在于满足机制设计理论所界定的两个基本约束条件，即参与性约束条件和激励相容约束条件，让贫困群众能够真正享受旅游减贫带来的红利。参与性约束条件要求改革能符合大众的根本利益，努力让所有人至少是绝大多数人从旅游减贫中获利。在此情境下，旅游减贫机制的落实才能得到绝大多数人的拥护，获得他们的支持，并使他们愿意参与旅游减贫活动，形成与旅游减贫一致的新的利益阶层,以此形成与中央一致的减贫共识和行动。所以,满足参与性约束条件的机制在现代经济学中也被称作个人理性(individually rational)机制[1]。只有当制度安排使个人的收益不小于其保留收益(不接受该制度)时,追求自身利益的个体才愿意服从制度安排进行生产、交易等活动。[2]也就是说,在旅游减贫过程中,只有当旅游减贫相关机制实施后使参与旅游减贫活动的贫困户的个体收益大于其不参与旅游减贫活动时的收益时,他才会愿意按照旅游减贫相关机制实施生产、交易、服务等活动。可见,参与性条件非常重要。

激励相容约束条件要求所采用的改革措施或制度安排能极大地调动人们的生产和工作积极性,当个体逐利达到最优结果时,即可实现改革者所期望的目标。这里的个体可以是地方政府、政府部门、产业、企业以及老百姓。这两个条件也是现代经济学机制设计理论的一个分支,是最优机制设计理论中委托人(比如改革者)选择制度安排时所必须满足的两个基本条件。[3]

旅游减贫过程中还要解决贫困地区的资源开发与保护之间的矛盾问题,要最大限度地发挥旅游减贫的功能,就必须考察指导资源利用行为的制度设计。然而,还要特别注意公共池塘资源情境之间的差异以及在复杂情境下制定合理规则可能遇到的困难。[4]因此,本研究在深入滇桂黔石漠化片区进行实地调查研究和深度访谈的基础上,对这些问题进行深层次探讨。

---

[1] 田国强:《如何实现科学有效的体制机制重构与完善——机制设计理论视角下的国家治理现代化》,《人民论坛》2014年第26期。

[2] 《如何实现科学有效的体制机制重构与完善》,https://www.xzbu.com。

[3] 田国强:《如何实现科学有效的体制机制重构与完善——机制设计理论视角下的国家治理现代化》,《人民论坛》2014年第26期。

[4] 〔美〕埃莉诺·奥斯特罗姆、罗伊·加德纳、詹姆斯·沃克:《规则、博弈与公共池塘资源》,王巧玲、任睿译,毛寿龙审校,陕西人民出版社,2011,第364页。

第二节　旅游减贫机制设计的原则与结构

一　旅游减贫机制设计的原则

受历史、文化、政治等特定环境因素的影响，并没有一个完全统一的自上而下的旅游减贫模式，但是可以借助资源相似地区旅游减贫的成功经验，按照党的十九大提出的"坚持精准减贫、精准脱贫，坚持中央统筹、省负总责、市县抓落实的工作机制"，构建滇桂黔石漠化片区旅游减贫机制需要遵循以下三个主要原则。

（一）精准识别贫困人口困难程度及帮扶需求

在实施精准减贫过程中，对减贫对象贫困程度的精准识别和贫困人口的帮扶诉求决定了旅游减贫的精准度，也是旅游减贫工作的第一步。只有对贫困人口的贫困状况及贫困程度进行深入了解，才能根据贫困人口的帮扶诉求和帮扶意愿有针对性地采取帮扶措施，努力实现"一户一策"的精准施策目标。滇桂黔石漠化片区分布在 15 个市州 91 个县（市、区），这么大面积区域所对应的是不同贫困信息的分散分布情况，导致其监督成本尤其是信息成本也不同。信息的不对称导致贫困程度的识别难度增加，这不仅需要赋权由三省（区）地方政府来单独负责处理，还需要滇桂黔三省（区）联合共同处理，找出问题的共性和特性，精准施策，精准帮扶，实现精准减贫的帕累托最优。

（二）准确判断旅游资源以确定旅游减贫模式

若开发者对贫困地区的资源信息了解不完整，实施旅游减贫开发过程中随时可能出现机会主义风险。例如，对少数民族传统文化如婚俗、节庆等的过度开发导致商业化现象严重，或者挖掘不够导致传统文化真实性的缺失等，都有可能给旅游减贫带来灾难性的后果。因此，要准确判断和评价旅游资源本身的价值和开发价值，旨在选择合适的旅游减贫开发模式。例如，广西龙胜梯田因四季更替，田里农作物不同，使梯田全年风光秀丽，适合采取"旅游＋农业"的农旅结合模式进行旅游开发。游客不仅能够观赏梯田的四季美景，还能够拓展农业科普知识。

（三）引导贫困人口积极地参与旅游减贫活动

实施旅游减贫，不仅需要强化政府在各项扶持政策、公共服务、规范管理等方面的引导、沟通和协调作用，而且还需要调动广大贫困人口、社会组织等的参与积极性。因为，制度规则要有效，就必须与所处的贫困地区旅游资源相匹配。为解决此问题，最佳的策略是开发有助于滇桂黔三省（区）旅游减贫参与者能够直接参与治理的旅游减贫制度框架。在制定、改变与执行各种操作规则以回应现实问题的多样性方面，需要更多地方执行者组织和实际参与。

二 旅游减贫机制的结构

根据上述机制设计理论及原则，本研究认为滇桂黔石漠化片区旅游减贫机制应该由以下几个部分组成。

（一）精准减贫模式

精准减贫模式是解决传统减贫开发工作中底数不清、目标不准、效果不佳等问题的重要途径。在旅游减贫实施过程中，要解决政策和资金用在谁身上、怎么用、用得怎么样等问题，切实做到扶真贫、真减贫，挖掘出脱贫致富的内生动力。要彻底纠正过去"给点钱、建几个示范点就是减贫"的片面思想和应付思想，将精准识别这个精准减贫的"第一战役"打响、打好，将减贫工作落实到村到户，弄清楚贫困底数，建档立卡，准确地找到致贫原因，采取"一把钥匙开一把锁"的办法，合理安排减贫项目和减贫资金，帮助恢复贫困地区的"造血功能"，彻底断掉穷根，并通过不断完善对精准减贫效果进行考核，调动区域内各方面力量，有效配置区域之间资源，形成全社会减贫攻坚的合力，着力形成更加协调、更有效率、更可持续的精准减贫开发新机制。

（二）旅游开发形式

旅游开发形式多种多样，不同类型的旅游开发可以通过"旅游+"形式来体现，也可以通过旅游目的地社区居民的参与形式来实现。旅游目的地社区居民参与主要侧重于从人性的角度对参与者的动机、管理等进行探讨，譬如社区居民参与旅游活动的驱动力、管理决策等，本研究着重从旅游减贫开发的动力机制和管理决策机制两个方面对贫困地区贫困人口参与旅游开发的形式进行深入探讨，提炼出具有普适意义的旅游减贫开发机制。

（三）利益分配方式

旅游减贫中的利益分配方式反映的是旅游减贫中的既得利益主体之间成果分配是否科学和公平，也就是旅游减贫的投入方与产出成果受益方双方分享生产剩余时的权利配置。旅游减贫的利益相关者与参与主体和驱动者具有重叠性，包括政府、贫困人口、企业（投资人）、旅游者、社会组织等。利益分配方式适当与否决定了贫困人口的受益程度和满意程度，因此，它对旅游减贫工作起着检验的重要作用。例如，贵州龙里油画大草原（见图5-1、图5-2）的旅游减贫项目就形成了有效的利益分配机制。

龙山镇草原片区属于一类贫困乡，位于龙里县城南郊，是典型的高寒少数民族乡。该片区有12个行政村98个村民组103个自然村寨。该片区共有贫困户426户1467人，其中一般贫困户180户739人，低保贫困户78户258人，低保户158户456人，五保户10户14人，贫困发生率为9.9%。经过不懈努力，2016年草原片区已脱贫349人，2017年脱贫641人。

图 5-1　龙里油画大草原帐篷节

资料来源：龙里县文化广电和旅游局。

图 5-2　龙里油画大草原观光缆车

资料来源：龙里县文化广电和旅游局。

　　2017 年，龙里县下拨 289 万元财政专项减贫资金资助龙山镇投资入股龙里油画大草原旅游区建设减贫项目，项目建设内容包括草原明珠服务中心、鸟巢酒店服务中心、滑雪滑草服务中心等。油画草原项目主要建设内容及旅游减贫方案如下。一是建设地点及覆盖农户。项目建设地点位于龙山镇草原片区（原草原乡），项目覆盖龙山镇范围内贫困户 200户 350 人以上。二是主要建设内容及规模。投资参与贵州腾龙实业集团有限公司与贵州南方卓越投资运营管理（集团）有限公司共同注资成立的南龙旅游实业公司负责实施的龙里油画大草原旅游区建设项目——草原明珠服务中心、鸟巢酒店服务中心、滑雪滑草服务中心等项目建设资金入股分红。三是财政减贫资金支持环节、标准及额度。项目总投资289万元。其中，申请财政减贫资金289万元，用于项目覆盖的200户以上贫困户按照"三变"模式参与项目建设的投资入股分红。单户参与入股资金不得超过2万元。

该项目采取"公司＋村委会＋贫困户"的运作模式，建立公司、村委会与贫困户的利益联结机制。项目实施镇政府成立项目实施小组，协调解决项目实施过程中遇到的问题，协调"公司＋村委会＋贫困户"的利益联结及责权利方面的问题。具体运作办法：由项目覆盖村委会委托贵州翼龙汽车服务有限公司牵头实施，负责与南龙旅游实业公司洽谈签订相关投资入股事宜；财政减贫资金具体到贫困户投资入股的相关手续由覆盖村委会负责完善并做好参与项目贫困户的进入和退出管理，取得一定的综合效益。

（1）减贫效益。可以长期解决5名贫困户工作问题及若干短期工作岗位，增加200户350人以上贫困户的收入，使减贫效果明显增强，带动更多农民脱贫致富。自2018年4月试营业至2019年4月，该景区为80多人解决了就业问题，其中有20多人是贫困人口（绝大多数是当地的苗族），提供安保、保洁等基础岗位，月工资2000元，年收入至少2万多元。其中，已有15个马夫与景区签了协议成为正式员工，几乎都是龙山镇草原社区水台村人。游客在景区骑马约40分钟，一次性收费60元，其中30元分给马夫，30元交给景区用于购买骑马的游客保险、景区门票税收、景区保洁等事项支出。马夫的收入是由游客骑马的次数决定的，淡旺季收入差距明显，总体上并不稳定，年均收入2万~3万元。为了增加马夫的收入，景区优先考虑请贫困户马夫负责养马，月收入1800元左右。此外，景区还组织当地苗族表演苗族歌舞，每隔2小时表演一场，每天表演5场，每天给表演团队200元，他们平分，也增加了经济收入。[①]

景区将自然景观和苗族文化相结合，聘请了当地苗族同胞做解说员和导游，并优先考虑贫困户就业。2019年，景区有5个解说员，杨某莲就是其中一名优秀的解说员。她是龙里县湾滩镇金星村马安寨人，该寨有20多户150人，全是红苗族，全村有一半以上人口未脱贫。杨某莲（1997年出生），父母务农，有两个弟弟（读中学）和两个妹妹（读小学），全家7口人，只有2~3亩地，主要种植烤烟，收入根本不够家里的日常开销。由于她父亲身体不好，不能做重活儿，因此，2018年和2019年就没再种烤烟，彻底断了原先她家所依靠的经济来源。这让杨某莲不得不放弃学业，到景区当解说员，月收入3000元，减轻家庭负担。2018年春节前夕，龙里县政府给她家送去2头猪仔和13只鸡苗[②]，采用"造血式"减贫模式帮助她家。

（2）经济效益。项目建成后，一是投资入股分红，以289万元的投资总资金投资入股5年，第一年按照7.5%分红（21.68万元）；第二年按照7.8%分红（22.54万元）；第三年按照8.0%分红（23.12万元）；第四年按照8.2%分红（23.70万元）；第五年按照8.5%分红（24.57万元），投资期满收回投资本金，是否再投资视当时情况定。二是项目内务工收入，5个长期工作岗位每年工资收入不低于12万元［按照不低于2000元/（月·人）计算］，若干短期岗位根据具体务工情况进行统计。若覆盖贫困户脱贫投入项目的股权及务工权利由镇、村按照减贫工作的需要进行调整到其他需要的贫困户或用于壮大贫困村的村集体经济。

（3）社会效益。通过项目的全面实施，推进龙里县旅游产业项目的进程，改善环境，增加务工就业、产品销售等渠道，促进全县产业结构调整，实现贫困户增收，达到地区发展乃至脱贫攻坚工作同步推进的目的[③]，促进城镇均衡发展，促进农村经济发展，加快实现城镇一体化建设

---

① 资料来源：龙里县油画大草原景区管理办公室。
② 资料来源：龙里县油画大草原景区解说员杨某莲口述。
③ 资料来源：龙里县文化和旅游局。

具有重要作用，使全县旅游产业化减贫模式能够持续、稳步地向前推进。该景区积极筹备于 2019 年申报 4A 级景区。可见，有效的利益分配方式是旅游减贫成功的重要指示灯。

（四）省际联席机制

省际联席机制是应滇桂黔石漠化片区的整体发展而设计的，着重点在于通过滇桂黔三省（区）之间建立省际联席会议，为该区域发展，尤其是实施旅游减贫战略具有重大的推动作用和内生发展动力。因为滇桂黔石漠化片区是一个整体，在该片区实施旅游减贫并非哪一个省份内部的事，而是应由云南、贵州、广西三省（区）联合，共商治理，共同应对该片区旅游减贫这场重大的、能够使片区内千万贫困人口摆脱千百年来受贫困制约的"战役"，因此，建立省际联席机制至关重要。

以上前几个部分组合在一起，就构成了比较完整的适用于滇桂黔石漠化片区以及其他集中连片特困地区旅游减贫机制，且前三部分通过省际联席机制共同作用于滇桂黔石漠化片区旅游减贫机制，各组成部分之间的关系结构如图 5-3 所示。

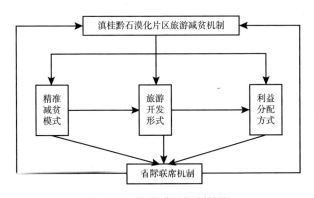

图 5-3　旅游减贫机制结构

需要指出的是，在整个旅游减贫机制中，精准减贫模式和旅游开发形式是利益分配的基础，只有在旅游减贫开发产生效益后，才能够产生利益分配，进行利益分配选择，而为实现滇桂黔整个石漠化片区的旅游减贫效率最优，需要建立省际联席机制，该机制综合精准减贫模式、旅游开发形式和利益分配模式的成果，通过省际联席机制实现滇桂黔石漠化片区旅游减贫机制的构建，建立三方交流合作的对话机制，并在顶层设计的指导思想和原则下使三方的合作框架协议具有可执行力，为滇桂黔石漠化片区旅游减贫机制提供理论和方法支持。

第三节　旅游减贫的机制设计

一　旅游减贫机制

（一）构建要素及其关系

滇桂黔石漠化片区旅游减贫机制以"精准"为主，主要由精准识别、精准帮扶、精准监管和精准考核四大要素构成，本研究重点阐述旅游减贫的关键要素，它们之间存在什么关系？它们如何在旅游减贫机制里共同发挥作用？

按照椅子理论，这四大关键要素就像是一把椅子的四条腿，共同构成了四角鼎立的关系，缺一不可，若是椅子的哪一条腿出了问题，其他三条腿也不足以支撑起椅子的平稳以及承载来自椅子上方的重量。同理，这四个关键要素之间构成了一种潜在的因果关系，因为有了精准识别，发现有需要帮助的贫困人口，才有了精准帮扶，在帮扶的过程中若缺乏有效的监管，容易产生滋生腐败、民众诉求难以得到及时反映等问题，精准监管就应运而生。人本原理认为，管理的基本原则是把人的因素放在首位，从根本上要充分调动人的积极性、主动性和创造性。这说明，旅游减贫工作的效率和质量，首先取决于减贫主体和被帮扶者对实现旅游减贫目标的主动性、积极性和创造性以及相互间的紧密配合。在对减贫者的管理过程中，要做到充分调动人的积极性、主动性和创造性，必须根据人的行为规律进行管理，还需用适当的激励或惩罚才能让人产生动力，从而推动管理工作有效进行。

为避免美国心理学家道格拉斯·麦格雷戈提出的 X 理论、Y 理论中的 X 原理，即大多数人天生就懒惰，尽一切可能地逃避工作，且没有抱负，宁愿被领导批评、怕担责任，使个人安全高于一切。对于这些人必须采取强迫的命令、软硬兼施的管理措施。也就是说，人们有消极工作的原动力。因此，为避免 X 理论现象出现，要对旅游减贫主体所做的精准识别、精准帮扶等一系列"精准"工作进行精准考核，并对考核结果进行及时反馈，形成一个相对封闭的精准减贫管理系统。该系统中的各子系统之间相互依存、相互依靠，共同作用于旅游减贫机制运转，决定了旅游开发是否能够达到精准减贫的效果。

（二）构建主要内容分析

滇桂黔石漠化片区旅游减贫机制构建的主要内容就是要针对贫困人口差异化的致贫原因分类施策，解决好"扶持谁""谁来扶""怎么扶""如何退"这四个基本问题，做到"六个精准"即扶持对象精准、项目安排精准、资金使用精准、措施到户精准、因村派人精准、脱贫成效精准。这"六个精准"涵盖了减贫对象精准识别、精准帮扶和精准管理等环节，[①] 以精准理念为主线贯穿了减贫开发的整个流程，在创新精准减贫方式和模式的基础上，科学地识别贫困人口的贫困程度和状况，有效地引导贫困人口参与精准脱贫方案设计和规划编制，让方案或规划指引项目发展，项目资金为最需要减贫的贫困人口服务，加强减贫措施的针对性，切实扶到群众最需要扶持的地方。

1. "扶持谁"：精准识别减贫对象

精准减贫工作的目标是精准定位，找准真正需要减贫的贫困人口及其致贫原因，对准他们的根本需求，精准施策，让他们切实获得减贫带来的红利，增强获得感和主人翁意识。因此，精准识别出减贫对象就至

---

① 《贵州大扶贫条例》，http://wenku.baidu.c。

关重要，这决定了扶持"谁"的问题。

滇桂黔石漠化片区各县（市、区）要根据三省（区）的相关减贫政策措施，在最短时间内高质量完成当地贫困村、贫困人口的精准识别和建档立卡工作。一方面，要做好宣传工作，充分调动群众的积极性，发动群众参与。群众是减贫的源泉，对贫困人口的识别离不开群众的参与和配合，因为当地群众更了解和熟悉与他们长期居住和生活在同一个地方的贫困人口的贫困状况。为获得群众的支持，必须灵活采取多种方式进行广泛深入的宣传，让群众充分认识到识别贫困人口和建档立卡工作的重要性和必要性，并主动参与到该项工作中。在这一过程中，村级干部特别是村支书的正确引导和宣传至关重要。另一方面，认真核实、核准贫困底数，精准定位、精准识别。根据贫困人口填写的减贫申请表，按照国家公布的减贫标准进行筛选，并在村里进行公示公告，接受群众的检验，采取量化指标、定性指标与村民代表民主评议相结合的方法，认真审核，严格把关，确保减贫识别对象的信息准确无误，且真实可信。

2. "谁来扶"：精准选派扶持对象

至于选派谁去从事减贫工作的问题，非常关键。滇桂黔石漠化片区91个县（市、区）中有66个属于名副其实的国家级贫困县，绝大多数贫困村干部的文化水平普遍较低，年轻人外出打工导致一些地方贫困程度特别是"智贫"程度更高，整个村的贫困状况变得更为严重，这都给精准减贫脱贫工作带来新的挑战和困难。"谁来扶"关系到精准减贫的效果和效率问题，应当慎重而行之。因此，在选派扶持对象时，要做到两个精准：一是精准选派，二是精准监管。在精准选派方面，滇桂黔石漠化片区各级党委和政府在确定扶持人选时，要充分调研摸底，注意选派思想作风端正、能力强的优秀年轻干部到贫困地区驻村帮扶，通过公开招考的方式选聘高校毕业生到贫困村工作。根据贫困村的实际需求，提高县级以上机关派出干部比例，精准选配第一驻村书记，精准选派驻村工作队，在短期内大幅提高贫困村的管理水平。与此同时，要摸清贫困村的情况，按照按需分配原则，做到帮扶干部和贫困村合理匹配。例如，对旅游资源富集、尚未进行旅游开发或者旅游开发效果不佳的地方，注重选派熟悉旅游产业发展的干部；对富民产业不明确、群众种养知识贫乏的村，注重选派熟悉产业发展的技术干部；等等。通过有针对性地选派，最大限度地让选派干部充分发挥自身优势，在群众观念转变、富民产业发展、基层组织建设、文明乡风培育、破解旅游发展瓶颈等方面做出贡献、干出实绩。①

在精准监管方面，为了让精选的扶持对象如驻村干部等的帮扶工作出实绩、有实效，必须严格按其所任的岗位职责对其实际工作进行考核，把脱贫攻坚实绩作为选拔任用干部的重要依据，强化日常监管，建立组织部门、派出单位、乡镇党委、减贫部门等相关部门的联动管理机制，激励扶持对象在脱贫攻坚工作中将自己的特长和专业技能运用到减贫工作中，真正让贫困户充分受益。

3.“怎么扶”：精准施策到村到户

由于贫困人口较脆弱，需要采取短期和长期综合性帮扶措施，规范对“怎么扶”问题的解决方案，即精准施策。可先从基础设施建设减贫、生产发展减贫、易地搬迁减贫、教育减贫等方面，进一步明确各级政府尤其是相关部门在大减贫工作中的职能定位，②分类管理主要指对贫困对象的性质和致贫原因进行分类。

4.“如何退”：精准脱贫到户到人

习近平总书记指出，贫困退出要预防两种情况，一种是拖延症，另一种是急躁症。贫困退出既要数量，更要看质量，质量就是稳定脱贫、精准脱贫。要设定时间表，实现有序退出，要留出缓冲期，在一定时间内实行摘帽不摘政策。要实行严格评估，按照摘帽标准验收。要实行逐户销号，做到脱贫到人。可见，要实现精准脱贫的目标，确保减贫工作

---

① 程冠军：《精准脱贫中国方案》，中央编译出版社，2017，第12、83页。
② 贵州：《坚持把脱贫攻坚作为头等大事和第一民生工程》，http://gzsb.gog.cn/s,贵阳网，2018年3月2日，http://m.china.com.cn/c1/doc_1_675575_679401.html；《贵州大扶贫条例》。

成果要真实可靠、减贫开发工作具有可持续性。在以前面三个精准为前提的基础上，要一步一个脚印，确保各项减贫政策措施落实到位。要职责匹配，实行问责制。坚持党的领导，充分发挥政府的主导作用，提高党政机关和企事业单位定点帮扶、东西部减贫协作、发达地区对贫困地区的对口帮扶的精准性和有效性，落实贫困县的主体责任制，使其集中精力扎实推进精准减贫工作。

（三）优化精准减贫机制

1. 优化精准减贫识别机制

对减贫对象的识别是一项政策性很强、目标很明确的工作，亦是关系到老百姓切身利益的具体工作，必须建立健全减贫对象精准识别机制，用"定位仪"和"瞄准器"对减贫对象进行准确定位和精确瞄准，找准真正贫困原因和需要帮扶的"靶子"[①]。

2. 优化精准减贫帮扶机制

开展到各贫困县（市、区）、乡、村、户的贫困状况调查，对贫困人口建档立卡，实行动态监测管理和分类帮扶。找对了对口帮扶路径，帮助贫困地区厘清发展思路，激发内在活力，结合国家相关扶持政策，制定符合贫困地区实际的减贫产业发展规划，宜农则农、宜工则工、宜商则商、宜游则游，真正把资源优势挖掘出来，把减贫政策保证金的能量充分释放出来。认真贯彻相关减贫会议和文件精神，真抓落实减贫措施，明确工作重点和具体措施，把规划、目标转化为一件件老百姓期待、看得见、摸得着、落得实的具体措施。加强分类指导，一乡一策、一村一策、一家一户一本台账、一个脱贫计划、一套帮扶措施，确保扶到最需要扶持的贫困人口、扶到老百姓最需要扶持的地方。此外，还要充分发挥贫困人口长期居住的社区的作用，建立健全贫困社区建设帮扶机制，包括 5 个方面：一是将贫困社区建设与国家现行

---

① 刘守敏:《实施精准扶贫之我见》,《老区建设》2014 年第 6 期。

农村建设相关政策紧密融合；二是贫困社区经济建设帮扶；三是贫困社区组织建设帮扶；四是贫困社区公共服务体系及文化教育建设帮扶；五是利用互联网思维实施精准帮扶，使减贫公益呈现"全民参与、人人行动"的新面貌。

3. 优化动态精准监管机制

当旅游减贫精准脱贫工作进入攻坚阶段，尽管滇桂黔石漠化片区旅游减贫工作取得了重要的阶段性成果，但仍有 300 多万农村特困人口，各级政府的减贫政策、减贫资金是否落实到位？当前的旅游减贫手段是否能够继续发挥其作用？等等。旅游减贫精准考核工作必须保证高站位和前瞻性，在"准"和"实"上下功夫，确保顺利实现脱贫攻坚目标。一支乐队的繁弦急管、钟鼓和鸣，全在一根指挥棒。①因此，要充分发挥滇桂黔石漠化片区联合小组的指挥棒作用，按照地方治理体系和治理能力现代化的具体要求，建立健全标准统一、执行公正的旅游减贫科学考核体系，从而适应滇桂黔石漠化片区经济社会发展、政府职能转变，促进贫困人口脱贫致富，既迫在眉睫，又任重道远。针对滇桂黔石漠化片区旅游减贫考核中出现的问题，可采取以下措施进行整改，为滇桂黔石漠化片区旅游减贫开发领导小组作决策参考，同时可为其他贫困地区旅游减贫提供借鉴参考。建立健全精准减贫监管体制是优化动态精准监管机制的重要前提。要保障滇桂黔石漠化片区旅游减贫工作有序开展，应当针对滇桂黔石漠化片区的实际情况，健全和规范旅游减贫监管体制，健全旅游减贫相关法律法规，采取进一步措施规范旅游减贫监管，建立多元旅游减贫监管体系，完善旅游减贫奖惩机制，改革贫困地区政绩考核方式等。

4. 优化精准减贫考核机制

（1）建构多元主体参与的考核机制。不管在哪个国家，在什么样

---

① 吴帅帅：《莫让考核"顽疾"阻碍现代化治理大局》，2018 年 3 月 7 日，https://mp.weixin.qq.com/s?__biz=MjM5OTU4Nzc0Mg%3D%3D&idx=1&mid=2658616867&sn=c62573aea95a3f01c8527cd4a8247c6e。

的组织机构，旅游减贫考核的最终目的是激励当地居民不断发挥自己的内生动力，实现精准脱贫目标。政府应以贫困人口为中心，以村委会为场域，主动吸纳企业等市场主体、民间组织或志愿者团体等参与，建构"政府—企业—非政府组织—个人—村委会—贫困户"多元主体共同参与的精准减贫机制。对滇桂黔石漠化片区贫困户的扶持效果进行考核和评估，保证精准脱贫成效需要更系统和独立的评估机制，需要动员第三方的力量如社会力量进行科学的抽样评估，也需要贫困人口的积极参与，形成全社会关心支持、共同参与减贫开发工作的"大减贫"格局，集中更多的资源和力量解决贫困问题。

（2）优化评估方式和动态考核机制。优化考核评估方式，尽量将技术手段造成的误判减少到最低程度。对于贫困户扶持效果的考核可以采用贫困户满意度调查。考核组随机抽取5~10户贫困户开展实地抽查和满意度测评。通过入户走访、电话询问等方式，对所有建档立卡的已脱贫和未脱贫贫困户进行随机抽样调查，根据抽查样本容量和群众满意度反馈情况，折算得分比例。

（3）建立健全脱贫认定机制。为解决考核重复和标准不统一问题，滇桂黔三省（区）旅游减贫相关部门应当从顶层设计上规范考核制度，确保旅游减贫考核具有高站位和前瞻性，联合统一标准和口径，不能简化成一张年度成绩单、一份工作流水账。制定考核标准的部门过多，最后全都要落到基层。条条多、块块少，基层肯定应付不过来。把旅游减贫精准考核的工作归到一个部门或者工作小组，提前半年或更长时间制定统一指标；或者仍旧条块分开，但要统一旅游减贫精准考核的数据、标准等，避免基层在统计时做重复劳动。需要引起注意的是，似乎考核内容越多、考核力度越大，治理体系就越丰富，治理能力就会提升。因此，考核也需要坚持"精准"，对于不同的地方、不同的部门，要根据实际情况来确定考核的标准，而不是"一刀切"的方式，这不仅有失公平，还会滋生那些"套路"，让考核的初心不见，只有更"精准"考核出来的成绩才会更"准确"，达到的效果更佳。应当平衡日常考核与年终考核的动态考核形式，数据的积累要在平时做，不搞岁末集中突击。减贫工作具有持久性和长期性，要想降低脱贫人口返贫概率，就必须在考核评估环节注重其持续性和动态性，实现帮扶主体和帮扶措施优胜劣汰。此外，还应加强对旅游行业减贫、旅游定点减贫、驻村帮扶和结对帮扶工作实绩的考核，注重对党政干部减贫实绩、贫困群众满意度等进行评价，树立正确的脱贫攻坚工作导向。

（4）建立健全奖惩分明的考核机制。要实现精准脱贫和乡村振兴的目标，就要建立健全旅游减贫工作的奖惩机制，提升旅游减贫干部的工作积极性。建立健全旅游减贫工作的考核激励机制。需加大体制机制创新力度和旅游减贫考核力度，优化脱贫攻坚工作的评价体系，覆盖基层脱贫攻坚工作者的全部工作，让考核制度切实发挥出激励作用。要加强督查问责，让规矩严起来。精准减贫、精准脱贫要取得实实在在的成效，离不开考核问责的保障。制定科学有效的脱贫考核体系，要在考核对象、考评内容和考核结果运用上精准发力，才能促使广大党员干部扶真贫、真减贫，推动脱贫攻坚工作出实效。滇桂黔石漠化片区联合工作小组要全面落实干部能上能下的旅游减贫工作机制，对旅游减贫绩效考核"一般"的党政领导、部门领导和干部要及时组织调整；对精准脱贫工作扎实、业绩突出、作风优良的干部，要重点培养使用。规定严格的问责机制，对脱贫工作停滞不前、领导不力的干部，视情况采取岗位调整、约谈问责等方式进行处理，促进脱贫攻坚工作提质增效，促进党员干部作风转变；等等。

（5）完善干部队伍建设和考核机制。健全精准考核制度，首先要完善减贫干部队伍建设。脱贫工作来不得半点马虎，只有明确考核对象、精准考核内容，才能把各级党员干部的思想统一起来。在年终目标考核和平时考核中，要加强对各级领导班子和领导干部脱贫攻坚工作开展情况的考核评定。要把脱贫工作列为承担减贫任务的领导干部年度述职的重要内容。一是要改进地方官员考核机制，将GDP弱化而不是隐化。根据滇桂黔石漠化片区的实际情况，由主要考核地区生产总值向考核旅游减贫开发工作成效转变①。二是必须建立一支健全可靠的减贫队伍。真正的考核应该是助力干部前进的一种方式，能够让他们看到自己工作中的成功之处，也能够通过这样的系统方法来发现自己存在的短板，才能不断地夯实自身的实力，在治理能力上不断地提升。

（6）建立健全第三方考核评估机制。我国于 2016 年开始实施第三方"试"评估，并于 2017 年正式启动该项评估措施，滇桂黔石漠化片区中有部分地区也启用了第三方评估方式。第三方评估的益处不言而喻，但在旅游减贫工作中也遇到一些问题。这在一定程度上阻碍或影响旅游减贫的顺利推进和最终目标的实现，需要引起各级政府的高度重视。2016 年 7 月 28 日，时任国务院副总理、国务院减贫开发领导小组组长的汪洋同志指出，第三方评估是新时期创新管理方式的重大措施。充分发挥第三方评估的督查、巡察作用，可为科学转变减贫工作方式、消除贫困地区体制机制障碍、增强其内生动力与发展活力开辟有效途径。② 实质上，开展精准减贫第三方评估是对贫困地区减贫工作成效进行的一种考核。针对考核中出现的旧病新疾，可以引入系统之外的第三方专家力量，选取试点，采用各项现代技术，如现场填写问卷、照相、录像、录音、空间定位等，对政府部门的减贫工作内容、工作成效等进行评估，根据不同地方、部门、层级、岗位的工作实际设计考核指标，并在实际操作中不断修正。因此，充分发挥第三方对旅游减贫考核评估作用，建立健全科学的评估考核机制支撑是保障。首先，要完善评估资质审核、随机抽取制度、评估责任追求机制、评估独立不得干预机制，从制度上保证第三方评估工作的公平、公正。实质上，第三方评估更看重精准减贫的日常工作及其成效，只要各地工作作风踏实，贫困人口确实获得相应的扶持和补助，第三方就会给出一个客观公正的评估结论。③ 其次，要做好考

---

① 曾国安、李伟航：《精准扶贫要在"准"和"实"上下功夫》，人民网，2018 年 9 月 20 日，http://theory.people.com.cn/n1/2018/0920/c40531-30304570.html。

② 王卉：《第三方评估激发精准扶贫活力》，《中国科学报》2016 年 8 月 22 日，http://news.sciencenet.cn/htmlnews/2016/8/354233.shtm。

③ 刘学敏、李强：《国家精准扶贫工作成效第三方评估的几个问题》，《全球化》2017 年第 8 期。

核过程和结果的公开，确保整个评估过程在阳光下进行。引入第三方评估就是用中立、公平公正的科学评估方法，充分发挥社会监督作用，有效避免考核评价方陷入与被考核对象的特定关系中，最大限度地保证考核数据真实可信。最后，要发挥好评估结果的作用，用真实有效的结果指导下一步工作。考核结果对于反映当地减贫工作效果和下一步减贫工作计划起着重要作用，滇桂黔石漠化片区联合小组要做好第三方评估工作，发挥减贫评估"指挥棒""质检仪""推进器"的作用，减贫评估不能异化成"刮减贫油"。因此，要确保强化职责，落实任务，确保滇桂黔石漠化片区精准脱贫保质保量。

（7）建立健全精准减贫的督导机制。国家《关于支持深度贫困地区旅游扶贫行动方案》要求，各地要加强组织领导，加强旅游减贫人才保障，加大旅游减贫项目资金保障，强化旅游减贫督导机制。健全滇桂黔石漠化片区精准脱贫的督查巡查机制，认真开展旅游减贫督查脱贫攻坚工作，必须将"严"字贯穿始终，本着实事求是的原则，深入贫困县、贫困乡镇、贫困村督查，听取群众意见、基层干部意见，确保督查实效。精准考核是精准减贫精准脱贫的重要一环，创新督查考核方式，综合运用"年访督查、暗访督查、调动督查、回访复查"等方式，提高督查结果精准度。

二　减贫开发机制

（一）构建要素及其关系

旅游减贫开发机制主要包括资金要素、人力要素、技术要素及制度要素四大要素，这些要素的相互作用与管理决策形成了旅游减贫的开发机制，包括动力机制与管理决策机制两大机制。旅游减贫开发机制的正常运转是由旅游减贫开发主体来完成的，不同的旅游减贫开发主体在旅游减贫系统中起着不同的作用。旅游减贫开发机制的完善与否、执行严格与否，决定了旅游减贫开发途径与模式的选择，以及是否能够实现精准脱贫和乡村振兴的目标。因此，本研究认为，滇桂黔石漠化片区的旅游开发机制是由旅游开发动力机制和旅游开发管理决策机制两大部分构成。

（二）构建主要内容分析

1. 旅游减贫开发动力

实施旅游减贫产生的动力是确保其能够得以实施的关键因素。旅游资源的吸引力与精准减贫形成两股强大的推动力，二者相互作用、相互影响，共同推动贫困地区旅游减贫工作的开展。本研究借助矢量概念，运用物理学中力的平行四边形法则原理，对滇桂黔石漠化片区旅游减贫进行深入剖析。其中，三矢量分别表示贫困地区所拥有的资源吸引力、旅游业的推动力、旅游减贫的动力，其作用力方向分别代表着贫困地区资源导向、旅游业的带动导向和旅游减贫发展的战略导向（见图5-4）。[①]

图5-4中各图说明如下。

①表示旅游减贫的高速发展机制，旅游业的带动作用和滇桂黔石漠化片区的资源吸引力均在第 I 象限，此时，$D_R > 0$，$D_r > 0$，$D > 0$，$D_R > D_r$，二者形成强大的正向推动力，推动着旅游减贫进入快速发展阶段。

②表示旅游减贫的稳定发展机制，旅游业的带动作用在第 II 象限，滇桂黔石漠化片区的资源吸引力均在第 I 象限，此时，$D_R > 0$，$D_r > 0$，$D > 0$，$D_R < D_r$，二者的正向驱动力呈现减弱趋势，旅游业的带动力也随着减弱，旅游减贫进入稳定发展阶段。

③表示旅游减贫的缓慢发展机制，旅游业的带动作用在第 III 象限，但旅游业产生的副作用小于滇桂黔石漠化片区的资源吸引力，此时，$D_R > 0$，$D_r < 0$，$D > 0$，且 $|D_R| > |D_r|$，旅游业的发展影响滇桂黔石漠化片区资源的发展，耦合发展缓慢进行。

---

①　马菲菲：《湘西地区休闲农业与旅游业耦合发展研究》，吉首大学硕士学位论文，2012。

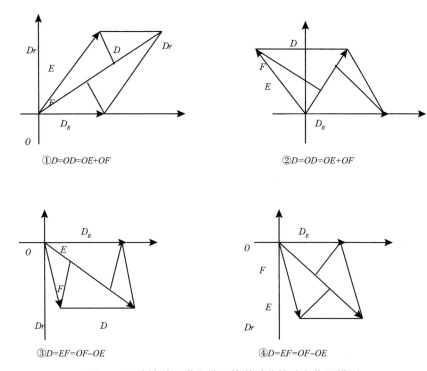

①$D=OD=OE+OF$　　　　②$D=OD=OE+OF$

③$D=EF=OF-OE$　　　　④$D=EF=OF-OE$

图 5-4　滇桂黔石漠化片区旅游减贫的动力作用模型

注：D 表示旅游减贫的动力，D_r 表示旅游业的推动力，D_R 表示滇桂黔石漠化片区的资源吸引力，OE、OF 分别为 D_r 和 D_R 在 D 上的垂直投影。

④表示旅游减贫发展的衰退机制，旅游业的带动作用在第Ⅳ象限，此时，$D_R>0$，$D_r<0$，$D<0$，且 $|D_R|<|D_r|$，旅游业的发展严重制约着滇桂黔石漠化片区资源的发展，导致旅游减贫进入衰退阶段。

滇桂黔石漠化片区具有独特的资源吸引力，旅游减贫发展成效主要源自与生俱来的资源条件、当地居民的积极参与以及政府的正确决策和协调作用，是推动旅游业发展的决定性因素，满足了游客求新、求知、求异以及回归自然等多样化需求，并对推动滇桂黔石漠化片区旅游减贫的发展起着积极的作用。

第一，良好的资源基础为旅游减贫创造了条件。滇桂黔石漠化片区有着丰富的自然山水风光和多彩绚丽的传统民族文化，共同构成了独特的旅游资源条件，为旅游减贫奠定了坚实的基础。因此，旅游业的带动作用亦必不可缺，主要体现在以下四个方面。①旅游发展需求的原始推动作用。根据马斯洛的需求层次理论，当人的基本需求得到满足后，就会产生更高层次的需求。随着人们生活水平的提高，回归自然成为绝大多数人对旅游的一种迫切向往和更高层次的需求。旅游需求的推动使旅游开发的业态开始不断创新和丰富，开辟新领域、创新旅游产品成为必然，这在很大程度上为旅游减贫奠定了坚实的基础。②旅游中介的辅助推动作用。旅游中介组织如马蜂窝等第三方网络旅游推介平台等，在旅游业发展的过程中起着桥梁作用，游客对滇桂黔石漠化片区旅游地的需求极大地促进了旅游业的发展，从而带动减贫。③旅游业的集聚能力。经济地理学理论认为，集聚力和分散力是推动区域经济发展的动力机制。[①]山地高效农业为旅游业的开发创造了各种生产要素和条件，日益发展成为旅游业迅速发展的基石，开展得如火如荼的乡村旅游就是典型的例子。④附近景区、景点的辐射作用。大景区带动小景区发展，小景区的发展同样带动贫困人口脱贫的发展，因此，大景区对附近景区、景点的辐射作用可以间接地帮扶小景区周边的贫困地区或贫困人口脱贫。例如，山地高效农业区可以与相邻区域的景区、景点共享交通基础设施、客源市场等，便于旅游减贫开发工作的开展。同时，城市化与工业化成为拉动山地高效农业快速发展的重要外援力量。城市化发展形成的产业与技术转移和现代文明的辐射等有利条件，带动着城市周边地区尤其是城郊山地高效农业与旅游业的发展，形成了城市化与工业化对旅游减贫发展的反哺作用。

第二，贫困人口的积极参与有力地促进了旅游减贫工作成效。自党的十八大以来，滇桂黔石漠化片区 15 个市、州始终将减贫攻坚作为区域发展的重中之重，陆续出台了一系列办法、方案、规划、制度等，完善顶层设计。各级政府及相关部门向上争取资金、用活政策，向下扎实推进、稳步实施，在旅游减贫项目建设、贫困人口减贫数量和农民增收

① 马菲菲：《湘西地区休闲农业与旅游业耦合发展研究》，吉首大学硕士学位论文，2012。

上取得了显著成效。广西百色市共有 90 个贫困村启动了旅游减贫开发工作，旅游减贫助推 64 个贫困村脱贫摘帽，旅游产业融合发展带动 55384 人实现脱贫。针对贫困人口参与旅游发展能力不足问题，近两年来，百色有 1100 多名贫困人口通过旅游技能培训实现就业和脱贫。在以旅游业为主体的产业减贫政策下，全市建档立卡的贫困人口从 2014 年底的 85.77 万人下降到 2018 年底的 19.2 万人，累计减少 66.57 万人，贫困发生率由 25.44% 下降到 5.9%。旅游减贫在百色市减贫攻坚中扮演着重要角色，成为百色市农旅融合促进脱贫攻坚的重要路径。

崇左市结合脱贫攻坚和乡村振兴战略，依托得天独厚的自然生态、人文优势和农业资源，大力发展乡村旅游业，通过创建广西特色旅游名县和全域旅游示范区，不断完善交通、旅游等基础设施，促进了全市乡村旅游与休闲农业快速发展。崇左市旅游减贫资金主要来源于自治区划拨的旅游减贫专项资金，据统计，2017~2019 年自治区共划拨大新县、宁明县、龙州县、天等县等 4 个县 13710 万元，用于支持贫困县旅游项目建设。旅游发展方面，截至 2018 年底，全市共发展广西星级乡村旅游区（农家乐）95 家。2019 年 1~3 月，全市乡村旅游累计接待游客 354.09 万人次，同比增长 29.4%，旅游消费 25.39 亿元，同比增长 27.5%。

河池市以全域旅游为契机，全力推进乡村旅游开发，促进贫困人口增收获益。河池市通过实施"六大工程"，提升乡村旅游公共服务水平，大力推动乡村旅游产业转型升级，对 200 个旅游减贫重点村进行高起点规划、高标准投入。截至 2018 年底，全市有 3 个村获评"中国乡村旅游模范村"，4 个乡村旅游区（点）获评"中国乡村旅游模范户"，53 个乡村旅游区（点）业主及村干部获评"中国乡村旅游致富带头人"，36 家农家乐荣获"中国乡村旅游金牌农家乐"。河池市大力推进乡村旅游示范项目建设工作，2016 年国家旅游局公布的 280 个全国旅游减贫示范项目中广西上榜名单 16 个，河池有 6 个，居广西前列。2018 年，全市接待国内外游客 3422 万人次，乡村旅游接待人数 1266 万人次，同比增长 49.5%；乡村旅游消费 152 亿元，同比增长 58%。

在黔东南州，2017 年乡村旅游的游客达到 4000 多万人次，通过发展乡村旅游带动 15000 余个农村劳动力就业，助推 1.98 万户 5.2 万人以上增产增收，人均增加月收入 1700 元以上。2018 年全州通过发展乡村旅游，助推 6.687 万人实现旅游增收。全州当前已经建成乡村旅游合作社 401 家，挖掘 20 万名农村绣娘产业的潜力，已形成 32 亿元的民族工艺品产业。以民族文化旅游为主体的乡村旅游产业已经成为全州民族村寨脱贫攻坚的首选产业，有力地推动了乡村振兴战略的实施。

黔南州在旅游市场开发、旅游产品和业态创新、景区建设质量等诸多方面有新突破。特别是大力开展乡村旅游从业人员培训方面成效显著，截至 2018 年底已组织开展培训 7589 人次，培训对象为 90 个旅游减贫重点村、15 个示范村、138 个提升村和新推出村等旅游从业人员，实现了旅游从业人员培训全覆盖。以继续实施"旅游九大工程"为契机，全州力争到 2020 年打造 12 个以上旅游减贫示范点，通过发展旅游产业覆盖贫困人口 8 万人以上。

黔西南州持续实施"旅游项目建设减贫""景区带动旅游减贫""乡村旅游标准化建设""乡村旅游精品线路培育""旅游减贫规划帮扶"等 12 项行动。2016~2019 年，通过各级部门的努力，全州争取文化旅游项目共 51 个，中央预算内资金 18756 万元、省预算内资金 585 万元。截至 2019 年 4 月底，全州共带动 6.45 万人脱贫增收，完成率达 96%。

文山州大力推进旅游减贫攻坚，全州已建成农家乐 1000 余家、特色民居客栈 500 余家，床位有 12960 余张，从业人员有 2 万多人，营业收入超过 5 亿元。2016 年文山州有 155 个村被列入全国乡村旅游减贫重点村，截至 2018 年底已脱贫退出 101 个村 62662 人次。在既有基础上，文山州重点推进 1 个旅游减贫示范县（丘北县）、2 个旅游减贫示范乡镇（双龙营镇、坝美镇）、28 个旅游减贫示范村建设，培育发展旅游减贫示范户 700 户，促进贫困地区经济社会跨越发展。

第三，政府的协调和决策作用。政府在旅游减贫过程中起着不可替代的作用，尤其是政府对旅游减贫发展的总体布局、科学规划和决策，为滇桂黔石漠化片区创造了先决条件，在人力、物力、财力以及旅游资源的科学利用等方面发挥着至关重要的协调作用。仅仅依靠滇桂黔石漠化片区的资源吸引力远不能满足旅游业发展的需要，为实现旅游减贫发展，政府的协调和决策起着关键性的作用。

①重视规划编制，强化顶层设计。据实地调查，滇桂黔石漠化片区15个市州均已编制或正在编制旅游总体规划，明确将旅游业作为区域支柱产业，以旅游开发促进区域经济社会发展。其中河池市、文山州、百色市、黔东南州等市州以及都安县、丘北县、天峨县、兴义市、贞丰县、龙里县、西秀区、普定县、六盘水钟山区、凯里市等多个县（市、区）编制了旅游减贫规划、管理办法、工作规程、达标标准、行动计划等，主要文件有《百色市旅游减贫三年行动计划（2016—2019）》《崇左市乡村旅游总体规划》《河池市旅游开发减贫发展规划（2015—2020）》《黔东南苗族侗族自治州旅游减贫总体规划（2017—2025）》《黔南州发展旅游业助推脱贫攻坚行动方案（2019—2020）》《黔西南州深度贫困地区脱贫攻坚全域山地旅游减贫作战方案》《文山州旅游减贫工作方案》等。各市州县通过编制相关规划方案、工作方案夯实了顶层设计，体现了各级政府对旅游减贫工作的高度重视，对助推滇桂黔石漠化片区的旅游减贫工作具有重要的指导意义。

②旅游减贫机制灵活，因地制宜点面兼顾。滇桂黔石漠化片区15个市州因地制宜，根据不同地区在资源、区位、交通、市场、人员等方面的差异，探索出"农宿协会＋贫困户"等旅游减贫模式。具体做法包括：黔西南州推动"农旅一体化"，打造"一乡一景、一村一特、一户一品"乡村旅游产业格局；黔南州推动"五带一保"（资源开发带点、项目带人、企业带户、景区带村、"旅游＋"带面、多渠道保障贫困人口增收）的旅游减贫模式；黔东南州探索实践"三共三带"旅游减贫模式（"三共"是指乡村旅游开发中"共建、共管、共享"，"三带"是指合作社带户、景区带村、企业带片）；崇左市探索"龙头景区＋农户经营"旅游减贫模式；百色市开展旅游减贫"十带"行动（即景区带村、

旅行社带客、酒店带业、规划带开发、宣传带市场、培训带服务、政策带创业、项目带环境、消费带农产品、示范点带产业链）。在新模式、新机制、新路径的指导下，滇桂黔石漠化片区涌现出文山州仙人洞村、兴义市双生村、福泉市黄丝村、崇左市大新县名仕村、靖西市鹅泉村、上林县鼓鸣寨等一批旅游减贫示范村，以及崇左市大新县德天跨国瀑布、文山州普者黑景区、黔东南州千户苗寨、黔西南州的万峰林景区等一批国内知名精品景区，带动了周边大量村寨脱贫摘帽、贫困人口脱贫致富。

③发挥党员先锋作用，党建提效旅游减贫。调研发现，犹豫、惰性、散漫是限制村民主动脱贫的因素。党员发挥先锋模范作用，有效发挥旅游减贫功效，推动贫困人口主动参与乡村旅游，成为滇桂黔石漠化片区旅游减贫的典型经验之一。在实践操作中，福泉市黄丝村实行党员带头脱贫致富、带头遵守村规民约、带头监督举报违规行为的党员带头制度，营造了全村"赶帮超"开展旅游接待脱贫致富的良好氛围；崇左市大新县堪圩乡明仕村农宿协会党支部被评为全国"党支部＋公司＋农户"旅游减贫示范项目；百色市巴某村以创建星级化党组织、开展"乡村振兴 争创五旗"活动及实施党员积分制度为载体，全面发挥党组织的战斗堡垒作用和党员的先锋模范作用；黔东南州三穗县颇洞村大力发展绿色产业，形成"党支部＋合作社＋基地＋农户"党社联建模式；黔南州选优培强村级党组织书记和合作社带头人，大力推广"三变改革""塘约经验"，积极探索"村村联建""企社联建"等模式。

④旅游协作已见成效，合作组织不断增加。近年来，滇桂黔石漠化片区15个市州内部分别发力促进旅游减贫协作，成立了若干区域间旅游组织平台，为滇桂石漠化片区提高旅游减贫效果奠定了组织基础。具体包括：2017年，广西崇左市、百色市、防城港市共同成立广西边关旅游联盟；黔南州与百色市成立了黔桂边界旅游产业协作区联盟。在百色高铁站建成运营的基础上，2018年，百色、文山、黔西南三市州旅游部门共同发起成立了滇桂黔旅游集散联合体；深圳、百色、河池三市旅游协

会签订旅游减贫战略合作框架协议。区域旅游协作组织，对实现老区内部产品互通、信息共享、优势互补、扩大影响、打造精品线路具有重要的作用，推动了以乡村旅游为主体的区域旅游产业协同发展。

第四，旅游减贫开发管理决策的作用。旅游减贫开发是一个相对动态的管理决策过程，必须做好信息传递和反馈、控制工作。根据动态管理原理，管理者应该把握管理对象在运动变化的条件下搜集信息，加强调节，注意反馈，发挥管理的计划、组织、指挥、协调、控制等职能，促进事物向预定目标发展，以便能更有效地实现整体目标。这就要求在管理实践中必须灵活机动，管理组织应富有适应能力。同时，根据弹性原则，管理者还应根据旅游减贫系统内外条件和环境的变化而随机应变。

近年来，有关旅游减贫系统的管理决策研究在政界、业界和学界都备受关注，对旅游减贫管理决策的关注点侧重于中央与地方之间的管理权问题，即对旅游业和减贫工作的管理决策权应该由中央政府统一管理还是下放到地方政府进行管理，中央政府主要从宏观政策上进行管理。为此，本章主要从耦合系统中不同利益主体的博弈视角出发，以中央政策收益函数为标准，比较中央强化统一管理的效益与地方政府分制后的效益，[①] 探讨旅游减贫系统管理决策机制的构建。

根据博弈理论，假定博弈模型中有三个参与者——中央政府、乡村振兴局和地方旅游部门，假设这三个参与者都希望通过旅游减贫带动贫困人口脱贫致富，从而获得各自效益的最大化。作为中央政府而言，希望通过采用旅游减贫模式开发有潜在旅游资源的贫困地区，帮助这些贫困地区早日实现脱贫摘帽，促进区域经济快速发展，所以会对旅游减贫发展持积极态度，支持力度可以表现为中央给地方乡村振兴局和地方旅游部门以发展旅游产业补贴分别为 t_1 和 t_2，假设补贴率的大小由中央根据两部门发展能力进行确定，能力高，则补贴率低；能力低，则补

---

① 杨红:《生态农业与生态旅游业耦合机制研究》，重庆大学博士学位论文，2009。

贴率高。中央政府也希望通过发展旅游业产生的旅游收入进行利益分配。这一假设符合现实中相似的利益分配情形，可以通过征收资源补偿费的方式获得，假设这一比例参数为地方乡村振兴局 x_1 和地方旅游部门 x_2。

中央政府的预期收入为：$v=(1-t_1)x_1y_1+(1-t_2)x_2y_2$ （5-1）

地方主管部门的预期总收入为：$L_i=[1-x_i(1-t_i)]y_i$，$i=1,2$ （5-2）

假定中央政府的管理目标为保证自己支出需要的前提下使乡村振兴局和地方旅游部门收入差距最小化，则中央政府对旅游减贫系统的管理决策问题可以表达为：

$$\max U_c=\log[1-x_1(1-t_1)]y_1+\log[1-x_2(1-t_2)]y_2 \qquad (5-3)$$

x_1-x_2

t.t. $(1-t_1)x_1y_1+(1-t_2)x_2y_2 \geqslant E$

式中，E 是中央政府的支出需要。若地方主管部门的目标是预期收入减去征税成本后净收入的最大化，即

$$\max U_i=[1-x_i(1-t_i)]y_i-t_iy_i^2，i=1，2 \qquad (5-4)$$

$C_i(y_i)$

式中，$C_i(y_i)$ 是地方主管部门的支出成本。假定 $C_i=t_iy_i^2$，若补贴率 t_1 低，预示其旅游减贫系统的管理决策水平高，其相应的成本 $C_i(y_i)$ 则较低，这一假设与现实情况吻合。

对旅游减贫系统的管理主要有两种模式，一种是中央政府对旅游减贫系统的管理进行严格的统一管理，即集权化；另一种是将旅游减贫系统的管理决策权下放到地方政府，中央政府仅在宏观政策上对其进行管理，即分权化。

第一种管理模式，即中央政府对旅游减贫系统进行统一管理，在博弈的第一阶段，中央政府将以制定 x_i 和 t_i 的模式具体体现出对旅游减贫系统的管理调控职能；在第二阶段，乡村振兴局和地方旅游主管部门仅仅具有决定是否对两大产业进行耦合的权利，即地方两个主管部门的行动是根据中央政府的 x_i 和 t_i 模式同时独立选择旅游减贫系统管理决策水

平。若旅游减贫系统的产权属于中央统一管理状态，则其对 x_i 的征收执行就完全具有强制力，即 x_i 能够得到中央政府的严格执行作为耦合系统产权统一的象征。[①]

第二种管理模式，即中央政府给予乡村振兴局和地方旅游两个主管部门以较大的管理权利可以对其所属的旅游资源进行管理，中央政府只给出必要的加强旅游减贫系统有效管理的宏观政策，而乡村振兴局和地方旅游两个主管部门具有对耦合系统进行管理的自主权，可将这一管理模式称为旅游减贫系统管理决策的自主管理模式，尽管中央政府对地方两个主管部门也有担忧 x_i，但给予了地方两个主管部门相当大的管理决策权。

综上，对旅游减贫系统的决策管理主要有两种模式：一种是中央政府对旅游减贫系统的决策管理权进行严格的统一管理；另一种是将旅游减贫系统决策管理权下放到地方政府，中央政府仅从宏观政策层面上对其进行宏观管理。通过对旅游减贫系统的两种管理模式收益进行比较分析可知：中央政府对旅游减贫系统的决策管理权进行严格的统一管理所带来的预期收益实际上将大于将旅游减贫系统决策管理权下放到地方政府进行管理，中央政府仅在宏观政策上对其进行管理所带来的经济收益。然而，由于该结论仅仅从经济学角度进行客观判断，尚未将环境损失、社会福利损失等纳入，这预示着实质上政府的实际损失会更大。因此，作为一个理性政府，在旅游减贫系统决策管理模式改革中，可倾向于加强对旅游减贫政策和决策的宏观把控，设定总的脱贫目标和时间，从资金、人力、物力（包括基础设施建设）等方面统筹安排，结合滇桂黔石漠化各片区旅游减贫发展实际情况，给予相应的补贴，将更多决策权下放到对当地情况了如指掌的地方政府，充分发挥地方政府因地制宜的创新能力和协作发展能力，促进旅游减贫管理决策的最优化发展。

---

① 杨红：《生态农业与生态旅游业耦合系统产权管理博弈机制分析》，《管理世界》2010 年第 6 期。

（三）优化旅游减贫开发机制

1.优化旅游减贫动力机制

（1）树立"耦合"的战略思维，培养旅游减贫发展以及规划先行的发展理念和意识，推进全域旅游发展与旅游减贫、乡村振兴相互渗透和融合，政府部门要进一步简政放权，取消和下放一批行政审批事项。为确保旅游减贫取得高效率、促进滇桂黔石漠化片区旅游业健康持续发展，要将旅游减贫作为巩固脱贫攻坚成果和乡村振兴有效衔接的重要方式。

（2）加强贫困人口的参与意愿和意识，充分激发贫困人口旅游减贫参与的愿望和激情。"观念一新，黄土成金"，重要的是要大力提升贫困人口参与旅游减贫的意愿和意识。贫困群众是脱贫致富的主体，为避免"一头热、一头冷"现象的发生，要激发贫困人口想摆脱贫困的内在动力，发挥贫困人口的主体地位。因此，滇桂黔石漠化片区各级人民政府应当保障减贫对象在旅游减贫开发活动中的发展权、选择权、参与权、知情权和监督权。要找准精神"贫根"，多在"扶志"上下功夫，帮助贫困人口树立自信心，对通过自力更生、勤劳致富、稳定实现脱贫的贫困人口要给予表彰和奖励。[①]

（3）提高贫困人口参与旅游减贫的能力，增加他们的就业机会。能力建设作为强化贫困人口参与旅游减贫的重要工具之一，已备受关注，要找准能力"贫根"并予以解决。在一些条件艰苦的贫困地区，要解决这种能力"贫根"，就要提高贫困人口的能力建设。有必要根据贫困人口的实际贫困程度，通过旅游产业帮扶的形式给予贫困户适当的资金等物质帮扶，即"输血式"帮扶。政府要协调金融机构，要加大对贫困人口能力建设的投入力度，给予贫困地区和贫困人口相应的政策倾斜。同时，

[①]　曾国安、李伟航:《精准扶贫要在"准"和"实"上下功夫》,《经济日报》2018 年 9 月 20 日，http://www.ce.cn/xwzx/gnsz/gdxw/201809/20/t20180920_30352617.shtml。

增加贫困人口参与旅游减贫的机会。旅游减贫参与的核心是"向贫困人口赋权"，尽可能地使贫困人口的诉求得到真实表达。"赋权"是旅游减贫参与的核心，平等参与是旅游减贫的手段，"公平及时地获得旅游减贫资源并提高贫困人口的综合发展能力"是参与旅游减贫的主要方式。政府部门应当更多地从政策法规和制度设计上，保证旅游减贫主体的参与权，从而提高他们的主动参与意愿和积极性。与此同时，还要进一步完善人才保障体制机制，避免劳动力和人才的社会性流动产生的障碍，为劳动力市场创造更加开放、包容的环境和氛围，为贫困人口提供更多公平就业的机会和发展权力，增加贫困人口的社会资本。

2. 优化管理决策机制

管理决策机制是通过政府的管理行为对社会经济进行调节的方式和过程。旅游减贫的管理决策机制主要包括权责体系、工作程序和流程、规章制度以及信息沟通等要素。这些要素是一个组织不可或缺的软要素，有别于物质要素。管理决策机制决定了政府运行旅游减贫机制的良性运转与否。因此，为提高旅游减贫效率，要建立和完善具有可操作性的管理决策机制。

（1）建立健全自主自愿的管理方式。管理决策机制的建立和运行要以高科技、智力资源为中心，从政治权力方面进行协调，在合理的利益分配的基础上，建立以自主自愿为手段的管理方式。具体而言，要完善旅游减贫支撑体系，依托滇桂黔石漠化片区资源优势，加强旅游产业与其他产业的融合，优化区域发展的联动性、协调性。同时，继续大力推进实施乡村振兴战略，健全完善"1+N"配套政策，盘活农村资源资产资金，壮大农村集体经济，激发乡村旅游发展活力。大力推广"塘约道路""秀水模式""大坝经验"等一批成功典型的农旅融合发展模式。

（2）完善旅游部门与其他部门的合作机制。旅游减贫直接涉及的是乡村振兴和文旅部门，旅游减贫目标的完成离不开这两大部门的通力合作。当前，滇桂黔石漠化片区绝大多数县（市、区）的这两个部门之间缺少较深层次的交流和合作，极少有关于几个县（市、区）联合制定旅游减贫发展的战略规划等，更没有对旅游减贫机制的构建。因此，必须制定相应的合作机制，加强区域间旅游减贫的深度合作。一是加强战略合作。各地乡村振兴部门和文旅部门在制定旅游减贫战略时要展开深度交流，积极开展旅游减贫合作项目，共同制定合作共赢的长期经济发展战略。二是实现资源共享。乡村振兴部门拥有翔实的贫困相关数据信息，而旅游部门拥有旅游资源数据信息，同时二者都拥有各自领域的专业技术人才，需要共享各自拥有的资源，共同推进旅游减贫工作的顺利开展。

3. 发挥市场机制的调节作用

在滇桂黔石漠化片区实地调研发现，很多贫困人口的致贫原因非常复杂，给旅游减贫工作增加了难度。过去，政府在减贫和贫困治理过程中的主体作用得到不断强化，以至于忽视了市场、社会等发挥的作用。从管理学角度而言，政府的作用关键在于计划、组织、领导、控制和协调，过分强调政府的主体作用可能会因此而错过或者弱化其他重要部分的作用。精准减贫主要是靠产业减贫，产业发展是一种市场行为，要充分发挥市场机制在旅游减贫中的作用，聚集、整合滇桂黔石漠化片区的旅游减贫资源，努力提高旅游减贫资源的最优配置效率。[1]

三 利益分配机制

旅游减贫需要财政部门、人力资源保障部门、减贫部门、文化和旅游部门等多个关键部门的高度统一和良性协调，其中，最具基础性和保障功能的是财政部门，它具有牵一发而动全身的重要战略性地位。对于旅游减贫利益分配体制机制的构建具有重大影响，这就是一个非常现实和紧迫的机制设计问题。利益分配机制的关键要素涉及各利益相关主体在对既得利益进行分配时所遵循的原则、实施的制度和方法。各利益相

---

[1] 曾国安、李伟航：《精准扶贫要在"准"和"实"上下功夫》，《经济日报》2018年9月20日，http://www.ce.cn/xwzx/gnsz/gdxw/201809/20/t20180920_30352617.shtml。

关主体有着不同的需求和能力，以至于它们所参与的旅游减贫活动也不尽相同。[①]在构建完善的旅游减贫系统中，利益分配是一个关键而又矛盾突出的部分，将会对旅游减贫系统发展的持续性和稳定性起着至关重要的决定性作用。按照效益管理原理的理念，旅游减贫的目的是寻求生态效益、经济效益和社会效益的优化组合并产生能够更大范围地惠及贫困人口的综合效益。在此基础上，按照整分合原理，如何将这些综合效益科学合理地分配给真正需要的贫困人口呢？为调动各利益主体的主动性和积极性，促进旅游减贫系统的可持续发展，建立健全科学合理、公平公正的利益分配机制就迫在眉睫。本研究从系统利益分配博弈模型角度出发，探讨滇桂黔石漠化片区旅游减贫过程中涉及的利益分配将面临的几个关键性问题。

（一）构建要素及其关系

1. 政府

旅游减贫目的地地方政府的整体利益与其发展目标应保持一致。在旅游减贫过程中，政府要完成的指标任务和核心利益主要包括增加游客量、增加地方旅游总收入、为当地老百姓尤其是贫困人口创造就业机会、促进地方经济发展等[②]。

2. 贫困人口

旅游减贫对贫困人口具有积极影响和消极影响。从积极影响方面而言，有助于推动贫困地区经济社会的可持续发展，改善交通等基础设施条件，提高旅游目的地的知名度和吸引力，改善贫困地区生态环境，保护传统文化的地方性和真实性特点不受旅游开发的影响等；从消极影响方面而言，传统文化的原真性和自然性受到质疑，甚至挤压当地

[①]　黄渊基：《旅游扶贫机制优化研究》，《中南林业科技大学学报》（社会科学版）2018年第3期。

[②]　黄渊基：《旅游扶贫机制优化研究》，《中南林业科技大学学报》（社会科学版）2018年第3期。

的生存空间等。在旅游减贫的利益分配系统中，贫困人口的核心利益集中体现在：重新分配旅游总收入，增加就业机会，提高当地居民尤其是贫困人口的生活水平，爱护当地自然生产生活状态下的原真环境，维护当地文化传统，受到外界的理解和尊重，私有财产不受侵犯并能产生收益[①]。

3. 企业

企业自身的生存情况、赢利模式和发展前景是其追求的主要目标。追求利润最大化和实现最大化资本收益，是企业经营活动的利益需求和追求目标。企业家除了期望最大化经济利益，还可能期望获得一些非经济利益。按照马斯洛的需求层次理论，当满足基本的衣、食、住等生理需要后，人们就会产生更高层次的需要。对于一个企业而言亦是如此，当一个企业的发展满足了该企业的基本运转条件和需要后，就会产生更高层次的需要。对于投资旅游减贫项目的企业而言，因受到"减贫""脱贫""保护与开发"等条件的约束，企业的经营管理活动从最初追求利润最大化，逐渐转向增加公共服务和人文关怀等要素，这将影响企业的核心利益诉求和企业文化氛围的营造。[②]

4. 旅游者

旅游者的进入和满意程度直接影响着贫困地区旅游减贫成效。旅游者的出游动机主要是在旅游过程中实现较高的期望值，如丰富的、使人印象深刻的旅游体验，购买心仪的旅游商品和旅游服务，以及获得物质和精神文化等方面的满足感，目标函数可量化为旅游体验的质量和满意度，不仅要求旅游景区内在的质量符合其期望体验，还要求付出的价值对等于在景区消费的旅游产品和服务。[③]

① 黄渊基：《旅游扶贫机制优化研究》，《中南林业科技大学学报》（社会科学版）2018 年第 3 期。

② 黄渊基：《旅游扶贫机制优化研究》，《中南林业科技大学学报》（社会科学版）2018 年第 3 期。

③ 邹统钎、吴丽云：《旅游体验的本质、类型与塑造原则》，《旅游学刊》2003 年第 4 期。

（二）利益分配博弈分析

旅游减贫所得利益由乡村振兴部门 A_1 和旅游部门 A_2 进行分配，乡村振兴部门和旅游部门各自都以其所管产业的核心能力为旅游减贫做出贡献。e_1 和 e_2 表示它们对旅游减贫系统所做贡献的真实努力水平，则产出可以表示为 $Y=f(e_1,e_2)+\xi$。e_1 和 e_2 是互补的，所以旅游减贫的产出为两个产业主管部门努力的递增凹函数。

在旅游减贫过程中，乡村振兴部门和旅游部门完全分配整个耦合系统的产出。为方便计算，设乡村振兴部门和旅游部门的努力水平贡献系数分别为 a_1,a_2，ξ 表示环境干扰随机变量，不失一般性，产出函数为：

$$Y=(a_1e_1,a_2e_2)+\xi \tag{5-5}$$

其中，ξ 为随机变量，服从 $N(0,\delta^2)$。

A_1 和 A_2 的努力成本可以等价于货币成本，则旅游减贫系统中两个主管部门的努力成本为 $C_i(e_i)=C_i+\frac{1}{2}r_ie_i^2$。其中，$C_i$ 为固定成本，r_i 为变动成本系数。$C_i(e_i)' \geq 0$，$C_i(e_i)'' \geq 0$。

在旅游减贫系统中，乡村振兴部门和旅游部门的利益分配形式主要是旅游减贫系统中各主管部门按一定的分配比例系数从总产出中分得收益，即所谓的产出分享模式。这是一种利益分享、风险共担的分配模式[①]。设旅游减贫系统中乡村振兴部门 A_1 产出分享系数为 S，且大于 0，则旅游减贫系统中旅游部门 A_2 产出分享系数为（$1-S$）。

旅游减贫系统中乡村振兴部门 A_1 和旅游部门 A_2 都是风险回避的，风险性成本分别为：$C_{A_1}=\frac{1}{2}\rho_{A_1}S^2\sigma^2$，$C_{A_2}=\frac{1}{2}\rho_{A_2}(1-S)^2\sigma^2$。其中，$\rho_{A_1} \geq 0$，$\rho_{A_2} \geq 0$ 为绝对风险规避系数。

由以上假设可得到整个旅游减贫系统的实际收入，乡村振兴部门 A_1 的实际收入，旅游部门 A_2 的实际收入分别如下。

[①] 杨红：《生态农业与生态旅游业耦合机制研究》，重庆大学博士学位论文，2009。

$$\pi = Y - C_1(e_1) - C_2(e_2) \quad\quad\quad (5-6)$$

$$= (a_1 e_1 + a_2 e_2) - (C_1 + \frac{1}{2} y_1 e_1^2) - (C_2 + \frac{1}{2} y_2 e_2^2)$$

$$\pi_{A_1} = sY - C_1(e_1) \quad\quad\quad (5-7)$$

$$= s(a_1 e_1 + a_2 e_2) - (C_1 + \frac{1}{2} y_1 e_1^2)$$

$$\pi_{A_2} = (1-S) Y - C_2(e_2) \quad\quad\quad (5-8)$$

$$= (1-S) (a_1 e_1 + a_2 e_2) - (C_2 + \frac{1}{2} y_2 e_2^2)$$

其中，$\pi'_{A_1} \geqslant 0$，$\pi''_{A_1} \leqslant 0$，$\pi'_{A_2} \geqslant 0$，$\pi''_{A_2} \leqslant 0$。

在考虑旅游减贫系统存在风险的情况下，可得到旅游减贫系统的确定性等价收入为：

$$E\pi - C_{A_1} - C_{A_2} = Y - [C_{A_1} + C_1(e_1)]$$

$$= (a_1 e_1 + a_2 e_2) - (C_1 + \frac{1}{2} y_1 e_1^2 + \frac{1}{2} \rho_{A_1} S^2 \sigma^2) - [C_2 + \frac{1}{2} y_2 e_2^2 + \frac{1}{2} \rho_{A_2} (1-S)^2 \sigma]$$

$$(5-9)$$

$$E\pi_{A_1} - C_{A_1} = sY - [C_{A_1} + C_2(e_1)] \quad\quad\quad (5-10)$$

$$= s(a_1 e_1 + a_2 e_2) - (C_1 + \frac{1}{2} y_1 e_1^2 + \frac{1}{2} \rho_{A_1} S^2 \sigma^2)$$

$$E\pi_{A_2} - C_{A_2} = (1-S) Y - [C_{A_2} + C_2(e_2)] \quad\quad\quad (5-11)$$

$$= (1-S) (a_1 e_1 + a_2 e_2) - \frac{1}{2} \rho_{A_2} (1-S)^2 \sigma$$

关于旅游减贫效益的一次性利益分配，据式（5-11）得到旅游减贫系统各成员以集体利益最大化为目标采取合作的行动策略，在帕累托均衡下，旅游减贫系统中的乡村振兴部门和旅游部门的最优努力水平如下。

$$\frac{\partial (E\pi - C_{A_1} - C_{A_2})}{\partial e_1} = a_1 - y_1 e_1 = 0 \quad\quad\quad (5-12)$$

$$\frac{\partial(E\pi - C_{A_1} - C_{A_2})}{\partial e_2} = a_2 - y_2 e_2 = 0 \qquad （5-13）$$

由式（5-12）和式（5-13）可得出乡村振兴部门和旅游部门最大努力水平如下。

$$e_1^0 = \frac{a_1}{\gamma_1} \qquad （5-14）$$

$$e_2^0 = \frac{a_2}{\gamma_2} \qquad （5-15）$$

根据以上式子可知，旅游减贫系统中乡村振兴部门和旅游部门追求集体最大利益时所付出的努力水平与自身的贡献系数成正比，与自身变动成本系数成反比。[①]

根据式（5-14）和式（5-15），旅游减贫系统中乡村振兴部门和旅游部门为追求自身利益最大化目标采取不合作的行动策略，而在纳什均衡下旅游减贫系统中的乡村振兴部门和旅游部门的最优努力水平如下。

$$\frac{\partial(E\pi - C_{A_1})}{\partial e_1} = S a_1 - y_1 e_1 = 0 \qquad （5-16）$$

$$\frac{\partial(E\pi - C_{A_2})}{\partial e_2} = (1-S)a_2 - y_2 e_2 = 0 \qquad （5-17）$$

由式（5-16）和式（5-17）可得出乡村振兴部门和旅游部门最大努力水平如下。

$$e_1^* = \frac{S a_1}{\gamma_1} \qquad （5-18）$$

$$e_2^* = \frac{(1-S)a_2}{\gamma_2} \qquad （5-19）$$

---

① 杨红:《生态农业与生态旅游业耦合机制研究》，重庆大学博士学位论文，2009。

$$\frac{e_1^*}{e_2^*} = \frac{S}{1-S} \cdot \frac{a_1}{a_2} \cdot \frac{\gamma_2}{\gamma_1} \qquad\qquad (5-20)$$

据以上可知：旅游减贫系统中乡村振兴部门和旅游部门追求自身最大利益时付出的努力水平与它们自身的贡献系数成正比、与他们自身的利益分配系数成正比，但与它们自身的变动成本系数成反比，这完全符合实际情况，由此可验证前面的假设符合实际。[①]

除了旅游减贫的一次性减贫利益分配外，还可能会出现重复性减贫利益分配。假设旅游减贫利益分配由乡村振兴部门 A_1 和旅游部门 A_2 进行分配，乡村振兴部门和旅游部门各自都以自身所管的产业核心力为旅游减贫做贡献。这意味着，乡村振兴部门和旅游部门的合作应该是长期的。在合作之初，为避免陷入囚徒困境，通过乡村振兴部门和旅游部门共同达成一份契约，承诺彼此都以旅游减贫系统的整体利益为重，付出努力水平 [e_1^0 , e_2^0]。值得一提的是，这种契约是基于双方声誉而建立的一份关系契约，无法在事后由第三方核实，因此与正式契约有一定的区别。然而，一旦有违约行为发生，履行契约的部门以后将不能再与违约的部门达成"缔结"关系契约，意味着双方以后的合作就只能依靠正式契约的约束，由于人们倾向于无法容忍或长时间无法原谅对方的背叛或欺诈行为，以至于这种惩罚会使双方提高警惕。当发生违约行为后，旅游减贫双方在每次合作中只付出次优的努力水平 [e_1^* , e_2^*]。[②]

从旅游减贫系统的某一次合作之初开始，乡村振兴部门和旅游部门双方之所以能够维持契约关系，关键在于违约收益要小于违约惩罚。乡村振兴部门 A_1 在与旅游部门合作之初就面临着两种选择：守约和违约。其中，违约即意味着"偷懒"，不愿意付出努力水平 e_1^0 ，而在合作过程中则很少能够发现"偷懒"行为，只有在合作结束后才会在整个旅游减贫系统的产出变动中反映出来，被旅游部门 A_2 发现。在此情景下，当乡

---

① 杨红:《生态农业与生态旅游业耦合机制研究》，重庆大学博士学位论文，2009。
② 杨红:《生态农业与生态旅游业耦合机制研究》，重庆大学博士学位论文，2009。

村振兴部门 A_1 在某次合作中违约时，旅游部门 A_2 仍会在本次合作中付出努力水平 e_2^0。因此，乡村振兴部门 A_1 的违约收益如下。

$$w_1 = \left\{ (e_1^*, e_2^0) - \left[C_{A_1} + C_1(e_1^*) \right] \right\} - \left\{ sf(e_1^0, e_2^0) - \left[C_{A_1} + C_1(e_1^0) \right] \right\} \quad （5-21）$$

$$= s\left\{ f(e_1^*, e_2^0) - f(e_1^0, e_2^0) - \left[C_1(e_1^*) - C_1(e_1^0) \right] \right\}$$

本次违约被发现后，旅游减贫系统中的旅游部门 A_2 从下一期开始不再与减贫 A_1 "缔结"关系契约。这意味着，本次违约的成本就是将来在非关系契约下的收益损失，每期损失如下。

$$K_1 = \left\{ sf(e_1^0, e_2^0) - \left[C_{A1} + C_1(e_1^0) \right] \right\} - \left\{ sf(e_1^*, e_2^*) - \left[C_{A1} + C_1(e_1^*) \right] \right\} \quad （5-22）$$

$$= s\left\{ f(e_1^0, e_2^0) - f(e_1^*, e_2^*) - \left[C_1(e_1^0) - C_1(e_1^*) \right] \right\}$$

只要乡村振兴部门 A_1 的违约收益小于其 A_1 的成本现值，旅游减贫系统中的乡村振兴部门 A_1 就不会违约。

假设乡村振兴部门 A_1 的贴现率为 r_1，把 e_1^0，e_2^0，e_1^*，e_2^* 代入式（5-21）可得：

$$r_1 = 2\left[\frac{a_2 s}{a_1(1-s)} \right]^2 \cdot \frac{\gamma_1}{\gamma_2} - 1 \quad （5-23）$$

$\frac{\partial r_1}{\partial s} \geq 0$，说明随着旅游减贫系统中的乡村振兴部门 A_1 所得份额的增大，乡村振兴部门 A_1 会选择越高的贴现率，说明对未来的成本收益越不关心。实际上，乡村振兴部门 A_1 所得份额越来越大，对应的是旅游部门 A_2 所得份额越来越小。根据式（5-14）和式（5-15）可知，旅游部门 A_2 付出的努力水平将会越来越小，这样，在乡村振兴部门 A_1 违约的情形下，旅游部门 A_2 以后不合作给乡村振兴部门 A_1 造成的损失就越来越小，乡村振兴部门 A_1 由于当期可以分得更多的收益，对未来的损失反而不看重。

同理，可以得到旅游减贫系统中旅游部门 A_2 的违约收益和违约成本，即：

$$w_2 = (1-s)[f(e_1^0,e_2^*) - f(e_1^0,e_2^0)] - [C_2(e_2^*) - C_2(e_1^0)] \qquad （5-24）$$

$$K_2 = (1-s)[f(e_1^0,e_2^0) - f(e_1^*,e_2^*)] - [C_2(e_2^0) - C_2(e_2^*)] \qquad （5-25）$$

只要旅游部门 A_2 的违约收益小于旅游部门 A_2 的成本现值，旅游减贫系统中的旅游部门 A_2 就不会违约。

当 $\dfrac{\partial r_2}{\partial(1-s)} \geq 0$ ，说明乡村振兴部门和旅游减贫系统中旅游部门 A_2 所得份额的增大，旅游部门 A_2 会选择越来越大的贴现率，对未来成本收益越不关心，这似乎是反直观的。实际上，旅游部门 A_2 所得份额越来越大，就对应着乡村振兴部门 A_1 所得份额越来越小。根据式（5-14）和式（5-15）可知，乡村振兴部门 A_1 付出的努力水平将会越来越小，这样，在旅游部门 A_2 违约的情形下，乡村振兴部门 A_1 以后不合作给旅游部门 A_2 造成的损失就越来越小[1]，旅游部门 A_2 由于当期可以分得更多的收益，对未来的损失反而不看重。

诸多文献研究认为，分配方案应让系统中各成员从旅游减贫所得收益与其所投资和承担的风险成正比，调动旅游减贫系统中各成员的工作积极性，体现投资分摊、风险共担、收益共享、多劳多得等旅游减贫系统中合作伙伴关系的存在原则。然而，由于旅游减贫涉及的旅游部门和乡村振兴部门两大主管部门之间存在合作和竞争关系，并且旅游减贫合作系统内部存在准超额利润，可能会诱导旅游减贫系统中有比较劣势的主管部门出现违约的风险，在这种情况下，有比较优势的主管部门必须予以重视。一般地，采取激励和惩罚措施是降低违约诱惑的常用方法。否则，就增加了旅游减贫系统成员实施机会主义行为的可能性和风险系数。但是，旅游减贫系统在一定程度上只是松散型的组织，因此还必须研究维持旅游减贫系统良性运转的非正式组织结构和机制。为降低较劣势主管部门的违约风险，遏制机会主义行为的发生，旅游减贫系统还要

---

[1]　杨红：《生态农业与生态旅游业耦合机制研究》，重庆大学博士学位论文，2009。

给予较劣势主管部门比一次性合作过程中更高的收益分配比例，使旅游减贫系统维持长期有效的耦合运转。①

以上分析了旅游减贫系统中各利益相关者的利益，明确了旅游减贫利益分配机制的方向和目标。根据公共池塘理论的观点，对于资源单位具有异质分配性的公共池塘资源，其特征是不同地区所产生的收益可能有巨大差异。例如，滇桂黔石漠化片区的许多旅游景区即是如此，资源条件好的、热门的景区的旅游发展非常好，对贫困户的带动作用也很明显，而资源条件相对较差且交通基础设施落后的旅游目的地则恰恰相反，对贫困地区或贫困户的带动作用就相对较小。在这种情况下，决策者不仅要确定谁从公共池塘资源获益，而且还要解决如何在有利位置和不利位置上的旅游受益者之间进行资源分配问题。旅游收益等相关利益分配问题如果得不到妥善解决，就会造成公共池塘资源的无效使用。滇桂黔石漠化片区的减贫和脱贫任务重大、意义深远。这些地区的自然资源和人文资源特质非常相近，应该依据协调策略理论促进三省（区）的旅游资源共同发展，优化利益分配机制。

根据马克思所指出的，人们奋斗所争取的一切，都同他们的利益有关。恩格斯认为，每一个社会的经济关系首先是作为利益表现出来。因此，发展旅游减贫首先要尊重各利益相关者的诉求。利益有经济利益和非经济利益之分，从政治经济学视角而言，经济利益是非经济利益能够得以实现的基础。实地调研结果表明，旅游减贫各利益相关者之间产生矛盾的根源，主要是对经济利益的分配结果表示不满意。

基于上述认识和思考，政府可以从情境外部制定新的规章制度，并期望通过这些规章制度使旅游资源这一公共池塘资源的困境发生逆转。这就要求顶层设计的执行人员要具备设计最优规则的激励措施以及必要的信息。这些规章制度怎样才能获得利益相关者的理解和认可，从而有效实现旅游减贫呢？

---

① 杨红:《生态农业与生态旅游业耦合机制研究》，重庆大学博士学位论文，2009。

（三）优化旅游减贫利益分配机制

优化旅游减贫的利益分配机制，有利于旅游减贫综合效益的分享和贫困人口脱贫率的提高。首先，应遵循客观公正、相对公平、尊重事实以及注重效率的原则；其次，应着重分配好利益相关者的切身利益，尤其是经济利益；再次，优化利益分配机制，应适度向贫困地区和贫困人口倾斜，以实现旅游减贫的最终目的；最后，应优化利益分配的途径。

1. 强化政府的主导推动作用

政府是旅游减贫发展和实施最大的倡导者和最大的监管者，其对组织、协调、激励、推动和引导旅游减贫的正常有序、深入高效地开展具有重要且不可替代的作用，在旅游减贫的利益分配过程中具有较大的推动作用。一方面，要制定和完善政策法规体系，制止信息不对称、情况不透明环境下的合作机会不均等、不平等合作条文实施等，创造良好的政策环境，保障旅游减贫的主体利益分配合理开展；另一方面，不断完善政府服务体系。政府要充分利用自身优势，提高服务水平，为旅游减贫主体的业务开展和利益分配提供优质服务，确保相关的各项业务能够顺利开展。此外，政府还应搭建有效的政策及服务平台，为旅游减贫效率的提高形成长效机制，通过制定规则，形成与先进生产力发展要求相适应的激励机制，并充分发挥政府职能，面向社会搭建便捷、高效的旅游减贫主体的公共服务平台。

2. 创新利益分配方式

创新旅游减贫主体的利益分配方式需要在核实资源投入、间接运用或占用的资源或资产、贡献程度、承担的风险因素等要素的基础上进行合理分配。具体的利益分配方式主要包括：契约模式下的利益分配方式，如一次性支付和提成支付的比率；股权合作模式下的利益分配方式，这种以股权为纽带而共建的研发实体的模式是一种高级和紧密的组织形式，通过各自所占股份的大小进行利益分配。

3.建立公平合理的分配机制

依据利益分配原则，充分考虑利益分配影响因素，以签订合同的形式预先确定利益分配方案，把旅游减贫各主体履行的义务、承担的责任、拥有的权利、享受的利益、利益的分配形式等，通过协商作出明确规定。同时，建立动态的目标管理制度，对分配过程进行管理。

4.建立完善贫困人口的受益机制

为避免贫困地区经济社会发展滞后、基础设施薄弱等导致的替代性竞争和"旅游飞地"的现象，加深阶层性贫困程度，导致贫困人口无法从旅游开发中受益，甚至还可能承担旅游开发带来的代价和消极影响，[①] 这就需要完善滇桂黔石漠化片区在旅游减贫过程中的贫困人口受益机制，将旅游开发的目标集中到"减贫"上，以提升贫困人口的受益水平。

5.建立利益联结机制

建立旅游企业与贫困村、贫困户利益联结机制，贫困村、贫困户参与区域农业综合开发、基建投资等涉农项目，可以将财政投入、专项减贫资金量化为贫困村集体、贫困户的股金，在不改变资金性质及用途的条件下入股生产经营主体，也可以将土地、林地等承包经营权或其他财产权委托生产经营主体经营或者依法将经营权或其他财产权折价入股。

四　省际联席机制

省际联席机制是滇桂黔石漠化三省（区）旅游减贫过程中亟须建立的一个至关重要的机制，是连接滇桂黔石漠化片区有效实施精准减贫机制、旅游开发机制和利益分配机制的桥梁和纽带。按照"推—拉"理论

---

① 周歆红:《关注旅游扶贫的核心问题》,《旅游学刊》2000 年第 1 期;孙东峰:《基于 PPT 战略的县域旅游业发展研究》,天津大学博士学位论文,2008。

原理，省际联席机制同时也是作用于这三个机制在滇桂黔石漠化旅游减贫系统中良性运转的重要推力。

（一）构建要素及其关系

构建滇桂黔石漠化片区省际联席机制的要素主要包括多元协作主体、区域协作等。多元协作主体是由滇桂黔三省（区）各级政府的主要领导组成的，例如，以15个市州为主体建立滇桂黔石漠化片区旅游减贫领导小组。因此，这两个构成要素之间是相互促进、相互依存的关系。

（二）构建主要内容分析

滇桂黔三省（区）应该在多元协作主体和区域协作等要素组成的滇桂黔石漠化片区旅游减贫合作推进领导小组的基础上，建立该片区定期协调机制，成立由15个市州文旅局、乡村振兴部门、农业农村局等政府机构组成的联席会议，文旅部门应作为滇桂黔石漠化片区区域旅游减贫的联络单位，负责组织和发布开会信息及内容，及时协调解决片区巩固脱贫攻坚成果和乡村振兴有效衔接存在的困难和问题，推动旅游减贫合作区的创建和长足发展。

（三）优化省际联席机制

1. 建立省际联合旅游减贫协调机构

为确保滇桂黔石漠化片区旅游精准脱贫目标的实现，首先要加强组织领导，因地制宜，做好统筹协调工作。积极整合云南、广西和贵州三省（区）旅游减贫相关的政策、人力、财力等资源，创新旅游减贫省际合作模式，建立省际联合的旅游减贫协调机构，调动这三省（区）旅游减贫各参与主体的主动性和积极性，为促进旅游减贫发展实现精准脱贫目标形成一股强有力的合力，并提供强有力的组织保障。滇桂黔石漠化片区跨三省（区），涉及15个地（市、州），覆盖民族自治地方县（市、区）83个、老区县（市、区）34个、边境县8个，山脉相连，典型的喀斯特石漠化特征构成了独特的、相近的自然和人文环境，可以被打造成为一个相对完整的地理文化旅游区。因此，要打破传统的行政分割，加强滇桂黔三省（区）跨区域间的旅游减贫合作，具体可由滇桂黔石漠化片区的旅游减贫相关部门携手共同组建滇桂黔石漠化片区省际旅游减贫联动机构，专门负责协调和处理跨省（区）旅游减贫的相关事务，制定省际联动机构的工作条例，定期召开旅游减贫协作联席会议。此外，为协调各旅游减贫利益相关者，在构建省际旅游减贫联动机构的基础上，滇桂黔三省（区）的石漠化片区还要成立旅游减贫工作小组或工作机构，明确职责，加强对当地旅游减贫工作的指导、协调、监管和考核。多元旅游减贫协调机构应该"遵守'交互联系'原则、直接接触原则、早期进行的原则和连续过程原则"。[1]

2. 建立健全多元主体协作机制

根据合作性反贫困理论，贫困是包含政府、贫困人口、帮扶企业等在内的主体共同面对的反贫困行为的"客体"，反贫困不是任何单一主体的投入就能完成的工作，而需要各减贫主体之间加强沟通与协作，因而需要建立一个有效的合作平台以确保各主体间的深层次合作。旅游减贫实践表明，影响旅游减贫效益优化和旅游目标实现的因素较多，其中最大的影响和制约因素是旅游减贫开发协调机制的缺失。为此，有必要建立一个高效的管理部门运用市场化手段对其进行整体规划、指导、协调和控制，滇桂黔省际联合旅游减贫协调机构就是最优的选择。通过整合协调旅游减贫相关的政策意见等资源信息，旅游减贫同农业、教育等形式相衔接，优化资源配置，以激励相容的方式，充分调动各参与主体的积极性，以实现减贫效应的最大化。[2]同时，还要对各参与主体的角色进行定位，使其能够按照因地制宜、创新模式的原则，确定乡村旅游发展

① 蔡立辉、王乐夫：《公共管理学》（第二版），中国人民大学出版社，2008，第4、42页。
② 邓小海：《旅游精准扶贫研究》，云南大学博士学位论文，2015。

类型，实施精准到户到人。①

3.建立省际协作的动态监管机制

通过对运行中的旅游减贫系统进行动态监管和控制，及时反馈相关运行情况，及时纠正出现的偏差，确保旅游减贫精准脱贫目标得以实现。作为一种信息反馈机制，有效运转的动态监管机制有助于旅游减贫过程的监控。可从多渠道、广泛地收集反馈信息，动态监督旅游减贫工作。旅游减贫动态监管机制可以满足贫困人口、旅游私营部门等利益相关者的经济利益诉求，消除因利益分配导致的各种矛盾和纠纷。因此，旅游减贫动态监管是旅游减贫监管的重要组成部分，要有针对性地采取切实可行的措施健全旅游减贫的动态监管机制，如完善行政监督评估体制机制，拓宽监管渠道，培育民间监管力量等。

建立滇桂黔石漠化片区旅游减贫信息网络系统和大数据管理平台，有效地整合旅游减贫目标人群数据库和旅游减贫项目数据库等资源，保障减贫工作的信息畅通，让数据在各级各部门之间得以充分交换、联通及共享，推动旅游减贫工作常态化、动态化和数字化精准管理。并且，逐渐利用大数据分析，真正实现旅游减贫全过程的精准化，如识别对象精准、帮扶措施精准等。通过跟踪监测旅游减贫效益和效率，根据旅游减贫对象参与旅游活动的旅游收入的动态变化情况，对旅游减贫对象实施动态监管，为旅游减贫项目的实施能够按照预定方案进行提供强有力的组织保障。

4.建立政府间的定期协调机制

贫困地区在实施旅游减贫时，应充分发挥政府的主导作用和协调作用，积极引导旅游规划、投融资主体和利益分配等要素向旅游减贫目标倾斜，切实关注当地人口尤其是贫困人口参与旅游减贫活动的情况。在滇桂黔石漠化片区实施旅游减贫战略时，政策支持和政府管理构成旅游

---

① 《2018国家3000亿扶持乡村旅游振兴计划!》，https://www.sohu.com/a/236531581_715936。

减贫政策系统的核心，包括三个要素：一是政策保障，[①] 二是协调管理，三是基础设施供给。为确保滇桂黔三省（区）旅游资源能够得到有效开发和使用，需要三省（区）合作。要确定三省（区）的石漠化片区中有条件的地方的旅游资源开发与保护、旅游减贫问题是否得到有效解决，需要以各地具体实施的旅游减贫策略和效果为基础，开发绩效评价指标体系。

综上所述，滇桂黔石漠化片区旅游减贫机制所包含的精准减贫机制、旅游开发机制、利益分配机制和省际联席机制这四大机制各要素之间相互依存、相互促进，共同构成滇桂黔石漠化片区旅游减贫机制，对提高滇桂黔石漠化片区旅游减贫效果具有重要的理论和现实意义。

第四节　优化思路

习近平总书记指出，一个地方的发展，关键在于找准路子，突出特色。欠发达地区抓发展，更要立足资源禀赋和产业基础，做好特色文章。这为滇桂黔石漠化片区的旅游减贫明确了方向、提出了要求。因户施策，精确帮扶，是旅游减贫精准帮扶的关键。这就需要秉持加强顶层设计与基层治理相结合的理念，从国家层面而言，要有大政方针的顶层设计，还需要调动各个基层的积极性，确保以精准减贫推动精准脱贫，走好全面小康的"最后一公里"。从基层治理而言，旅游减贫工作不仅是帮助有潜在旅游资源条件的贫困地区的困难群众拔掉"穷根"，也需要拔掉基层治理中的"穷根"。只有强化基层治理，才能更好地推进旅游减贫、促进乡村振兴。

滇桂黔石漠化片区中绝大多数村寨的地理位置偏远，交通和信息条件相对落后，有价值的资源得不到合理开发，"富饶的贫困"现象普遍存

---

① 孙东峰：《基于 PPT 战略的县域旅游业发展研究》，天津大学博士学位论文，2008。

在。而该片区的旅游减贫工作不少处于"边学边干，摸着石头过河"的阶段，存在许多不利因素与发展障碍，但要通过完善基层治理体系，因地制宜，采取有针对性的发展思路和措施，吸引因外部条件性致贫的贫困人口通过参与旅游业实现精准脱贫，激发困难群众的内生动力，激活困难群众的力量，使其下定决心走出一条切合实际的旅游减贫发展之路，早日实现脱贫致富。

因此，旅游减贫的总体思路是：以树立旅游减贫重要性的意识为前提，以巩固提升精准脱贫成果为目的，坚持贫困人口受益原则、旅游可持续发展原则、政府主导市场导向原则、目标导向原则等原则，把脱贫攻坚同实施乡村振兴战略有机结合起来，坚持"五个不脱"（脱贫不脱政策、不脱责任、不脱帮扶、不脱项目、不脱监管）、"五个不变"（扶持对象不变、帮扶力量不变、帮扶政策不变、帮扶措施不变、帮扶责任不变）、"三联"（平台联建、资源联合、利益联结），形成持续稳定的旅游业就业支撑；深入开展旅游目的地旅游环境和贫困人口人居环境整治行动，持续改善贫困人口人居环境，提升公共基础服务水平。针对"重病、重残、重灾和没有劳动能力"的重点人群，加大旅游减贫资金、项目、帮扶倾斜力度；通过利用当地优势资源发展旅游业，统筹贫困村与非贫困村、贫困户与非贫困户之间的平衡发展；认真排查整改脱贫攻坚领域存在的问题，加强旅游减贫资金绩效管理，提高旅游减贫工作质量，最终实现乡村振兴。

第五节　本章小结

机制是通过一系列具体运行方式来实现政策目标，主要体现为旅游开发的各种要素条件与旅游减贫效果之间的因果关系。本章以机制设计理论为指导，借鉴已有的成功经验，因地制宜，创新旅游减贫开发路径、资源使用方式、减贫模式和考核体系等，按照精准识别贫困人口困难程度及帮扶需求、准确判断旅游资源以确定旅游减贫模式以及引导贫困人口积极地参与旅游减贫活动三个原则，围绕精准识别、精准帮扶、精准监管和精准考核四大要素，构建了一套适用于滇桂黔石漠化片区乃至全国其他贫困地区的旅游减贫机制，主要包括精准减贫机制、旅游减贫开发机制、旅游减贫利益分配机制以及省际联席机制，这四大机制各要素之间相互依存、相互促进，共同构成滇桂黔石漠化片区旅游减贫机制，为提高滇桂黔石漠化片区旅游减贫效率和效果具有重要的理论和现实意义。为确保旅游减贫机制能够良性运行，本章还提出了机制优化思路。

第六章
滇桂黔石漠化片区旅游减贫体系

第一节　理论基础

系统理论认为，系统是由相互制约、相互关联的各部分共同构成的、具有一定结构和功能的统一体。一般地，系统具有三个共同点：一是由两个及以上要素（环节、部分、元素）构成；二是要素与要素、要素与系统、系统与环境之间相互联系、相互作用，在一定程度上形成内外部结构；三是系统具有动态性，处于不断发展的过程中。[1] 系统理论思想为旅游减贫提供了强有力的理论支撑。旅游减贫是由精准识别、精准帮扶、精准监管、精准考核四个部分构成的一个有机系统。旅游减贫目标的实现和功能的发挥，在很大程度上要依赖这个有机系统各部分之间的相互联系与作用。要实现旅游减贫的精准脱贫目标，需注意与外部环境的协调，使开发环境保持最佳的适应状态。旅游减贫是一项庞大的系统性工程，涉及复杂的内部环境，因此，要以动态发展的眼光看待旅游减贫的开发和实施，采取相应的保障措施及时调整旅游减贫的工作方法，实现

---

[1]　邓小海：《旅游精准扶贫研究》，云南大学博士学位论文，2015。

旅游精准脱贫，从而促进巩固脱贫攻坚成果与乡村振兴有效衔接。[①]

系统论中的相对封闭系统原理认为，一个管理系统可以分解为指挥中心、执行机构、监督机构和反馈机构。在管理的封闭回路中，为确保执行机构能够严格执行指挥中心发出的指令，必须设立监督机构。反馈机构根据指令执行的实际效果，将修正方案提供给指挥中心做决策参考。因此，反馈机构要严格遵循真实性原则，做到实事求是。这正好与本研究所提出的滇桂黔石漠化片区旅游减贫系统相对应。因为，在滇桂黔石漠化片区旅游减贫系统这个封闭管理系统中，旅游减贫的主体如政府等必须科学地、精准地识别贫困人口数量及其贫困程度，结合实际情况，采取有效的帮扶措施精准施策，再根据任务完成情况设立具体的考核指标，对精准识别和精准帮扶工作绩效进行考核，旨在确保能够实现精准脱贫。为了保证做到这三点，须设立监管机构，三省（区）联合制定和完善相关条例制度，充分发挥监管机构的职责和作用，促进滇桂黔石漠化片区旅游减贫体系能够持续良性运行。

本章内容以系统理论为指导，构建了滇桂黔石漠化片区旅游减贫体系，即由精准识别、精准帮扶、精准考核和精准监管四位一体共同构成的一个相对封闭的系统，而精准识别、精准帮扶、精准考核和精准监管又分别可以自成一个体系，由若干条件或要素构成，这些构成条件或要素的功能发挥和协调发展决定了滇桂黔石漠化片区旅游减贫这个大系统能够良性运转。

第二节　构建原则

一　坚持整体性与系统性相结合的原则

从整个滇桂黔石漠化片区这一整体出发，具体分解、综合协调，以达

[①]　邓小海：《旅游精准扶贫》，云南大学博士学位论文，2015。

成 2020 年全面实现小康社会这一整体目标。按照现代管理理论要求，编制整体系统的规划，分工明确后再综合，完善"整分合"的结构体系。因此，要优化旅游减贫系统内各构成要素的组合方式，具体包括旅游减贫的目标优化组合、组织优化组合和环境优化组合等。

二 坚持科学性与持续性相结合的原则

滇桂黔石漠化片区大多数县（市、区）可借助潜力极佳的资源进行旅游开发，并且能够通过旅游开发带动贫困地区脱贫致富。在科学发展观指导下、实行保护和开发同步的前提下实施旅游减贫，不仅需要强化政府在各项政策扶持、公共服务、规范管理等方面的引导、沟通和协调作用，而且需要调动社会团体、企业、民间组织等社会力量的积极参与，为共同推进滇桂黔石漠化片区旅游减贫营造良好的发展局面。

具体而言，在旅游开发过程中，既要依靠自然资源充分挖掘当地农耕文化、乡土文化的深层次内涵，又要注重保护、传承和创新。要因地制宜，根据滇桂黔石漠化片区潜在旅游资源禀赋，以城市郊区、农业园区、旅游景区及交通干道沿线等基础设施条件较好的贫困地区为优先开发点，使一部分先富的贫困地区或人口带动另一部分贫困地区或人口脱贫致富，重点发展贫困地区乡村旅游，以乡村振兴战略为指导，结合"四在农家·美丽乡村"六项基础设施建设，重点建设一批具有地方特色的旅游村寨，带动更多的贫困人口从事乡村旅游减贫事业，不断提高旅游年接待人次和旅游收入，实现滇桂黔石漠化片区旅游减贫的可持续发展，促进乡村振兴。

三 坚持服务性与效益性相结合的原则

旅游业的本质就是服务。滇桂黔石漠化片区旅游减贫体系构建要求相关从业人员做好服务的本职工作，通过积极参与专业技能和其他相关知识的教育与培训，不断提高服务意识，加强服务理念，完善服务内容，提高服务水平。在滇桂黔石漠化片区实施旅游减贫开发工作中，须充分考虑到旅游减贫道路上出现的艰难险阻，努力解决好"手段"与"路径"等问题。与此同时，要在遵守《旅游法》的基础上，制定相关的行业规范和标准，建立健全监督管理制度，提高该行业的法治化水平，依照"边发展、边规范"原则，对滇桂黔石漠化片区旅游减贫进行制度管理，科学地引导滇桂黔石漠化片区旅游减贫的从业人员做到行业自律，做好滇桂黔石漠化片区旅游减贫的立项审批、指导协调、组织验收、监督管理等方面工作，为促进滇桂黔石漠化片区旅游减贫发展保驾护航。此外，还应该注重旅游减贫效益的获得和提高，尤其是生态效益、经济效益、社会效益、文化效益等综合效益的提高，增强贫困人口参与旅游减贫活动的意愿和积极性。

第三节　体系内容

一　滇桂黔石漠化片区旅游减贫的精准识别

在滇桂黔石漠化片区实施旅游减贫的核心是以该片区内贫困县（市、区）的潜在旅游资源为发展条件，以带动贫困人口脱贫致富为目标，通过鼓励贫困人口参与旅游减贫活动的方式，使贫困人口持续受益。然而，只有确定了贫困人口即减贫对象，旅游减贫活动才能够采取科学合理的"扶"的手段，实现精准脱贫的目标。因此，首先要将旅游减贫的对象精准地识别出来，这是旅游减贫精准实施的前提。滇桂黔石漠化片区的贫困的特殊性决定了该片区需要实施的"造血式"旅游减贫与通常意义上的"输血式"减贫有所不同，"造血式"旅游减贫是一种典型的产业减贫。

滇桂黔石漠化片区"石漠化"的特殊地理特征决定了并非所有该片区内的贫困区域都具备旅游开发条件，因此，采取旅游减贫首先要解决的问题就是对该片区内的旅游减贫开发条件进行评价，本研究认真分析了滇桂黔石漠化片区内的各县（市、区）实施旅游减贫的优势与劣势、挑战与机遇，从而确定这些县（市、区）所拥有的资源条件和基础是否适宜实施旅游减贫开发。在此基础上，确定旅游减贫项目。根据滇桂黔石漠化片区中有条件实施旅游减贫地区的资源条件，选择适合该片区的旅游减贫项目。由于旅游减贫项目的数量较多、选择面较广，具有一定的针对性，旅游减贫开发并非适合该片区所有贫困区域，也不是所有旅游减贫项目都具备良好的减贫效应。这就需要采取科学合理的程序和方法对旅游减贫项目进行精准识别，以确保被选中的旅游减贫项目既适合贫困地区实施旅游减贫开发的实际情况，又具备良好的减贫效益。旅游减贫的重心是围绕贫困人口脱贫致富而进行的，换而言之，应精确地识别出愿意且有能力参与旅游减贫项目的贫困人口，根据旅游减贫项目的性质及用工需求，以及贫困人口能够参与旅游减贫的方式，确定所存在的旅游减贫参与的制约因素，再根据贫困人口的个体差异有针对性地进行差异化扶持，确保凡是参与旅游减贫活动的贫困人口均能获得旅游业发展带来的福利和收益。从 2013 年开始，我国就开始对所有贫困家庭和人口实施精准识别，并将建档立卡资料纳入全国减贫信息系统，每年根据实际减贫和脱贫情况进行动态监管和调整。[1]

综上，本研究所谓的旅游减贫的精准识别，是指针对滇桂黔石漠化片区中的贫困县（市、区）的旅游资源状况、减贫开发条件、贫困人口状况等，运用科学有效的程序和方法，对旅游减贫目标地区、旅游减贫项目以及目标贫困人群进行精确辨别、精确区分的过程。旅游减贫的精准识别是旅游减贫系统得以良性运转的基础，是实现以精准脱贫为目的的旅游减贫"扶真贫"和"真减贫"目标的前提条件，要解决旅游减贫中"能否扶""怎么扶""扶持谁"等问题。[2]同时，在进行旅游减贫精

---

① 汪三贵：《以精准扶贫实现精准脱贫》，《中国国情国力》2016 年第 4 期。
② 邓小海、曾亮、肖洪磊：《旅游精准扶贫的概念、构成及运行机理探析》，《江苏农业科学》2017 年第 2 期。

准识别时，要注意区分"富"的人群，并做好识别和评价，将"贫"的记录在案，① 让旅游减贫的精准帮扶有理可循、有据可依。

（一）滇桂黔石漠化片区旅游减贫精准识别的意义

1. 有利于旅游减贫系统工作的开展

精准识别是旅游减贫中一项非常重要的工作。本研究认为，旅游减贫工作由旅游减贫的精准识别、精准帮扶、精准监管和精准考核四个方面共同构成。精准识别既是精准帮扶、精准监管以及精准考核的基础，也是这三个方面工作有效开展和预期旅游减贫效果得以顺利实现的基石。旅游减贫精准识别的目标对象参与旅游减贫活动可能遇到的制约因素决定了精准帮扶的内容和措施，其是旅游减贫精准监管的导向，也是旅游减贫精准考核的要素。在滇桂黔石漠化片区这一特殊区域有效地开展旅游减贫工作，必须根据该片区内各县（市、区）的贫困程度、潜在旅游资源禀赋等，结合实际，采取科学合理的方式遴选出既能实现旅游减贫目标，又具有较高信度和效度的旅游减贫项目，科学地设计旅游规划，有针对性地采取精准帮扶措施，使该片区内的贫困人口能够从参与旅游减贫项目或者旅游减贫活动中真正受益。这为旅游减贫工作提供指引并指明了方向。

2. 有利于精准脱贫目标的实现

旅游减贫的实施在于最终实现贫困地区贫困人口的脱贫致富。为此，"减贫"是目标和宗旨，开发旅游只是实现这一目标和宗旨的方法和手段，核心目标在于减贫和消除贫困人口的贫困状态，充分发挥旅游业的减贫功能。本研究的核心是在"精准"理念的指导下，采取适当的旅游行为，对旅游减贫的目标对象实施"扶真贫"和"真减贫"。然而，旅游减贫制度的不完善导致了很多旅游减贫项目的"减贫"效果并不明显，粗放"漫灌"式的旅游减贫现象较普遍，带有"减贫"目的和意义的旅

---

① 邓小海：《旅游精准扶贫研究》，云南大学博士学位论文，2015。

游减贫在开发时常被误解为通常意义上的旅游开发，从而陷入"贫困地区旅游开发"的困境。实质上，能够从这类旅游减贫项目中受益的主要是贫困地区的非贫困人群，尤其是能够掌握或拥有一定资源或者有能力获取一定资源的中高层收入人群，真正的贫困人口则很少从中受益，即使有，其受益程度也相对较低。因此，要使旅游减贫回归其本质，实现精准脱贫的目标，首先就要精准识别旅游减贫的扶持对象，精确地锁定精准帮扶对象及精准帮扶内容，使旅游减贫目标不偏离预定轨道，从而促进旅游减贫精准脱贫目标的实现。

3.有利于旅游减贫效率的提高

精准识别旅游减贫目标对象的"精准"程度决定了旅游减贫效率的高低。若出现"瞄不准旅游减贫目标对象"或"旅游减贫识别机制失灵"等问题，可能会导致旅游减贫的相关资源出现漏损、旅游减贫的效率下降，甚至还会造成旅游减贫工作的整体性失效、难以实现精准脱贫的目标。因此，能否精准地识别出旅游减贫的目标对象，将对旅游减贫开发工作的成败具有决定性的影响作用。

（二）滇桂黔石漠化片区旅游减贫精准识别的内容

1.减贫对象精准化识别

旅游减贫对象的精准化识别是提高旅游减贫效率的基础，是项目精准化安排与资金精准化投入的前提。一方面，精准识别贫困村发展乡村旅游的资源条件，并综合考虑地区经济社会环境和周边旅游发展情况，为科学合理地规划旅游减贫项目做前期工作；另一方面，精准识别贫困人口现状，判别适宜采取乡村旅游减贫的目标人群，并根据贫困户自身条件和能力水平选择脱贫方式。让不同贫困程度的农户实现旅游减贫的特殊性在于：它既是一种产业减贫，又是一种"造血式"减贫，而非"输血式"减贫，具体针对具有劳动能力且具有旅游开发条件的贫困地区的贫困人群，与传统的"输血式"减贫目标对象的识别存在明显区别。传统的"输血式"减贫只要求对减贫目标人群进行识别，按统一标准精准识别出"谁贫困"即可,"造血式"减贫还需对减贫目标人群的"造血"功能进行识别,不仅要识别出"谁贫困",还要深入分析这些贫困人口的致贫原因及贫困特征等,既要实现经济和思想"双脱贫",还要实现贫困地区的经济、社会、文化、生态等可持续发展。

2. 旅游项目精准化安排

乡村旅游是以农村为旅游目的地,依托乡村农林牧草资源、自然生态环境、人文民俗景观环境等载体,通过市场宣传,吸引都市居民参与休闲度假、研学旅行、健康养生、生态探险、文化旅游等活动。那么,旅游减贫可发展项目类型主要包括农家乐旅游项目、农田采摘项目、民俗风情项目、休闲度假项目、乡镇村落项目、科普教育项目等。在项目安排上,一是要因地制宜,根据地区特点设计旅游项目,避免旅游景区的同质化问题;二是要以人为本,根据贫困人口的意愿和参与能力,规划旅游经营项目,切忌采取强制性参与形式,影响农户的参与积极性。

(三)滇桂黔石漠化片区旅游减贫精准识别的主体

滇桂黔石漠化片区旅游减贫精准识别的主体主要包括政府、非政府组织、企业等。乡村旅游减贫资金是否投在点上、投入到位,直接影响减贫项目带给贫困地区的经济效益、社会效益和生态效益,亦直接影响贫困人口的获益情况和发展机会。财政等部门要在乡村旅游产业减贫、贷款贴息、劳动力培训、贫困村互助资金试点、减贫奖补等资金投入上精准,确保乡村旅游减贫项目的健康运转,有效避免旅游减贫效应低下等问题。

1. 旅游减贫开发条件识别

在滇桂黔石漠化片区实施旅游减贫,则减贫开发条件的识别相当重要。因此,并非滇桂黔石漠化片区中所有的贫困地区都适合开展旅游减贫,要因地制宜、量力而行。这说明,旅游减贫的实施具有明确的识别和适用条件,贫困能够通过扶持旅游业的发展得到一定程度的减少。因此,在滇桂黔石漠化片区实施旅游减贫,首先要精准地识别旅游减贫开发条件,如旅游资源、旅游设施、旅游服务三大要素。在此基础上,确定该特困地区是否具备旅游减贫开发的条件,能否通过旅游开发帮助当地贫困人口实现精准脱贫致富的目标。如图6-1所示,旅游减贫开发条件识别体系是由旅游资源、旅游设施和旅游服务共同构成的一个完整体系,其中任何一方的改变或者缺失都会对旅游减贫开发系统运转造成影响。因此,贫困地区需满足上述三个条件,才适合实施旅游减贫开发。

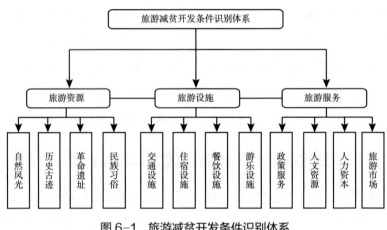

图6-1 旅游减贫开发条件识别体系

（1）旅游资源。只有正确选择一个符合滇桂黔石漠化片区发展的比较优势产业,充分发挥该片区内的自然生态资源和人文禀赋资源的优势来发展旅游业,才能促使旅游减贫工作取得良好的效果。旅游资源包括自然风光、历史古迹、革命遗址、民族习俗等,了解和掌握旅游资源的特征和数量是滇桂黔石漠化片区乃至其他贫困地区开展旅游减贫最根本的前提条件。贫困地区潜在的旅游资源价值直接决定了是否适合旅游减贫开发,以及实施旅游减贫开发力度和资金投入比例。因此,滇桂黔石漠化片区在进行旅游减贫决策时,应当对该片区内的旅游资源进行普查和评估,确定其所拥有的旅游资源能否达到旅游开发条件,其中关键在于能否对旅游者产生吸引力,有多大的旅游吸引力,能吸引多少游客?该片区是否具备旅游开发的资源条件，这些旅游资源在旅游市场中的竞争力如何？

（2）旅游设施。旅游减贫开发所需的旅游设施与一般旅游发展所需的旅游设施大致一样，主要包括旅游交通、旅游住宿、旅游餐饮以及游乐设施等。

第一，旅游交通设施。良好的交通基础设施在很大程度上保障了旅游减贫开发的顺利实施。旅游活动的跨区域性和跨空间性的特征决定了旅游者的空间移动是实施旅游活动的必然行为，这就要求旅游减贫目的地具备一定的交通基础。因此，具备一定的区位交通条件是贫困地区发展旅游的基本保障要素，要实现"要致富先修路"。贫困地区开发旅游的交通设施主要包括外部交通设施和内部交通设施。外部交通设施主要是旅游目的地以外的交通如高速路、高铁路、进村路等，内部交通设施是指旅游目的地范围内的旅游交通，如旅游步道、乡间小路等。

第二，旅游住宿设施。旅游住宿是旅游者在旅行游览活动中必不可少的"驿站"，与旅行社、旅游交通并称为旅游业的三大支柱。旅游住宿设施是否完备，决定了游客停留过夜的时间和游客留步游玩的时间。贫困地区的旅游住宿通常是农家旅馆、乡村驿站、农家客栈等，包括有形要素和无形要素。其中，有形要素主要包括建筑、周围环境、设备设施、内部装修、地理位置以及为客人提供的餐饮产品等，无形要素较有形要素更为复杂，主要包括农家旅馆所营造的氛围和游客在农家旅馆住宿过程中所享受到的服务，大多数住宿产品是有形物品和无形经历的结合。

第二，旅游餐饮设施。旅游餐饮设施和服务是针对游客在旅游过程中产生对餐饮的需求而提供的必要服务，是旅游服务的一项重要内容。旅游地的餐饮设施和旅游服务质量水平在很大程度上反映了旅游减贫开发地旅游业发展的总体质量水平。贫困地区的旅游餐饮设施和服务形式主要表现为农家乐和户外烧烤。农家乐是近几年兴起的一种旅游产品。农家乐餐饮为游客提供地道的农家饭，使游客在农家品尝五谷杂粮和天然野味的同时，身心得到一种回归自然的享受。户外烧烤也是景区常见的用餐类型，但考虑到烧烤的油烟对旅游减贫目的地环境的破坏，这种餐饮类型并不值得提倡。滇桂黔石漠化片区是多民族聚居区，可以充分发挥民族饮食文化特色，积极发展民族特色餐饮，以民俗、民族特色、土特产、郊野化、农家化为特点。由于民族特色餐饮有较深的地方烙印，文化内涵丰富，因此可将其发展成为旅游中的主要餐饮方式。民族特色餐饮的优势主要有两个方面，一是渊源，二是特有。渊源是一种历史事实，无法更改，它往往代表着正宗；特有是指一些美食材料具有很强的地方性，如三都县的五色糯米饭、贞丰县的糯米饭、兴义市的鸡肉汤圆等。虽然现在飞机可以把外地的原料长途运输到另外一个城市，但游客还是会认为到原产地品尝才能体会到真正的原汁原味，会有与在非原产地不一样的旅游体验。此外，所谓旅游地的特色餐饮，不仅在于旅游地提供的食物本身独具特色，而且体现在游客用餐的环境和氛围等整体用餐设施和饮食文化等方面，如贵州西江苗寨的长桌宴等，游客坐在长桌旁享受当地特色美食的同时，还能欣赏优美的歌舞表演或者是当地居民热情洋溢的敬酒歌。这种将民族歌舞表演融入旅游餐饮中，采取饮食文化与歌舞艺术相结合的形式更能够吸引游客。

第四，旅游游乐设施。游乐设施以经营为主要目的，是在封闭的区域内运行的承载游客游乐的载体。受到诸多因素和条件的限制，贫困地区的旅游游乐设施不及城市里的现代游乐设施种类繁多，但可以充分凸显其特色，如民族歌舞广场、民族乐器、乡间田野里的农作设施等，可由室内到室外、由单一型向综合型转变。旅游游乐设施也是吸引游客的一个重要旅游吸引物。

除上述四个重要的旅游设施外，其他公共服务设施以及旅游配套设施如景区厕所、游客休闲中心、游客服务中心等也是旅游减贫开发必不可少的基本要素。

（3）旅游服务。旅游服务主要指政策服务、人力资本等内容。政策服务在提升旅游减贫效果方面起着关键性的作用，旅游减贫相关政策体制设计是否科学合理，直接影响到旅游减贫的实施结果。而人力资本也是影响旅游服务质量的一个关键因素。人文资源不仅包括贫困地区的语言文字、文化传统、历史遗存、思想观念、生产技术等，还包括资产、资本、权力等社会资源和人力资源。此外，旅游市场亦是旅游服务必不可少的要素。旅游减贫作为一种市场行为必须遵循市场经济规则。在滇桂黔石漠化片区实施旅游减贫开发时，应当对当地旅游客源市场进行SWOT分析。不仅要分析旅游客源市场的优劣势、机遇和挑战，还要对旅游客源市场进行实地调查研究，对客源市场进行预测，旨在评估旅游减贫开发的可行性和收益性。此外，旅游企业管理体制和营销策略也是旅游减贫开发可行性研究需要考虑的要素。

2. 旅游减贫开发项目识别

对滇桂黔石漠化片区实施精准识别和开发具有可行性的旅游减贫项目，要因地制宜选择适合当地的旅游减贫项目，要避免"一刀切"和千篇一律的盲目效仿。一个能给贫困人口带来净收益的旅游项目，才算得上是真正起到"减贫"功能和作用的旅游减贫项目，才是贫困人口能够真正从中受益的项目。

3. 旅游减贫目标人群识别

贫困人口参与旅游减贫活动不仅能够获得切实的经济收益，还能够提高自身的综合素质和发展能力。但是并不是所有的贫困人口都适合参与到旅游减贫活动中，这就需要对旅游减贫的目标人群进行精准识别，将目标定位于具有劳动能力和参与意愿的贫困人口中。现实情况是，一个贫困地区的旅游减贫活动能够提供的参与机会（就业岗位）往往是很有限的，而且不同的岗位对参与者都有不同的要求，按照比较优势理论，在机会有限的情况下应优先考虑那些具有比较优势的贫困人口，而对不具有比较优势的人采取可替代的方式。笔者在滇桂黔石漠化片区进行实地调研时发现，该片区中实施旅游减贫开发的贫困地区提供的就业机会都是优先考虑当地贫困人口，在充分满足当地贫困人口的就业需求后，才会考虑为非贫困人口提供机会。需要说明的是，旅游减贫中的贫困人口包括绝对贫困人口和相对贫困人口，涉及物质贫困的人口和精神贫困的人口。对旅游减贫目标贫困人群的识别如图6-2所示。

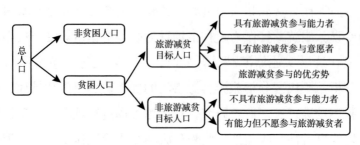

图6-2　旅游减贫目标人群识别

资料来源：邓小海：《旅游精准扶贫研究》，云南大学博士学位论文，2015，第82页。

　　首先，从贫困地区的总人口中精准识别出贫困人口。滇桂黔石漠化片区旅游减贫目标人口定位包括贫困地区的人口、贫困地区的贫困人口以及贫困人口。本研究的目标人口可定位为"滇桂黔石漠化片区的贫困人口"。其次，滇桂黔石漠化片区的贫困人口不仅在所处地理位置上处于劣势，在资力和能力上也存在劣势。因此，可以将已识别出的贫困人口进一步细分为两大类，一类是可以通过实施旅游减贫给予扶持的贫困人口，另一类是不能通过实施旅游减贫给予扶持的贫困人口。旅游减贫的目标人口是那些既有劳动能力又有意愿的贫困人口，即旅游减贫的"可扶之人"。而不能通过旅游减贫扶持的贫困人口主要包括：不具备旅游减贫参与能力的贫困人口以及具备劳动能力但不愿参与旅游减贫的贫困人口。最后，对旅游减贫目标人群参与旅游减贫的优势与劣势、机遇与挑战深入地进行SWOT剖析。在滇桂黔石漠化片区实施旅游减贫旨在消除或减少贫困人口参与的障碍，为他们提供就业岗位和发展机会，最终实现精准脱贫，使他们走上致富道路。

　　4.旅游减贫精准识别体系

　　旅游减贫精准识别体系的构建以旅游减贫精准识别所涉及的主要内容为依据，如表6-1所示。

表6-1　旅游减贫精准识别体系

一级	二级	三级	四级	因子
旅游减贫精准识别体系	开发条件识别	旅游资源	自然风光	旅游资源的丰富度、集聚度、吸引力等
			历史古迹	
			革命遗址	
			民族习俗	
		旅游设施	交通设施	紧密性、连接度、通勤距离、停车位等
			住宿设施	住宿接待量、住宿收益
			餐饮设施	餐饮接待量、餐饮收益
			游乐设施	游乐设施接待量
		旅游服务	政策服务	旅游发展政策、减贫政策、旅游管理体制机制等
			人文资源	社会资源、人力资源
			人力资本	旅游人才数量、层次、结构等
			旅游市场	客源条件、旅游产品销量，旅游产业上游产业规模、结构和产值等
	开发项目识别	项目适应性	项目的可持续性	项目可持续发展的程度
			项目对外部的依赖	项目对外部的依赖程度
		项目效益性	经济效益	旅游项目收益、参与旅游活动收益、开设农家乐收益、开设农家旅馆收益等
			社会效益	生活质量、知名度提高等
			生态效益	生态环境改善、环保意识增强等
			文化效益	贫困人口受教育程度、贫困人口对传统文化的保护和传承观念的意识提高、贫困人口对外来文化冲击的认识等
		项目益贫性	贫困人口经济受益	贫困人口参与旅游人数和占比、贫困人口收入增长率、贫困人口收益所占比重、社区旅游收益无截留率等
			贫困人口非经济受益	贫困人口参与旅游培训比例、项目与当地经济的关联度、贫困人口参与旅游活动的次数等
	目标人群识别	贫困人口参与旅游减贫的意愿识别		较参与其他减贫方式的强度等
		贫困人口参与旅游减贫的能力识别		所具备的技能、手艺等
		贫困人口参与旅游减贫的优势与劣势		参与优势与劣势、障碍等

（1）政府。在旅游减贫的目标区域选择和项目识别过程中，政府无疑是整个活动过程的重要参与者和主导者。然而，政府主导并非完全由政府掌握旅游减贫项目选择权，政府的作用应体现在监督、管理、协调等方面，从而保障旅游减贫的目标区域能真正地从旅游减贫项目中受益，旅游减贫项目的减贫效应惠及真贫。

（2）非政府组织。非政府组织获取旅游减贫资源主要通过竞争，竞争的现实性决定了只有具有较高减贫效率的旅游项目和组织，才能得到充足的旅游减贫相关资源。国外的非政府组织是旅游减贫的重要力量，通常在各类项目中都能看见非政府组织的身影，而国内的非政府组织介入旅游减贫项目才刚起步。非政府组织的非营利性特点使其对旅游减贫项目的识别更具客观性。非政府组织长期从事旅游减贫项目，因此在旅游减贫项目的识别方面比政府更具优势。

（3）企业。企业参与旅游减贫项目，可为旅游减贫工作打开新思路、探索新路子，带动并形成多元化的旅游减贫主体。在进行旅游减贫项目的识别过程中，企业作为市场最具活力的主体，可以充分发挥其独有的优势，通过对贫困地区的旅游资源进行科学合理的开发、包装，使贫困地区的优质旅游资源变成有价值、有特色的旅游商品进入旅游市场，为贫困人口增收。在这过程中，企业获得了发展机会，为贫困地区带来经济效益、社会效益和生态效益，为贫困人口提供就业和发展机会，体现了企业参与旅游减贫的造血机能。

（4）贫困人口。减贫开发关键在于精准，首先要精准识别贫困人口。贫困人口是旅游减贫工作的起点和归宿。贫困人口是旅游目的地的主人，是旅游发展产生影响的承受者，必然应该赋予他们一定的发言权，完善旅游减贫项目的精准识别体系和机制。旅游减贫的目标是惠及贫困人口，贫困人口是落实旅游减贫项目具体事项的主要参与者，也必然应当赋予他们参与权和话语权，让他们既是旅游减贫项目的从业者，也是旅游减贫项目的参与决策者，充分发挥贫困人口的主体作用，精准地识别旅游减贫项目，提高旅游减贫项目的针对性和持续性。

滇桂黔石漠化片区农村绝对贫困人群主要有以下三类。

第一类：丧失劳动力的极端贫困户，占总贫困户的 0.5%，如年老体衰、膝下无子女者，年老（60 岁以上）单身还要赡养父母者、单身且身患重疾或精神病患者等。

第二类：虽有劳动力，但家庭负担很重，如有家庭成员身患重疾、多个子女上学，医疗和教育支出很大，这部分人在滇桂黔石漠化片区的贫困人口中比例最大，极大地影响了旅游精准脱贫的效率和进度。

第三类：虽有劳动能力，但所处的客观条件非常不利于改善生计的群体，需要通过生态移民搬迁等方式给予帮扶。

在滇桂黔石漠化片区中，上述第一类和第二类贫困者几乎都是靠政府的社保兜底，有条件的地区还有景区发展所得的土地入股分红。

二 滇桂黔石漠化片区旅游减贫的精准帮扶

（一）旅游减贫帮扶的含义

旅游减贫精准帮扶是指在对贫困地区旅游减贫开发条件、旅游减贫开发项目及旅游减贫目标人群进行有效识别的基础上，深入剖析旅游减贫目标对象在旅游减贫过程中存在的问题，根据贫困地区和贫困人口的特点及需求，确定旅游减贫的精准帮扶内容，明确各帮扶主体，制定旅游减贫精准帮扶措施，旨在改善贫困地区旅游减贫的开发条件，提高贫困人口参与旅游减贫的能力和效果，实现精准脱贫的目标。旅游减贫的精准帮扶是实现精准脱贫的关键，主要解决旅游减贫过程中"扶什么？""谁来扶？""怎么扶？"的问题，如图 6-3 所示。

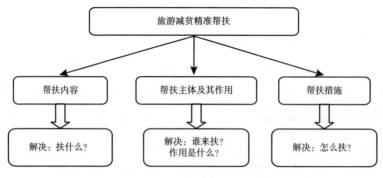

图6-3　旅游减贫精准帮扶示意

（二）旅游减贫精准帮扶的内容

贫困地区的旅游减贫系统内部存在异质性，导致不同层面的帮扶需求亦存在差异，以至于旅游减贫帮扶内容也有层次之分。具体而言，可根据旅游减贫精准帮扶的实施层面，构建"四位一体"的旅游减贫帮扶体系。

第一层次：对完善贫困地区旅游减贫开发制度的帮扶。滇桂黔石漠化片区横跨云南、广西和贵州三省（区），需要这三省（区）政府联合建立健全针对石漠化集中连片特困地区实施旅游减贫开发的政策制度，为该片区旅游减贫提供政策保障。具体而言，旅游减贫政策制度建立健全的帮扶是针对滇桂黔石漠化片区跨三省（区）的特殊性而采用的一种三省联合出台的减贫政策制度。具体而言，主要包括以下几方面。一是财政、税收和金融政策。政府要整合各种资金渠道，加大对滇桂黔石漠化片区旅游减贫的投入。出台优惠甚至减免的税收政策和金融扶持政策，鼓励旅游企业投资、产业融合发展。二是强化"对口"帮扶政策。继续完善发达地区对滇桂黔石漠化片区的"对口"帮扶政策，加大中央和国家机关、国有企业、军队系统等单位对该区域定点减贫的支持力度。三是制定切实可行的人才服务政策。四是制定针对重点减贫群体的扶持政策。制定合理的政策措施鼓励妇女、残疾人、退伍或伤残军人、水库移民等重点人群参与旅游活动。

　　第二层次：对改善贫困地区旅游减贫开发条件的帮扶。帮助改善贫困地区旅游减贫开发条件，是一种面向地区层面的帮扶方式，旨在通过发展旅游改善贫困地区的旅游基础设施等条件和提高服务水平，增强乡村旅游发展的竞争力，提高旅游减贫的贡献率和综合效益，帮助贫困地区解决严重制约当地旅游发展的瓶颈问题，如管理机制问题、人才缺乏问题、资金短缺问题等，将旅游业发展成为带动贫困人口脱贫致富的主导产业。

　　第三层次：对贫困地区社区建设的帮扶。社区是一种地方性社会，是以共同居住的特定地域为基础，具有共同的价值认同和社会联系的社会生活共同体。社区最基本的要素与特征包括"一定的地域范围"、"共同的利益需求"、"社会交往"及"认同意识"等。对贫困社区的帮扶目的是改善贫困社区自身的生产能力，提高贫困社区对旅游减贫的支撑能力，帮扶主要包括四个方面：经济建设、组织建设、公共服务体系建设和文化教育建设。[1]

　　第四层次：对贫困人口参与旅游减贫的帮扶。这一类帮扶是以贫困人口个体为帮扶对象实施的，根据贫困人口自身能力不足等问题，以及在参与旅游减贫活动中呈现的问题，有针对性地采取帮扶措施，实现提高贫困人口的综合素质和参与旅游减贫的能力和水平的目标。在旅游减贫实践活动中，贫困人口参与旅游减贫活动具体从事的事务包括参与决策与规划、经营与管理等。通过帮助贫困人口积极参与到旅游减贫活动中，提高参与能力和效果，确保贫困人口能够通过参与旅游减贫活动真正受益。

（三）旅游减贫精准帮扶的主体

1. 政府

　　滇桂黔石漠化片区实施旅游减贫更注重贫困人口的受益和分享。若仅单纯地按市场规律运营及操作，利益很难流向该片区的贫困人口。因

---

[1]　邓小海：《旅游精准扶贫研究》，云南大学博士学位论文，2015。

此，在滇桂黔石漠化片区实施旅游减贫，要充分发挥政府作用。一是在作出决策前与贫困人口进行充分协商和沟通，深入了解贫困人口的致贫缘由和阻碍其发展的制约因素；二是对在该片区实施旅游减贫的在用地或资产利用方面给予最大限度的优惠政策，为其解决用地和资金上的"短板"；三是加大基础设施投资、完善市场机制；四是通过完善旅游减贫体制机制落实各项减贫措施；五是滇桂黔三省（区）政府相关部门强强联手，成立三省（区）旅游减贫工作小组，充分发挥滇桂黔三省（区）脱贫攻坚的主体作用，聚焦深度贫困地区脱贫攻坚，加强减贫领域作风建设，整合各方资源集中帮扶滇桂黔石漠化片区的贫困人口实现精准脱贫，促进乡村振兴。

2. 旅游企业

旅游企业的发展情况直接影响着旅游减贫活动的开展。旅游企业在贫困地区实施旅游减贫项目，需要提供资金、技术、人才等方面的支持和保证，确保旅游减贫项目能够得以顺利实施，旅游减贫活动能够收到最佳效果。旅游企业的营利性决定了它会有选择地在具有潜在旅游资源的贫困地区开发旅游减贫项目，研发旅游商品，开拓旅游市场，改善地区投资环境，完善交通、水电、通信等基础设施建设，推动贫困地区旅游业健康持续发展，带动减贫。旅游企业应当主动、最大限度地雇用当地贫困居民，为当地贫困居民提供业务培训；与贫困地区以外厂商建立商业联系，形成产业供应链，培育市场，为旅游市场组织客源，反馈信息，提供技术咨询，同时引导游客到景区或在所举办的活动中帮助当地小企业发展市场，鼓励游客举止行为文明，扶植传统工艺品和文化。

3. 社区

社区是贫困人口赖以生存的空间，社区参与旅游减贫具有重要的现实意义。一方面，有利于形成有效的旅游减贫决策机制。社区参与的核心是通过赋权推动旅游减贫工作的顺利开展，为贫困人口参与旅游减贫提供便利。社区参与旅游减贫的主要内容是社区成员有回应咨询的责任和发表意见的权利，同时也是保障社区利益的重要方式。另一方面，有利于协调社区居民与旅游企业之间产生的冲突和矛盾。通常，社区居民与旅游企业之间的冲突和矛盾主要表现在：社区开发的旅游减贫项目未能充分顾及或满足当地社区居民的利益诉求，甚至忽视了当地社区居民的诉求，还使社区居民成为旅游业给环境、社会和文化造成负面影响的主要承担者，[①]同时也损害了旅游业自身的可持续发展。解决的途径是建立社区与旅游企业之间的协商机制。

4. 非政府组织的作用

非政府组织是代表和保护公众利益的社团机构。在旅游减贫过程中，非政府组织发挥的作用不可替代，主要包括两点。一是监督作用。非政府组织可以就旅游减贫开发过程中对贫困地区的环境和文化造成的负面影响进行有效监督。二是组织作用。非政府组织可以积极地组织有关人士参与到滇桂黔石漠化片区旅游减贫的研究中，组织旅游减贫公益活动，广泛宣传旅游减贫的意义和作用，号召全社会关注并支持滇桂黔石漠化片区旅游减贫战略的实施。

三 滇桂黔石漠化片区旅游减贫的精准监管

（一）旅游减贫精准监管的含义

旅游减贫精准监管是指为实现旅游减贫精准脱贫的目标，综合运用各种方法，对旅游减贫的全过程、旅游减贫涉及的各种要素以及旅游减贫的效率和质量，进行计划、组织、指挥、协调、控制等的一系列活动。旅游减贫监管是实现旅游减贫的有力保障，贯穿旅游减贫的全过程，涉及旅游减贫的各环节和各要素。旅游减贫监管旨在通过旅游减贫开发帮助贫困人口实现精准脱贫，主要解决旅游减贫中"为什么监管""监管什么""谁来监管""怎么监管"的问题（见图6-4）。

---

① 孙东峰：《基于PPT战略的县域旅游业发展研究》，天津大学博士学位论文，2008。

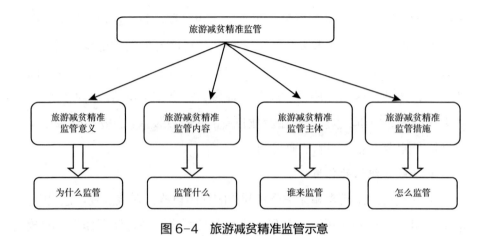

图 6-4　旅游减贫精准监管示意

（二）旅游减贫监管的意义

1. 提高旅游减贫工作的效率

从效率目标视角而言，旅游减贫效率可分为旅游减贫的资源配置效率和旅游减贫工作的组织管理效率两个重要方面。一方面，要提高旅游减贫的资源配置效率。加强对旅游减贫目标对象、旅游减贫项目和资源等的监管，有助于调整旅游减贫重点和措施等，同时也有助于减少旅游减贫资源的漏出、减少社会公共资源的浪费，提高旅游减贫资源的使用效率和配置效率，体现"精准"要素。另一方面，提高旅游减贫工作的组织管理效率。建立健全旅游减贫管理体制机制和多元主体的联席机制，加强管理分工，明确各参与主体在旅游减贫过程中的权利和责任，建立旅游减贫工作激励机制和制约机制，有利于旅游减贫各参与主体行为的协同和工作环节的相互衔接，确保旅游减贫工作能够得以有序开展，提高旅游减贫工作效率。

2. 督促旅游减贫目标的实现

要实现旅游减贫的目标，就要对旅游减贫过程中所涉及的参与主体、利益相关者及相关资源进行统筹协调，对各方行为进行科学引导和规范，动态监控各环节。对旅游减贫实施精准监管，确保旅游减贫工作有效开展，督促旅游减贫目标的实现①。

3. 防止脱贫返贫现象的发生

防止返贫现象发生最核心的问题在于对贫困户进行综合性的，特别是以提高能力、提高自我发展意识为主的扶持，让贫困户在外界的帮助下有意识、有能力去努力改变自己的生活状况。值得一提的是，要让贫困户注重提高自我发展能力和自我发展意识，需要短期和长期措施相结合，才会收到更好的精准减贫效果。例如，培养贫困群体青年一代的动手能力，将民族手工艺品的制作方法循序渐进地传授给青年一代，这对今后阻断贫困代际传递起到了非常重要的作用，短期内直接效果可能不明显，但这是防止脱贫人口返贫的最根本手段。中短期内则需要与经营主体建立利益联结机制，提高贫困户发展从事旅游业的能力。

（三）旅游减贫监管的内容

1. 旅游减贫要素监管

滇桂黔石漠化片区进行旅游减贫监管的要素主要包括旅游减贫目标对象、旅游减贫参与主体、旅游减贫资源、旅游减贫项目等。其中，旅游减贫目标对象是开展旅游减贫工作的出发点和归宿，对旅游减贫目标人群的相关信息进行管理，确保旅游减贫工作的方向性和措施的针对性；对旅游减贫参与主体的监管是一项很复杂的工作，主要是对参与旅游减贫项目的当地贫困人口、旅游开发企业、非政府组织、旅游者等主体在减贫资金、减贫物资、减贫技术等方面的监督和管理，确保旅游减贫参与主体能够充分发挥主观能动性，特别是调动当地贫困人口的内生发展动力。对旅游减贫资源的监管包括加强对旅游减贫资源，尤其是对旅游减贫资金的管理，有必要对旅游减贫利益相关者行为进行严格的监管，避免出现旅游减贫资源漏出、被转移和滥用等事件发生，从而影响

---

① 邓小海：《旅游精准扶贫研究》，云南大学博士学位论文，2015。

旅游减贫进程和减贫效果。同时，也不能忽视对旅游减贫资源投入主体的行为监管。为避免各投入方之间发生冲突，造成资源内耗，应当提高投入方行为的统一性和协调性。对旅游减贫项目的监管也是极为重要的。旅游减贫项目管理水平的高低直接影响着旅游减贫资源使用效率水平的高低，对旅游减贫目标的实现产生极大的影响，应全面科学地监管旅游减贫项目的全过程。因此，对旅游减贫项目的监管应加强对旅游减贫项目的前期论证，确保项目的可行性，加强对旅游减贫项目实施过程的监管，以确保项目按照预定的步骤有序开展。滇桂黔石漠化片区涉及云南、广西和贵州三省（区），情况特殊，特别需要这三省（区）协力联合。

2. 旅游减贫过程监管

"过程是一个为了将某一输入转化为期望达到的输出而投入运行的系统。"[1] 旅游减贫是一个由精准识别、精准帮扶、精准监管、精准考核四个子系统构成的综合的、动态的统一运行系统，其运行过程将对旅游减贫的实施过程及结果产生重要影响。因此，必须加强对旅游减贫过程的监管。一是加强对旅游减贫精准识别过程的监管，确保所识别出来的目标对象群体的真实性和项目的可行性，真正实现旅游减贫"扶真贫"；二是加强对旅游减贫精准帮扶过程的监管，旨在确保旅游减贫精准帮扶具有较强的针对性，使旅游减贫实现"真减贫"，成为实现旅游减贫精准脱贫目标的重要推动力；三是加强对旅游减贫精准监管过程的监管，明确旅游减贫监管各主体的分工和责任，确保精准监管的有效开展，为目标的实现提供强有力的保障和支撑。

3. 旅游减贫效果监管

旅游减贫效果是指旅游减贫各项工作开展后所产生的结果，是检验和评价各项旅游减贫工作的重要指标。对旅游减贫效果的监管是对旅游

---

① 〔加〕Jean Harvey：《复杂服务过程管理——从战略到运营》（第 2 版），上海市质量协会、上海质量管理科学研究院译，中国质检出版社、中国标准出版社，2013，第 60 页。

减贫工作取得的效果进行计划、反馈、沟通和提升的监督和管理过程。旅游减贫效果监管是在对旅游减贫工作进行考核评价的基础上，分析考核评价结果，比较计划目标，以此作为旅游减贫工作奖惩的重要依据。同时，要分析效果产生的原因，总结经验教训，及时反馈与沟通，提出改进措施，为未来旅游减贫工作效果和质量提升指明方向。

（四）旅游减贫监管的主体

1. 政府

政府是旅游减贫监管的重要主体之一。从新公共管理视角而言，政府对旅游减贫的管理包括旅游减贫政策管理、旅游减贫战略管理、旅游减贫资源管理和旅游减贫项目管理等。值得一提的是，在实施旅游减贫开发以及维持各参与主体之间的合作时，政府应当扮演好协调的角色，协调各参与主体之间的关系，制定和完善旅游减贫开发激励政策等，从而成为旅游减贫开发管理的调控中心和系统中枢。因此，要明确不同部门的职能，如文化和旅游部门主要负责旅游减贫项目规划、建设及旅游发展等方面的管理，减贫部门主要负责对贫困人口、减贫资源的监管等。

2. 社会公众

社会公众也可以成为推动旅游减贫监管的重要力量，实施旅游减贫开发也要充分发挥他们的特殊作用，如舆论导向、监督评价等。社会公众参与旅游减贫管理具有重要的现实意义，如有助于旅游减贫资金信息披露制度及旅游减贫项目、旅游减贫对象公告公示公开制度的建立，避免旅游减贫过程中出现暗箱操作而导致该扶的未扶，确保旅游减贫资金在阳光下进行。[1]

3. 贫困人口

旅游减贫强调贫困人口的参与和受益，贫困人口参与旅游减贫的程

---

[1]　邓小海：《旅游精准扶贫研究》，云南大学博士学位论文，2015。

度和方式会对其受益产生重要影响。为使贫困人口从旅游减贫中获得更多收益，要提高贫困人口旅游减贫参与的广度和深度，尽量让贫困人口参与到旅游减贫的全过程。在旅游减贫系统运行过程中，贫困人口还扮演着引导游客、管理社会治安、监测与管理生态环境等方面的角色，不仅是旅游减贫的受益者，还是旅游减贫成本和风险的承担者。贫困人口参与旅游减贫监管既是贫困人口主体参与权利的体现，也是贫困人口受益的保障。

四　滇桂黔石漠化片区旅游减贫的精准考核

（一）旅游减贫精准考核的含义

考核是对干部工作的一种评定方法，既是对干部成绩的一种肯定，也是对问题不足的一种发现，更是对干部的一种激励。真正的考核目标应该是助力干部更向前的一种方式，能够让他们看到自己工作中的成功之处，也能够通过这样的系统方法来发现自己的短板，才能不断地夯实自身的实力，在治理能力上不断提升。因此，考核也需要坚持"精准"，对于不同的地方、不同的部门，要根据实际情况来确定考核的标准，而不是采取"一刀切"的方式，这不仅有失公平，还会滋生一些所谓的"套路"，让考核的初心不见。只有更"精准"考核出来的成绩才会更"准确"，达到的效果更佳，才能充分发挥精准考核的"指挥棒"作用。

旅游减贫精准考核是指为检验旅游减贫精准脱贫目标的实现程度，综合运用各种方法，对旅游减贫的效果进行检验的一项重要工作。旅游减贫精准考核的初衷在于通过目标任务和奖惩机制推动各项工作落实落细，防止旅游减贫返贫现象的发生。旅游减贫精准考核贯穿旅游减贫的全过程，涉及旅游减贫的各个环节和各种要素。旅游减贫以实现旅游精准脱贫为目标导向，主要解决旅游减贫中"为什么考核""考核什么""谁来考核""怎么考核"的问题（见图6-5）。

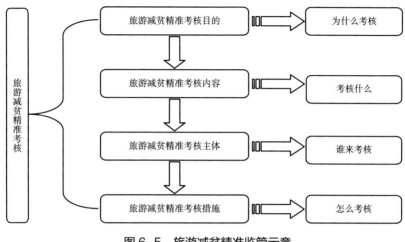

图 6-5　旅游减贫精准监管示意

（二）旅游减贫精准考核的意义

1.有利于减贫"真考核"推动"真"减贫

旅游减贫精准考核有利于牢固树立"四个意识"[①]，强化问题导向，加强对过程和效果的监管，不断改进工作，提高减贫成效，做到精准脱贫工作务实求真，对滇桂黔石漠化片区的旅游减贫工作适时开展督查巡查和考核，有利于进一步传导压力、压实责任，督促引导各地提高旅游减贫工作实效，确保脱贫攻坚始终沿着正确方向扎实推进。

2.有利于避免旅游减贫考核的形式主义

客观、公正、务实的旅游减贫考核能够有效地避免形式主义和"资料减贫"，避免弄虚作假。上级部门在进行旅游减贫考核时不能只看减贫干部提供的数据资料，应在考核之前深入贫困地区做暗访调查，尤其是对于"旅游＋"产业减贫，要实事求是看"旅游＋"产业成效，询问农民增收情况，统计数据，再与减贫干部提供的数据资料做好核对，确保旅

---

①　"四个意识"是指政治意识、大局意识、核心意识、看齐意识。

游减贫达到预期效果。考核有利于及时避免基层写材料、填报表、迎检查等耽于形式的做法,旅游减贫资料是旅游减贫工作痕迹的印证,通过对真实资料和数据的考核,可以甄别旅游减贫工作的优劣,评选出优秀,激励旅游减贫工作先进组织和个人,为基层聚精会神搞帮扶营造良好的生态环境,确保获得客观公正的旅游减贫成绩,倒逼滇桂黔石漠化片区的旅游减贫干部做到扶真贫、真减贫。通过有效的旅游减贫考核可以及时发现旅游减贫工作中的苗头性、倾向性问题,从而有针对性地加以解决。①

3. 有利于发挥旅游减贫考核的"指挥棒"作用

考核制度是减贫工作的重要激励制度,增大减贫考核力度对于推动脱贫攻坚工作具有重要意义。旅游减贫考核是旅游减贫工作的"指挥棒"和"风向标",旅游减贫考核办法为科学考核旅游减贫工作提供政策支撑。脱贫攻坚工作是全面建成小康社会的重要组成部分,也是完成"两个一百年"伟大目标的必然要求,对于全面建成小康社会至关重要,着力做好脱贫攻坚工作,就要让脱贫攻坚工作与干部的考核结果充分挂钩,提升脱贫攻坚考核内容在干部考核机制中的比重,能够进一步提高脱贫攻坚干部的工作积极性,推动脱贫攻坚工作快速推进。做好脱贫攻坚工作的考核工作,就要让减贫干部的评价结果科学合理,符合实际;优化脱贫攻坚工作的评价体系,就是要让减贫干部的考核评价结果更加民主,让减贫工作的实际成果成为脱贫工作的评价结果,让减贫干部的群众口碑成为减贫干部的考核结果。充分优化脱贫攻坚工作的考核体系,就要让考核制度更加向基层一线和急难险重工作岗位倾斜,让巩固脱贫攻坚成果与乡村振兴有效衔接工作得到更大的推动、更强的激励。通过考核,可以通过问责的方式倒逼减贫干部落实责任。减贫工作最忌急躁冒进,要用科学的"指挥棒",让"安居"和"乐业"并举,让"旅游"和"脱

---

① 新华社:《发挥考核评估作用,提高脱贫攻坚质量》,《人民日报》2017年6月2日,http://politics.people.com.cn/n1/2017/0602/c1001-29312737.html。

贫"同步，确保阶段性旅游减贫工作取得实效。此外，要用精准监督看住权力。权力缺乏监督也会酿成大问题，通过强化纪律监督，确保减贫资金的精准使用，杜绝"资金砸下去，干部倒下去"的问题。[①]因此，旅游减贫考核就显得尤为重要。

（三）旅游减贫精准考核的内容

滇桂黔石漠化片区的旅游减贫精准考核工作较其他地区旅游减贫工作应当更严格、更精准，坚持一个也不能少的原则，要进一步强化绩效考核在落实新发展理念、推动高质量发展、打好"三大攻坚战"等方面的"指挥棒"作用，考核工作围绕落实精准脱贫基本方略；坚持立足实际、突出重点、注重成效，突出少考、精考的工作重点，以客观公正、群众认可为总原则，严格规范考核方式和程序，发挥社会舆论的监督作用；坚持结果导向、奖罚分明原则，深入落实责任追究制，坚决打赢脱贫攻坚战[②]。

云南、广西、贵州三省（区）的联合机构要围绕滇桂黔石漠化旅游减贫现状，制定《旅游扶贫开发工作成效考核办法》《关于坚决打赢滇桂黔石漠化片区扶贫攻坚战的实施意见》《扶贫开发脱贫攻坚实施方案》，制定该片区旅游减贫精准考核机制。要做到旅游减贫精准考核，首先要梳理旅游减贫相关岗位职责，根据每个岗位的特殊性提炼出可以客观评价该岗位业绩好坏的关键指标（指标的设置要尽可能地量化），再通过这些指标的达成情况来考评员工绩效，对于无法进行量化考评的岗位，可以设立重点工作目标，通过考察目标的实现情况进行考评。其中，最关键的一步在于梳理岗位职责，岗位职责是所有考评的前提和依据。

---

① 吴雯雯：《用好扶贫考核的"指挥棒"》，《中国纪检监察报》2017 年 1 月 2 日，http://csr. mos.gov.cn/content/2017-01/02/content_43919.htm。
② 《广西壮族自治区设区市党委和政府扶贫开发工作成效考核办法》，《广西日报》2019 年 2 月 14 日，http://news.gxnews.com.cn/staticpages/20190214/newgx5c64a2f8-18037710. shtml。

考核地方政府旅游减贫成效时，考核指标要力求做到精简和精准，考核的目的在于督促贫困地区政府把减贫和改善民生作为工作重点。[1]将旅游精准脱贫重点工作的得分结果折算成绩效考核得分，设立"一票否决"事项并将其作为扣分事项，适当提高权重，形成考核工作重实绩、推动高质量发展的良好导向。值得一提的是，要让滇桂黔石漠化片区的地方政府树立自信心，坚定意志和决心，按照2016年中共中央办公厅、国务院办公厅印发的《省级党委和政府扶贫开发工作成效考核办法》精准考核。其中，由第三方评估精准识别和精准帮扶"两方面、三项内容"。滇桂黔石漠化片区联动机构由云南、广西、贵州三省（区）在省级层面共同组建。因此，可参照此考核办法每年开展一到两次该片区内政府旅游减贫开发工作成效的考核。

1. 减贫成效，收入增长

旅游减贫的成效主要包括考核建档立卡贫困人口减少的数量、贫困县退出贫困率、贫困地区居民收入增长情况等。其中，建档立卡贫困人口数量减少的考核指标是计划完成情况，数据主要来源于滇桂黔石漠化片区旅游减贫开发信息系统；贫困县退出的考核指标是计划完成情况，数据主要由滇桂黔各省（区）提供（退出计划、完成情况）；滇桂黔石漠化片区的贫困地区农村居民收入增长的考核指标是贫困地区农村居民人均可支配收入增长率（%），数据主要来源于国务院公报中的全国农村贫困监测数据[2]。

2. 精准识别，建档立卡

考核建档立卡贫困人口的精准识别度和贫困人口退出的精准度，这两项评估内容由第三方进行评估。以建档立卡信息数据为主要指标，着重以建档立卡资料为考核依据，考核各党总支、村的贫困人口识别及退出精准度。具体指标主要包括两项：一是上一年上报贫困户及新增贫困

① 汪三贵、郭子豪：《论中国的精准扶贫》，《贵州社会科学》2015年第5期。
② 参见中共中央办公厅、国务院办公厅印发《省级党委和政府扶贫开发工作成效考核办法》，中华人民共和国国务院公报，2016。

户档案资料，包括贫困户申请书、村民代表会议民主评议会议记录、村民代表会议民主评议统计表、贫困户初选名单、关于审核确认贫困户的报告、贫困户入选名单等。所有档案所需的公示照片，要有近景、远景各一张，而且要有群众围观，内容须齐全。二是已脱贫贫困户档案资料。建档立卡贫困户退出申请书、村小组建档立卡贫困户拟退出名单、村民代表大会民主评议会议记录、村民代表大会民主评议统计表、村建档立卡贫困户退出初选名单及公示、关于审核确认建档立卡贫困户退出的报告、村建档立卡贫困户退出名单等档案资料须完整齐全。所有档案所需的公示照片、证件照片，要有近景、远景各一张，而且要有群众围观，内容齐全。以上对单位的考核根据实际完成任务情况分为一等、二等、三等，并以滇桂黔石漠化片区联席机构名义在滇桂黔三省（区）官网公示，接受人民的检验。

3. 精准帮扶，群众满意

精准帮扶主要考核因村因户帮扶工作，以群众满意度（%）为主要指标，对驻村工作队和帮扶责任人帮扶工作的满意度，同样由第三方进行评估。具体实施过程中要做好结对帮扶工作记录。镇机关帮扶干部入户帮扶工作记录要跟进及时，内容清晰完整。缺少内容或填写敷衍的，都要对其所属党总支和村进行扣分惩罚。以上对个人的考核根据实际完成任务情况分为优秀、称职、不定等次三个级别，并以滇桂黔石漠化片区联席机构名义在滇桂黔三省（区）官网公示，接受人民群众的监督。

4. 减贫资金，跟踪管理

旅游减贫资金使用管理成效的考核指标是绩效考评结果，由相应的财政部门、乡村振兴部门及旅游部门共同考核。依据财政专项减贫资金绩效考评办法，建立"滇桂黔石漠化片区财政专项减贫资金绩效考评办法"，重点考核片区内各党总支、村减贫资金投入、使用、监管和成效等。严格按照管理程序进行资金管理和使用，凡是存在问题必须严惩。

5.精准监察，防止返贫

精准监察贯穿于旅游减贫考核内容的全过程，主要针对每一个考核内容的考核指标进行严格监察，防止旅游减贫数据的错报、漏报和谎报，严格监督和管理贫困地区减贫成效、精准识别过程、精准帮扶效果以及减贫资金使用去向等。

（四）旅游减贫考核的方式

对于滇桂黔石漠化片区旅游减贫的考核方式可以采取集中考核与平时考核相结合。年终考核工作从 2016 年至 2020 年，每年开展一次，年底适时进行，次年 2 月上旬完成，由贫困地区的旅游减贫开发领导小组组织进行，具体工作由当地乡村振兴部门、督查科等部门会同减贫开发领导小组成员单位组织实施。考核程序主要包括平时考核、集中考核、综合评价和沟通反馈。其中，平时考核，即对贫困地区党总支减贫开发重点工作进行经常性督促检查；集中考核，即贫困地区旅游部门和乡村振兴部门会同其他相关部门，结合旅游减贫综合平台数据，进行专项调查、抽样调查和实地核查、第三方评估等，对当地旅游减贫开发工作完成情况和相关考核指标进行考核；综合评价，即旅游乡村振兴部门汇总平时考核、集中考核情况，进行综合分析，形成考核报告，该报告要反映旅游减贫的基本情况、指标分析、存在的问题等，经贫困地区减贫开发领导小组审议后，报上一级党委、政府审定，沟通反馈，提出改进意见和建议。

值得一提的是，旅游减贫考核实行一人一责、对事不对人原则，建立健全问责机制和群众满意度测评机制，对于没有按时保质保量完成旅游减贫工作任务以及群众满意度低的地方政府、责任人进行问责，实行相应的惩罚措施；对于高效完成旅游减贫工作任务以及群众满意度高的地方政府、责任人，实行相应的奖励制度。

第四节　保障措施

一　转变观念，树立意识

在旅游精准脱贫目标指导下，应当进一步明确旅游减贫的发展思路，转变"等、靠、要"等落后的思想观念，强化担当意识，深入学习领会习近平总书记减贫开发战略思想，把贫困地区精准脱贫作为最大的政治任务、最大的民生工程、最大的发展机遇，做深做细做实减贫工作，把"旅游减贫"作为减贫攻坚的一项重要内容加以落实。

旅游减贫开发有两个关键因素：一个是人，即当地群众；另一个是物，即潜在的旅游资源。旅游开发初期，当地群众由于缺乏对旅游减贫工作的认识，商业意识淡薄，很可能对旅游脱贫致富有很多质疑甚至反对的声音。因此，政府部门要给当地群众灌输新的理念，正确引导群众，因地制宜，因人施策，积极采取启发、开导、典型带动等方式，通过实践提高他们对旅游减贫工作的认识，更新观念意识。与此同时，强化对当地群众的旅游培训，尽可能利用和开发当地人力资源，积极引导，提供示范效应，创造良好的环境和条件，提高本地人才的业务能力和管理水平，使其脱颖而出，增加他们进入旅游业务部门或旅游管理部门领导岗位的机会，让他们树立旅游发展意识。

二　加强合作，构建平台

（一）以国家、省、市为主体，完善旅游减贫组织架构

由国家发改委牵头成立滇桂黔石漠化片区旅游减贫指导小组，以滇桂黔三省（区）省级人民政府作为领导主体，15 个市州人民政府作为实施主体，从顶层设计方面完善滇桂黔石漠化片区减贫攻坚的组织架构，进一步推动滇桂黔石漠化片区旅游减贫发展和地方社会

经济建设，为滇桂黔石漠化片区旅游减贫、精准脱贫奠定顶层组织架构。国务院有关部门要按照职责分工，加强统筹协调，加大对滇桂黔石漠化片区旅游减贫合作区建设的投入和工作指导力度，在规划编制、政策制定、资金投入、项目安排和改革创新试点等方面给予支持，在减贫搬迁、主体功能区转移支付、生态补偿等方面逐步明确相关政策，帮助解决滇桂黔石漠化片区旅游减贫工作中的突出困难。

（二）加强专项合作组织领导，推进省际联席平台建设

在国家建立的滇桂黔石漠化片区建设发展组织架构下，建立健全旅游减贫区域合作机制，成立以滇桂黔三省（区）人民政府为主体的滇桂黔石漠化片区旅游减贫合作区建设推进领导小组。在此基础上，由国家发展改革委、国务院扶贫办、文化和旅游部牵头成立滇桂黔石漠化片区旅游减贫合作区省际联席会议机制，国家有关部委办和滇黔桂三省（区）政府有关负责同志定期会晤，三省（区）以副省级领导牵头建立滇黔桂石漠化片区省际旅游减贫联席会议，各市州主要领导作为成员参加，作为滇桂黔石漠化片区旅游减贫合作区建设工作的部委办协调平台，协调中央部委支持滇桂黔石漠化片区旅游减贫合作区建设的事项，实现以旅游减贫合作区作为推动滇桂黔石漠化片区振兴发展的龙头的战略目的。

具体来看，滇黔桂三省（区）可签订"关于进一步加强滇桂黔三省（区）旅游减贫联席工作的合作备忘录"，把有关创新试点工作纳入三省（区）与部委合作机制，予以推进。定期召开专题会议，统筹推进滇桂黔石漠化片区旅游减贫合作区建设工作，协调解决区域内的重点难点问题和重大项目推进。可由三省（区）人民政府轮流负责领导小组的日常工作，推动建设若干个省际旅游减贫协作区和一批市县级旅游减贫协作区，上下联动、先易后难、逐步深化，实现政府间和民间旅游减贫协作常态化。

（三）强化省际相关部门联动，优化旅游投资发展环境

不同实体之间的有效协调对滇桂黔石漠化片区旅游资源的有效管理和利用至关重要。因此，滇桂黔三省（区）需要联合共同使文化旅游部门与各职能部门的合作渠道畅通无阻。与农业、林业、教育等相关部门进行深层次沟通交流与合作，整合优势资源，促进旅游与相关产业的耦合发展；加强与发展改革、财政、自然资源、商务、生态环境和金融等部门进行深层次交流与合作，聚焦办理施工许可、企业开办、纳税、获得电力、跨境贸易、信贷支持、财产登记、土地建设批复等，以精简环节、精简时间、精简费用、增加透明度为重点，制定《滇桂黔石漠化片区文化旅游业发展指导意见》《滇桂黔石漠化片区文化旅游中高端人才引进办法》《滇桂黔石漠化片区点状旅游供地实施办法》等一系列政策文件，进一步优化旅游投资和发展环境。

三　统筹协调，规划先行

（一）统筹协调

滇桂黔石漠化片区各县（市、区）旅游减贫组负责统筹指导、协调推进旅游减贫工作，协调解决重大问题，督促落实工作方案的各项任务。县（市、区）文体广电旅游局牵头，各成员单位按照各自职责，密切配合，加强沟通，统筹解决旅游减贫工作中用地保障、行政审批、资金整合使用等问题，形成上下联动、横向联合、协同推进的工作格局，以打造旅游减贫示范点为抓手，科学分析资源条件，充分挖掘潜在优势，以点带面，以建设生态旅游经济带为重点，搭建旅游和贫困地区互联发展的平台。通过土地流转获取租金、引导贫困地区直接参与乡村旅游经营（如开办农家乐和经营乡村旅馆）、参与乡村旅游经营户的服务、发展乡村旅游出售农副土特产品等方式增加贫困农民收入。完善旅游产业链条，

串联贫困地区打造旅游精品，培养造血机能，提高贫困村旅游创收，统筹兼顾，形成旅游减贫路径。

（二）政府引导

政府引导关键在于做好顶层设计。联合国务院扶贫办、文化和旅游部等相关部门，在滇桂黔石漠化片区组织召开全国连片特困地区旅游减贫推进会，制定并实施《乡村旅游减贫工程行动方案》《支持深度贫困地区旅游减贫行动方案》等。实质上，旅游减贫开发并不意味着有资源就可以使贫困地区的贫困人口早日脱贫致富。关键在于因地制宜，选取合适的旅游开发模式。在此基础上，政府始终要把握旅游减贫的大方向和总目标，引导旅游企业可持续发展。旅游企业是实行旅游减贫的主体，旅游企业参与旅游减贫成败的关键在于企业的运作和管理情况。因此，旅游企业必须制定完善的规章制度和标准，做到每一步都有所依、有所得，依靠当地特色的潜在旅游资源和旅游市场，抓住难得的减贫攻坚机会，帮助贫困地区通过旅游业的发展带动当地社会经济发展走上良性循环的轨道。这样的大思路、大战略和大行动，只有依靠政府才能将旅游减贫的蛋糕做大，也只有政府才有宏观的战略眼光和魄力。

（三）规划先行

旅游减贫开发要实施科学的保护、规划、开发与利用，要实施有效的市场准入制，防止出现一哄而起，做多、做同类产品、做烂的情况。坚持规划先行，号召滇桂黔石漠化片区旅游规划单位在片区内开展旅游减贫规划公益行动，为滇桂黔石漠化片区旅游减贫量身定制旅游减贫规划或方案，实现智力减贫。制定政策，统一规划、保护、开发与利用，否则将会出现同类产品相互诋毁的局面，由此不但不能实施旅游减贫开发，还会把资源破坏、把市场做烂，应引起重视。联动滇桂黔三省（区）政府及旅游主管部门，整合三省（区）的各方资源，组织集中编制科学合理的滇桂黔石漠化片区旅游减贫总体规划，并以此规划为重要依据，对滇桂黔石漠化片区的旅游资源进行总体长远规划和合理开发。三省（区）减贫开发领导小组和区域内各县级人民政府要依据滇桂黔石漠化片区旅游减贫总体规划编制省级、县级的具体规划。要按照自下而上和多规合一的原则，以五年为期，与同级"十三五""十四五"规划及行业总体规划衔接。被纳入"总规"的重大项目按有关程序另行报批，县级实施的规划报经省级人民政府审批，省级实施的规划报省级人民政府审批后，报国务院减贫开发领导小组办公室、国家发展和改革委员会、财政部备案，各省（区）实施规划在中期调整时一并被纳入"总规"。

推动文化和旅游部等部门在"十三五"文化旅游提升工程中增补一批旅游基建投资项目，专项用于支持滇桂黔石漠化片区旅游项目建设，切实完善道路交通、人行道、停车场、水电供应、垃圾场和污水处理、消防安防、应急救援、游客信息等基础服务设施，加大力量着力建设一批基础设施配套齐全、吸引力强、服务质量好的景区景点，增强对贫困地区居民的经济、文化素养等综合性带动作用。"十四五"文化旅游发展规划将滇桂黔石漠化片区旅游减贫中符合条件的文化旅游项目纳入规划方案并积极予以支持。加大对滇桂黔石漠化片区旅游发展基金支持力度，指导建设提升一批旅游资讯平台、游客中心、集散中心、咨询中心、旅游应急指挥平台体系，不断完善旅游公共服务设施。在实施"厕所革命"新三年计划（2018~2020 年）中，从政策扶持、资金补助、技术服务上向滇桂黔石漠化片区旅游减贫县（市、区）等深度贫困地区倾斜。

四　政策扶持，重点突出

（一）完善旅游减贫投融资政策

整合各单位减贫专项资金，最大限度地把资金配置到滇桂黔石漠化片区旅游减贫项目上，发挥资金整合优势。用好社会资金，推动旅游市场向社会资本全面开放，大力招商引资，借力发展。用活金融资金，采取财政贴息、基金担保等有效形式，多方化解资金难题。

　　整合各种资金渠道，加大旅游减贫资金的投入，完善财政投资政策。滇桂黔三省（区）各种渠道的减贫资金很多，但旅游开发经费很少。建议在各种减贫经费中，设立专项用于旅游减贫。加大中央财政有关专项转移支付向滇桂黔石漠化片区倾斜，加大对革命老区、边境地区、民族地区转移支付力度。加强对"兴边富民行动"的支持。加大对旅游资金的投入，帮助旅游资源富集、旅游开发前景好，而经济较为贫困的地区做好旅游基础设施的建设。同时，多渠道筹集资金，建议把减贫资金、生态环保资金及以工代赈资金、农村改水资金结合起来，用于旅游减贫建设的配套。在景区设立"旅游减贫基金"，每年将景区收入的一部分作为旅游减贫基金，用于公共设施建设。

　　严格按照国家相关政策规定加大滇桂黔石漠化片区旅游减贫资金投入力度，中央和地方财政性资金优先考虑向滇桂黔石漠化片区的民生等领域倾斜，申请加大国家对滇桂黔石漠化片区旅游减贫建设的投入力度，加大省级统筹资金安排，减少各县市筹措资金的负担。滇桂黔石漠化片区旅游减贫资金的统筹安排应当优先考虑该片区内具备旅游减贫条件的贫困县。这些应当具备的条件包括：①属于滇桂黔石漠化片区范围内的贫困县；②具有旅游开发潜力的资源；③资金使用精准上，首先需要通过资金在县一级进行大整合，使县级政府有完全的自主性和使用权，让地方政府根据贫困户的实际需要有针对性地使用减贫资金；④在审核旅游减贫项目时，应当聘请行业内资深专家深入项目申请地进行实地考察、探寻、剖析，对于确认为有价值，且值得开发的潜在旅游资源，才批准拨出旅游减贫资金进行资助。

　　实施旅游减贫投资政策。滇桂黔石漠化片区发展旅游减贫，必须千方百计解决资金不足问题。加快滇桂黔石漠化片区旅游业发展，拓宽投资渠道是当务之急。一是滇桂黔三省（区）应该联合积极争取国家对滇桂黔石漠化片区旅游减贫的投入，包括向减贫开发、基础设施等领域倾斜，支持贫困地区特色优势产业、旅游企业项目等的发展。二是鼓励更多的民间资本参与旅游减贫开发。要理解、帮助、支持愿意到乡村去开发旅游的企业，要制定保护这些企业合法效益的政策法规，让它们放心、大胆地进行投资开发经营管理，有合法效益，能够持续发展。否则不会有更多企业愿意去做，因为投资开发乡村旅游的企业，其难处较多，投资的环境是乡村、村民，没有产权保证，没有长期的保证。三是向外资进入滇桂黔石漠化片区旅游业提供优惠政策和行政服务，吸引外资进入。四是实施金融支持旅游减贫专项行动。鼓励和支持金融机构在边境口岸设立对外贸易结算服务窗口，开展人民币跨境贸易结算。

（二）实施专业人才培育和服务政策

著名经济学家西奥多·W.舒尔茨（Theodore W. Schultz）指出，世界上大多数人是贫穷的，贫穷经济缓慢增长的经济基础通常不在于传统农业生产要素配置的低效率；迅速地持续增长主要依靠向农民进行特殊投资，新生产要素的供给者掌握着经济发展的"钥匙"，贫困人口是否愿意接受新的生产要素关键在于这些新的生产要素对贫困人口是否有利可图，当贫困人口接受这些新要素后，就要学会如何使用，以便充分发挥它们的作用，这必然要求贫困人口掌握新的知识和技能，目的在于能够有效地实现农业的经济增长。因此，滇桂黔石漠化片区旅游减贫的推进必须从"智力减贫""扶智"开始，将"输血式"减贫变成"造血式"减贫，重点要做好人才培育和服务。

一方面，建立健全旅游人力资源培养机制，主要包括为旅游人才提供受教育机会、就业保障等。强化对滇桂黔石漠化片区中旅游人才培养及旅游从业人员的培训，提升滇桂黔石漠化片区旅游发展内生动力。通过组织相关专家学者对受援助的贫困地区进行旅游减贫教育培训，由政府牵头，促进企业和民间等多方进行合作交流，建立高效的教育培训机构，完善对外交流沟通机制。组织为与旅游减贫受援目的地的旅游业有业务联系的旅行社、酒店、饭店等提供优秀的师资援助。与此同时，从旅游发展基金中划拨一定比例的资金用作教育投资。采取多种在职培训的方式对现有旅游从业人员的素质进行提升，支持旅游院校健康发展，加强对研究生、本科生、专科生等各层次旅游专业人才的培养，逐步满足旅游减贫对各层次人才的需求。制定相关政策或法规，规定贫困人口有优先接受免费或优惠旅游教育培训的权利。建立激励机制，在选聘、任职、学习等方面充分发挥人力资源潜能，为旅游人才提供有效刺激和较宽松的制度环境。[①]

另一方面，出台《滇桂黔石漠化片区旅游人才交流办法》《滇桂黔石漠化片区旅游高中端人才引进办法》等，加大东部地区、中央国家机关、中央企业与滇桂黔石漠化片区内旅游减贫干部双向挂职或任职等双向交流活动的工作力度，选派干部挂职锻炼。继续通过"西部之光""博士（后）服务团"等项目支持人才和引智工作。支持建立县（区、市）级层面的人才互动交流机制，优化滇桂黔石漠化片区人才发展政策和环境，健全引进、培养和使用人才的激励机制，推动"边远贫困地区、边疆民族地区和革命老区人才支持计划"的实施，有计划地为滇桂黔石漠化片区输送和培养旅游业领域的紧缺人才，共同促进滇桂黔石漠化片区协同发展。依托《国家中长期人才发展规划纲要（2010-2020 年）》中各项重大人才工程，支持旅游减贫相关人才队伍建设。同时，加强政府人才服务机构建设，加大干部培训力度。

（三）生态资源与旅游用地补偿政策

建立健全流域生态补偿机制。总结和推广其他贫困地区旅游产业用地改革试点经验，如桂林国际旅游胜地旅游产业用地改革试点经验，借鉴广西壮族自治区出台的《桂林旅游产业用地改革试点若干政策》，在滇桂黔石漠化片区推广出台《滇桂黔石漠化片区旅游减贫用地政策改革试点方案》，以点状供地、村集体土地入市、土地产权等改革为主体，深入探索旅游用地改革的成功路径和创新模式，努力实现旅游产业在用地管

[①] 孙东峰：《基于 PPT 战略的县域旅游业发展研究》，天津大学博士学位论文，2008。

控、用地保障、土地集约节约利用、耕地保护与生态文明建设等方面有新突破。参考土地利用总体规划，编制滇桂黔石漠化片区旅游减贫产业用地专项规划，积极盘活存量建设用地。优先保障重大旅游项目用地需求。对旅游景区以外的公益性基础设施建设用地，如游客咨询服务中心、游客集散中心、旅游公共厕所、游客休憩站点、旅游停车场、景观绿化等，符合划拨用地目录相关规定的，可按划拨方式供应。

（四）继续强化"对口"帮扶的政策

出台《滇桂黔石漠化片区旅游扶贫对口帮扶城市产业扶贫招商优惠政策》，深化广东—广西、浙江—贵州、上海—云南等沿海发达省市与滇桂黔石漠化片区各县（市、区）的结对帮扶机制，重点在基础设施建设、旅游资源开发和产业发展、旅游公共服务、劳动力转移就业、精准减贫等方面加大对口帮扶力度。鼓励对口帮扶省份组织经济强县与滇桂黔石漠化片区贫困县建立结对帮扶关系。加快完善省级政府机关、企事业单位定点帮扶本省（区）内合作示范区的工作机制。引导中央企业、大型民营企业在合作示范区内包县、包乡、包村开展旅游减贫。与此同时，三省（区）要充分发挥北部湾经济区、黔中经济区、滇中经济区对该区域的辐射带动作用，采取吸收劳动力就业等多种方式，与滇桂黔石漠化片区的贫困县进行深度合作，积极帮扶这些贫困县的发展。鼓励各类企业和社会组织积极支持滇桂黔石漠化片区的脱贫攻坚事业和长足发展，尤其要鼓励旅游资源开发企业加大对滇桂黔石漠化片区的帮扶力度。

（五）制定重点扶持群体的扶持政策

在旅游减贫开发过程中，政府不仅要总体把控，在宏观上进行战略规划，还要为当地群众进入旅游经营活动、参与旅游经营活动创造良好的环境和条件。积极引导群众尤其是贫困人口参与旅游减贫的一系列活动，逐渐将他们培养成为促进当地旅游业发展的生力军，使他们成为旅游减贫的真正受益者，实现旅游带动脱贫的目标[①]，并自觉成为当地自然资源和文化资源的守护者。滇桂黔石漠化片区发展旅游业，普遍存在财政拮据的问题，缺乏充足的旅游减贫开发启动资金，离开了群众的参与，贫困地区的旅游开发与建设也难于实现。

因此，要制定合理的政策措施鼓励妇女、残疾人、退伍或伤残军人、水库移民等重点人群参与到旅游活动中。继续推进军民结合，扶持退伍或伤残军人合理利用当地旅游资源发展旅游业；将水库移民全部纳为扶持重点群体，开发生态恶劣水库移民新居旅游项目。建立健全旅游企业与贫困户的利益联结机制，在众多这些模式中必须优先吸纳贫困户的参与，促进农村分散生产向组织化、规模化、现代化生产方式转变，形成"企业＋专业合作组织＋农户"等模式，在这些模式中必须优先吸纳贫困户的参与，促进农村分散生产向组织化、规模化、现代化生产方式转变。

（六）实施旅游宣传和品牌推广政策

良好的信息管理平台为旅游减贫活动的开展奠定了坚实的基础。充足的客源市场是旅游业能够可持续发展的依托和保障，但是客源的形成又需要强有力的、恰如其分的宣传。旅游减贫的主体尤其是政府要高度重视宣传的作用和效用，利用当前我国加大减贫力度的良好契机，采取"走出去，请进来"的办法积极组织景区实施战略性的宣传营销，[②]通过专题片、电视电影、民俗文化节、专题展览等形式，借助各种媒体宣传方式，全方位介绍当地独特的旅游资源，推销当地的特色旅游产品，提升当地的旅游知名度。

建设滇桂黔石漠化片区旅游营销大数据平台，配套出台《滇桂黔石漠化片区进一步加强旅游扶贫大数据营销建设的办法》，加强对滇桂黔石漠化片区旅游发展的宣传报道，形成推动滇桂黔石漠化片区旅游减贫发

[①]　郭清霞:《旅游扶贫开发中存在的问题及对策》,《经济地理》2003 年第 4 期。
[②]　郭清霞:《旅游扶贫开发中存在的问题及对策》,《经济地理》2003 年第 4 期。

展的舆论氛围。引导社会各界关注和参与滇桂黔石漠化片区旅游减贫建设，引导各类市场主体积极、主动参与示范区建设。每年组织开展滇桂黔石漠化片区旅游减贫论坛，搭建研讨交流平台，总结分享经验。突出旅游减贫主题，实施滇桂黔石漠化片区整体旅游形象宣传工程。利用高科技技术，创新旅游推介方式和旅游营销手段，加大在中央电视台等主流媒体、强势媒体上的宣传力度，充分利用互联网、大数据等平台，拓展微媒体、新媒体等新兴的宣传渠道，形成区域联动、内外互动的大宣传、大推介、大营销格局。

创新机制，建立多部门、多层面的旅游营销机制。整合各方资源，建立全方位的旅游营销体系。建立和完善省（区）、县（市、区）旅游营销联动机制，联合开展各类旅游宣传促销活动。建立旅游营销奖励与营销队伍培训机制，努力打造一支高水平、专业化的旅游营销队伍。

五　挖掘资源，升级模式

（一）建立旅游资源信息库

开发出滇桂黔石漠化片区自然环境等旅游资源的基本信息库，能够为精准脱贫视角下旅游减贫困境的解决奠定基础。滇桂黔石漠化片区的居民大部分是世居于当地的各民族群众，他们世代繁衍生息，在当地生活、生产，对那里的自然和文化资源了如指掌，如数家珍。但是，仅仅是知道信息本身，还不足以解决旅游开发和保护共有资源的冲突问题。要解决旅游减贫开发和资源保护过程中产生的矛盾冲突，就必须利用有关自然环境和人文环境的信息以协调旅游减贫活动。比如，三省（区）联席机构共同制定规则对旅游减贫开发行为进行约束。根据滇桂黔石漠化片区的旅游资源条件禀赋、道路交通及环境状况，充分发挥该片区内旅游资源的优势，选择几个旅游区（点），作为旅游减贫示范区（点），与旅游的相关政策措施相配套，加大力度，有计划、有针对性地开展旅游减贫工作。大力发展喀斯特山水生态旅游、森林旅游、民族文化旅游和红色旅游，探索特色文化与旅游融合发展新路子，努力建设成为世界知名、国内一流的旅游目的地和休闲度假胜地。支持边境地区挖掘有潜力的旅游资源，通过发展边境旅游进行精准减贫。提升旅游服务能力。加强重点旅游景区内外交通连接，实现精品线路和重点景区之间高等级公路连接。建设重点景区旅游专用道路和景区大容量停车场，形成便捷、安全的旅游环线。健全景区通信、供水、供电、网络、垃圾污水收集处理等旅游基础设施以及游客服务中心、乡村旅游景区景点咨询处、公共交通标识、旅游导览系统、旅游公交站点、旅游厕所、医疗卫生保障等旅游公共服务设施。加强旅游宾馆、乡村休闲养生度假设施建设，提升住宿、餐饮等旅游服务功能，提高接待能力。重点发展民族文化旅游、康养旅游、森林旅游、会展旅游、科普旅游、乡村生态旅游、户外运动探险旅游等旅游项目，积极发展壮锦、铜鼓、绣球、银饰、刺绣、蜡染等民族工艺品，做大做强侗族大歌、苗岭飞歌等民族品牌，有效带动农民就业和增收。

资源有价，群众共享。滇桂黔石漠化片区的经济落后，财政紧张，导致在该片区实施旅游减贫开发所需资金主要靠外援，政府通过招商引资进行原始的资本积累，并把当地潜在的旅游资源租给旅游开发商，[1] 对旅游开发商监管不力导致开发商任意开发、利用，对当地潜在的旅游资源造成严重破坏，尤其是对很多不可再生资源造成破坏产生难以挽回的经济损失。因此，政府理应科学合理地评估当地的旅游资源价值，并允许以旅游资源作为股份参与入股，从而使政府在保护资源、维护群众的利益以及旅游减贫开发过程中具有一定的控制权。同时，由于潜在的旅游资源属于当地居民共同享有，因此当地居民也应当拥有一定的资源股份，[2] 一方面可以提高当地居民的经济收益，帮助他们顺利脱贫致富；另

---

[1] 郭清霞:《旅游扶贫开发中存在的问题及对策》,《经济地理》2003 年第 4 期。
[2] 郭清霞:《旅游扶贫开发中存在的问题及对策》,《经济地理》2003 年第 4 期。

一方面有助于提高当地居民的资源保护意识，使他们承担为当地的旅游资源保驾护航的责任和使命。

（二）创新旅游减贫的模式

旅游减贫模式是指在进行旅游减贫工作、开发旅游资源活动过程中普遍遵守、运用的一套系统的、标准化的运作机制。[①]应该根据滇桂黔石漠化片区中各贫困县（市、区）的贫困状况和资源情况，因地制宜，实行"一村一策""一乡一种"模式。滇桂黔石漠化片区的潜在旅游资源特色鲜明，应当因地制宜，适度开发，根据这些地方旅游资源特性可以实施的主要旅游减贫开发模式包括生态旅游减贫模式、专项旅游减贫模式、民俗文化旅游减贫模式和乡村旅游减贫模式四种。其中，生态旅游减贫模式最具代表性。滇桂黔石漠化片区拥有丰富的自然生态旅游资源，这些资源构成了该片区实施旅游减贫的巨大优势。可充分利用该片区丰富独特的生态旅游资源，在"两山"理念的指导下，依托良好的自然生态环境开发生态减贫旅游，在保护生态环境的同时，在很大程度上改善该片区贫困人口的生产生活条件。然而，受自然地理条件和经济落后等多因素的影响，在滇桂黔石漠化片区发展生态旅游减贫需满足一定的条件：一是拥有一定数量和质量的潜在旅游资源；二是有较为稳定的客源市场或者有可以依托的大型景区，能够吸引大量游客；三是具备安全、快捷的交通条件。对于暂不具备这些基本条件的贫困地区，为避免出现千篇一律的复制效应，甚至因不合理的开发导致自然资源被人为破坏、环境污染等问题，建议重点开发潜在旅游资源条件较好的贫困地区，严格遵守相关法令法规，按照习近平总书记提出的"两山"理念，在旅游开发中保护，在保护中开发，禁止到自然保护区核心区活动，以可持续发展为旅游减贫开发前提。与此同时，注重企业参与模式，积极联动旅游企业实施旅游减贫。统筹引导旅游企业参与旅游减贫，是旅游产业发展与

---

① 孙东峰：《基于 PPT 战略的县域旅游业发展研究》，天津大学博士学位论文，2008。

贫困群众脱贫的重要结合点，是促进贫困地区改变面貌、实现贫困群众增收致富的重要途径。要将旅游资源优势和乡村旅游发展相结合，通过旅游企业驻点联系贫困村，综合施策，发挥旅游带动优势，通过旅游企业带动全方位"包装"，有针对性地发展特色旅游，实现培育特色产业，增强旅游减贫能力的造血功能。

六 突出特色，创新产品

地方特色是旅游开发的生命线和生产力。国外旅游吸引系统论认为旅游吸引物的吸引力不仅依靠物的因素，即吸引物本身的物质与属性，还有赖于人的因素，即旅游者或旅游经营者的感知、体验与行为。旅游资源不仅包括优美的风景、历史古迹等狭小的范围，关键还在于有特色，有特色的旅游资源才能提高旅游吸引物的吸引力，更长久地吸引游客。万峰林、南江大峡谷是旅游资源，桂林山水、龙脊梯田也是旅游资源，苍山洱海、温汤温泉等同样也是旅游资源。[1][2]

滇桂黔石漠化片区少数民族最多，保存着众多享有盛誉的世界级博物馆，应有针对性地开发和销售有比较优势的旅游产品，实现旅游产品多元化发展，使滇桂黔三省（区）旅游经济体系形成"点—线—面"三个层面联合发展，避免旅游产品同质化开发，实现差异化开发，提高旅游产品的市场竞争力。[3]

实施乡村旅游商品带动造血减贫工程。依托滇桂黔石漠化片区资源特色、交通状况和环境承载力，开发具有区域特点和民族特色的旅游产品。文化和旅游部、各省（区）旅游主管部门支持合作示范区创建 A 级旅游景区、旅游度假区、生态旅游区等知名旅游品牌，提升乡村旅游基

---

① 谷丽萍、方天堃：《旅游扶贫开发新论》，《云南财贸学院学报》（社会科学版）2006 年第 3 期。
② 郭清霞：《旅游扶贫开发中存在的问题及对策》，《经济地理》2003 年第 4 期。
③ 李树民、康立峰、高煜：《西部旅游业实现跨越式发展的障碍分析及对策建议》，《西安交通大学学报》（社会科学版）2002 年第 3 期。

础设施水平，着力改善旅游接待条件。

设立旅游减贫专项发展基金，配套出台《滇桂黔石漠化片区旅游减贫专项发展基金的管理办法》，支持和鼓励金融机构按市场化原则依法合规为旅游基础设施和公共服务设施项目提供信贷支持。充分发挥财政资金的增信和杠杆作用。引导各类资金优先向合作区倾斜，支持有条件的地区设立旅游产业基金。

在滇桂黔石漠化片区中有条件的贫困地区建立文创中心，充分挖掘当地特色饮食文化、手工技艺、农特产品，采用"乡建＋文创＋合作社＋贫困户"模式，指导贫困村成立乡村旅游合作社，重点吸收贫困户参与，培养优秀的手工艺文化传承人，孵化村寨手工艺合作社，着力推动本土民族旅游商品研发和销售，切实提高农户收入。同时，积极鼓励和引导景区（点）周边群众直接经营餐饮住宿，出售农副土特产品和旅游商品等，扩大旅游商品生产规模，促进乡村旅游消费减贫，通过特色旅游商品开发和促销，带动贫困户实现增收。

结合滇桂黔三省（区）实施的特色旅游名县创建成果，重点抓旅游减贫工作。创建县的旅游减贫力度至少要大于30%。充分发挥旅游减贫的造血功能、带动作用，以及当地独具特色的旅游资源，扩大旅游减贫面，通过争取各级减贫资金，提高贫困村旅游创收；通过旅游要素与环境改造相结合，打造特色旅游；通过旅游与多产业融合发展，打造旅游产业链条，努力完成旅游脱贫目标，助力全面小康。例如，"七彩云南"作为云南印象旅游品牌推出后吸引了世界各地的旅游者纷至沓来，多年来长盛不衰。这是因为"七彩云南"体现了云南旅游资源的特色，将云南特有的少数民族文化与自然资源相结合，成为推动云南旅游业发展的重要法宝。旅游地的文化特色和文化内涵是可以永续利用的旅游资源。"人无我有、人有我独"的旅游资源才能具有长久的旅游吸引力。要深挖旅游地资源的内涵，打造出具有地方特色的旅游产品，可以从吃、住、行、游、购、娱等旅游要素方面考虑，让游客能够尝到当地农家饭，住在农家院，行用农作工具如马车、木筏等，游在乡间里，购到农家"土货",如地道民族药材、民族服饰、手工艺品等,乐在民族歌舞、民族婚俗等活动中,带给游客全新的旅游体验,让游客流连往返,从而增加游客量,提高旅游业的经济效益。

七　规范监管,强化考核

滇桂黔石漠化片区中各级旅游主管部门应当通过制定科学合理的旅游产业减贫政策,规范旅游市场秩序,确保旅游经济活动的有效性、公平性和可持续性。加强对旅游减贫过程的系统性管理,政府部门应当行使自身应有的产业管理职能[①]。从这个意义上讲,创新滇桂黔石漠化片区的旅游产业管理体制是实现旅游产业减贫发展目标的前提条件。同时,完善绩效考核机制,将监督者的绩效与其报酬挂钩,通过让监督者与执行者连成封闭的监督环,并为环上所有联结点提供激励进行监督,以解决监督监督者这个难题。除了需要建立有效的监管机制,还需将旅游减贫工作纳入乡镇年度目标考核,完善考评体系,严格实施考核,确保旅游减贫任务真正落实。

第五节　本章小结

本章以系统论为理论指导,构建了滇桂黔石漠化片区旅游减贫体系,即由精准识别、精准帮扶、精准考核和精准监管四个方面既可以共同构成相对封闭的系统,又可以分别自成体系,由若干条件或要素构成,这些构成条件或要素的功能和协调发展情况决定了滇桂黔石漠化片区旅游减贫这个大系统是否能够良性运转。滇桂黔石漠化片区旅游减贫体系构

---

①　陈景辉、成艳彬:《少数民族贫困地区旅游扶贫的比较分析及创新思考》,《福建论坛》(人文社会科学版) 2005 年第 11 期。

建要遵循三个基本原则：坚持整体性与系统性相结合的原则、坚持科学性与持续性相结合的原则、坚持服务性与效益性相结合的原则。本章还进一步阐述了滇桂黔石漠化片区旅游减贫四个体系的意义、内容和主体，为确保该体系能够正常运转，从转变观念、加强合作、统筹协调、政策扶持、规范监管等七个方面提出了保障措施。

结　语

　　消除贫困、改善民生、实现共同富裕，是社会主义的本质要求。旅游业是中国减贫开发战略的一个重要组成部分，具有目标准、成本低、见效快、受益面广、返贫率低、受益期长等主要特点。[①] 旅游减贫是脱贫攻坚中一个重要的减贫方式，同时也是滇桂黔石漠化片区践行"两山"理念打赢脱贫攻坚战的重要途径。滇桂黔石漠化片区是我国 14 个集中连片特困地区中贫困人口最多、贫困程度最深的地区，大部分贫困人口还未真正脱贫致富，实施旅游减贫是党和政府以及社会各界人士心系该片区贫困群体、帮助他们尽早实现物质和精神"双脱贫"致富的重要举措。

　　本书研究的滇桂黔石漠化片区旅游减贫问题，是我国整体性脱贫和将脱贫攻坚成果与乡村振兴有效衔接亟须解决的重大社会问题，也是当前国际学术界的学科前沿问题。对此问题及时地开展深入系统的研究不仅有着重大的学术价值，对我国滇桂黔石漠化片区以及其他集中连片特困地区合理利用旅游资源、解决就业难题、提高区域竞争力，同样具有重大的现实意义。在具体实践过程中，关注民生、改善民生和振兴乡村是滇桂黔石漠化片区实施旅游减贫的主要目的。实施旅游减贫有利于拓宽贫困地区"旅游减贫"的思路、改善贫困地区基础设施和人居环境、

[①]　国家旅游局：《中国旅游发展报告（2016）》。

发挥旅游业的关联带动作用、促进省际联动发展与交流合作，将地区旅游资源优势转换为经济优势，增加区域经济收入，确保该片区贫困群众能够享受旅游减贫的红利，实现精准脱贫的目标。本研究成果具有较强的应用性和普适性，不仅适用于滇桂黔石漠化片区，同样适用于武陵山区、六盘山区、乌蒙山区等其他13个集中连片特困地区，也为全国其他贫困地区实施旅游减贫提供参考和借鉴。

本研究在梳理国内外旅游减贫相关文献的基础上，以问题为导向，通过深入实地进行田野调查，对滇桂黔石漠化片区旅游减贫的数据资料进行科学搜集、忠实记录与规范整理，采用文献研究法、深度访谈法、案例研究法、模型分析法、对比分析法、交叉研究法、文献计量学方法以及资源评价法，将定性方法与定量方法相结合，以旅游学、社会学、管理学、经济学、民族学、生态学等多学科交叉的理论知识为指导，对旅游减贫、石漠化等相关概念和关系进行了清晰界定和辨析，提出研究目标和研究内容。根据实地调研，归纳总结了滇桂黔石漠化片区贫困现状、旅游减贫现状、资源概况以及存在的十大问题，采用文献计量学方法和DEA方法分别对滇桂黔石漠化片区35个县（市、区）的旅游减贫效益和旅游减贫效率进行了定性和定量研究。研究结果表明：滇桂黔石漠化片区35个县（市、区）旅游减贫的总体效益呈良好的发展趋势，旅游减贫效率总体保持在中上等水平，说明开展旅游减贫的各县（市、区）认真贯彻执行从中央到地方各级政府的减贫总体部署和要求，在国家和地方政府部门减贫政策和减贫资金的大力支持下，有效配置当地特色旅游资源，通过发展旅游产业带动当地贫困人口脱贫致富，使旅游减贫效果达到预期目标。根据旅游效率形态，将滇桂黔石漠化片区35个县（市、区）划分为双低型地区、朝阳型地区、黄金型地区和潜力型地区四种类型，并根据不同类型地区的不同特点有针对性地提出了旅游减贫模式和发展思路。然而，滇桂黔石漠化片区中有少部分县（市、区）在旅游减贫的要素配置、旅游资源利用、旅游开发和基础设施完善等方面还有一个建设和提升的过程，导致这些地方的旅游减贫效率出现停滞不前的状态，尚未能保持持续良好的发展趋势，说明在旅游减贫开发过程中出现了一些关键性的问题，与实地调研相符，同时也印证了本研究第二章里分析的十大问题。为解决这些问题，提高旅游减贫效率，在相关理论的指导下，本研究提出了滇桂黔石漠化片区旅游减贫机制的优化，构建了滇桂黔石漠化片区旅游减贫体系，为确保该体系的正常运转，提出了保障措施。

本研究可能的创新之处主要包括四个方面。一是将理论研究与应用研究相结合，兼具理论性和实用性。二是采用定性与定量相结合的方法。三是提出滇桂黔石漠化片区旅游减贫综合效益。四是构建了滇桂黔石漠化片区旅游减贫指标体系。不仅有助于完善和丰富旅游学、社会学、管理学等学科的分支学科体系和架构，还有助于推动旅游学、社会学等相关学科的理论建设，促进旅游减贫研究的纵深发展，深化研究体系，在旅游减贫理论体系的建构和方法的使用上取得一定创新性成果，助推我国旅游减贫相关研究取得新进展，扩大我国旅游减贫实践的国际影响力。同时，还为滇桂黔石漠化片区乃至其他贫困地区的旅游减贫实践提供参考和借鉴。

总之，实施旅游减贫应当结合贫困地区旅游资源，做到"六个精准"，因地制宜，采取不同的旅游减贫模式，最大化旅游减贫效率和效益。为打赢这场攻坚战，需要多主体齐发力，既需要国家层面的顶层设计、制度保障、政策倾斜、资金支持，还需要滇桂黔三省（区）广大干部勇于担当、耐得住性子、下一番"绣花"功夫，精准发力，用心、用力、用情把减贫工作做好，更需要具有劳动能力的贫困户立志、发奋、借势、靠自己，走出贫困、走向富裕。因此，本研究成果的效益主要在于通过充分发挥旅游的减贫功能，切实做到"扶真贫、真减贫"，帮贫困人口早日脱贫致富、贫困县全部摘帽，解决区域性整体贫困，将脱贫攻坚成果与乡村振兴有效衔接，促进滇桂黔石漠化片区乡村旅游蓬勃发展，为创新发展该片区全域旅游奠定坚实的基础。

然而，尽管取得了一定的研究成果，但是由于时间关系，本研究还可以进一步深入探讨，主要体现在两个方面。一是从空间角度而言，如何科学合理、高效地整合滇桂黔石漠化片区中相邻地域范围内的优质旅游资源，建立互惠互通的资源共享机制和减贫共赢的精准脱贫机制，并使这些机制能够真正落到实处。真正惠及当地老百姓，尤其是贫困人口，使他们能够实现在家门口发展旅游产业增加经济收入的同时，还能够照顾家里的老人和小孩的愿望。从某种意义上讲，减少空巢老人、减少留守儿童、增加家庭成员团聚的机会，这本身也是构建和谐社会的基础。二是从长远发展的角度而言，旅游减贫中"精准"到户后如何避免"等、靠、要"的思想，调动全员参与旅游活动的积极性，将旅游减贫与乡村振兴相结合，着力发展全域旅游，让旅游红利最大限度地惠及每个参与者，特别是贫困户和贫困边缘户。这两个问题希望能够在今后的研究中进行更深入的探讨，不仅要实现旅游减贫精准脱贫的目标，还要实现旅游发展精准施惠的目标。

参考文献

白长虹:《顾客价值论:市场导向的服务企业管理模型》,机械工业出版社,2002。

保继刚、楚义芳:《旅游地理学》,高等教育出版社,1993。

蔡立辉、王乐夫:《公共管理学》(第二版),中国人民大学出版社,2008。

蔡雄:《旅游扶贫的乘数效益与对策研究》,《社会科学家》1997年第3期。

蔡雄:《旅游扶贫——功能·条件·模式·经验》,中国旅游出版社,1999。

曾本祥:"Chris Ryan.Assisting the Poor in China through Tourism Development: a Review of Research", *Tourism Management* 2012(33):239-248。

查建平、王挺之:《环境约束条件下景区旅游效率与旅游生产率评估》,《中国人口·资源与环境》2015年第5期。

陈慧琳:《人文地理学》(第三版),科学出版社,2013。

陈景辉、成艳彬:《少数民族贫困地区旅游扶贫的比较分析及创新思考》,《福建论坛》(人文社会科学版)2005年第11期。

谌贵璇、李婷、胡玉山:《西秀:众志成城攻贫困》,《当代贵州》2018年第35期。

程冠军:《精准脱贫中国方案》，中央编译出版社，2017。

戴学锋:《写在旅游研究边上》，中国旅游出版社，2009。

邓维杰:《精准扶贫的难点、对策与路径选择》，《农村经济》2014 年第 6 期。

邓小海、曾亮、罗明义:《精准扶贫背景下旅游扶贫精准识别研究》，《生态经济》2015 年第 4 期。

邓小海、曾亮、肖洪磊:《旅游精准扶贫的概念、构成及运行机理探析》，《江苏农业科学》2017 年第 2 期。

邓小海:《旅游扶贫精准帮扶探析》，《新疆大学学报》(哲学人文社会科学版) 2015 年第 6 期。

邓小海:《旅游精准扶贫研究》，云南大学博士学位论文，2015。

丁焕峰:《国内旅游扶贫研究述评》，《旅游学刊》2004 年第 3 期。

董家丰:《少数民族地区信贷精准扶贫研究》，《贵州民族研究》2014 年第 7 期。

〔美〕埃莉诺·奥斯特罗姆、罗伊·加德纳、詹姆斯·沃克:《规则、博弈与公共池塘资源》，王巧玲、任睿译，毛寿龙审校，陕西人民出版社，2011。

冯万荣:《滇西边境少数民族连片贫困山区旅游精准扶贫的有效路径研究》，《改革与开放》2019 年第 13 期。

傅显捷:《生态旅游综合产业发展与地理标志产品研究——从武陵山片区酉阳县生态旅游与精准扶贫说起》，《长江师范学院学报》2015 年第 6 期。

高满良:《曲靖市精准扶贫的现状与对策研究》，《新丝路》(下旬) 2016 年第 6 期。

高舜礼:《对旅游扶贫的初步探讨》，《中国行政管理》1997 年第 7 期。

谷丽萍、方天堃:《旅游扶贫开发新论》，《云南财贸学院学报》(社会科学版) 2006 年第 3 期。

郭清霞:《旅游减贫开发中存在的问题及对策》，《经济地理》2003 年第

4 期。

郭雪剑:《三条保障线：中国反贫困的理论与实践》，中国社会出版社，
2007。

国家行政学院编写组:《中国精准脱贫攻坚十讲》，人民出版社，2016。

何建民:《外资进入中国旅游业的现状、趋向及对策研究》，上海财经大
学出版社有限公司，2010。

黑格尔:《逻辑学》（下卷），杨一之译，商务印书馆，1982。

侯远瑞、黄大勇、郝海坤、庞世龙、许黎:《广西岩溶石漠化地区典型造
林模式及营建技术》，《广西林业科学》2010 年第 12 期。

黄承伟、覃志敏:《论精准扶贫与国家扶贫治理体系建构》，《中国延安干
部学院学报》2015 年第 1 期。

黄渊基:《国内外旅游扶贫研究述评》,《淮海工学院学报》（人文社会科
学版）2019 年第 2 期。

黄渊基:《旅游扶贫机制优化研究》,《中南林业科技大学学报》（社会科
学版）2018 年第 3 期。

黄渊基:《贫困、扶贫与旅游扶贫：几个基本概念的厘清》,《长沙大学学
报》（哲社版）2018 年第 1 期。

黄渊基:《少数民族地区旅游扶贫研究》，湖南农业大学博士学位论文，
2017。

〔加〕Jean Harvey:《复杂服务过程管理——从战略到运营》（第 2 版），上
海市质量协会、上海质量管理科学研究院译，中国质检出版社、中国
标准出版社，2013。

康晓光:《中国贫困与反贫困理论》，广西人民出版社，1995。

孔亚楠:《语言资源的旅游价值开发及多语旅游环境的构建》,《旅游纵览》
（下半月）2018 年第 12 期。

郎艳林:《抢占山地旅游发展制高点——访贵州省旅游发展委员会主任李
三旗》,《当代贵州》2016 年第 27 期。

劳埃德·雷诺丝:《微观经济学》，商务印书馆，1992。

李柏槐：《四川旅游扶贫开发模式研究》，《成都大学学报》（教育科学版）
2007 年第 6 期。

李刚、徐虹：《影响我国可持续旅游扶贫效益的因子分析》，《旅游学刊》
2006 年第 21 期。

李国平：《基于政策实践的广东立体化旅游扶贫模式探析》，《旅游学刊》
2004 年第 5 期。

李会琴、侯林春、杨树旺、JR Brent Ritchie：《国外旅游扶贫研究进展》，
《人文地理》2015 年第 1 期。

李佳：《旅游扶贫理论与实践》，首都经济贸易大学出版社，2010。

李铠：《美丽乡村处处景——安顺市"四在农家•美丽乡村"创建活动综
述》，《当代贵州》2015 年第 38 期。

李鹍：《论精准扶贫的理论意涵、实践经验与路径优化——基于对广东省
和湖北恩施的调查比较》，《山西农业大学学报》（社会科学版）2015
年第 8 期。

李树民、康立峰、高煜：《西部旅游业实现跨越式发展的障碍分析及对策
建议》，《西安交通大学学报》（社会科学版）2002 年第 3 期。

李天元：《旅游学概论》，南开大学出版社，2003。

李晓红、孙红、郭蓉、陶泓、龙成舟、李超：《贵州集中连片特殊困难地
区贫困现状研究》，《生态经济评论》2013 年第 2 期。

厉新建：《中国旅游经济发展与创新研究》，旅游教育出版社，2009。

刘超、傅若瑜、李佳慧、周文文：《基于 DEA-Tobit 方法的人工智能行业
上市公司融资效率研究》，《运筹与管理》2019 年第 28 期。

刘进：《国外旅游扶贫研究综述》，《旅游纵览》（下半月）2014 年第
10 期。

刘守敏：《实施精准扶贫之我见》，《老区建设》2014 年第 6 期。

刘祥恒、罗明义：《乌蒙山片区旅游发展及扶贫模式研究》，《当代经济管
理》2015 年第 8 期。

刘欣：《国家精准扶贫政策的乡村执行研究》，华中师范大学博士学位论

文，2017。

刘学敏、李强：《国家精准扶贫工作成效第三方评估的几个问题》，《全球化》2017年第8期。

罗明义：《旅游经济学》，南开大学出版社，1998。

吕亮雯、何静：《基于超效率DEA模型的广东地方财政科技投入产出效率分析》，《科技管理研究》2011年第4期。

吕慎、周仕兴、张勇：《贫困，正在绿色中后退》，《光明日报》2017年8月1日。

马菲菲：《湘西地区休闲农业与旅游业耦合发展研究》，吉首大学硕士学位论文，2012。

马尚云：《精准扶贫的困难及对策》，《学习月刊》2014年第10期。

莫凡：《加快广西旅游业发展的探索》，《当代旅游》2018年第2期。

饶勇：《旅游企业隐性知识创新与共享的激励机制研究》，厦门大学博士学位论文，2008。

申葆嘉：《国外旅游研究进展（连载三）》，《旅游学刊》1996年第3期。

沈茂英：《四川藏区精准扶贫面临的多维约束与化解策略》，《农村经济》2015年第6期。

史志乐、张琦：《脱贫攻坚保障：贫困县考核机制的改进完善和创新》，《南京农业大学学报》（社会科学版）2018年第2期。

世界银行：《1981年世界发展报告》，中国财政经济出版社，1982。

世界银行：《1990年世界发展报告》，中国财政经济出版社，1991。

孙春雷、张明善：《精准扶贫背景下旅游扶贫效率研究——以湖北大别山区为例》，《中国软科学》2018年第4期。

孙东峰：《基于PPT战略的县域旅游业发展研究》，天津大学博士学位论文，2008。

孙钢：《我国旅游业的崛起对经济社会发展及财政增长的影响》，《中国财政》1996年第10期。

唐钧：《确定中国城镇贫困线方法的探讨》，《社会学研究》1997年第

2 期。

田国强:《如何实现科学有效的体制机制重构与完善——机制设计理论视角下的国家治理现代化》,《人民论坛》2014 年第 26 期。

汪三贵、郭子豪:《论中国的精准扶贫》,《贵州社会科学》2015 年第 5 期。

汪三贵:《以精准扶贫实现精准脱贫》,《中国国情国力》2016 年第 4 期。

王浪:《民族地区旅游扶贫机制创新研究》,《延边教育学院学报》2018 年第 1 期。

王磊:《中国中低技术产业创新的机理、模式与绩效》,南京大学博士学位论文,2013。

王琪延:《休闲经济》,中国人民大学出版社,2005。

王耀斌、孙传玲、蒋金萍:《基于三阶段 DEA 模型的文化旅游效率与实证研究:以甘肃省为例》,《资源开发与市场》2016 年第 1 期。

王颖:《中国农村贫困地区旅游扶贫 PPT 战略研究》,上海社会科学院博士学位论文,2006,第 3 页。

韦欣仪:《安顺市山地高效农业与旅游业耦合发展思考》,《理论与当代》2019 年第 8 期。

魏礼群:《全面建设世界旅游强国》,《全球化》2016 年第 2 期。

魏小安:《新时期中国旅游发展战略研究》,中国旅游出版社,2010。

温涛、朱炯、王小华:《中国农贷的"精英俘获"机制:贫困县与非贫困县的分层比较》,《经济研究》2016 年第 2 期。

吴必虎:《区域旅游规划原理》,中国旅游出版社,2001。

吴文仙、杨刚:《撕掉贫困标签——贵州 14 个贫困县(区)的扶贫之路》,《当代贵州》2018 年第 12 期。

向春敏:《黔东南"三共三带"旅游扶贫模式的实践及意义》,《山西农经》2018 年第 12 期。

谢彦君、叶苏平:《财政旅游扶贫的特点及其在区域发展中的战略》,地质出版社,2000。

杨红:《生态农业与生态旅游业耦合机制研究》,重庆大学博士学位论文,2009。

杨红:《生态农业与生态旅游业耦合系统产权管理博弈机制分析》,《管理世界》2010年第6期。

杨娜:《旅游精准扶贫的相关概念及关系》,《农村经济与科技》2016年第16期。

杨胜明:《西部大开发旅游应先行》,《当代贵州》2000年第15期。

杨颖:《公共支出、经济增长与贫困——基于2002—2008年中国贫困县相关数据的实证研究》,《贵州财政学院学报》2011年第1期。

叶普万:《贫困经济学研究》,中国社会科学出版社,2003。

张浩、段瑞:《重大需求促创新协同发展解贫困——广西壮族自治区环江县扶贫工作的实践与思考》,《中国科学院院刊》2016年第3期。

张凌云:《市场评价:旅游资源新的价值观》,《旅游学刊》1999年第2期。

张伟、张建春:《国外旅游与消除贫困问题研究评述》,《旅游学刊》2005年第1期。

张笑薇:《西部地区旅游扶贫机制选择与绩效评价》,《改革与战略》2016年第11期。

张岩松:《发展与中国农村反贫困》,中国财政经济出版社,2004。

张玉苗:《京津冀城市群金融资源空间配置研究》,河北工业大学博士学位论文,2017。

张祖群:《Pro-Poor Tourism公益性研究:文献基础、机制与展望》,《北京第二外国语学院学报》2012年第3期。

赵昌文、郭晓鸣:《贫困地区扶贫模式的比较与选择》,《中国农村观察》2000年第6期。

中共云南省委:《让贫困地区同步全面建成小康社会——深入学习贯彻习近平总书记关于扶贫开发的战略思想》,《求是》2015年第7期。

周强:《多维贫困、不平等与反贫困政策绩效评估》,武汉大学博士学位论文,2017。

周歆红：《关注旅游扶贫的核心问题》，《旅游学刊》2000 年第 1 期。

朱金龙、朱卫未、宋福明：《基于 PCA-SEDEA 的高校协同创新中心科研效率分析与评价——以江苏高校行业产业类协同创新中心为例》，《科技管理研究》2018 年第 24 期。

朱涛：《探索广西新农村建设的发展之路》，《广西城镇建设》2011 年第 8 期。

朱璇：《PPT 战略与背包旅游——以滇西北为例》，《人文地理》2006 年第 3 期。

庄天慧等：《精准扶贫主体行为逻辑与作用机制研究》，《广西民族研究》2015 年第 12 期。

庄天慧、杨帆、曾维忠：《精准扶贫内涵及其与精准脱贫的辩证关系探析》，《内蒙古社会科学》（汉文版）2016 年第 3 期。

邹统钎、吴丽云：《旅游体验的本质、类型与塑造原则》，《旅游学刊》2003 年第 4 期。

A., B. Atkinson, *The Institution of an Official Poverty Line and Economic Policy*, STICERO, 1993.

Adama Bah and Harold Goodwin, Improving Access for the Informal Sector to Tourism in the Gambia, PPT Working Paper, 2003, No.15.

Anna Spenceley & Jennifer Seif, Strategies. Impacts and Costs of Pro-Poor Tourism Approaches in South Africa, *PPT Working Paper* No. 11. 2003.

Asian Development Bank, *Fighting Poverty in Asia and the Pacific: The Poverty Reduction Strategy*, Manila:ADB, 1999:3.

Blake A., Arbache J. S., Sinclair M T., et al., "Tourism and poverty relief", *Annals of Tourism Research*, 2008, 35(1):107-126.

Bramwell B. L. B., *Rural Tourism and Sustainable Rural Development Proceedings from the Second International School of Rural Development*, London: National University of Ireland Galway, 1994:136.

Butler R., Curran R., OGorman K. D., "Pro-poor tourism in a first world urban setting: Case study of Glasgow Govan", *International Journal of Tourism Research*, 2013, 15(5):443-457.

Carey Pooenheim.*Poverty:the Facts*, CPAG, 1993.

Caroline Ashley, Dilys Roe, Harold Goodwin. Pro-Poor Tourism Strategies: Making Tourism Work for the Poor, *ODI, IIED, and CRT*. 2001.

Chok S., Macbeth J., Warren C., "Tourism as a tool for poverty alleviation: A critical analysis of "pro-poor tourism" and implications for sustainability", *Current Issues in Tourism*, 2007, 10 (2/3):144-165.

Clive Poultney, Anna Spenceley. Practical Strategies for Pro-Poor Tourism: Wilderness Safaris South Africa: Rocktail Bay and Ndumu Lodge, PPT Working Paper No.1, 2001.

David H., "Pro-Poor Tourism: A Critique", *Third World Quarterly*, 2008(5):851-868.

Dorothea Meyer, The UK Outbound Tour Operating Industry and Implications for Pro-Poor Tourism, *PPT Working Paper No. 17.* 2004.

Elissa Williams, Alison White, Anna Spenceley, UCOTA–The Uganda Community Tourism Association: a comparison with NACOBTA, PPT Working Paper, 2001, No.5.

Hampton M. P., "Heritage, local communities and economic development", *Annals of Tourism Research*, 2005, 32(3):735-759.

Harris, Roger W., "Tourism in Bario, Sarawak, Malaysia: A case study of pro-poor community-based tourism integrated into community development", *Asia Pacific Journal of Tourism Research*, 2009, 14(2): 125-135.

International Monetary Fund(IMF). The Gambia: Poverty Reduction Strategy Paper, 2014-09-18.IMF Country Report, 2007. http://www.imf. org/external/pubs/ft/scr/2007/cr07308.pdf.

Jenny Holland, Louise Dixey & Michael Burian. Tourism in Poor Rural

Areas: Diversifying the Product and Expanding the Benefits in Rural Uganda and the Czech Republic, *PPT Working Paper* No. 12. 2003.

Job H., Paesler F., "Links between nature-based tourism, protected areas, poverty alleviation and crises- the example of Wasini Island (Kenya)", *Journal of Outdoor Recreation and Tourism*, 2013(1/2): 18-28.

Kiernan K., "The nature conservation, geotourism and poverty reduction nexus in developing countries: A case study from the Lao PDR", *Geoheritage*, 2013, 5(3):207-225.

León Y. M., "The impact of tourism on rural livelihoods in the Dominican Republics Coastal Areas", *The Journal of Development Studies*, 2007, 43(2):340-359.

Lepp A., "Residents attitudes towards tourism in Bigodi Village, Uganda", *Tourism Management*, 2007, 28(3):876-885.

Lisa M. Campbell., "Ecotourism in Rural Developing Communities", *Annals of Tourism Research*, 1999, 26(3):534- 553.

Marx, Saskia.Community-Based & Pro-Poor Tourism: Two Contemporary Approaches to Poverty Reduction in Developing and Least Developed Countries, International Trade Forum, 2011, 6.

Matthew J. Walpole, Harold J. Goodwin, "Local Economic Impacts of Dragon Tourism in Indonesia", *Annals of tourism Research*, 2000, 27(3):559-576.

Mensah E. A., Amuquandoh F. E., "Poverty reduction through tourism: Residents perspectives", *Journal of Travel and Tourism Research*, 2010(spring/Fall):77-96.

Muchapondwa E, Stage J., "The economic impacts of tourism in Botswana, Namibia and South Africa: Is Poverty Subsiding?", *Natural Resources Forcum*, 2013, 37(2): 80-89.

Murray C., "Simpson. An integrated approach to assess the impacts

of tourism on community development and sustainable livelihoods",
Community Development Journal, 2009, 44(2):186-208.

Murray C., Simpson., " Community benefit tourism initiatives-A conceptual oxymoron?", *Tourism Management*, 2008, 29(1):1-18.

Naomi M.Saville. Practical Strategies for Pro-Poor Tourism: Case study of Pro-Poor Tourism and SNV in Humla District, West Nepal, PPT Working Paper No.3, 2001.

Nicholson T., Culture, Tourism and Local Strategies Towards Development: Case Studies in the the the Philippinesss and Vietnam, Research Report(R6578)submitted to ESCOR, London: DIFD, 1997.

Pillaya M., Christian M., "Rogerson, Agricultire Tourism Linkages and Pro-Poor Impacts: The Accommodation Section of Urban Coastal Kwazulu-Natal, South Africa", *Applied Geography*, 2013(36):49-58.

Poyya Moli G., "Promotion of peace and sustainability by community based heritage eco-cultural tourism in India", *The International Journal of Humanities and Peace*, 2003, 19(1):40-45.

Richardson R. B., Fernandez A., Tshchirley D., et al., "Wildlife conservation in Zambia: Impacts on rural household welfare", *World Development*, 2012, 40(5):1068-1081.

Rid W., Ezeuduji I. O., Haider U. P., "Segmentation by motivation for rural tourism activities in the Gambia", *Tourism Management*, 2014, 40(2):102-116.

Roe D, Urquhart P. Pro-poor tourism: Harnessing the worlds largest industry for the worlds poor, 2014-09-18. IIED, World Summit on Sustainable Development, 2001.5. http://www.eldis.org/vfile/upload/1/document/0708/DOC10076.pdf.

Ross E. Mitchell, Donald G. Reid., "Community Integration Island Tourism in Peru", *Annals of Tourism research*, 2001, 28(1):113-139.

Sanjay K. Nepal., "Tourism in Protected Areas: Nepalese Himalaya", *Annals of Tourism Research*, 2000, 27(3):661- 681.

Scheyvens R., "Exploring the tourism-poverty nexus", *Current Issues in Tourism*, 2007, 10(2/3):231-254.

Spenceley A., Habyalimana S., Tusabe R., et al., "Benefits to the poor from gorilla tourism in Rwanda", *Development Southern Africa*, 2010, 27(5):647-662.

Suntikul W., Bauer T., Song H., "Pro-poor tourism development in Viengxay, Laos: Current state and future prospects", *Asia Pacific Journal Research*, 2009, 14(2):153-168.

Torres R., Momsen J. H., "Challenges and potential for linking tourism and agriculture to achieve pro-poor tourism objects", *Progress in Development Studies*, 2004, 4(4):294-318.

Townsend. *Poverty in the United Kingdom:A Survey of Household Resource and Standards of Living*, California: University of California Press, 1979.

United Nations. The Millennium Development Goals Report 2014, New York: United Nations. 2014-09-05. http://www.un.org/millennium goals/ news. shtml.

Xavier Cattarinich. Pro-poor tourism initiatives in developing countries: analysis of secondary case studies,No.8, 2001.

Yves Renard. Practical Strategies for Pro-Poor Tourism: A Case Study of the St.Lucia Heritage Tourism Programme,PPT Working Paper No.7, 2001.

Zuhal ÖNEZ ÇETİN, Hüseyin ÖZGÜR, "A Critical Theoretical Evaluation on Pro-Poor Tourism and Poverty Alleviation", *Mustafa Kemal University Journal of Social Sciences Institute*, 2012, 17:115-133.

Zurick D. N., "Adventure Travel and Sustainable Tourism in the Peripheral Economy of Nepal", *Annals of Association of American Geographers*, 1992, 82(4):608-628.

图书在版编目（CIP）数据

滇桂黔石漠化片区旅游减贫研究 / 韦欣仪著. -- 北
京：社会科学文献出版社, 2022.12
ISBN 978-7-5228-0797-3

Ⅰ.①滇…　Ⅱ.①韦…　Ⅲ.①沙漠化-贫困区-旅游
业发展-作用-扶贫模式-研究-云南②沙漠化-贫困区
-旅游业发展-作用-扶贫模式-研究-广西③沙漠化-
贫困区-旅游业发展-作用-扶贫模式-研究-贵州
Ⅳ.①F592.77②F592.767③F323.8

中国版本图书馆CIP数据核字（2022）第179288号

滇桂黔石漠化片区旅游减贫研究

著　　者 / 韦欣仪

出 版 人 / 王利民
责任编辑 / 宋　静
责任印制 / 王京美

出　　版 / 社会科学文献出版社·皮书出版分社（010）59367127
　　　　　　地址：北京市北三环中路甲29号院华龙大厦　邮编：100029
　　　　　　网址：www.ssap.com.cn
发　　行 / 社会科学文献出版社（010）59367028
印　　装 / 三河市龙林印务有限公司

规　　格 / 开本：787mm×1092mm　1/16
　　　　　　印张：23.75　字数：340千字
版　　次 / 2022年12月第1版　2022年12月第1次印刷
书　　号 / ISBN 978-7-5228-0797-3
定　　价 / 158.00元

读者服务电话：4008918866